Mit dem Rad durch zwei Jahrhunderte

Max J. B. Rauck
Gerd Volke
Felix R. Paturi

Mit dem Rad durch zwei Jahrhunderte

Das Fahrrad und seine Geschichte

AT Verlag Aarau · Stuttgart

Die Autoren danken allen Personen und Institutionen, die mit Rat und Tat an diesem Buch mitgeholfen haben. Besonderer Dank gebührt dem Deutschen Museum, München; den Herren Max und Marco Lehner, ohne deren Mitwirkung das Kapitel über den Radsport nicht denkbar gewesen wäre; Herrn Jakob Säuberli, der für die grafische Gestaltung sorgte; Herrn Hans Rühl, der das Buch mit grossem persönlichen Einsatz edierte und nicht zuletzt dem AT Verlag, der die grosszügige Ausstattung ermöglichte.

Zum Geleit

Das Sprichwort vom gesunden Geist, der in einem gesunden Körper wohnt, stammt zwar von den Engländern, die Erkenntnis, die es ausdrückt, reicht aber wenigstens bis ins Altertum zurück. Haben doch schon die alten Griechen in ihren Sportschulen aktiv Körperertüchtigung betrieben und in ihren plastischen Kunstwerken immer wieder den durchtrainierten menschlichen Körper dargestellt. Sie waren die geistigen Väter der Olympischen Spiele, und ihre Sportbegeisterung war der Ausdruck einer hoch entwickelten geistigen Kultur. Die modernen Wissenschaften vom Menschen, die Psychologie, die Psychoanalyse, die Medizin, bestätigen die wichtige Wechselbeziehung von Geist und Körper. Aber allein das Wissen um diese Zusammenhänge verleiht keine Gesundheit. In unserer industrialisierten Welt greifen Kreislaufschäden, Arbeitsunlust, mangelnde Lebensfreude und Depressionen um sich, nicht zuletzt als Folge einer Lebensweise, die nur allzusehr dem Stuhl huldigt. Für den nötigen Ausgleich sollen Morgengymnastik und die Trimm-dich-Maschine im Keller sorgen. Gewiss, das ist besser als gar nichts. Aber eine wichtige Komponente fehlt beim sterilen Training in den eigenen vier Wänden oder im Chefbüro: die Verbundenheit zur Natur, die in unserer technisierten Umwelt ebenso zu kurz kommt wie die körperliche Bewegung. Wer nicht nur den physischen Abstand zum Alltag, sondern auch die seelische Regeneration sucht, der sollte sich in Gottes freier Natur Bewegung schaffen, von der unsere Heimat trotz aller Umweltdiskussionen weit mehr zu bieten hat, als mancher Mitbürger glauben würde. Wandern, vom ausgedehnten Familienspaziergang bis hin zum Waldlauf oder Bergsteigen, ist eine Möglichkeit; Radfahren ist die zweite. Beides sind Bewegungsarten, die der Sportmediziner — zusammen mit dem Schwimmen — in ihrer gesundheitsfördernden Wirkung auf den ganzen Körper an die Spitze aller Sportarten stellt. Was das Ausdauertraining betrifft, das gerade den geschwächten Kreislauf wieder kräftigt, steht das Fahrrad sogar ganz allein da. Der Wanderer kann schlendern, kann stehenbleiben. Der Schwimmer legt beim Baden schon nach kurzen Strecken Pausen ein. Das Fahrrad drängt zur «Zwangsarbeit». Wer zu treten aufhört, den trägt es nicht weiter. Zugleich vermittelt das Radfahren wohl das vielseitigste Naturerleben. Der Kontakt mit der Landschaft ist nicht geringer als beim Wandern, aber das Stahlross vergrössert den Raum, der sich täglich «erfahren» lässt. Kein Wunder, dass das Fahrrad heute wieder eines der beliebtesten Sport- und Freizeitgeräte in unserem Lande ist. Das war nicht immer so. Es gab Zeiten, in denen das Zweirad als Luxusartikel das Privileg einiger weniger war. In den knapp zwei Jahrhunderten seit seiner Erfindung hat das Zweirad eine sehr bewegte Geschichte erlebt; eine faszinierende Geschichte, denn sie ist nicht nur die Geschichte der Kämpfe um die technischen Details, nicht nur die Geschichte von der Eroberung der Strasse durch die Muskelkraft des Menschen, sie ist auch die Geschichte des Radfahrers selbst, also des Menschen und damit ein Teil der Menschheitsgeschichte überhaupt. Und es ist bestimmt nicht der schlechteste Teil unserer Geschichte; für Körper, Seele und Geist sicher einer der besten.

Wenn der engagierte holländische Umweltschützer und Landschaftsplaner Louis G. Le Roy vom Energiesparen in ökologischen Systemen spricht, dann handelt er auch danach. Alle wichtigen Wege während seiner Arbeitstage legt er mit dem Fahrrad zurück. Radfahren ist mit grossem Abstand die billigste aller Fortbewegungsmethoden, weitaus energiesparender sogar als das Zufussgehen. Selbst der Fisch im Wasser und der Vogel in der Luft, beide strömungstechnisch ideal «konstruiert», beide von ihrem Lebenselement förmlich getragen, verbrauchen pro Kilogramm ihrer Körpermasse wesentlich mehr Energie als ein Radfahrer.

Solche Wirtschaftlichkeitserwägungen stellte Baron von Drais, der Erfinder des Zweirads, schon vor rund 160 Jahren an. Es gibt zu denken, dass sie heute, in einer Zeit, da jedermann von Energieproblemen spricht, so wenig Beachtung finden. Leider beherrscht der materielle Luxus als trügerisches Mass einer zweifelhaften Lebensqualität noch viel zu sehr unser aller Denken. Aber das muss nicht so bleiben. Noch immer verleiht ein teures Auto Sozialprestige; aber die Zeiten, in denen es dem Automobilisten peinlich war, sich auf einem Fahrrad sehen zu lassen, sind vorbei. In allen westeuropäischen Ländern ist der Verkauf von Fahrrädern in den letzten Jahren sprunghaft gestiegen, ein Beweis dafür, dass sich mehr Mitbürger den «Luxus» leisten, nicht wenige Stunden ihrer kostbaren Zeit auf dem Sattel zu verbringen. Verloren sind diese Stunden ganz gewiss nicht. Der Gesundheitswert und die Faszination des «hautnahen» Erlebens unserer Heimat entschädigen für den Zeitverlust reichlich.

Aber muss das Radfahren eigentlich Zeitverlust bedeuten? Verlust welcher Zeit? Wer das Erlebnis Leben in seiner ganzen Fülle und nicht nur im beruflichen Alltag sucht, für den sind Radfahrstunden eindeutig ein Gewinn. Sie gehen nicht als «lästiger, aber nötiger Ausgleichssport» von der Freizeit ab, sie sind erfüllte Freizeit. Mehr noch: Mancher, der den täglichen Weg zum Arbeitsplatz regungslos im vollen Autobus oder im eigenen Wagen sitzend zurücklegt und sich dabei — innerlich verspannt — mit dem vierrädrigen Gefährt im Fahrradtempo lärmend und stinkend von Ampel zu Ampel tastet, könnte seine Freizeit mit Gewinn verlängern, wenn er diese Wege radelnd bewältigte. Nicht nur sein Körper und sein Portemonnaie würden es ihm danken. Er trüge zugleich zur Verkehrsentlastung unserer Strassen bei, bewegte sich umweltfreundlich und sparte Energie. Ein Autofahrer, der seine Karosse mit den gelben Antikernkraftschildchen «Atomstrom — nein danke» ziert, dabei selbst grösster Energieverbraucher ist und zudem unausgesprochen für «Auspuffgase — ja bitte» wirbt, handelt unlogisch. Er verlangt von anderen etwas, worauf er selbst nicht verzichtet. Ein Radfahrer klingt in der Energiediskussion überzeugender. Und ein Verzicht ist seine Fortbewegungsart trotzdem nicht. Im Gegenteil, sie ist ein Gewinn für ihn.

Die Frühgeschichte des Fahrrads bis 1860

Carl Friedrich Ludwig Christian Baron Drais von Sauerbronn (1785–1851). Grossherzoglich-Badischer Forstmeister und Erfinder des lenkbaren Laufrads.

«Mehr Schwierigkeiten als Vergnügen» – Die Muskelkraftwagen

«Sonntag, dem 30ten 8ber (also 30. Oktober 1814): Vor Mittags kam ich heute zu einem imposanten, seltenen Spektakel. Ich befand mich auf dem Burgplatze, wo eben die Wachen ablöseten. Plötzlich rollte ein schöner, vierrädriger, offener Wagen ohne Bespannung, zum Thore hinaus, und fuhr mit ausserordentlicher Schnelle über den Burg- und Michaeler Platz. Im selben sassen 2 Personen welche den Wagen dirigierten. Ein hier anwesender Mechanikus hat denselben erfunden, und hofft in Wien einen Käufer zu finden. Nach seiner Ankündigung können denselben zwei Menschen durch Ebenen und Hügel nach Gefallen rechts und links fahren und umwenden. Es gewährte auf jedem Fall einen ganz besonderen Anblick, einen Wagen, vor dem keine Pferde gespannt sind, so schnell dahinrasseln zu sehen, und wäre vor fünfzig Jahren solch ein Wagen zu einem Dorfe hineingefahren, die Bauern würden sich bekreuzigt haben, und niemand hätte ihnen den Wahn benehmen können, dass diesen Wagen der Teufel regiere.»

Dieser Bericht über das spektakuläre Ereignis findet sich im unveröffentlichten Tagebuch des Wiener K. K. Rechnungsoffiziers Mathias Pereth. Dass der phänomenale Wagen nicht nur einzelne fasziniert hat, beweist eine wenig später im «Morgenblatt für gebildete Stände» erschienene Pressenotiz: «...mit Blitzesschnelle kommt ein Wagen ohne Pferde, Deichsel von zwei Bedienten mit unglaublicher Leichtigkeit gelenkt, dahergefahren und durchschneidet die Reihen der strömenden Menge.»

Schon im Januar 1814 hatte der Erfinder, der Badische Kammerjunker und Forstmeister Freiherr von Drais, seine Fahrmaschine selbst in einem Aufsatz im «Badischen Magazin» in Mannheim beschrieben. Hier sind Auszüge daraus:

«Die neue Erfindung ist ein Wagen auf vier Rädern, der ohne Pferde läuft, zwey bis vier Personen fortbringt, keines aufzuziehenden Uhrwerks mit Zeitverlust und Gebrechlichkeit bedarf, sondern durch den leichten Druck des Fusses (oder, wenn man es dazu richten will, der Hand) eines insitzenden Menschen, vermöge des einfachen und desto dauerhaftern Maschinenwerks, vor- und rückwärts sich mit Pferdeschnelle treiben, seitwärts aber noch leichter als ein Gespann, wegen seiner mehrern Kürze, sich lenken und wenden lässt; der auch mässige Hügel im Hinauffahren bezwingt und im Hinabfahren von ihnen, angehalten werden kann.

Zwar gab es schon frühere Versuche, um ein Gefährd durch Maschinerie vorwärts zu bewegen; aber diese war schwerfällig in Überwältigung der Friktion, complicirt, und daher noch nie für einen merklichen praktischen Gebrauch tauglich. Wenn der jetzige Erfinder eines andern Triebwerks einiges eigene Verdienst ansprechen darf: so möge es in der Nützlichkeit und Annehmlichkeit der Sache gegründet seyn.

1. Wenn der Wagen nur gleich-schnell, als mit einem Pferde, läuft: so können mit ihm wohlfeilere, auch weite Reisen gemacht werden. Gesetzt, man kommt an steile Anhöhen, oder auf eine sonst zu schlimme Bahn: So nimmt man dort, wie es auch die Fuhrleute thun, ein Pferd zum Vorspann auf ein Stück Wegs – wo dann die Directionsstangen, die der Fahrende gewöhnlich in den Händen hat, nur vorgeschlagen zu werden brauchen, um als Deichsel-Gabel zu dienen.

2. Neben der ungemeinen Ersparnis hängt man nicht von dem Mangel oder der Unpässlichkeit, vom Scheuwerden oder der Trägheit eines Pferdes, noch vom Unglück mit dem Thiere ab.

3. Sollte es dem Erfinder, wie er zu hoffen Ursache hat, gelingen, die Maschine noch so zu verstärken, dass sie sogar geschwinder als ein angespanntes Pferd laufe: so wäre die Allgemeinheit des Gebrauchs nur noch mehr geborgen; aber es bedarf nicht einmal dieser höhern Aussicht, um die Sache schon sehr vorteilhaft zu nennen.

4. Zu Spazierfahrten auf der Ebene, im Sommer, ist der Wagen vorzüglich geeignet. Wohlhabende Städter, die ihn in Gestalt eines eleganten Cabriolet ausmachen lassen, können z. B. eine oder zwey vorn sitzende Damen wie im Schlitten führen.

5. Das erste, noch rohe Muster, das der Erfinder in der Geschwindigkeit gebaut hat, soll nur den Beweis der praktischen Ausführbarkeit seiner Hauptidee anschaulich für Jedermann machen.

6. Nicht nur Lohnkutscher, sondern auch Posthalter, werden sich, neben ihren Pferden, einige solche Wägen bald anschaffen.

7. In Kriegszeiten, wo die Pferde und ihr Futter oft rar werden, mag ein kleiner Vorrath solcher Wägen bey jedem Corps, zumal für kürzere Versendungen und für Kranke, wichtig werden. Indessen ist hier der friedliche Gebrauch zum ersten Gesichtspunkt genommen.

Wird der Erfinder in der Anwendung seines, ihm zur Zeit noch nothwendigen Geheimnisses – da dessen Abkauf sich nicht wohl berechnet – durch Monopol in grössern Reichen, für seine und für weniger Associés Lebenszeit in der Sache des wahrscheinlichen Gemeinwohls unterstützt seyn – alsdann will er seinen streng-mathematischen Beweis, warum der Wagen gut und dauerhaft gehen muss, der öffenthlichen Beurtheilung unterwerfen.»

Schon knapp ein Jahr zuvor hatte der Erfinder dieses wunderlichen Gefährts grosses Aufsehen erregt. Am 22. Dezember 1813 berichtete das «Badische Magazin», dass der Kammerjunker und Forstmeister Freiherr von Drais seinen mechanischen Wagen dem russischen Zaren Alexander I. (1777 bis 1825) vorgeführt hat, als dieser auf dem Wege zum Wiener Fürstenkongress (Oktober 1814 bis Juni 1815) bei seiner Schwiegermutter, Markgräfin Amalie, der Mutter des seit 1811 regierenden Grossherzogs Karl (1786 bis 1818) in Karlsruhe Station machte.

Der beeindruckte Monarch hatte dem Konstrukteur «für das Vergnügen», das ihm das ungewöhnliche Vehikel bereitete, einen wertvollen Diamantring geschenkt.

Der Zar war es auch gewesen, der Drais empfahl, seinen «Wagen ohne Pferde» dem Wiener Kongress vorzustellen. Und weil der badische Grossherzog den Konstrukteur ebenfalls dazu ermutigte, war Drais nach Wien gereist. Sein Fahrzeug gelangte teils auf einem Frachtwagen, teils auf einem Donauschiff in die österreichische Metropole. Die Wiener Bürger staunten, und die adligen Teilnehmer jenes berühmten Kongresses, dem man nicht ganz zu Unrecht nachsagte, er ziehe das Tanzen der politischen Arbeit vor, zollten dem genialen Erfinder reichlich Beifall.

Die Wienreise des badischen Forstmeisters und Tüftlers war also ein glänzender Erfolg? – Keineswegs! Viel eher liess sie sich als glatter Reinfall bezeichnen. Drais fand für seinen so bewunderten Wagen keinen Käufer. Das grosse Geschäft blieb aus und mit ihm das erhoffte Geld. Enttäuscht über den Misserfolg reise Drais in seine Heimat zurück, enttäuscht aber auch, weil er selbst nur zu genau die Mängel seines scheinbar so genial erdachten Wagens erkannte: Zwar lief das Gefährt mit der vom «Morgenblatt für gebildete Stände» gerühmten «Blitzesschnelle» durch die Strassen der Donaumetropole, aber das konnte nicht darüber hinwegtäuschen, dass sich das schwere zweispurige Vehikel auf den damaligen schlechten Kleinstadt- und Landstrassen nur mit allergrösster Mühe von der Stelle bewegen liess.

Die hoffnungsvolle Neuheit erwies sich als technischer Versager, und der Konstrukteur gab weitere Arbeiten an diesem Projekt auf. Und überhaupt: war es eigentlich eine Neuheit gewesen?

Als Drais am 27. Oktober 1813 seinem Heimatland Baden ein Patent für seinen Wagen, der «durch den insitzenden Menschen getrieben – leicht und schnell dahinläuft», beantragte, lehnte das Ministerium seinen Antrag ab. Der Verkehrssachverständige Major Johann Gottfried Tulla (1770 bis 1828), dem der badische Strassen- und Wasser-

bau oblag, und der Oberbaudirektor Friedrich Weinbrenner schrieben in einem Gutachten vom 17. Dezember 1813:

«Soweit wir die Draissche Fahrmaschine kennen, so besteht dieselbe in einem 4rädrigen kleinen cabriol artigen Wagen, in dem ein Mensch, vermöge dass er mit den Füssen ein Rad herumtritt, das die Achse mit den hinteren Rädern in Bewegung setzt, von einem Ort zum andern fahren kann.

Wir können daher der von Draisschen Fahrmaschine gar keinen wesentlichen Zweck beilegen, weil jedermann, der Füsse hat derselbe für seine Ortsveränderung weit besser auf eine natürliche Art gebrauchen kann, und wir glauben, dass eine solche Maschine auch nur alsdann von einigem Nutzen für das menschliche Geschlecht werden könnte, wenn sie für destruirte oder solche Personen, welche keine Füsse haben eingerichtet würde, alsdann müssten sie aber mit den Händen in Bewegung gesetzt werden können, damit ihnen diese Maschine die ihnen mangelnde Bewegungskraft ersetzte.»

Etwas anderes als dieser kurzsichtige Verriss stand der Patenterteilung gravierender im Wege: Muskelkraftwagen waren keine Neuheit. Es gab sie schon seit Jahrhunderten.

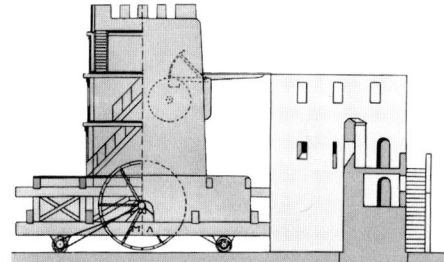

Schon die Antike kannte Muskelkraftwagen. Um 330 v. Chr. liess König Philipp von Mazedonien durch seinen Militäringenieur Poseidonios riesige Belagerungstürme bauen, sogenannte Helepolen (nach Rehm).

Die allerersten Ursprünge reichten sogar bis in das klassische Griechenland und ins Römische Reich zurück. Im östlichen Hellas hatten im vierten Jahrhundert vor Christus Konstrukteure am Hofe des Königs Philipp von Mazedonien sogenannte Helepolen erfunden. Das waren gewaltige Kriegsmaschinen, Belagerungstürme, die, von ihren Insassen durch Muskelkraft bewegt, Krieger gefahrlos an die feindlichen Festungen heranbrachten. Die Radachsen liessen sich durch riesige Treträder bewegen. Haspeln und Flaschenzüge mögen dabei geholfen haben. Manche dieser Helepolen sollen sogar lenkbar gewesen sein. Auch der Sohn König Philipps, Alexander der Grosse, hat von den beweglichen Türmen Gebrauch gemacht. 332 vor Christo liess er die phönizische Stadt Tyros mit Helepolen belagern, die so mächtig waren, dass sie die Festungsmauern weit überragten. Die grösste war achträdrig und trug einen zwanzigstöckigen, 53 Meter hohen Aufbau.

Solche muskelkraftbetriebenen Belagerungsmaschinen waren in verschiedenen Grössen und Ausführungen noch im Mittelalter üblich.

Diesen Muskelkraftwagen fertigte Demetrios von Phaleron um 308 v.Chr. mit Tretradantrieb an (nach Rehm).

Neben diesen monströsen Muskelkraftwagen gab es schon sehr früh auch leichte Konstruktionen. So hat Dionysios der Jüngere, der Tyrann von Syrakus, den Schillers Ballade von der Bürgschaft berühmter machte als alle Geschichtsbücher, ein «automatisches Hamaxion, das in der Rennbahn umherlief», gebaut. 357 vor Christo brachte er es dem Gott Apollon in Delphi als Weihegeschenk dar.

Auch im Römischen Reich tauchte ein kleiner Muskelkraftwagen auf, der dem 192 nach Christo ermordeten römischen Kaiser Commodus gehörte. Im technikfeindlichen Mittelalter wurde es aber dann recht still um diese Fahrzeuggattung; nicht zuletzt deshalb, weil mit dem Untergang Roms langsam aber sicher auch das europäische Strassennetz verfiel.

Gekrönte Häupter waren Kunden des Nürnberger Zirkelschmieds Johann Hautsch. Diesen prunkvollen, 1649 gebauten Muskelkraftwagen kaufte der spätere schwedische König Karl X. Gustav.

Aus dem fünfzehnten Jahrhundert berichten alte Schriften dann aber wieder über selbstfahrende Wagen. In Venedig entwarf 1420 der italienische Doktor der Philosophie und der Medizin Giovanni da Fontana ein Gefährt, dessen Hinterräder sich durch einen Seilzug- und einen Trommelmechanismus antreiben liessen. Und in der Mem-

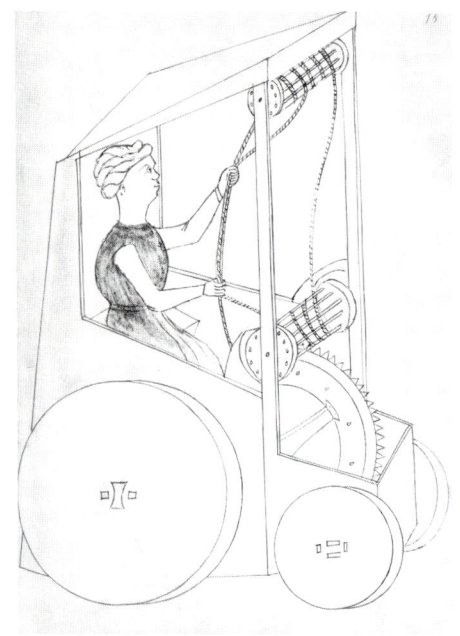

Der selbstfahrende Wagen des Dottore Giovanni da Fontana um 1420.

minger Chronik vom 2. Januar 1447 heisst es:

«Dem mitwoch nach dem Neüwen Jarsthag ging ein Rechter wagen zum Kalchtor herein bis auf den Marckht, vnd wider hinaus ohne Ross, Rindter vnd Leyet, er was wol verdeckht, vnd sass der meister So In gemacht darin.»

Ein Dokument von besonderem historischem Wert: die Chronik der Freien Reichsstadt Memmingen vom 2. Januar 1447 berichtet zum ersten Male über einen selbstfahrenden Wagen in Deutschland.

Nicht selten entstanden phantastische Entwürfe auf dem Papier, die sich praktisch nie verwirklichen liessen. Wirklich ausgeführte Konstruktionen waren so schwer und deshalb so langsam, dass sie nicht einmal mit einem gemächlichen Fussgänger Schritt halten konnten.

Zwei der berühmtesten Karossen baute in den Jahren 1649 und 1663 der Nürnberger Zirkelschmied Johann

Eygentlicher Abriß / mit aller Zier deß Triumphwagens / welcher zu
Nürmberg im 1649. Jahr ist gemacht worden von einem Meister deß Zirckelschmids-Handwercks Namens Hans Hautsch / seines alters 54. Jahr / welcher also frey gehet / wie er da vor Augen steht / vnd bedarff keiner Vorspannung wie ein ander Wagen / weder von Pferden / Ochsen oder anders / sondern wann man sich darauff setzt / vnd nimt den Stab mit dem Wurmskopff in die Hand / so kan man den Wagen hin lencken wo man wil / auff die recht oder linck Seit / hindersich oder fürsich / Berg oder Thal / wie er dann vnterschiedlich mal zu Nürnberg die Vestung hinauff vnd wider herab gefahren / auch zum Thiergärtner Thor hinauß vmb die Vestung herumb / vnd zum Lauffer Thor wider her / vnd gehet solcher Wagen in einer Stund 2 tausent Schritt / man kan still halten vnd fortfahren wann man wil / vnd ist doch alles von Vhrwerck gemacht / der Wagen ist so groß als ein Landkutschen / wie Kaufleut auff die Meß fahren / vnd kan auß solcher Meerdrach Wasser spritzen / die Augen verwenden / die Posaun auffheben / vnd blasen / der Meerdrach kan Wasser / Bier / Wein / Meht alles trincken / aber den Meht trinckt er am liebsten / vnd kan auß der Zung geben allerley wolriechende Wasser / als Rosen-Zimmet-Entswasser was man haben wil / vnd ist solcher Wagen in der Ledergassen in deß obgenandten Meisters Hauß zusehen.

Hautsch (1595 bis 1670). Das erste Modell kaufte der schwedische Kronprinz und liess es als attraktives Requisit in seinem Krönungszug mitfahren. Das zweite baute der Meister auf Bestellung des Dänenkönigs Friedrich des Dritten.

Eines waren die muskelkraftgetriebenen Karossen sicher nicht: Verkehrsmittel. Sie waren Spielzeuge für Könige und Fürsten. Modelle späterer Konstrukteure konnten sich auch der niedrige Adel und das wohlhabende Bürgertum leisten, aber das war nur ein gradueller Unterschied.

Aussicht auf eine allgemeine Einführung im Strassenverkehr hatten die Muskelkraftwagen alle nicht. Als einzige Ausnahme lassen sich bestenfalls die zwei Invalidenwagen des gelähmten Uhrmachers Stephan Farfler (1633 bis

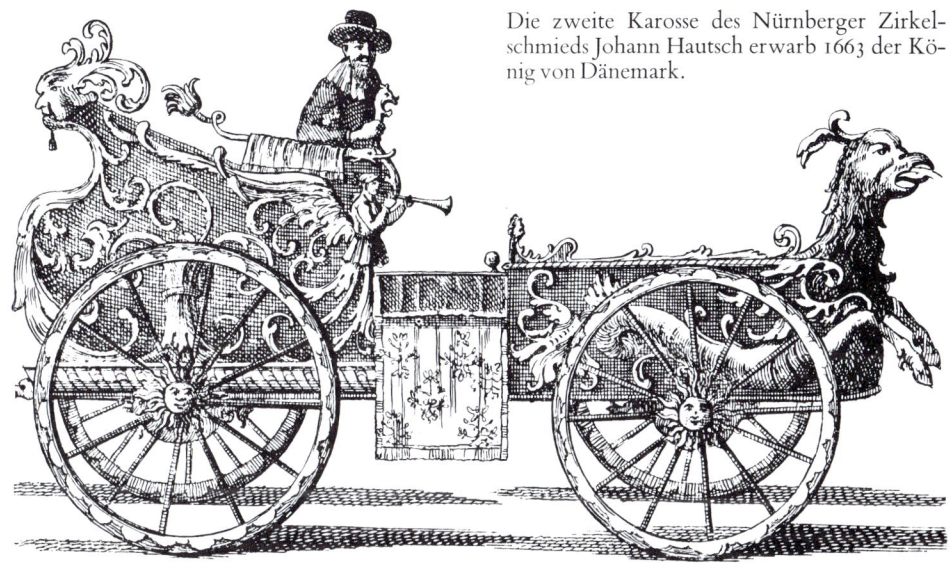

Johann Hautschens Kunstwagen.

STEPHAN FARFFLER, Uhrmacher in Altdorff. Auch inventor eines Wagens mit 3. Rädern, darauf er sich, weil er lahm war, selbsten herum gefahren, welcher in der Nürnbergischen Bibliothec gezeiget wird. Starb A. 1689. d. 24. Octobr. im 57. sten Jahr seines Alters.

Um 1680 baute sich der querschnittgelähmte Uhrmacher Stephan Farfler (auch Farffler geschrieben) aus Altdorf bei Nürnberg einen dreirädrigen Muskelkraftwagen mit Handkurbelantrieb für den eigenen Gebrauch...

1689) aus Altdorf bei Nürnberg ansehen. Er baute sie für den eigenen Gebrauch, und dass der fromme Handwerker damit sonntags in die Kirche fuhr, war stadtbekannt. Seine leichten Muskelkraftwagen hatten Handkurbelantrieb mit Zahnradübersetzung. Ein Modell um 1680 baute er dreirädrig, ein zweites um 1688 besass vier Rä-

... Einen zweiten, diesmal mit vier Rädern, fertigte er einige Jahre später an.

der. 1944 verbrannte es bei einem Bombenangriff auf Nürnberg.

Aber Stephan Farflers Wagen bilden eine Ausnahme. Das «Kutscherl ohne Pferde», das um die gleiche Zeit (1680 bis 1690) durch Münchens Strassen fuhr, und der berühmt gewordene leichte Muskelkraftwagen des französischen Arztes Dr. Elie Richard waren wieder reine Luxusgefährte.

Um 1690 fuhr in Frankreich Dr. Elie Richard mit einem selbstentworfenen Tretwagen.

Benötigte Dr. Richards Vehikel neben dem Fahrzeuglenker noch einen kräftigen Mann, der, hinten im Wagen stehend, durch Treten von Hebeln für den Antrieb sorgte, so bauten Konstrukteure nach ihm Muskelkraftkarossen, die eine einzige Person relativ rasch vorantreiben konnte; allerdings nur auf guten Strassen. Und wo gab es die schon? Sagte doch der Engländer William Hooper bei seinem 1774 erdachten Tretwägelchen selbst, dass «Spazierenfahren in Garten, Parks und sonstigem Gelände eine gesunde Erholung bedeute, aber auf unebenen Wegen mehr Schwierigkeiten als Vergnügen verursache.»

Genau daran scheiterte später dann auch der Freiherr von Drais. Mehr Schwierigkeiten als Vergnügen; das war das Todesurteil aller als Verkehrsmittel konstruierten Muskelkraftwagen.

«...und diesen Einfall nannte man Chaussée» – Die Strasse um 1800

Die katastrophalen Strassenverhältnisse trugen mit Schuld daran, dass die Versuche mit Muskelkraftwagen auch zu Drais' Zeiten hoffnungslos zum Scheitern verurteilt waren.

Um die Wende vom 18. zum 19. Jahrhundert sahen die Strassen kaum besser aus als Jahrhunderte zuvor, wohl aber weitaus schlechter als zu Zeiten des Römischen Reiches. Während des Mittelalters waren die alten Verkehrsnetze zum grossen Teil zusammengebrochen. Selbst der Reise- und Transportverkehr mit Pferdewagen hatte deshalb weitgehend an Bedeutung verloren, denn bei Nässe verwandelten sich die Wege nicht selten in grundlosen Morast. Bei Trockenheit wurde der Staub unerträglich. Dominierendes Fernverkehrsmittel war das Reitpferd. Den Nahtransport besorgten vorwiegend langsame, schwere Ochsenkarren, die das Wegnetz durchfurchten und vollends ruinierten. Daran hatte sich bis zum Ende des 17. Jahrhunderts nichts geändert. Erst die französischen Könige des 18. Jahrhunderts liessen mehr und mehr gepflasterte Wege anlegen, um den leichten Equipagen des Adels ein etwas angenehmeres Fortkommen zu ermöglichen. Zum leichtlebigen Geist der Franzosen, der die Nation finanziell ruinierte, gehörte die Lust am Reisen, und diese wirkte sich befruchtend auf den Strassenbau aus. Revenons à la nature hiess die Parole der Zeit. Man wollte hinaus in die Parks und Gärten, und man wollte andere Städte besuchen. Um 1760 trafen in Paris täglich 27 Landkutschen mit 270 Reisenden ein, für die damalige Zeit ein unerhörter «Tourismus».

Um die Wende zum 19. Jahrhundert überspannte dann Napoleon Europa mit einem Netz recht brauchbarer Kriegsstrassen, um seine Truppen rasch und geradlinig bewegen zu können. Doch Barockadel, Aufklärung und Napoleon zum Trotz: die allgemeine Qualität der Strassenwege liess sich auch zu Beginn des 19. Jahrhunderts nicht anders als miserabel nennen. Gepflasterte Strassen gab es im wesentlichen nur in grösseren Ortschaften. Landstrassen waren selten gepflastert; und wenn, dann mit groben Kopfsteinen! «In einem gewissen Lande (Frankreich) habe ich einen Weg gefunden, den man mit hoch stehenden harten Steinen angelegt hatte, und diesen Einfall nannte man Chaussée», spottete gegen Ende des 18. Jahrhunderts ein deutscher Anonymus über den zeitgenössischen Strassenbau. Und allein mit dem Anlegen der fast durchweg grob geschotterten Landverbindungen war es schliesslich nicht getan. Verkehrswege mussten auch unterhalten werden. «Wenn ein Fahrdamm versteint ist», erklärt derselbe Autor, «und er wird nicht unterhalten, so stellen sich über kurz oder lang Fehler ein, die ihn zu einem Wege machen, der weit beschwerlicher zu passieren ist, als eine andere Strasse, an der kein Kunst verwendet worden, und die man völlig der Natur anvertraut. Letztere wird kotig, locherich und bekommt tiefe Gleisen bei Regenwetter; bleibt es aber einige Zeit trocken, dann heben sich diese Fehler grösstenteils. Aber wenn ein versteinter Fahrdamm Löcher und Gräben bekommt, dann bleiben sie immer; sie stellen sich täglich häufiger ein, und machen am Ende die Passage ausserordentlich beschwerlich.»

Die Unterhaltung der Strassen war damals aber eher die Ausnahme als die Regel. Und wer die Strassen reparierte, besorgte es mehr schlecht als recht. Man bedeckte die Fahrbahn in ihrer ganzen Breite mit einem neuen, groben und lockeren Schotter, den zu zerkleinern und verdichten dem Verkehr überlassen blieb. Schliesslich häufte sich ohne inneren Verbund Schicht auf Schicht. Strassenreinigung war so gut wie unbekannt. Auf Verbindungswegen wie Hauptstrassen lagerten die Anlieger Baustoffe, Schutt und Dünger, Haus- und Feldgeräte. Regenwasser aus Dachrinnen, Jauche aus Aborten und Ställen flossen über die Verkehrswege, und nicht selten bezogen Bauern Fahrbahnstreifen in ihre Felder mit ein: sie pflügten sie um.

Versuche, Muskelkraftwagen über so rauhe Wege zu bewegen, mussten scheitern. Allein das Pferd konnte leichte Reiseequipagen in angemessenem Tempo von Ort zu Ort ziehen. Der über zwei Jahrtausende alte Traum vom mühelosen, schnellen Fortbewegen aus eigener Kraft ging trotz der unzähligen Versuche vorerst nicht in Erfüllung.

Beginn des wissenschaftlichen Strassenbaus, der nur langsam Fuss fasste. Das Gemälde von Claude-Joseph Vernet (1775, Musée du Louvre) zeigt Perronet, Direktor der Pariser «Ecole des ponts et chaussées», bei der Inspektion einer Strassenbaustelle.

«Spielzeuge für grosse Kinder» – Laufmaschinen ohne Lenkung

1789. – Revolution. Am 15. Juli erstürmen die Bürger von Paris die Bastille. Die Nationalversammlung nimmt die Erklärung der Menschen- und Bürgerrechte von Freiheit, Gleichheit und Brüderlichkeit an. Damit war die Vormacht des Adels gebrochen, die Herrschaft König Ludwigs XVI. tödlich getroffen.

War es Zufall, dass in dieser Zeit des gesellschaftlichen Umbruchs ein Spielzeug beliebt wurde und weite Verbreitung fand, das später mancher französische Historiker den ersten Vorläufer des Fahrrads nannte? Graf J. H. de Sivrac

Der Graf de Sivrac «reitet» auf einer «Célérifère» aus, einem von ihm 1791 konstruierten lenklosen Laufrad.

hatte es im Juni 1791 in den Gärten des Palais Royal der Öffentlichkeit vorgestellt und rasch begeisterte Anhänger um sich gesammelt. Der Graf nannte es Célérifère. Célérité heisst auf deutsch Geschwindigkeit, Tempo. Fero heisst «ich trage». Das kam bei den soeben mündig gewordenen Bürgern an. Ein Schnellfahrzeug, das sich zudem einfach herstellen liess, und das deshalb jedermann erwerben konnte, traf den Geschmack der Zeit. War es Zufall, dass die Célérifèren oft die Form eines hölzernen Pferdes hatten, oder verallgemeinerte das emanzipierte Volk damit auf seine Weise den noch vor kurzem elitären Status des adligen Reitersmannes? Wie dem auch sei, ein egalitäres

Moment besassen die Laufräder des Grafen de Sivrac. Ein wenig schwingt in ihnen schon die persönliche Freiheit und Unabhängigkeit des Radfahrers späterer Tage mit.

Oft schmückten Tierköpfe oder -körper die Célérifèren – als Ersatz für das Statussymbol Reitpferd?

Als wirkliches Individualverkehrsmittel lassen sich die Célérifèren indes noch nicht betrachten. Warum, das erklärt ein Blick auf ihre Konstruktion. Die frühen Laufräder des noblen Parisers bestanden aus zwei in einer Spur hintereinander angeordneten Rädern, die ein einfacher Holzrahmen miteinander verband, auf dem der bürgerliche «Reitersmann» sitzen konnte. Oft hatte der Rahmen Tiergestalt. Neben hölzernen Pferden gab es beispielsweise auch Löwen- oder Schlangenmodelle. Der Antrieb war recht unkompliziert: Der Célérifèren-Fahrer lief einfach, während er auf seinem Gefährt sass, mit weitausladenden Schritten dahin und erreichte dabei Durchschnittsgeschwindigkeiten von vielleicht acht bis neun Kilometern pro Stunde. Ohne Federung war das nicht gerade übermässig bequem. Doch das liess sich noch in Kauf nehmen. Der Grund, warum die einspurigen Sivrac-Gefährte als Verkehrsmittel unbrauchbar waren, lag woanders: Sie liessen sich nicht lenken. Das brachte gleich noch einen weiteren Nachteil mit sich; wer sich ein Fahrrad mit blockierter Lenkung vorstellt, wird das verstehen. Um die Célérifèren im Gleichgewicht halten zu können, bedurfte es der Geschicklichkeit eines Artisten. In Kurven liess sich das Gefährt nur durch Faustschläge gegen den Tierkopf zwingen.

Trotzdem fanden die primitiven Pariser Zweiräder zahlreiche begeisterte Anhänger. Die Zeit war einfach reif für ein derartiges Spielzeug, auch wenn es manche scharfzüngigen Beobachter als «Spielzeug für grosse Kinder» apostrophierten. Schliesslich war es nicht zuletzt ein willkommener Anlass für vielfältige gesellschaftliche Ereignisse: Die Pariser Fahrer schlossen sich in Klubs zusammen und trafen sich regelmässig im Pavillon Hanovre. Sie trugen auf den Champs Elysées, der Rue Royal und dem Cour de la Reine Wettrennen aus. Und schliesslich komponierten die Bürger Depaty, Chazet und Moreau sogar eine Operette mit dem Titel «Les Vélocifères», wie diese Räder inzwischen hiessen. Am 19. Mai 1804, im Jahr der Krönung Napoleons zum Kaiser der Franzosen, wurde sie im Pariser Théâtre du Vaudeville in der Rue Chartres-Saint-Honoré uraufgeführt.

1804 hatte in Paris ein Lustspiel um lenklose Laufräder – «Les Vélocifères» – Premiere. In einer Genrerolle: diese «Merveilleuse».

Die steuerlosen Laufräder hatten einen festen Platz in der Pariser Gesellschaft erworben. Genau ein Vierteljahrhundert lang konnten sie sich behaupten. Noch 1816 führte der bedeutende Pionier der Fotografie, Nicéphore Nièpce (1765 bis 1833) aus Châlon-sur-Saône, sein neues lenkungsloses Zweirad im Pariser «Jardin du Luxembourg» vor.

Im Nationalmuseum in Rom steht ein Sarkophag aus der Zeit um 200 n. Chr. Manche Autoren glaubten in der Reliefdarstellung einen frühen Kinderroller zu erkennen. In Wirklichkeit handelt es sich um eine vierrädrige Vorrichtung, die Kindern half, laufen zu lernen.

1791 hatte also der französische Graf J. H. de Sivrac den Vorläufer des Fahrrades erfunden. Das jedenfalls behaupten die meisten Zweiradchronisten. Richtig ist es sicher nicht. Zwar hatte der Pariser Graf dem starren Laufrad zum ersten grossen Durchbruch verholfen. Gleichartige Konstruktionen hatte es indes schon lange vor de Sivrac gegeben. Die internationale Fahrradliteratur erwähnt sie kaum, was gerade daran liegen mag, dass sie nicht recht populär wurden. Aber es hat sie gegeben, und zwar schon gegen Mitte des 18. Jahrhunderts. Nach älteren Quellen sollen sie in der Nürnberger Gegend und im schlesischen Raum gefertigt worden sein. Sicher aber standen zwei dieser Räder noch mindestens bis zum Ende des 19. Jahrhunderts im Germanischen Nationalmuseum in Nürnberg. Dafür gibt es neben verschiedenen Hinweisen in der älteren Literatur auch Augenzeugenberichte. So schreibt der Bonner Anatomieprofessor Dr. med. Schiefferdecker im Jahr 1900 in seinem Buch «Das Radfahren und seine Hygiene» im Anschluss an einen Bericht über frühe Muskelkraftwagen:

«Um dies mechanisch zu bewegende Gefährt brauchbarer zu machen, suchte man es vor allem zu erleichtern, und so verwendeten die späteren Nürnberger Konstrukteure nur zwei Räder hintereinander und trieben eine solche Maschine nicht durch einen besonderen Mechanismus, sondern durch Abstossen mittels der Fussspitzen des Fahrers, welcher auf seinem zwischen den Rädern befindlichen Sattel sass. Es waren dieses also «Laufmaschinen», welche, wenn sie in rascher Bewegung sich befanden, dem Fahrenden erlaubten, eine Strecke weit mit emporgezogenen Füssen ohne Kraftanstrengung weiter zu fahren. Man lernte hierbei, dass man auf einem derartigen Gefährt balancieren konnte, sobald es im Gange war. Eine Lenkvorrichtung war an diesen Maschinen nicht angebracht. Diesen Nürnberger Apparaten ist augenscheinlich auch das ‹Célérifère› nachgebildet worden. Bourlet* behauptet merkwürdigerweise, dass Herr de Sivrac den ‹appareil vélocipédique› erfunden habe, da er der Urheber dieses Pferdes sei. Nach dem vorher über die Nürnberger Maschinen Gesagten, dürfte sich diese Behauptung wohl nicht halten lassen.»

Noch 1928 bemerkt der Verein deutscher Fahrradindustrieller in seiner zum vierzigjährigen Bestehen herausgegebenen Jubiläumsschrift:

«Die ältesten selbstfahrenden Wagen führten dann zur Herstellung anderer noch einfacherer Fahrzeuge, welche durch den Fahrenden selbst in Bewegung zu setzen waren, unter anderem auch eines Fahrzeuges, das nur aus zwei Rädern und einem die Räder

* Bourlet C.: La bicyclette, sa construction et sa forme. Paris; Le Génie civil, Gauthier-Villars, 1899, p. 7.

verbindenden und zusammenhaltenden, sehr primitiven Rahmen bestand, auf dem der Fahrer rittlings sass.
Allmählich entwickelte sich aus dem selbstfahrenden Kurbelwagen eine ‹Fahrmaschine›, ein Fahrrad oder doch wenigstens der älteste Vorgänger eines solchen. Es steht fest, dass solche Fahrmaschinen in der Mitte des 18. Jahrhunderts in ganz verschiedener Ausführung hergestellt und benutzt wurden, letzteres allerdings nur mehr des Spasses halber als für praktische Zwecke. Denn dass das Fahrzeug für praktische Zwecke verwendet werden könnte, war bei der einfachen Art der Konstruktion ausgeschlossen. Die Hersteller bzw. Erfinder dieser Maschinen sind leider nicht bekannt geworden, doch sind einige Exemplare dieser vorsintflutlichen Fahrräder noch erhalten geblieben und werden noch heute im Germanischen Museum in Nürnberg aufbewahrt.»

Ähnliche Hinweise finden sich auch in anderen historischen Schriften. Selbst Meyers berühmtes Konversationslexikon weist auf die alten unlenkbaren Räder im Germanischen Nationalmuseum hin.

Max Rauck, dem Mitautor des vorliegenden Buches, hat ein alter Münchner namens Bader 1948 schriftlich erklärt:

«Die Tatsache lässt sich nicht bestreiten, dass im Germanischen Museum früher, d.h. mindestens bis Ende der 1890er Jahre, eine Anzahl weiterer Laufmaschinen, aus der Mitte des 18. Jahrhunderts stammend, aber mit stabil angeordnetem, d.h. nicht steuerbarem Vorderrad ausgeführt, dort gezeigt wurde,

und zur Beweisführung derselben sei auf folgendes Zeugenmaterial kurz hingewiesen:

Mir selbst, dem Unterfertigten, wurden diese alten Laufmaschinen, ungefähr zu Beginn der 1880er Jahre – die vorgenannte Drais-Maschine HG 4328 war damals noch nicht vorhanden – in Begleitung meines Vaters unter persönlicher Führung des mit letzterem befreundet gewesenen Direktor Dr. Essenwein vorgezeigt und demonstriert. Diese Laufmaschinen dort gesehen zu haben, kann ich auf meinen Eid nehmen.

Einem weiteren, noch lebenden Zeugen, Herrn Jul. Koeberlin, Direktor i. R., München, Reichenbachstrasse 34/II, früher in Nürnberg wohnhaft, steht gleichfalls in bester Erinnerung, diese Laufmaschinen in der zweiten Hälfte der 1870er Jahre im Germanischen Museum gesehen zu haben. Seine ausführliche, schriftliche Erklärung darüber, datiert vom 19. Dezember 1941, steht zur Einsichtnahme zu Diensten.»

Als Bader die beiden Räder im August 1941 erneut im Nürnberger Museum besichtigen wollte, waren sie dort nicht mehr aufzufinden. Wo sie geblieben sind, ist bis heute nicht geklärt. Auch Bilder gibt es im Museumsarchiv nicht.

Unbeantwortet bleibt die Frage, ob die Antike Zweiräder kannte. Überlieferungen gibt es nicht, nur aus dem alten China kommen vage Vermutungen. Gelegentlich verweisen Chronisten auf das Relief eines römischen Sarkophags aus dem zweiten nachchristlichen Jahrhundert, den das Nationalmuseum in Rom aufbewahrt. Dort sei ein Kinderroller abgebildet. In der Tat hat das Gefährt mit diesem Spielzeug grosse Ähnlichkeit. Dennoch: mit einem Roller hat es nichts zu tun, denn das Kind schiebt das vierrädrige Wägelchen vor sich her, um auf diese Weise laufen zu lernen. Solche Laufhilfen waren im alten Rom verbreitet. Auch das Mittelalter kannte sie, und vereinzelt finden sie sich sogar noch heute in Krankenhäusern als Gocarts.

Ungeklärt ist auch das Rätsel eines mysteriösen achtfarbigen Fensters, das bis zum Zweiten Weltkrieg die englische Kirche St. Giles in Stoke Poges bei Windsor zierte. Das Gotteshaus wurde 1642 gebaut, rund ein Jahrhundert vor den Nürnberger Laufrädern und etwa 150 Jahre vor dem Aufkommen der Céliféren. Und doch: das Fenster zeigt einen flügellosen Posaunenengel, der mit einem lenkungslosen Laufrad durch die Wolken fährt. Nichts läge näher als die Vermutung, der Künstler habe die Glasmalereien erst später angefertigt, eben zu einer Zeit, als es bereits Céliféren gab. Warum aber hat er dann die Figuren zu beiden Seiten des radelnden Engels in Kostümen vom Anfang des 17. Jahrhunderts dargestellt, genau nach der Mode zur Zeit Oliver Cromwells?

Das rätselhafte englische Kirchenfenster in Stoke Poges bei Windsor stammt aus der Zeit Oliver Cromwells.

«Der Mann, welche die Körper schnell bewegen lehrte» – Karl von Drais und seine Laufmaschinen

Herr von Drais.

Ein Erfinderschicksal

Karlsruhe, 27. Oktober 1835. In einer Kneipe sitzt ein etwas mürrisch dreinblickender Gast bei seinem Becher und grübelt vor sich hin. Er mag 50 Jahre alt sein, und er ist nicht gerade das, was man eine elegante Erscheinung nennt. Seine kleine untersetzte Figur und der im Verhältnis viel zu grosse Kopf wollen nicht so recht miteinander harmonieren. Das Gemisch aus Teilen einer alten verschossenen Forstmeisteruniform und abgegriffener höfischer Garderobe vergangener Tage unterstreicht den grotesken Ernst im Ausdruck und im Gebaren des Männchens. Zugleich aber lässt diese Kleidung ahnen, dass es im Leben der etwas traurigen Gestalt bessere Tage gegeben haben muss.

Noch ein anderer auffälliger Gast sitzt zur selben Stunde in dem drittklassigen Lokal: ein geckenhaft gekleideter Brite mit dem Flair eines avancierten Tingeltangel-Künstlers. Er nennt sich Kunstreiter, und sein Karlsruher Publikum kennt ihn unter dem Namen Belling.

Die schrullige Art des anderen Gastes reizt den blasierten Engländer zu Spott. Und weil er den verletzbaren Punkt seines Gegenübers nur zu genau kennt, bringt er seinen beissenden Hohn sehr gezielt an. Er verlacht genau das, was jener als seine grösste Erfindung betrachtet: ein lenkbares Laufrad, das er schon vor achtzehn Jahren der Öffentlichkeit vorgestellt hatte. Damals hatte es viele anerkennende Stimmen gegeben; aber auch ironische Kritik. Die Mannheimer hatten in all den Jahren nicht aufgehört, den so merkwürdig gekleideten Erfinder zu belästigen und zu hänseln, wo immer er mit seinem Zweirad auftauchte. Welcher Trost wäre es für ihn gewesen, hätte er damals schon gewusst, mit welcher Bitterkeit sich gegen Ende des 19. Jahrhunderts Carl Benz, einer der Erfinder des Autos, über die Bewohner dieser Stadt äussern würde: «Die Stadt Mannheim, in der auch das erste Fahrrad der Welt entstand, kann mit Stolz darauf hinweisen, dass aus ihren Mauern zwei der bedeutendsten modernen Verkehrsmittel hervorgegangen sind. Doch darf dabei nicht verschwiegen werden, dass die Mannheimer Bevölkerung beiden

Schöpfungen auch nicht das geringste Verständnis entgegenbrachte und die Erfinder mit bitterem Hohn übergoss.»

Im Laufe der Zeit war der im Grunde seines Wesens gutmütige Drais – denn um niemand anderes handelte es sich bei dem auffälligen Gast – verbittert. Wenn er sprach, klang es unwirsch und hart. Das war seine hilflose Art, sich gegen den Spott des Pöbels zur Wehr zu setzen. Entsprechend gereizt reagierte er denn auch auf die zynischen Anspielungen des arroganten Briten. Das aber verletzte den Stolz des Reiters, und weil es ihm offenbar an Intelligenz fehlte, den Gegenangriff mit Worten abzuschlagen, versuchte er, den rasch ernst gewordenen Streit auf andere Weise für sich zu gewinnen: Er boxte Drais zur Kneipentür hinaus und schlug ihn nieder. Im feuchten Rinnstein blieb er liegen.

Weil der so übel Traktierte als stadtbekanntes Original galt, brachten Journalisten den Vorfall in die Zeitung. Der Kammerherr Karl von Drais war in eine Wirtshausschlägerei verwickelt. Der Regierung in seiner Heimatstadt Mannheim war das ein willkommener Anlass, ihm nach einer angeblich gründlichen Untersuchung des Vorfalls am 5. November desselben Jahres (1835) die Schlüssel abzunehmen, die er als Zeichen seiner Amtswürde besass. Freunde hatte er unter den Regierenden schon lange keine mehr gehabt. Ein Jahr später erklärte man Drais in einem amtlichen Schreiben als «geistesverwirrt». Resigniert und verbittert lebte der alte Mann noch fünfzehn Jahre still und zurückgezogen und starb verarmt am 10. Dezember 1851 bei Kostgebersleuten in Karlsruhe. – Erfinderschicksal.

Wer war Drais?

Wie aussichtsreich hatte Drais' Karriere begonnen. Alle Voraussetzungen für eine glänzende Laufbahn schienen ihm schon in die Wiege gelegt, als er am 29. April 1785 in Karlsruhe auf die Welt kam. Sein Vater, Carl Wilhelm Friedrich Ludwig, Baron von Drais (1755 bis 1830), war als fürstlicher Hof- und Regierungsrat ein sehr angesehener Mann. 1806 avancierte er zum Oberhofgerichtspräsidenten. Seine Mutter, Er-

nestine Christine Margareth, eine geborene Baronin von Kaltenthal (gestorben 1800), genoss ebenfalls die Achtung
des Hofes. So standen an der Wiege des
kleinen Drais achtzehn der hochgestell-
testen Persönlichkeiten, unter ihnen der
Landesherr Markgraf Carl Friedrich zu
Baden (1728 bis 1811) selbst.

Nach unbeschwerten Kinderjahren
muss der junge Freiherr von Drais eine
ungemein sorgfältige und umfassende
Ausbildung genossen haben. Es ist bekannt, dass er von 1800 bis 1803 die neugegründete Forstakademie seines un-
verheirateten Onkels Friedrich Heinrich Georg Drais von Sauerbronn (1758
bis 1833) besuchte, um sich auf eine
Laufbahn als Forstmeister vorzuberei-
ten. Sein Vater, der inzwischen zum
Oberhofrichter in Mannheim avanciert
war, hätte seinen einzigen männlichen
Nachfolger gerne als Juristen gesehen.
Aber dem jungen Mann lag das trocke-
ne Fach nicht. So wandte er sich dem
«grünen Beruf» zu, in der Hoffnung, in
der Stille seines späteren Amtes unge-
stört seinen technischen Interessen frö-
nen zu können. Die Naturwissenschaften nämlich faszinierten ihn. Deshalb
studierte er auch nach 1803 an der Hei-
delberger Universität Mathematik,
Physik, Baukunst und Landwirtschaft.

Die Gunst des Landesherren und
Drais-Paten wirkte sich überaus positiv
auf die flotten beruflichen Beförderun-
gen des jungen Barons aus: Schon mit
19 Jahren wurde er Jagdjunker, mit 21
Hofjunker. Ein Jahr später, 1807, bestand er mit Glanz und Gloria das Forst-
examen, und als Dreiundzwanzigjäh-
riger durfte er sich Kammerjunker nennen und avancierte zum Forstinspektor
in Gengenbach. Nach nur drei Jahren
Dienst trug er den Titel eines grossherzoglichen Badischen Forstmeisters. Das
war 1810.

Drais selbst beeindruckte seine glänzende Karriere wenig. Ihn interessierte
nach wie vor die Technik. Er vernach-
lässigte seinen Beruf und widmete sich
in den folgenden Jahren einer Reihe un-
gewöhnlicher Erfindungen. Er konstruierte unter anderem eine Tasten-
schreibmaschine, Tageslichtreflektoren
für dunkle Räume, eine Fleischhackma-
schine und einen Doppelspiegel, mit
dem sich um die Ecken sehen liess. Daneben arbeitete der junge Baron auch

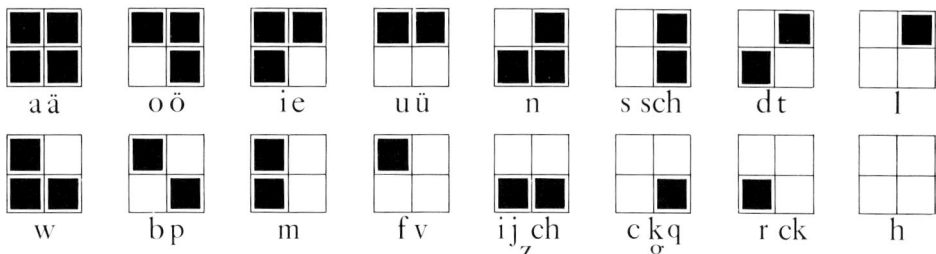

So codierte Freiherr von Drais die Buchstaben auf seinem «Schnellschreibclavier». Die schwarz
gekennzeichneten Tasten mussten jeweils gleichzeitig niedergedrückt werden.

auf theoretischem Gebiet. 1816 berichtete die Zeitschrift «Neues Magazin aller neuen Erfindungen, Entdeckungen
und Verbesserungen» über ihn:
*Der durch ein glückliches Talent sich aus-
zeichnende, auch als scharfsinniger Mathematiker bekannte, Grossherz. badische
Kammerjunker und Forstmeister, Carl
Friedrich von Drais in Mannheim, hat seit
einiger Zeit folgende nützlichen Erfindungen gemacht, wovon die Fortsetzung unseres
Magazins nach und nach ausführlichere Beschreibung liefern wird.*
*1. Eine allgemeine Auflösung aller mögli-
chen Wurzeln der numerischen Gleichung
jeden Grades, welche die vollkommenste genannt werden darf, die man für numerische
Gleichungen hat.*
*2. Auch mit Vollständigkeit ein dynamisches
Rechensystem, oder eine solche Charakteri-
stik, welche sehr einfach alles durch zwei
Zeichen ausdrückt. Er hat dieses System in
einem eigenen kleinen Werke beschrieben.*
*3. Eine Schiessmaschine, welche weiter
reicht, als alle bisherigen Maschinen dieser
Art, welche die Körper scharf durchdringt,
welche in Hinsicht des Pulvers, Metalles,
Transportes wohlfeil und zugleich in der
Wirkung schnell ist.»*

Viele Drais-Gedanken führten eindeutig weit über seine Zeit hinaus; etwa
seine Schreibmaschine, die er «Schnellschreibclavier» nannte, oder das «dya-
dische» Rechensystem. Damals war es
kaum mehr als eine eigenwillige mathe-
matische Spielerei. Aber schon in den
dreissiger Jahren des 19. Jahrhunderts
entstanden die Telegrafensysteme von
Gauss und Weber und das später welt-
bekannte Morse-Alphabet. Hatte die
Draissche Arbeit die Erfinder inspiriert? Eine von ihm vorgeschlagene
Stenografiemaschine verschlüsselte die
Buchstaben im Prinzip nicht anders als
die Telegrafenalphabete. Um 1850 entwickelte der britische Mathematiker

George Boole die heute nach ihm be-
nannte Binär-Algebra, im Grunde
nichts anderes als eine logische Fortent-
wicklung des «dyadischen Rechensy-
stems» von Drais. Auf genau diesem
Prinzip basiert die gesamte moderne
Computertechnik!

Die Erfindung der lenkbaren Lauf-
maschine

1813 hatte Drais den Wagen entwik-
kelt, der ohne Pferde läuft. Dass sich
seine sogenannte Fahrmaschine als völ-
liger Misserfolg erwies, davon war
schon die Rede. Man sagt Drais manchmal starres Festhalten an einer Idee
nach. In Wirklichkeit war der so Cha-
rakterisierte flexibel genug, klar zu erkennen, dass sich sein Plan bei den mise-
rablen Strassenverhältnissen seiner Zeit
technisch nicht realisieren liess. Dennoch gab er nicht auf. Er musste einen
anderen Weg finden, den Menschen
mit Muskelkraft schneller fortzubewegen als zu Fuss.

Denn eines hatte Drais sehr klar erkannt: Der Fussgänger hebt bei jedem
einzelnen Schritt seinen Schwerpunkt
und verbraucht dabei unnötige Energie. Beim Fahren ist das anders. Hier
dient die ganze Kraft allein der Vor-
wärtsbewegung. Deshalb musste ein
Muskelkraftfahrer bei gleichem Energieaufwand theoretisch schneller vor-
ankommen als ein Fussgänger. Das Problem lag einzig daran, die Strasse mit
ihrem losen Sand und Kies, ihren
Schlaglöchern und ihrem Schlamm zu
überlisten. Dafür gab es nur eine einzige Lösung: Das Fahrzeug musste ein-
spurig sein. Zwei Räder haben den hal-
ben Reibungswiderstand wie vier, und
– was noch wichtiger ist – mit einem
einspurigen Gefährt lässt sich immer die
beste Stelle der Fahrbahn nutzen. Die
konsequente Erfindung machte Drais

1816: das lenkbare Laufrad. Er selbst beschreibt dieses «Velociped», wie er es erstmals nennt, ausführlich in französischer Sprache. Hier ist die zeitgenössische Übersetzung:

«*Beschaffenheit und Eigenschaften.*

Diese Erfindung ist aus dem einfachen Gedanken entstanden, einen auf zwei Rädern befestigten Sitz mittels der Füsse fortzubewegen.

1.) Berg auf geht die Maschine, auf guten Landstrassen, so schnell, als ein Mensch in starkem Schritt.

2.) Auf der Ebene, selbst sogleich nach einem starken Gewitterregen, wie die Staffetten der Posten, in einer Stunde 2.

3.) Auf der Ebene, bei trockenen Fusswegen, wie ein Pferd im Galopp, in einer Stunde gegen 4.

4.) Berg ab, schneller als ein Pferd in Carrière.

Beispiele davon in der Carlsruher Zeitung No. 211., in der Allgemeinen No. 204. und in vielen andern Blättern.

Zur Grundlage meiner Theorie bediente ich mich des sehr bekannten Mechanismus des Rades und wendete dasselbe in einfachster Weise auf den Gang des Menschen an. Mit Bezug auf die Kraftersparniss kann man also diese Erfindung mit der (sehr alten) Erfindung der gewöhnlichen Wagen vergleichen. Gerade wie das Pferd vermittelst eines gut

Original-Draisine um 1820, die seit 145 Jahren in den Fürstlich Fürstenbergischen Sammlungen in Donaueschingen steht.

gebauten Wagens mit grösster Leichtigkeit sowohl des Wagens, als auch die darauf befindliche Last ziehen kann, obwohl es die Ladung allein auf dem Rücken nicht tragen könnte, so kann auch der Mensch mittelst des Velocipeds (dessen Gestell und Naben sehr leicht sind) seinen Körper leichter befördern, als wenn das ganze Gewicht auf den Füssen desselben ruht. Diese Tatsache ist umsomehr unbestreitbar, als man mit dem Velociped, welches nur in einer Spur läuft, fast immer die besseren Theile des Weges benutzen kann. Auf einem harten, festen Weg gleicht die Geschwindigkeit des Velocipeds ungefähr der eines geübten Schlittschuhläufers, wie denn beide Bewegungen im Princip dieselben sind.

Das Velociped läuft thatsächlich, während der Fahrer sich kurze Zeit ausruht, mit derselben Geschwindigkeit, als wenn die Füsse in der grössten Bewegung bleiben, und bergab schlägt es die besten Pferde um eine bedeutende Strecke, ohne dass man dabei häufigen Unglücksfällen ausgesetzt ist, weil man unabhängig von der Bremse, welche sich durch die Bewegungen eines Fingers anwenden lässt, stets in der Lage ist, seine Maschine mittelst der Füsse anzuhalten.

Erklärung der Theile des Velociped (vgl. Abb. auf Seite 20).

a) Die Lenkstange, b) das Gestell für die Räder, c) Nieten, d) Wappen des Erfinders, e) Lehne, f) Stützen, g) Balancierbrett, h) Sitz, i) Gestell und Stütze zum Tragen eines Koffers, k) die Räder, l) die Naben, m) die Bremsschnur.

Handhabung des Velocipeds.

Nachdem man sich über dasselbe, ähnlich wie auf dem nebenstehenden Bilde gestellt hat, die Elbogen nach aussen und den Körper etwas nach vorn gehalten, stütze man die Arme auf das Balancierbrett und versuche das Gleichgewicht zu halten, indem man leise auf das Brett nach der Seite drückt, auf welcher sich dasselbe zu heben beginnt. Die leicht bewegliche Lenkstange wird mit beiden Händen gehalten, und dient dazu, dem Velociped die Richtung ganz nach Wunsch angeben zu können, jedoch muss dies so geschehen, dass die Räder soviel wie möglich in einer geraden Linie laufen. Das Lenken ist nur mit den Händen auszuführen, weil die Arme bis zum Elbogen nur das Gleichgewicht zu halten haben, während die Hände die Richtung angeben. Man muss versuchen, sich ein richtiges Gefühl für die Schwankungen des Velocipeds anzueignen.

Alsdann stelle man die Füsse leicht auf den Boden, und mache in der Richtung der nach vorn laufenden Räder grosse Schritte. Im Anfang mache man langsame Schritte und achte darauf, die Hacken nicht zu sehr nach innen zu nehmen, damit sie nicht in das Hinterrad gerathen. Um nach und nach die sich entgegenstellenden Schwierigkeiten zu überwinden, mache man die ersten Versuche auf einer glatten Strasse, oder noch besser einem Platz von genügender Ausdehnung. Erst nachdem man die vollkommene Fertigkeit im Halten des Gleichgewichts und im Lenken des Velocipeds erreicht hat, darf man versuchen, die Bewegung der Füsse zu vergrössern, und dieselben häufig in der Luft zu halten (während die Maschine mit grosser Geschwindigkeit rollt), um sich ausruhen zu können.

Bemerkungen.

Soweit ich konnte habe ich alles vorgesehen, sowohl mit Rücksicht auf Dauerhaftigkeit und Leichtigkeit, als auf Eleganz.

Was Bequemlichkeit betrifft, so suche ich soviel wie möglich den Wünschen der Amateure entgegen zu kommen. Auf Wunsch von Auftraggebern lasse ich, abgesehen von dem einfachen Velociped, welches hierin beschrieben wird, anfertigen: a) dieselbe Maschine, versehen mit einer Schrauben-Einrichtung, um den Sitz um mehrere Zoll höher oder niedriger zu stellen, je nach der Grösse der Personen, die sie benutzen; b) eine andere Maschine mit 2 hintereinander befindlichen Sitzen, und mit derselben Schrauben-Einrichtung, wodurch zwei Per-

DIE
LAUFMASCHINE
DES
FREIHERRN KARL VON DRAIS.

EIGENSCHAFTEN.

1.) Berg auf geht die Maschine, auf guten Landstrafsen, so schnell, als ein Mensch in starkem Schritt.

2.) Auf der Ebene, selbst sogleich nach einem starken Gewitterregen, wie die Staffetten der Posten, in einer Stunde 2.

3.) Auf der Ebene, bei trockenen Fufswegen, wie ein Pferd im Galopp, in einer Stunde gegen 4.

4.) Berg ab, schneller als ein Pferd in Carrière.

Beispiele davon in der Carlsruher Zeitung No. 211., in der Allgemeinen No. 204. und in vielen andern Blättern.

---

sonen, welche das Gleichgewicht zu halten gut gelernt haben, im Stande sind, sich abwechselnd auszuruhen; c) schliesslich 3- oder 4rädrige Velocipeden mit einem gewöhnlichen, bequemen Sitz zwischen den Vorderrädern und einem anderen hinter dem ersten und zwar so eingerichtet, dass ein Pferd vorgespannt werden kann; obwohl diese letzte Gattung weder so bequem noch so praktisch als die erste ist, so vereinigt sie sich in den dreifachen Vortheil, dass man erstens beim Fahren auf öffentlichen Plätzen und Promenaden Damen mitnehmen kann, wie bei Schlittenfahrten, dass man in keiner Weise von dem Staub der Pferde belästigt wird, und drittens, dass man unter freiem Himmel die schönste Aussicht auf die ganze Umgebung geniessen kann.

Die Ausschmückung und Ausstattung der Velocipeden als: Sonnen- oder Regenschirm, eine Art Segel, um einen günstigen Wind auszunutzen, Lampen, Vergoldung und andere beliebige Verzierung hängt von dem

Aus der Patentschrift (1818) des Freiherrn von Drais. Sie ist das älteste Dokument, das ein lenkbares Zweirad beschreibt.

Geschmack und den besonderen Wünschen eines jeden Amateurs ab.

Ich hoffe, dass jeder Kunstfreund bereit sein wird, sich durch eine unparteiische Untersuchung von der Wahrheit des Gesagten zu überzeugen und sich mir anschliessen wird, um zum Wohle der Menschheit zu einem praktischen Förderungsmittel zu gelangen.

Freiherr Charles von Drais

Forstmeister S. Kgl. H. des Grossherzogs von Baden,

Mitglied mehrerer literarischer Gesellschaften.»

Neben den in dieser Werbeschrift angebotenen Sonderausstattungen offerierte Drais schon 1817 weiteres Zubehör: Gepäckträger, zwei Stützen zum Abstellen der Maschine, eine «Erholungseinrichtung» (wohl eine Art

Fussraste) und bereits auch eine Fahrradbremse mit Bremsschnur, die er «Schleifsperre» nannte.

Drais war von der Bedeutung seiner Erfindung überzeugt, und er glaubte, bei seinen Zeitgenossen offene Türen einzurennen. Trotzdem bat er um Kritik: «Ich grüsse meine Freunde herzlich und reiche Jedermann freundlich die Hand, der unparteiisch bestrebt ist, die Wahrheit zu untersuchen und das Gute zu fördern».

Drais hoffte auf das ganz grosse Geschäft. Dass er durchaus eine kommerzielle Ader besass, dafür zeugen Passagen in seiner Werbeschrift, die an modernes Marketing erinnern: das Offerieren von Luxusausstattungen für das verwöhnte Publikum, das Angebot von Probefahrten und – an anderer Stelle – Hinweise auf den «Trimm-dich»- und Freizeitwert seines Velocipeds: seine Laufmaschine sei geeignet «für Gesundheit und Vergnügen, um sich mit wenig Mühe in kurzer Zeit viel Bewegung auf angenehme Art zu machen». Drais betrieb sogar eine regelrechte Publicity-Kampagne in Briefen an zahlreiche hochgestellte Persönlichkeiten, darunter die Könige von Preussen, Frankreich und England. Die Formulierungen des später so enttäuschten Mannes waren zu dieser Zeit überaus selbstsicher:

«Erfindung des Barons von Drais
Fliegende Post
Depeschenträger.
Für die Mitteilung dieser einfachen, in vier Worten ausgedrückten, ausgeführten und wichtigen Idee wünsche ich von der Grossmuth der englischen Nation eine der Wichtigkeit des Gegenstandes angemessene Belohnung zu erhalten, um noch weitere nützliche Arbeiten machen zu können etc.; ich werde bereit sein, eine weitere Beschreibung der Idee zu geben, oder auf Wunsch noch ein Experiment zu zeigen, um in 2 Minuten eine englische Meile zu machen.
Göttingen, 30. October 1821
Karl, Baron von Drais, Erfinder der Velocipeden etc.»

Die Aktivitäten des Laufrad-Barons vertrugen sich natürlich nicht mit seinem Beruf als grossherzoglicher Badischer Forstmeister. Bevor er allerdings diesen Dienst quittieren und sein eigener Herr werden konnte, musste Drais sich absichern. Er reichte deshalb 1817 bei der Badischen Regierung ein Gesuch ein, ihm auf seine Erfindung Patentschutz zu erteilen. Zu dieser Zeit war sein alter Gönner, der Grossherzog Carl Friedrich, schon seit sechs Jahren tot, und in der besonderen Gunst des neuen Landesherrn Carl Ludwig Friedrich stand der Forstmeister offenbar nicht. Zwar veröffentlichte das «Badische Magazin» am 21. September 1817 ein fürstliches Belobigungsschreiben, aber das Patent liess auf sich warten. Drais bat daraufhin die ihm gewogene Grossherzogin um eine Empfehlung an das Innenministerium. Wohl oder übel musste sich die Behörde nun der Sache annehmen. Das Gutachten erstellte am 30. Dezember derselbe Wasser- und Strassenbaudirektor Tulla, der früher schon den Draisschen Muskelkraftwagen abgelehnt hatte. Auch seine neue Expertise fiel negativ aus. Sie zog «den grossen praktischen Nutzen der Lauf-

maschine in Zweifel». Aber den Neuheitsgedanken konnte Tulla diesmal nicht bestreiten. Am 12. Januar 1818 erhielt der Erfinder das grossherzogliche

Diese Laufmaschine um 1816/17 galt einmal als erstes Drais-Modell. Die jüngste historische Forschung ergab, dass diese Ansicht falsch ist.

Zeichnung aus der Patentschrift des Freiherrn von Drais. Sie ist die älteste Abbildung eines lenkbaren Zweirads. Der Zeichner war ein gewisser Wilhelm Siegrist aus Mannheim.

Privileg, befristet auf zehn Jahre. Genau zwei Wochen später verlieh ihm der Grossherzog den Titel eines Professors der Mechanik. Noch im selben Jahr quittierte Drais den Forstdienst.

Die Draisine wird bekannt

Drais wandte sich dem Geschäft zu. Auf dem Markt musste sein Velociped, das er jetzt Draisine nannte, grosse Chancen haben. Im Gegensatz zu den alten Céléríferen war sein Laufrad lenkbar und damit ein wirkliches einspuriges Verkehrsmittel.

Die Lenkung machte es zugleich viel leichter, die Balance zu halten, als das bei den starren Laufmaschinen der Fall gewesen war. Diesen Effekt unterstütz-

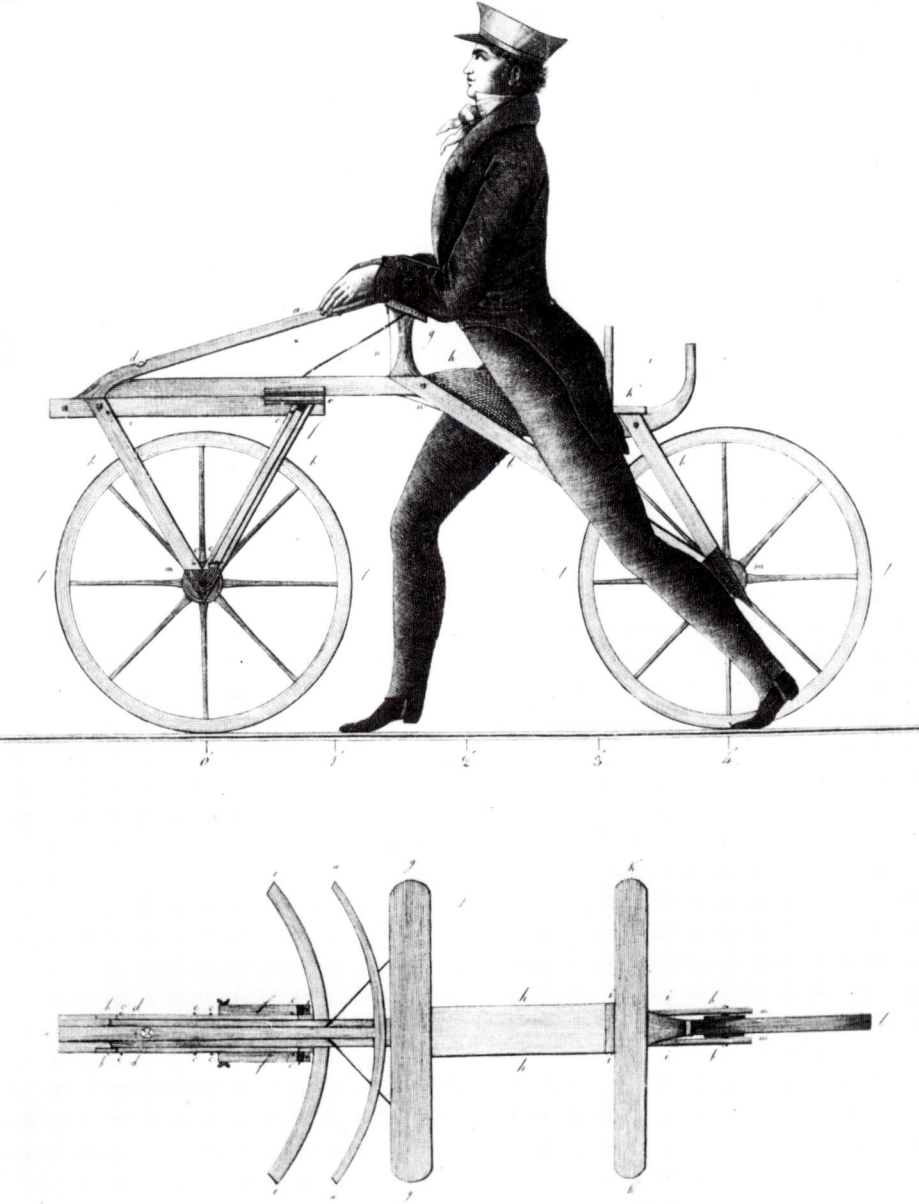

te ausserdem ein Balancierbrett, auf das der «Radläufer» seine Unterarme aufstützte. Beim angeblich ersten Drais-Modell war dieses Brett zugleich Lenkstange. Der frühere Direktor des Historischen Museums am Hohen Ufer, Hannover, Dr. Helmut Plath*, und Fräulein Dr. Anscheidt vom Mannheimer Reissmuseum, bezweifeln allerdings wohl zu Recht, dass diese Maschine überhaupt von Drais stammt. Sie halten sie für einen späteren Nachbau. Bei allen authentischen Draismaschinen war das Balancierbrett fest mit dem Rahmen verbunden; als Steuerung gab es einen eigenen Lenkhebel.

Um seine Erfindung bekanntzumachen, veranstaltete der Baron eine Reihe öffentlicher Fahrten. Schon im Sommer 1817 hatte er eine Wette gegen den Innenminister gewonnen: In nur vier Stunden war er von Karlsruhe nach Kehl (rund 50 Kilometer) gefahren.

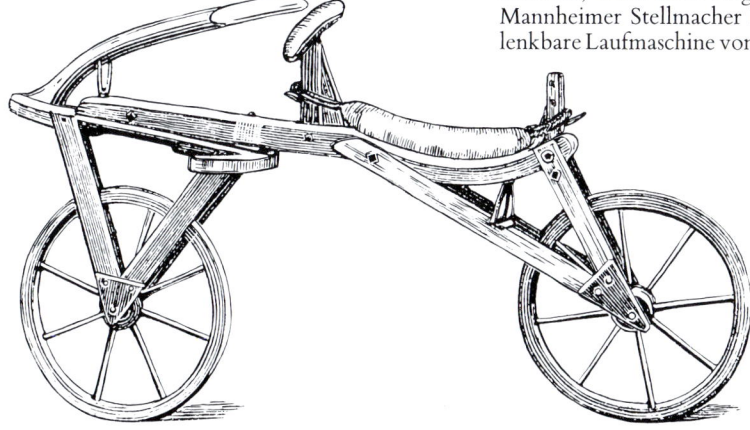

Die Pferdepost brauchte damals die vierfache Zeit. Am 1. August desselben Jahres hatte die «Karlsruher Zeitung» berichtet, Drais sei «in einer kleinen Stunde» von Mannheim bis zum Schwetzinger Relaishaus gefahren, normalerweise «vier Poststunden Weges». Ohne grosse Anstrengung dreizehn bis fünfzehn Kilometer pro Stunde zu fahren, das war eine Sensation. «Die Laufmaschine von Drais ist eine der wichtigsten Erscheinungen auf dem Gebiet der mechanischen Wissenschaften, über deren Brauchbarkeit beinahe ganz Teutschland in diesem Augenblick zu Gericht sitze», kommentierte die Presse zusammenfassend.

* Laufrad – Vélocipède – Hobbyhorse – eine typologische Untersuchung

Drais entwickelte zur gleichen Zeit drei- und vierrädrige Laufräder, obwohl er seine grosse Erfindung im einspurigen Laufrad sah. Er war so ehrlich, dass er seine mehrspurigen Laufmaschinen selbst kritisierte: «Sie haben 3 bis 4 Räder und taugen nicht so gut zum Reisen auf den jetzt gewöhnlichen Landstrassen, da sie mehr als ein Geleis haben…». Auch die Presse bemerkte 1817: «…dass diejenigen, welche besser zu thun glauben, statt eines Rades hinten zwei Räder neben einander anzubringen, um des Balancirens überhoben zu seyn, sich gar sehr irren, denn wegen des dadurch entstehenden 3 fachen Gleises, statt eines einfachen, und mithin vermehrter Friction, geht die Maschine dann natürlich weit schwerer, und verwickeln sich dabei die Füsse leicht mit den Hinterräder.» Beide Reise- oder Fahrgastdraisinen stammen aus den Jahren 1817/18 und befinden sich heute in den Fürstlich Fürstenbergischen Sammlungen in Donaueschingen.

Diese Schnellaufmaschine, das sogenannte Karlsruher Modell von 1817 mit einem Balancierbrett, baute nach Angaben von Drais der Mannheimer Stellmacher Frey. Es ist die erste lenkbare Laufmaschine von Drais.

Paris 1818: am 5. April führte ein Jäger des Freiherrn von Drais im Jardin du Luxembourg Laufräder seines Dienstherrn vor. Die Zeichnung ist nicht korrekt; sie zeigt nicht, dass sich die Maschinen lenken liessen; auch das Balancierbrett bleibt unbenützt.

Allerdings hing die Leistung der Draisine sehr vom Strassenzustand ab. Ein Zeitgenosse des Erfinders berichtet 1818 aus eigener Erfahrung:

«Auf sehr sandigen Wegen sowie in grundlosem Moraste geht die Laufmaschine zwar nur langsam und natürlich auch nicht geschwinder als ein Fussgänger; dasselbe gilt von steilen Bergen und steinigen Hohlwegen, wo man am besten absteigt und das leichte Fahrzeug an der Lenkstange neben sich schiebt. Auf dem Steinpflaster läuft sie ebenfalls weniger gut und wer sie hier fahren will, muss für sehr elastische Polsterung des Sattels Sorge tragen. Sanft anlaufende Berge werden aber mit Leichtigkeit und geschwinder als von Fussgängern damit erstiegen; selbst kotige Wege legen, sobald der Grund nur fest ist, dem Fortrollen der Maschine kein sonderliches Hindernis entgegen. Stets und besonders bei schlechten Wegen ist aber anzuraten, den Fusssteig zu suchen, welcher durch dieses leichte Fuhrwerk nicht im geringsten für andere Fussgänger verderbt wird. Selbst die schmälsten Fusssteige kann der Geübte damit ohne Bedenken befahren. Am besten aber rollt man auf harten und ebenen Chausseewegen hin.»

Natürlich gab es auch böse Kritiker und sogar Feinde des neuen Fahrzeugs. Bekannte Spötter veröffentlichten sarkastische Karikaturen und gehässige Texte. Das «Weimarer Journal» vom Februar 1820 wollte beispielsweise wissen, «dass die beim Gebrauch der Draisine nötige besondere Muskelanstrengung Zerreissungen und Entzündungen gewisser Muskeln des Schenkels und Beines zur Folge haben könne; und so hat man die Maschine wieder beiseite gelegt».

Nicht nur die Presse bereitete dem Laufmaschinenerfinder gelegentlich Sorgen. Auch in der Praxis blieben ihm Rückschläge nicht erspart. So sollte Drais am Sonntag, dem 5. April 1818, sein Laufrad im Pariser Jardin du Luxembourg vorstellen. Vermutlich hatte der französische Patentanwalt Louis Joseph Dineur die Veranstaltung organisiert. Drais selbst war zu dieser Zeit durch einen Vortrag über seine Erfindung vor der «Gesellschaft zur Beförderung der nützlichen Künste» in Frankfurt verhindert. Deshalb schickte er einen seiner Jäger (Drais hatte damals den Forstdienst noch nicht niedergelegt) in die Seine-Metropole. Doch dem delegierten jungen Mann fehlte offenbar jegliche Erfahrung im Umgang mit der Draisine. Trotz grosser Anstrengungen fuhr er langsamer als die ihn johlend verfolgende Kinderschar. Paris war enttäuscht und reagierte mit bitterem Spott. Versöhnlich stimmte nur, dass die Hälfte der Eintrittspreise für wohltätige Zwecke bestimmt war; und die einzige direkte Auswirkung war die Aufführung eines Theaterstückes «Les Vélocipèdes oder Die Vermietung einer Draisine» im Théâtre des Variétés einen Monat später. Bis sich die Franzosen schliesslich für die Qualitäten der Drais-Erfindung begeisterten,

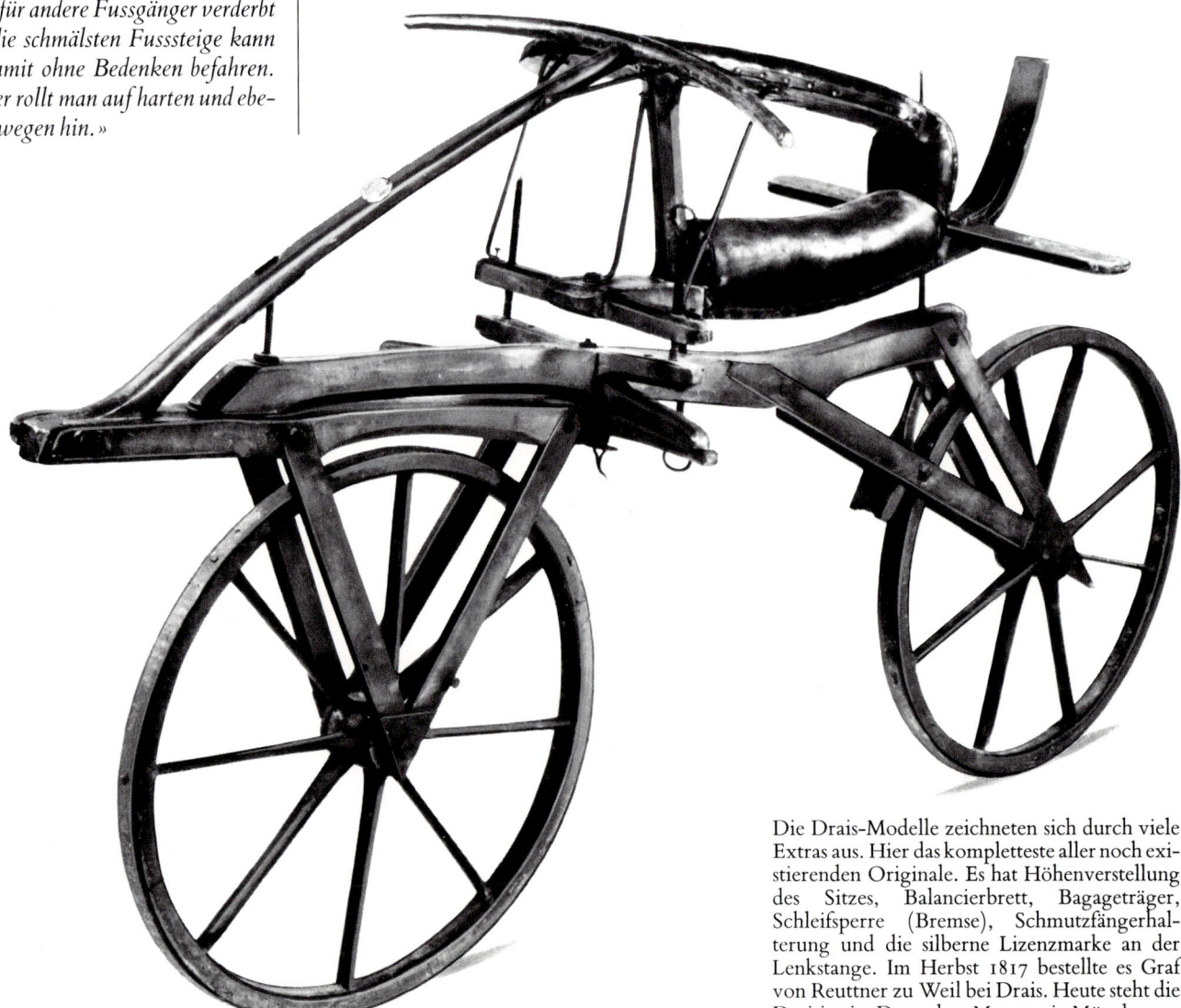

Die Drais-Modelle zeichneten sich durch viele Extras aus. Hier das kompletteste aller noch existierenden Originale. Es hat Höhenverstellung des Sitzes, Balancierbrett, Bagageträger, Schleifsperre (Bremse), Schmutzfängerhalterung und die silberne Lizenzmarke an der Lenkstange. Im Herbst 1817 bestellte es Graf von Reuttner zu Weil bei Drais. Heute steht die Draisine im Deutschen Museum in München.

vergingen viele Wochen. Dann aber entstanden an verschiedenen Orten im Lande Nachbauten.

Im grossen und ganzen liess sich das Geschäft gut an. Schon bald nach dem Bekanntwerden der Draisine stellten sich die ersten Käufer ein, meist adlige Herren, deren Namen dem weiteren Vertrieb nur zuträglich sein konnten: der Grossherzog von Sachsen-Weimar

zum Beispiel, der Herzog von Gotha, der Graf von Lindau, Graf Starszensky aus Prag, der Graf von Reuttner zu Weil (dessen Draisine heute als Leihgabe des Germanischen Nationalmuseums Nürnberg im Deutschen Museum München steht) und der General von Pelet in Westpreussen. Auch öffentliche Institutionen kauften Drais-Räder, unter ihnen das Mannheimer

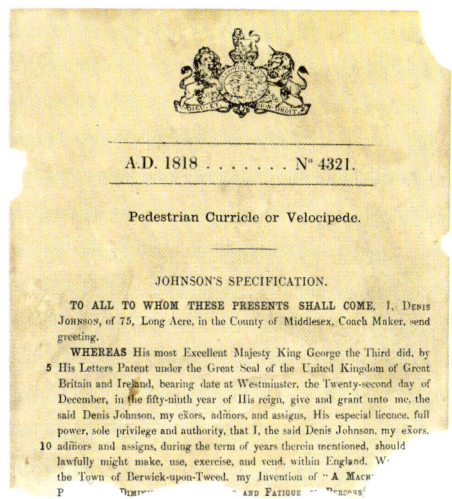

Denis Johnson meldete als Drais-Lizenznehmer für das lenkbare Laufrad in England ein Schutzrecht an: Patent-Nr. 4321/1818.

Turninstitut und das Königlich Bayerische Institut zu Frankenthal.

Weil das badische Patent nur den Nachbau und den Gebrauch in den Grossherzoglichen Landen schützte, bemühte sich Drais auch anderenorts um Rechtsschutz. Am 4. Dezember 1818 soll er das preussische Privileg erhalten haben, zugleich mit einem königlichen Anerkennungsschreiben und acht Friedrichs d'or. In Bayern bewirkte der bekannte Ingenieur und Oberbergrat von Baader (1763 bis 1835) die Privilegerteilung. Das französische Patent auf «Vélocipèdes» – Nr. 869 vom 17. Februar 1818 – meldete der Anwalt Louis Joseph Dineur in Paris für fünf Jahre an.

In England erhielt der Kutschenmacher und Drais-Lizenznehmer Denis Johnson aus Long Acre in der Grafschaft Middlesex das Patent Nr. 4321 auf «Pedestrian Curricle or Velocipede». Am 26. Juni 1819 meldete selbst in Amerika ein Mr. W. A. Clarkson jr. aus New York ein Patent auf das Velocipede an. Seine genaue geschäftliche Beziehung zu Drais lässt sich nicht mehr feststellen. 1836 vernichtete ein Brand im Washingtoner Patentamt alle Unterlagen.

Für den Nachbau im In- und Ausland kassierte der Zweiraderfinder Lizenzgebühren. Die Zahlungen quittierte er mit silbernen Lizenzmarken, die das elsässische Wappen derer von Drais mit siebenzackiger Krone trugen und am Lenkhebel eines jeden Rades ange-

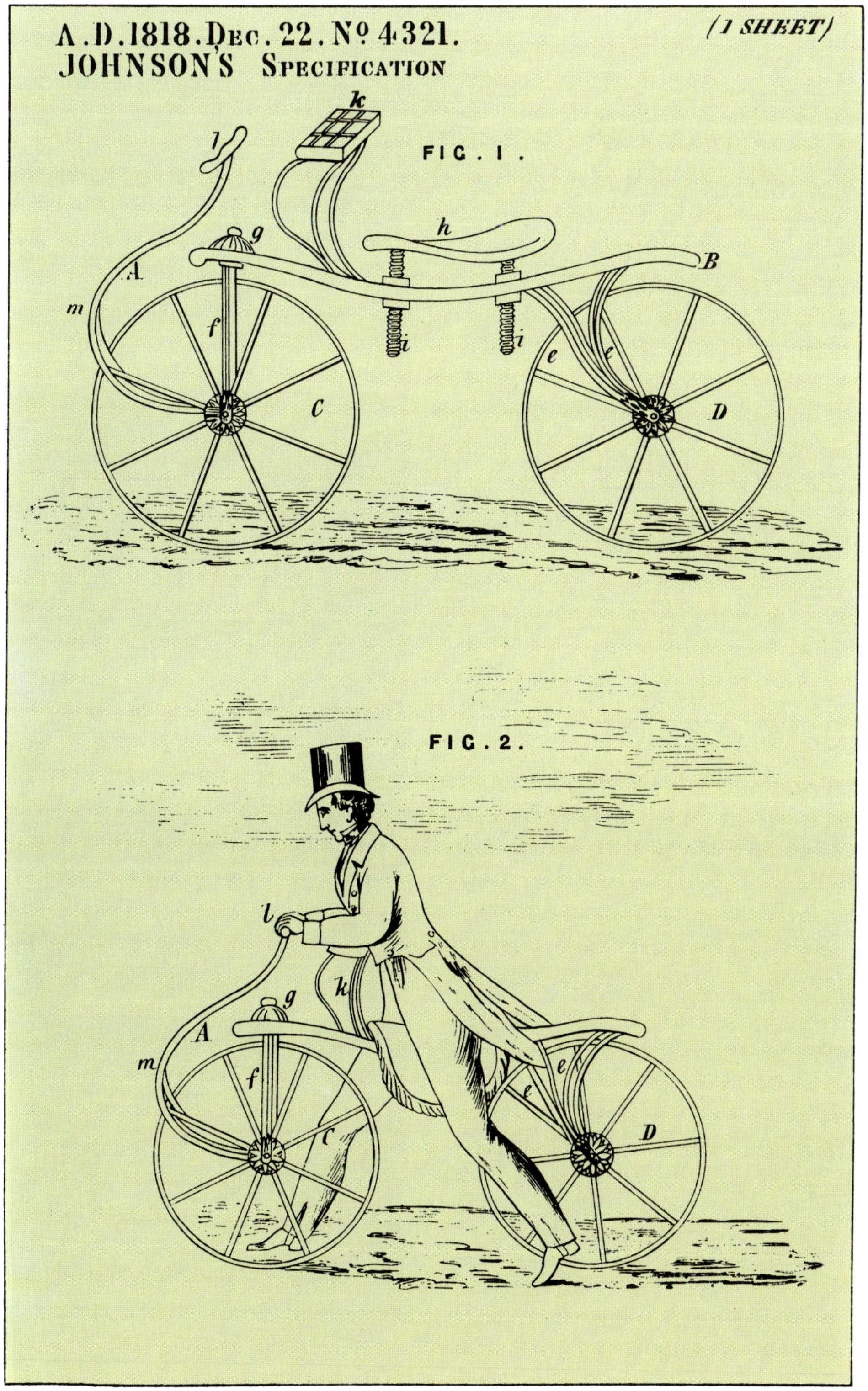

23

bracht werden mussten. Die Steuerkopfschilder unserer heutigen Räder könnten darauf zurückgehen.

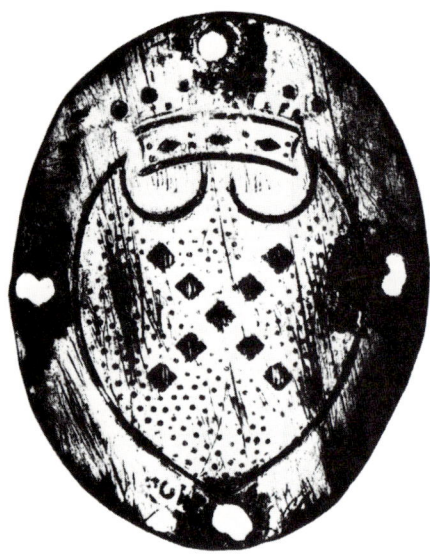

Jede Draisine in Grossherzoglichen Landen musste am Lenker eine silberne Lizenzmarke mit dem Wappen derer von Drais zu Sauerbronn tragen.

Enttäuschte Hoffnungen

Bis dahin hatte Drais seine eigenen Modelle von dem Mannheimer Stellmacher Frey anfertigen lassen. Als die Verkaufs- und Lizenzeinnahmen zu fliessen begannen, wollte er mit diesen Geldern seine eigene Laufradproduktion aufbauen. Aber dem Versuch war der gutmütige und vertrauensselige Baron nicht gewachsen. Makler und Baustofflieferanten fuchsten ihm sein gesamtes Startkapital ab, und die geplante Draisinenfabrik öffnete ihre Tore nie. Inzwischen gingen auch die Einnahmen aus dem Ausland zurück. In Frankreich liess das Interesse am Laufrad nach. In England fielen gleichzeitig die beiden grössten Kunden aus. Der Post, deren Eilboten Draisinen fuhren, verbot der

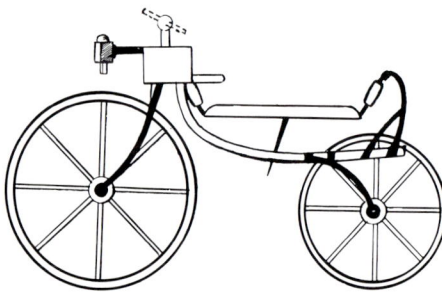

Um 1817/18 baute ein Mainzer Mechaniker Draissche Reitmaschinen nach. Diese Räder hatten Eisengabeln mit etwas Nachlauf und einen hängenden Sitz.

kontrollierende Rechnungshof die Anschaffung weiterer Zweiräder, weil der Schuhsohlenverschleiss der Boten zu gross war. Das Londoner «Velodrom», ein Zirkuszelt, in dem täglich Draisinenschaustellungen stattfanden, liessen die Behörden schliessen, weil sie die Vorführungen für zu gefährlich hielten.

In Deutschland schädigten schon seit langem Nachbauten das Geschäft des Barons. So berichtete der bayerische Hofingenieur Georg von Reichenbach (1772 bis 1826) bereits im Oktober 1817 in einem Gutachten davon, dass ein Mechaniker aus Mainz in Frankfurt «Reitmaschinen» für sechs Louis d'or anbot. Die Expertise mit Skizze liegt heute im Deutschen Museum. Sie beschreibt ein leichtes und elegantes Zweirad mit tiefem Schwerpunkt. Der Rahmenbalken war stark nach unten durchgebogen. Der gepolsterte, höhenverstellbare Sattel war mit Lederriemen an eisernen Federn aufgehängt. Das Hinterrad lief in einer Gabel aus zwei Eisenschienen. Die ebenfalls eiserne Vorderradgabel war gebogen. Dadurch bekam das Rad zum ersten Mal Nachlauf. Den alten Lenkhebel ersetzte eine kurze Querstange. In seiner Beschreibung des Laufrads erwähnt Reichenbach als weiteres Konstruktionsmerkmal «ein horizontal liegendes Brett, welches rund ausgeschnitten und in der Rundung ausgepolstert ist, so dass der Reiter sich beim Anfahren mit dem Unterleib dagegen anlehnen kann».

Für Drais waren solche Nachbildungen natürlich eine arge Konkurrenz, gegen die sich der finanziell Geschwächte später nicht mehr erfolgreich wehren konnte. Als die Geschäfte nicht den erhofften Gewinn brachten, wurde Drais unstet. Ab 1825 begleitete er den Forschungsreisenden G. H. von Langsdorff auf eine vierjährige Expeditionsreise nach Brasilien. Kurz nach seiner Rückkehr starb sein Vater, der ihm trotz seines epileptischen Leidens bis dahin immer eine Stütze gewesen war. Drais begann, sich fieberhaft, aber systemlos mit einer Vielzahl technischer Versuche zu beschäftigen. Gewinn brachte ihm kein einziges dieser Vorhaben. Das Geld ging endgültig aus. Zwar hatte ihm der Grossherzog einen Ehrensold ausgesetzt, den aber verlor er 1835 zusammen mit seinem 14 Jahre zu-

vor erworbenen Kammerherrntitel nach den Handgreiflichkeiten mit dem englischen Kunstreiter.

Noetling, der Drais noch persönlich gekannt hatte, schrieb, dass der Baron in der ersten Hälfte der vierziger Jahre einen Muskelkraftwagen für Eisenbahn-Schienenbetrieb baute. Er hatte ihn in Waldkatzenbach entwickelt. Das Gefährt liess sich weitaus leichter fortbewegen als alle bisherigen Wägelchen dieser Art, die an mehr oder weniger schlechte Strassen gebunden waren. Aber auch aus dieser Konstruktion konnte der alternde Baron kein Kapital schlagen. Neider zerstörten es mutwillig. Später, bis weit ins 20. Jahrhundert hinein, bedienten sich Streckenarbeiter solcher Eisenbahndraisinen.

Drais scheiterte daran, dass er geistig seiner Zeit vorauseilte. Enttäuscht und total verarmt, fristete der weitsichtige Erfinder die letzten Jahre seines Lebens

1891 liess der Bund deutscher Radfahrer die sterblichen Überreste des Freiherrn von Drais umbetten und setzte ihm in Karlsruhe einen würdigen Grabstein.

als von Ort zu Ort fahrender Schausteller. Sein «Betriebskapital» war eine einzige Laufmaschine. Als er am 10. Dezember 1851 bei Kostgeber Reebmann in Karlsruhe, Zähringer Strasse 43, starb, hinterliess er Habseligkeiten im Gesamtwert von 30 Gulden und 54 Kronen, seine letzte Draisine (drei Gulden), ein Ofenmodell, eine Kochmaschine und eine Schnellschreibmaschine eingerechnet. So endete «der Mann, welcher die Körper schnell bewegen lehrte», wie sein Zeitgenosse Graf Benzel-Sternau ihn voller Hochachtung nannte.

Dieser Kupferstich von 1817 (heute im Germanischen Nationalmuseum in Nürnberg) stellt Fahrzeuge des Dresdner Wagners Schwalbach dar. Interessant sind die Laternen, die verstellbaren Lenker und die Federung der Sitze.

Das Drais-Rad setzt sich durch

Der Vater des Laufrades war ein gutmütiges Original gewesen. Die Gründe, warum ihn der Pöbel verspottete und warum er schliesslich beim Versuch, eine Zweiradfabrik zu gründen, all sein Geld verlor, lagen in seinem Wesen. In Mängeln seiner Erfindung darf man sie nicht suchen, profitierten doch an vielen Orten geschäftstüchtigere Handwerker und Unternehmer von der Draisschen Idee. Zeitungsberichte wie dieser beweisen es:

«Unter die nützlichsten Erfindungen der neueren Zeit gehört unstreitig die vom Forstmeister Frhrn. Karl v. Drais zu Mannheim erfundene Maschine, womit eine Person, balancirend auf einem Reitsitze zwischen zwei hinter einander laufenden Rädern, welche, wie beim Schlittschuhfahren, vermittelst der Füsse auf dem Erdboden fortgestossen werden, mit der Geschwindigkeit eines austrabenden Pferdes von einem Orte zum andern reisen kann.

Diese Erfindung, welche in der Mannheimer Gegend durch dargelegte Proben sich bewährt, und daselbst nicht wenig Aufsehen erregt hatte, wurde auch in Dresden mit aller Aufmerksamkeit beachtet, und Mehrere verfertigten ähnliche Maschinen, und machten zum Teil damit Reisen von mehreren Stunden.

Insonderheit aber fand sich, dass die Fahrmaschine des Wagners Schwalbach in der Pirnaischen Vorstadt auf der Neuengasse Nr. 246, vorzüglich gut gerathen war.

Er machte damit in der Nähe der Stadt und nach entferntern Gegenden, als Tharand, Pirna, Zehist, Bühle u.s.w. hin, mehrere Proben, und fuhr damit auf ebenen Chausseen schneller, als die trabenden Rosse der vorüberfahrenden Equipagen, welche er vor den Augen vieler Zuschauer alsbald überholte ... Eine der gleichen Maschinen kostete übrigens gehörig dekoriert, bei dem Wagner Schwalbach in Dresden nicht mehr als 15 bis 22 Thaler, auch liefert Herr Mechanikus Bertoldi ähnliche Kunstprodukte um billige Preise.»

Die ersten Dresdner Konstruktionen von Schwalbach und drei weiteren Mechanici entstanden schon in den Jahren 1817 bis 1819. Welch weite Verbreitung die Sachsen bereits damals dem Zweirad voraussagten, geht aus demselben Zeitungsartikel hervor. Der Autor stellt sogar Betrachtungen von staatswirtschaftlicher Tragweite an:

«Dank dem Erfinder, aus dessen Genie jene herrliche Idee zu unsrer Reisemaschine entsprang, die ausser andern nicht zu berechnenden wichtigen Folgen in der Staats-Oeconomie, auch den Aerzten Gelegenheit verschafft, den nach Hülfe schmachtenden entfernten Kranken solche weit schneller, und mit weit weniger Umständen, als bisher, zu gewähren.

Da durch die Draisine manches, in der Anschaffung und Unterhaltung so kostspielige Reitpferd als entbehrlich dürfte abgeschafft werden, so stehet zu hoffen, dass der Hafer in Zukunft im Preise fallen werde.»

Von den Schwalbachschen Fahrmaschinen gibt es eine authentische Zeichnung. Dieselbe Konstruktion zeigt auch ein zeitgenössisches Flugblatt mit

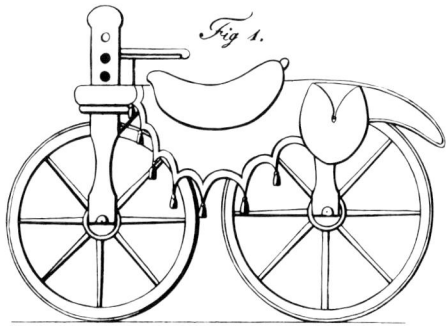

1819 zeigte der «National Kalender von André» auf Seite 123 Fahrmaschinen von Schwalbach.

dem Titel «Draisinen-Wettrennen». Sattel und Balancierbrett liessen sich in der Höhe verstellen. Neu waren zwei übereinanderliegende Lenkstangen:

«Man kann davon nach Belieben bald die obere kürzere, bald die untere ergreifen, durch welche Abwechslung der Ermüdung der Ärme durch einerlei Stellung am besten abgeholfen wird. Geht der Weg bergan, so fasst man die untere, geht es aber bergab, die obere Stange. Auf der Ebene ist es willkürlich.»

Auch anderswo liessen Nachbauten der Drais-Maschinen nicht auf sich warten. In München fertigte ein Mechaniker namens Semmler Laufräder, die er verkaufte und vermietete. Für eine hölzerne Draisine verlangte er 25 Gulden, ein eisernes Modell kostete wesentlich mehr. Der Mietpreis war gestaffelt: neun Kreuzer für die Stunde, 48

25

für einen ganzen Tag. Mit den Semmler-Maschinen fuhren die Münchner am 20. April 1829 um die Wette. 26 Radläufer gingen auf eine 4,5 Kilometer lange Bahn vom Karolinenplatz zum Nymphenburger Schloss. Der Sieger bewältigte die Strecke auf seiner weichselbraunen hölzernen Draisine in 31,5 Minuten. Mit nur 8,6 Kilometern pro Stunde war seine Leistung dürftig. Einen noblen Preis gewann er trotz-

Um 1820 fertigte der Münchner Mechaniker Semmler Draisinen teilweise aus Eisen.

dem: 20 bayerische Thaler und eine weiss-blaue Fahne mit dem Schriftzug «Sr. Kgl. Majestät». Auch der zweite und der dritte Platz brachten noch Fahnen und Geldpreise ein.

Wie erfolgreich sich die Laufräder verbreiteten, davon zeugen auch Polizeimassnahmen. Bald nach dem Auftauchen der Draisinen stellten sich nämlich in etlichen Städten Europas die ersten Verkehrsprobleme ein. Mancherorts reagierten die Behörden mit totalem Fahrverbot, so in Mailand durch die Polizeiverordnung vom 3. September 1818.

In Wien versuchten Fahrlehrer, disziplinierte Laufradbenutzer auszubilden. In einem Hof gegenüber dem Theresianum entstand eine eigene Draisinenschule. Eine Stunde Unterricht kostete einen Gulden. Die «modischen

Gegenüber dem Theresianum in Wien richtete 1818 der Baron von Burg eine Laufmaschinen-Fahrschule ein.

In Wien bauten 1818 Baron von Burg und sein Sohn Draisinen.

Fusskutschen», «Schnelläufer» oder «zweifüssigen Fiakersurrogate», wie Wiener Spötter ihre Draisinen nannten, besassen auffällige Brust- oder Bauchpolster. Die Sattelhöhe liess sich durch Verstellen der Radachsen in den hölzernen Gabeln verändern. Herstel-

In Anlehnung an die alten Célériféren entstanden in Frankreich auch lenkbare Laufmaschinen mit Tierköpfen. Diese drei Laufräder stehen im Musée de la Voiture des Palais de Compiègne.

ler dieser Räder waren der Wiener Wagen- und Maschinenfabrikant Anton Baron von Burg und sein Sohn. Ihre Werkstatt lieferte auch ein «Laufrad zur Beseitigung der Gefahr des Umfallens» (nach einem Patent vom 17. August 1824) und eines, das, «da man in Steigbügeln sitzt, nicht mit den Füssen, sondern mit eigenen Steuerrudern bewegt» wurde.

In Frankreich entstand ebenfalls eine Reihe von Nachbauten, meist ohne das Draissche Balancierbrett und mit einem hinten nach unten gebogenen Rahmenbalken, der zugleich als Radgabel fungierte. Manche dieser Modelle schmückte wie die alten Céléríféren vorne ein Tierkopf. Einige davon stehen heute im Museum von Compiègne bei Paris, andere besass die 1978 aufgelöste Collection Gérard Buisset in Maule, ebenfalls bei Paris.

Wie in Bayern waren auch in Frankreich Laufrad-Wettfahrten sehr beliebt. Allerdings radelte man westlich des Rheins mit Druchschnittsgeschwindigkeiten von 15 Kilometern pro Stunde wesentlich schneller. Der Pariser Ministeriums-Attaché Dreuze setzte verbesserte Laufräder sogar im Staatsdienst ein. 1830 gründete er einen Depeschendienst in die Vorstädte, den allerdings gleich der erste Winter mit heftigen Schneefällen und ungewöhnlich stark vereisten Strassen lahmlegte.

Der Engländer Denis Johnson nannte seine Draisinen «Hobby-Horses». Hier reitet der Konstrukteur eine Maschine aus dem Jahre 1819. Ein solches Original befindet sich im Historischen Velociped-Archiv in Düsseldorf.

Die Engländer machten die Draisine zu ihrem Steckenpferd. «Hobby-Horses» oder «Dandy-Horses» nannten sie die Zweiräder. Der Umsatz florierte schon 1819, als der Drais-Lizenznehmer und Patentinhaber Denis Johnson eine leichte und gefällige Maschine auf den Markt brachte. In der Patentzeichnung der Johnson-Räder und bei seinem ersten Typ war ein etwas umständlicher langer Lenkhebel aufgefallen, der über eine vorgezogene Gabel die eigentliche Vorderradgabel drehte. Dieser Mechanismus setzte sich aber nicht durch. Von den elegant-soliden Nachfolgemodellen verkaufte der gelernte Kutschenbauer – der sich inzwischen Professor und Konstrukteur titulieren liess – rund 400. Den schmalen hölzernen Rahmenbalken der Laufräder verstärkten Eisenbänder. Die eiserne Vorderradgabel lagerte drehend im vorderen Rahmenteil.

Die weiteste Verbreitung fand dieser Hobby-Horse-Typ aus dem Jahre 1820.

Eine eiserne Lenkstange bewegte sie. Das Hinterrad lief in einer Eisenstangenkonstruktion. Die eisenbereiften Holzspeichenräder fertigte Johnson in zwei Ausführungen: schmal für Saalfahrten und extrem breit für die sandigen englischen Landwege. Das gepolsterte Balancierbrett und der grosse Sattel liessen sich verstellen.

Ab 1819 führte der geschäftstüchtige Hobby-Horse-Fabrikant auch Damenräder in seinem Programm. Ihr eisenarmierter Holzrahmen war weit heruntergezogen, damit die Ladies problemlos die Stoffülle ihrer langen Röcke unterbringen konnten. Allerdings machte diese Konstruktion das Rad mit 32 Kilogramm recht schwer.

Für Damen hatte Johnson ein eigenes Modell entworfen (1819).

Der Stich von Maurice Rousseau aus dem Jahre 1819 zeigt Hobby-Horse-Reiterinnen in zeitgenössischer Kleidung.

Mit Preisen zwischen acht und zehn Pfund Sterling waren die englischen Räder alles andere als billig. Dass sie sich trotzdem gut verkaufen liessen, war ein Erfolg intensiver Werbung und nicht zuletzt zweier Radfahrschulen, die Johnson selbst in der Brewer Street 40 und am Strand 377 gegründet hatte und auch persönlich leitete.

In der Londoner Brewer Street 40 unterhielt Johnson eine eigene Fahrschule (Stich aus dem Jahre 1819).

In Amerika setzte sich die Draisine nicht durch, obwohl Clarkson sie 1819 patentieren liess.

In den USA setzten sich die Laufmaschinen nicht durch. Das einzige bekanntgewordene Hobby-Horse steht in der Sammlung der Smithsonian Institution.

Zwei rätselhafte Laufmaschinen und ein Geschichtsirrtum

Im Deutschen Museum in München steht – als Leihgabe des Germanischen Nationalmuseums Nürnberg – eine rätselhafte Laufmaschine, das sogenannte «Kassler-Rad». Es zeichnet sich durch eine sehr gut durchdachte Konstruktion aus: Der Schwerpunkt liegt tiefer als bei den Draisschen Maschinen, die Räder sind grösser. Dadurch läuft das Rad leichter als die Modelle des badischen Barons. Das Vorderrad lässt sich durch eine Parallelogrammübertragung lenken.

Die Geschichte des Fahrzeugs ist geheimnisvoll. Nach alten Nürnberger Museumsakten gelangte es 1924 durch Kauf von Frau Ottilie Wabbe in Halle nach Nürnberg. In seinem Buch «Die hohe Schule des Rades» erwähnt Dr. Lothar Nitz dieses Rad indes schon 1907:

«Ein merkwürdiges, anscheinend sehr altes Holzrad stand bis vor wenigen Jahren in Braunsdorf bei Gross-Kayna, Regierungsbezirk Merseburg.

Es ist Eigentum der Frau Ottilie Wabbe in Braunsdorf und von dieser jüngst dem Germanischen Nationalmuseum in Nürnberg überwiesen worden. In diesem Museum steht es seitdem.

Der Ursprung dieses Rades ist nicht bekannt. – Nach den Aussagen der älteren Einwohner von Braunsdorf (vgl. die Urkunden, die im Sport-Album der ‹Rad-Welt›, 2. Jahrgang, Seite 15 und 16 abgedruckt sind) soll der Stellmacher Michael Kassler in Braunsdorf (geboren 22. September 1733, gestorben 12. Februar 1772) der Erbauer gewesen sein.

Ob dies richtig ist, bleibe dahingestellt. Die angeführten Beweise erscheinen nicht ausreichend.»

Dem Zweifel Nitzes schliessen sich auch heutige Fahrradexperten an: Sie halten das Gefährt für ein französisches Knabenrad aus der Zeit um 1820, denn es verfügt bereits über ein lenkbares Vorderrad. Und es besteht noch ein anderer triftiger Grund zum Zweifeln: Wie sollten sich selbst die ältesten Bewohner Braunsdorfs in den ersten Jahren unseres Jahrhunderts an etwas erinnern können, was sich in ihrer Gemeinde 1761 ereignet haben soll. Konnten sie nicht genausogut bei längst verstorbenen Erben des Michael Kassler das

Das sogenannte Kassler-Rad (heute im Deutschen Museum in München) hat einst viel Verwirrung in die Geschichte der Laufräder gebracht. Das merkwürdige Gefährt dürfte aus Frankreich stammen. Die charakteristische Parallelogrammlenkung mit Fahrtrichtungsanzeiger spricht dafür.

merkwürdige Gefährt gefunden haben, das sie dann dem Vorfahren zuschrieben, nur weil dieser Wagenbauer gewesen war? Eindeutig lösen lassen wird sich das Geheimnis um die wirkliche Herkunft und das genaue Alter des mysteriösen Kassler-Rades nicht. Nur eines ist sicher: es ist jüngeren Datums. Auf jeden Fall blieb das Gefährt eine Einzelanfertigung. Irgendeinen Einfluss auf die Weiterentwicklung des Fahrrades übte es nicht aus.

Eine andere seltsame Laufmaschine steht im städtischen Museum von Bunz-

Im städtischen Museum von Bunzlau (Schlesien) steht eine alte Laufmaschine. Woher sie stammt, ist unbekannt. Als sicher gilt heute, dass die Zahl in ihrem Rahmen nicht das Herstellungsjahr angibt.

lau in Niederschlesien. Sie ist leicht und elegant gebaut und lenkbar. Das typische Draissche Balancierbrett fehlt. Im Rahmen ist die Zahl 1791 eingeschnitzt. Das Museum deutet das als eine Baujahrsangabe. Aber diese Erklärung dürfte kaum zutreffen. Vergleiche mit anderen, sicher datierten Laufrädern in verschiedenen Ländern sprechen entschieden dagegen. Wenn 1791 überhaupt als Jahreszahl zu verstehen ist, dann vielleicht als historisches Datum für den Beginn des Zweiradbaus schlechthin; denn 1791 entstanden in Paris die lenkungslosen Céléri fèren. Authentische Unterlagen über Herkunft, Erbauer und Entstehungsjahr des Bunzlauer Rades fehlen. Das ist schade, aber für die Geschichte des Fahrrades

nicht ausschlaggebend, denn wie schon das Kassler-Rad hat auch dieses Gefährt die Weiterentwicklung in keiner Weise beeinflusst. Es blieb unbekannt.

Weder das Kassler-Rad noch die Bunzlauer Konstruktion können Drais die Erfindung des lenkbaren Laufrads streitig machen. Trotzdem versuchte insbesondere die französische Literatur gelegentlich, ihm die Priorität abzusprechen. Sie wollte den Pionier der Fotografie, Nicéphore Nièpce, von dem schon als Célérifèrenbauer die Rede war, zum eigentlichen Erfinder der Laufräder mit Lenkung machen. Angeblich soll er schon 1816 ein Laufrad mit Lenkung gebaut haben. Der ehemalige Direktor des Historischen Museums am Hohen Ufer, Hannover, Dr. Helmut Plath, ging in jüngster Zeit

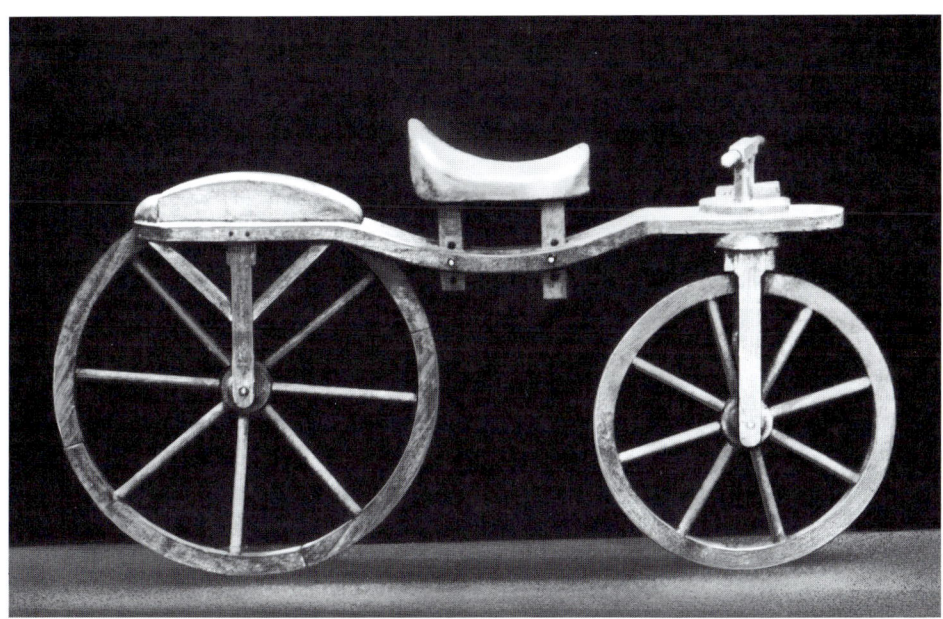

den Dingen auf den Grund und schreibt dazu 1978:

«In der Bibliothek von Châlon-sur-Saône werden zwei Briefe aufbewahrt, die am 19. November und am 31. Dezember 1818 geschrieben sind. Ihre Abschrift verdanke ich der Liebenswürdigkeit unseres dortigen Museumskollegen Armand Calliat. Die Briefe sind an Nicéphore Nièpce gerichtet und sind von dessen Bruder Claude geschrieben, der sich damals in England aufhielt. Aus diesen Briefen geht hervor, dass Nicéphore damals ein Vélocipède gebaut hatte und dass seinem Bruder Claude diese neue Maschine völlig unbekannt war. Man hat den beiden Schreiben entnehmen wollen, dass Nicéphore Nièpce nicht nur der Erbauer, sondern auch der Erfinder seines Vélocipèdes gewesen sei. Das

besagen diese Briefe jedoch nicht, sondern nur, dass Nièpce 1818 ein Laufrad gebaut und an ihm Verbesserungen vorgenommen hat. Claude bezeichnet das Laufrad ausdrücklich als ‹cette nouvelle invention›, nicht aber als ‹ta nouvelle invention›. Wir dürfen annehmen, dass Nièpce ein Rad von Dineur nach Drais gekannt hat. Auf jeden Fall widerlegen diese beiden Briefe die zuletzt noch 1959 in der Encyclopaedia Britannica vertretene Ansicht, Nièpce habe bereits 1816 eine Célérifère erfunden und konstruiert. Auch die Bemerkung Claudes vom 31. Dezember 1818 verdient festgehalten zu werden, dass diese Erfindung in England noch nicht bekannt sei. Das von Nicéphore Nièpce gebaute, von ihm und seinem Sohn Isidor benutzte Laufrad wurde zusammen mit den Briefen 1913 von Frau Poitat dem Museum in Châlon-sur-Saône übergeben.»

Nicéphore Nièpce baute 1818 eine lenkbare Laufmaschine nach. Heute steht sie im Museum seiner Geburtsstadt Châlon-sur-Saône.

Dass Drais und kein anderer der Erfinder des lenkbaren Laufrades und damit Vater des Radfahrgedankens war, lässt sich heute nicht mehr bestreiten.

«Kurbeln wie bei einem Schleifstein» – Die ersten radangetriebenen Zweiräder

Drais wurde oft gefragt, warum er seine Zweiräder nicht mit einem Handhebel- oder -kurbeltrieb baute, wie er seit Jahrhunderten von Muskelkraftwagen her bekannt war. Der Baron hatte

ihn selbst im Jahr 1813 bei seinem selbstfahrenden Wagen erprobt. Aber seine Erfahrungen waren so negativ gewesen, dass er dieses Prinzip für sein Zweirad energisch verwies. «In den Beinen», verteidigte Drais sein System des direkten Abstossens von der Erde, «wohne mehr Kraft als in den Armen».

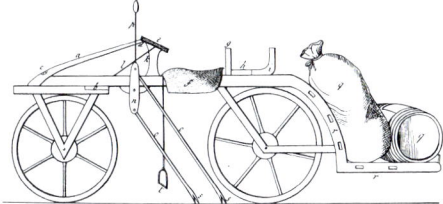

Der erste Versuch eines mechanischen Laufradantriebes geht auf das Jahr 1817 zurück. Konstrukteur des Jungnickelschen Schreitkufenantriebs war der Nürnberger Mechanicus Johann Carl Siegismund Bauer.

Was Drais ablehnte, versuchten andere. Die ersten Experimente mit mechanischem Antrieb des Laufrads reichen bis 1817 zurück. Aber sie waren zu kompliziert, um sich praktisch verwirklichen zu lassen. Eine realisierbare, wenn auch sehr kraftraubende Lösung

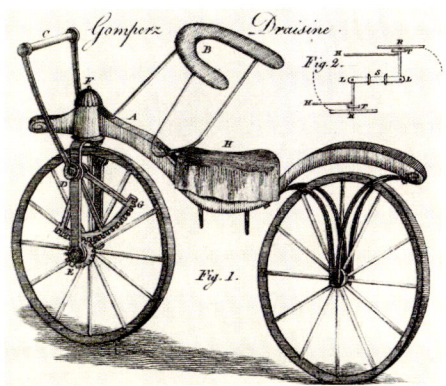

Der Engländer Lewis Compertz stattete 1821 Draisinen mit einem Vorderradantrieb aus und erhielt auf diese Maschinen das englische Patent Nr. 4737/1822.

fand 1821 der Engländer Lewis Compertz aus der Grafschaft Surrey. Er versah eine Draisine mit Handhebel-Zahnradmechanismus, der das Vorderrad antrieb. Die Lenkstange dieses Rades war an zwei langen Hebeln befestigt, die sich um ein Gelenk am oberen Ende der Radgabel drehen konnten. Auf diese Weise liess sich der Lenker in einer Art Pumpenbewegung nach vorn stossen und wieder zurückdrehen. Eine der beiden Stangen bewegte ein Zahnradsegment, das seinerseits beim Zurückziehen ein mit der Vorderradachse verbundenes Ritzel antrieb. Beim erneuten Vorstossen des Lenkers unterbrach ein Freilauf diese Kraftübertragung. Die sonstige Konstruktion des Compertz-Rades folgte ganz und gar der Draisine. Der Engländer hatte das Balancierbrett übernommen, und trotz des Handhebelantriebs hatte sein Gefährt noch

Macmillan.

1842 nach Glasgow radelte, überfuhr er gegen Ende der Vierzig-Meilen-Strecke ein Kind. Das hatte für die damalige Zeit seltene Folgen gehabt: Die Polizei von Gorbal verlangte von Macmillan fünf Shilling Bussgeld!

Obwohl sich das erste hinterradgetriebene Fahrrad der Welt gut bewährte, blieb es im grossen und ganzen unbekannt. Offenbar hatte der schottische Schmied auch gar nicht die Absicht, aus seiner Erfindung Kapital zu schlagen.

Das erste Tretkurbelrad baute 1853 der deutsche Instrumentenmacher Philipp Moritz Fischer in Schweinfurt. Heute befindet es sich im städtischen Museum...

nicht den Laufradcharakter verloren. Der Fahrer konnte das Vehikel zusätzlich mit den Füssen abstossen. Freunde gewann diese Konstruktion jedoch nicht. Baron Drais hatte recht behalten; die Kraft der Arme erlahmte bei längeren Fahrten zu rasch.

Fast zwei Jahrzehnte lang stagnierte die Entwicklung des Zweirades. Niemand glaubte ernsthaft, der Draisine durch einen Antrieb neue Perspektiven erschliessen zu können.

Erst 1838 griff der schottische Schmied Kirkpatrick Macmillan (1810 bis 1878) die alte Idee wieder auf. Er verwirklichte zum ersten Mal den Hinterradantrieb und baute damit den Vorläufer unseres modernen Fahrrads. Macmillan montierte Kurbeln an der Hinterradachse, die er über ein Gestänge mit vorne am Rahmen befestigten Trethebeln antrieb. Hatte der Gestängeantrieb der neuen Dampflokomotive von Stephenson ihn inspiriert? Seine Maschine lief leicht, und der Erfinder benutzte sie nicht selten. Viele Jahre lang verkehrte er damit auf der vierzehn Meilen langen Strecke zwischen seinem Heimatort Courthill und der Grafschaftshauptstadt Dumfries. Als er

1839 versah auch der schottische Schmied Macmillan seine Draisine mit einem Antrieb. Schwinghebel trieben das Hinterrad...

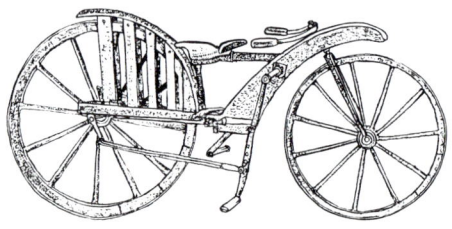

... Sein Landsmann Gavin Dalzel, ein Küfer aus Lesmahagow, verbesserte den Hinterradantrieb.

Dieses Rad mit Schwinghebel-Hinterradantrieb nach Macmillan entstand um 1868 in Italien. Heute steht es im Museo Nazionale della Scienza e della Tecnica Leonardo da Vinci in Mailand.

So kam es nur zu wenigen privaten Nachbauten. Einen davon verfertigte 1845 ein Landsmann Macmillans, der Küfer Gavin Dalzel aus Lesmahagow, einen anderen um 1860 der Schotte Thomas McCall. Ausserhalb der Landesgrenzen blieb der Hinterradantrieb aber zunächst unbekannt.

Macmillan hatte die grosse Pause in der Fahrradentwicklung nur unterbrochen, nicht beendet. Nach seiner Erfindung verstrichen wieder anderthalb Jahrzehnte, bevor erneut ein Rad mit mechanischem Antrieb in Europa auftauchte. Diesmal war es ein Deutscher, der das Laufrad zum Tretrad machte: der Instrumentenmacher Philipp Moritz Fischer (1812 bis 1890) aus Obern-

dorf bei Schweinfurt, der Vater des Be-
gründers der deutschen Stahlkugel-
und Kugellagerindustrie. Er brachte
um 1853 an seinem hölzernen, eisenbereiften Zweirad zum ersten Mal
Tretkurbeln an der Vorderradachse an
und besuchte mit diesem Vehikel seine
Kunden. Heute steht das Fischer-Rad
im Städtischen Museum in Schweinfurt. Auch dieses Gefährt blieb nur re-
gional bekannt und deshalb ohne Auswirkung auf die Entwicklung des Fahrrads.

Doch der Gedanke, das Vorderrad
mit Tretkurbeln zu drehen, lag offen-

Ernest Michaux
posiert mit
einem eisernen
Tretkurbelrad,
Modell 1868.

…Auf dem Schweinfurter Friedhof erinnert
ein Grabstein an den Erfinder.

bar in der Luft. In den auf Fischers Konstruktion folgenden zehn Jahren bauten
noch mindestens zwei andere Erfinder
unabhängig voneinander gleichartige
Maschinen. In München war es 1862
der Bureau-Offiziant des königlichen
Oberhofmeisterstabes Karl Kech*, der
den Nymphenburger Schmiedemeister
Heigel veranlasste, das alte Laufrad des
vor 27 Jahren verstorbenen Oberberg-
rats und Professors Joseph Baader umzubauen. Kech erklärte später, er habe
für die Tretkurbelidee kein Vorbild gehabt. Dass sein Zweirad, das heute übrigens im Deutschen Museum in Mün-

* manche Quellen nennen ihn Keck

Im Deutschen Museum in München steht diese
Draisine mit Tretkurbelantrieb. Sie hatte einst
dem Oberbergrat Professor Baader gehört. Sie-
benundzwanzig Jahre nach seinem Tod, 1862,
liess der Münchner Bureau-Offiziant Karl Kech
den Antrieb montieren.

chen steht, in Professor Baader einen
Vorbesitzer hatte, führte später zu
einem Irrtum in der Fahrradliteratur,
den mehrere Autoren in ihren Werken
unkritisch übernahmen: Sie schreiben
den Tretkurbelantrieb dem alten Professor zu und datieren die Erfindung auf
die Zeit um 1820. In der Tat hatte Pro-

fessor Baader das Rad damals bauen lassen und es anschliessend auf seinen
Dienstgängen zwischen München und
Nymphenburg benutzt, allerdings als
reine Draisine. Der Freiherr von Drais
hatte ihn selbst bei der Konstruktion
beraten.

Ein Jahr bevor Karl Kech in München das Baadersche Laufrad mit Tretkurbeln bestücken liess, entdeckte auch
ein Franzose diesen Antriebsmechanismus. Wer es war, darüber entstanden
später lebhafte Diskussionen, die bis
heute nicht entschieden sind.

Vielleicht hatten auch in Frankreich
zwei Männer die gleiche Idee zur selben
Zeit. Dafür spricht, dass von beiden
eine Erfindungsgeschichte überliefert
ist, die jeweils Anlass und Begleitum-
stände der denkwürdigen Konstruktionen erwähnt. Hier ist die erste:

1861 brachte der Pariser Hutfabri-
kant Brunel dem Wagenbauer Pierre
Michaux (1813 bis 1883) eine alte Drai-

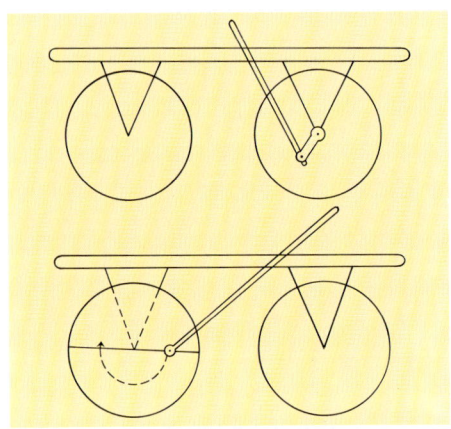

Diese zwei Skizzen sollen von Michaux stammen.

sine zur Reparatur. Nachdem der Meister sie instand gesetzt hatte, machte sein Sohn Ernest (1842 bis 1882) damit einige Ausfahrten in die nahe Umgebung der väterlichen Werkstatt. Der Dreizehnjährige fand diese Art von Fortbewegung beschwerlich und ermüdend. Daraufhin schlug der Vater vor, am Laufrad wie bei einem Schleifstein Tretkurbeln anzubringen. Er machte eine Skizze, und Ernest baute den Antrieb. Die Fahreigenschaften des auf diese Weise verbesserten Vehikels überzeugten Vater und Sohn derart, dass Pierre Michaux an eine Serienfertigung dachte, die er bald auch in die Wege leitete. Doch davon später. Alte Zeichnungen von Michaux sen. beweisen, dass der Kutschenbauer nicht auf Anhieb an einen Tretkurbelmechanismus am Vorderrad dachte. Eine erste Skizze zeigt eine Kurbel am Hinterrad, die mit einer langen Handstange gedreht werden musste. In einer zweiten Konstruktion war die Handstange drehbar an einer Vorderradspeiche befestigt. Beide Ideen ließen sich technisch nicht realisieren. Erst der Gedanke an den Schleifstein brachte die Lösung.

Manche ältere Fahrradbücher behaupten, Pierre Michaux hätte seine Erfindung bereits 1855 gemacht. Das ist sicher unrichtig, denn sein Sohn Henry, Ernests Bruder, dementierte diese Jahreszahl ausdrücklich in einem Brief von 1893. Er versicherte, dass 1861 korrekt sei.

Auch in diesem Jahr ist aber möglicherweise in der Werkstatt des Pariser Wagenbauers noch kein einspuriges Laufrad mit Tretkurbelantrieb entstanden. Ältere Quellen sprechen davon, dass die Draisine, die Michaux reparierte, ein Dreirad gewesen sei. Erst später soll er dann auch Zweiräder mit Tretkurbeln ausgerüstet haben.

Indes berichtete der Schmied und Karosseriebauer Pierre Lallement aus Pont-à-Mousson Mitte der sechziger Jahre, er habe schon 1860 eine einspurige Draisine mit Vorderrad-Tretkurbeln gebaut. Er habe einem Trödler aus Nancy für wenig Geld ein altes Laufrad abgekauft und daran den von ihm erdachten Antrieb ausprobiert. Die Pedale seien einfache Buchsbaumspulen gewesen, durch die er Eisenstifte gesteckt hatte. Aber die primitive Maschine lief und bewährte sich. Freunde hatten Lallement vorgeschlagen, sein Fahrrad in Paris vorzuführen, und das sei 1863 auf dem Boulevard Saint-Martin geschehen.

Feststeht, dass Lallement in diesem Jahr Michaux kennenlernte und sich entschloss, dessen Mitarbeiter zu werden. Er selbst will auch in der Werkstatt des Pariser Wagners das erste Zweirad mit Tretkurbelantrieb gebaut haben. Doch schon ein Jahr später reiste Lallement nach Amerika. Zusammen mit einem Partner, James Carrol, fabrizierte er in Ausonia die ersten Fahrräder in der Neuen Welt. 1866 erhielt er ein amerikanisches Patent auf diese Maschinen. Aber der erhoffte kommerzielle Erfolg blieb ihm versagt. Mittellos

kehrte er 1867 nach Paris zurück, wo Michaux inzwischen glänzende Geschäfte mit dem Fahrrad machte und überall als Erfinder des Tretkurbelantriebs gefeiert wurde. Ob er es wirklich war oder ob Lallement die Idee schon vor ihm gehabt hatte, wird sich mit Sicherheit nicht mehr beweisen lassen.

Im Heimatmuseum von Themar, Kreis Hildburghausen, steht ein Tretkurbelrad, das der Flosskontrolleur Gottlieb Mylius und sein Sohn Heinrich von Mylius gebaut haben sollen.

Feststeht allein, dass der Deutsche Philipp Moritz Fischer sein fast völlig unbekannt gebliebenes Tretkurbelrad schon 1853, also vor beiden gebaut hatte. Aber noch andere beanspruchen die Idee Fischers und der beiden Franzosen für sich. Im Heimatmuseum von Themar, Kreis Hildburghausen in Thüringen, steht ein altes Fahrrad mit Tretkurbeln am Vorderrad, das der Flosskontrolleur Gottlieb Mylius und sein

Das angeblich schon 1855 gebaute hölzerne Tretkurbelrad im Museo Nazionale della Scienza e della Tecnica Leonardo da Vinci in Mailand ist wahrscheinlich eine Lallement-Maschine aus der Zeit um 1864.

damals einunddreissigjähriger Sohn Heinrich von Mylius 1844 gebaut haben sollen. Authentische Unterlagen fehlen jedoch, und Experten vermuten, dass dieses Fahrzeug erst nach dem Auftreten der ersten Michaux-Räder entstanden ist. Die Konstruktion weist so typische Merkmale der «Michaulinen» auf, dass wohl kaum von Zufall die Rede sein kann.

Das gleiche gilt für ein Zweirad mit Tretkurbelantrieb aus Italien, das heute im Museo Nazionale della Scienza e della Tecnica Leonardo da Vinci in Mailand steht. Der Erbauer ist unbekannt. Als Baujahr gilt 1855. Das ist unwahrscheinlich, denn wie beim Michaux-Rad von 1868 stützt den bequemen Sattel eine Blattfeder. Auch das Mailänder Rad wird wohl nach den Michaulinen entstanden sein. Oder war es gar ein frühes Lallement?

Ein ausgesprochenes Kuriosum in der Fahrradgeschichte ist ein mysteriöses Gefährt im Heimatmuseum von Nishni Tagil im Ural. Eine Nachbildung lässt sich im Moskauer Polytechnischen Museum bewundern. Auch dieses sehr solide gebaute Zweirad besitzt Tretkurbeln am Vorderrad. Das Ungewöhnlichste an ihm ist aber, was die russische Literatur darüber berichtet: «Im Jahre 1801, zur Zeit der Krönung Alexanders I. (1778 bis 1826), erblickten die Ein-

Auch die Jahreszahlangabe für das russische Artamonow-Rad (hier eine Nachbildung im Moskauer Museum) ist zweifelhaft...

wohner Moskaus und die sich aus allen Ecken und Enden in der Welt einfindenden Gäste ein erstaunliches Bild: Auf der Strasse rollte eine seltsame, nie gesehene Maschine auf zwei Rädern, und auf ihr sass ein russischer Bauer, das vordere Rad schnell mit den Beinen drehend.» Der Fahrer soll ein leibeigener Schmied aus dem Ural gewesen sein und Artamonow geheissen haben. Er

...Es ähnelt dem russischen Eis-Vélocipède, einem umgebauten Michaux-Rad, das erstmals 1868 auf der zugefrorenen Newski fuhr.

stellte sein metallenes Fahrrad in Moskau offenbar mit grossem Erfolg vor, denn es heisst, als Lohn für seine Erfindung seien er und seine Nachkommen aus der Leibeigenschaft befreit worden. Wie leistungsfähig sein Rad war, geht aus eigenen Angaben des russischen Schmieds hervor, nach denen er unter schweren winterlichen Bedingungen von Werchoturje im Gouvernement Perm nach Moskau gefahren ist.

Wenn das in der russischen Literatur genannte Baujahr 1801 stimmt, dann wäre das Artamonow-Rad das erste Fahrrad der Welt. Aber wie schon beim bereits erwähnten deutschen Kassler-Rad, das immer wieder fälschlich auf 1761 datiert wurde, liegt sicher auch hier ein Irrtum vor. Die Ganzmetallkonstruktion des Russen erinnert zu sehr an ein im Februar 1868 im Zarenreich gebautes, umfunktioniertes Michaux-Rad. Das Vorderrad dieses Vehikels trägt Metallspikes, statt des Hinterrads ist an dem stark nach unten gebogenen Rahmen eine Konstruktion mit zwei Leitkufen angebracht. Mit diesem Gefährt legte ein junger Sportler 40 Werst (42 Kilometer) auf dem Eis des Newski-Flusses zurück. Das Artamonow-Rad gleicht diesem Eisrad weitgehend, nur ist hier der Rahmen als Gabel ausgebildet, um anstatt der Kufen das kleine Hinterrad aufzunehmen.

So malte ein russischer Künstler die Ankunft des radfahrenden Schmiedes Artamonow vor dem Paschkow-Palais in Moskau...

...Um das Gefährt stilecht in die russische Hauptstadt um 1801 zu versetzen, kopierte der Maler diesen alten Stich einer Moskauer Vedutenschule aus dem frühen neunzehnten Jahrhundert.

Das Moskauer Polytechnische Museum besitzt ein Ölbild des Malers Buschkew, das Artamonow mit seinem Zweirad vor dem alten Paschkow-Palais (einem Teil der heutigen Lenin-Bücherei) zeigt. Erwachsene und Kinder in der Tracht des frühen 19. Jahrhunderts bevölkern die Strasse, durch die der Schmied fährt. Im Hintergrund bewegt sich eine Kutsche, und vorn im Bild läuft ein kleiner Hund. Ein scheinbar überzeugendes Dokument, aber das Gemälde ist nichts weiter als die späte Kopie eines fast identischen Stücks aus den ersten Jahren des vergangenen Jahrhunderts. Im Original eines Meisters der Venezianow-Vedutenschule fehlt allerdings eines: der verfrühte Radfahrer! Sicher hatte Artamonow sein schön gebautes Zweirad erst nach 1868 angefertigt. Wäre es 1801 entstanden, hätte er viele Entwicklungsstufen einfach überspringen müssen. Das ist um so unwahrscheinlicher, als russische Fahrradhistoriker erklären, der Schmied aus dem Ural habe sein Fahrrad folgerichtig aus alten Muskelkraftwagen entwik-

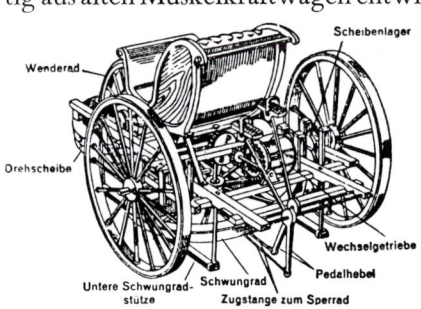

Muskelkraftwagen von Kulibin (1791). Interessant wegen der erstmaligen Verwendung eines Zweigang-Wechselgetriebes mit Zahnrädern.

kelt, die schon im 18. Jahrhundert im Zarenreich fuhren. Zwei davon waren besonders bekannt geworden. Das war einmal der von zwei pedaltretenden Männern bewegte Wagen, den 1752 Leontij Lukjanowitsch Schamschurenkow (1687 bis 1758) baute und der sich nicht wesentlich von westeuropäischen Konstruktionen unterschied. Und dann hatte noch ein leichter Tretwagen im Jahre 1791 Aufsehen erregt. Iwan Petrowitsch Kulibin (1735 bis 1818) hatte ihn dreirädrig gebaut und mit etlichen technischen Neuheiten versehen, unter anderem mit dem ersten Wechselgetriebe der Welt. Doch die beiden Russen hatten mit ihren Muskelkraftwagen gleiche Erfahrungen gesammelt wie die westeuropäischen Konstrukteure: Die Fahrzeuge überforderten auf längeren Strecken die Kraft des Menschen erheblich. So gerieten sie wieder in Vergessenheit. Als Vorbild für Artamonow kamen sie kaum in Frage, zumal sie sich schon rein äusserlich, besonders aber im Antrieb stark von dessen Zweirad unterschieden. So wird es wohl tatsächlich Philipp Moritz Fischer gewesen sein, der das erste Fahrrad mit Tretkurbel-Frontantrieb baute. Aber wer immer es auch war, durchgesetzt hat sich nur eine einzige Konstruktion: die von Michaux.

Doch bereits während der Franzose die ersten grossen Verkaufserfolge verzeichnete, bastelten eifrige Macmillan-Anhänger in Europa und Übersee am Hinterradantrieb weiter; hätten sie nicht im Schatten Michaux' gestanden,

sehr wahrscheinlich mit weit grösserem Erfolg. In den sechziger Jahren baute ein Landsmann des Heckantrieb-Erfinders, der Schotte Thomas McCall, ein Macmillan-Rad. Er rüstete es mit der

Thomas McCall baute 1860 das aus dem Jahre 1839 stammende Tretkurbelrad Macmillans nach. Lenker und Bremsen entlehnte er den Michaux-Maschinen. Solche Nachbauten besitzen heute das Science Museum South Kensington, London, und das Historische Velociped-Archiv, Düsseldorf.

von Michaux erfundenen Bremse und einer Michaulinen-Lenkstange aus.

1868 entstand ein recht filigran anmutendes Modell dieses Typs in Italien. Heute steht es im technischen Museum in Mailand.

1869 machten zwei Amerikaner Versuche mit Macmillan-Rädern: Samuel F. Estell in Richmond, Indiana, und Calvin Witty in Brooklyn im Staat New York.

Ein Jahr zuvor hatte ein Stuttgarter Lehrer, Johann Friedrich Trefz, auf eigene Kosten in seiner Heimatstadt in der Böblinger Strasse eine private Mädchen-Turnanstalt gebaut, in der er auch «Unterricht im Vélocipède-Fahren» gab. Er verlieh auch Fahrräder, die er meist aus Frankreich bezog. Schon bald

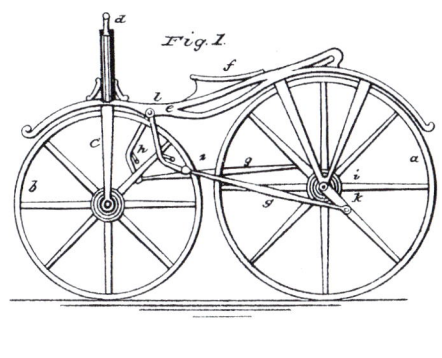

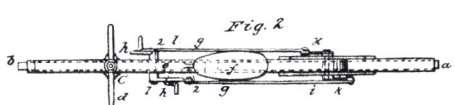

Zeichnung des amerikanischen Patents Nr. 87999 von Calvin Witty. Der Antrieb erfolgte durch Schwinghebel.

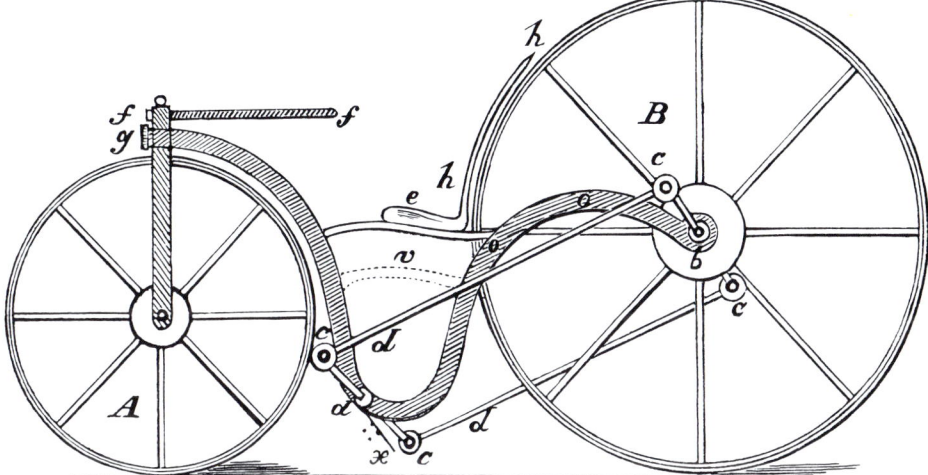

Calcorota nannte der Stuttgarter Turnlehrer Johann Friedrich Trefz sein Tretkurbel-Fahrrad. Hier die Zeichnung seiner Württembergischen Patentschrift vom 30. November 1869.

allerdings zwangen ihn die Behörden, die erste deutsche Mädchen-Turnhalle als «nicht zeitgemäss» wieder zu schliessen. Aber mit Fahrrädern beschäftigte sich der fortschrittlich denkende Lehrer weiter. Er konstruierte eigene Modelle mit Heckantrieb und verbesserte dabei diese Technik entscheidend. Die

Portrait des Stuttgarter Turnlehrers J. F. Trefz. Er erhielt ein württembergisches Patent auf ein Tretkurbelfahrrad. Treibstangen drehten das Hinterrad.

schwingenden Macmillan-Pedale ersetzte er durch eine Tretkurbel, die das Hinterrad über Gestänge und Kurbeln antrieb. Am 30. November 1869 beantragte Trefz bei der württembergischen Patentkommission der Zentralstelle für Gewerbe und Handel für seine Konstruktion ein Patent «auf eine neue Art der Bewegung der Vélocipèdes». 60 Tage später gab die Kommission seinem

Antrag statt. Aber schon ein Jahr danach, am 24. Januar 1871, musste der Erfinder sein Patent wieder löschen lassen. Für sein neues Zweirad, das er «Calcorota» nannte, fand Trefz keinen Abnehmer. Er ging in den Schuldienst zurück und lehrte an Höheren Töchterschulen Naturwissenschaft und Neuphilologie.

Der Stuttgarter Lehrer hatte seine neuen Fahrräder nicht eigenhändig gebaut. Vermutlich war es die Firma Müller & Hag in der Alexanderstrasse, die für ihn arbeitete. Ihr überliess er auch seine Räder, als er später nach München umzog. Der Firmenmitinhaber Müller soll auf Anregung von Trefz in der Kasernenstrasse 44 in Stuttgart die «Erste deutsche Vélocipède-Fabrik C. F. Müller» gegründet haben.

Erste deutsche Velocipède-Fabrik C. F. Müller, Stuttgart.
Durch vielseitige Erfahrungen, Proben und Versuche seit Einführung der Velocipèdes vor zwei Jahren durch die Unterzeichneten ist es ihm jetzt gelungen, ein neues allen Anforderungen entsprechendes Velocipède zu construiren. Diese vorzüglichen Maschinen werden nur in dieser einen Sorte in 3 Grössen fabricirt und preiswürdig mit 2jährigen Garantiescheinen abgegeben. Gegen Franco-Einsendung von 15 Sgr. oder 52 Kr. Marken erfolgt Franco-Zustellung einer Photographie mit Beschreibung sowie Abhandlung über Velocipèdes und Preiscourant.
C. F. Müller, Stuttgart, Kasernenstraße 44.

1869 war in der Geschichte des Fahrrads ein grosses Jahr. Nicht nur die Arbeiten der Amerikaner Estell und Witty und die Trefz-Erfindung stammen aus dieser Zeit. Michaux baute 1869 in Paris eine grosse Zweiradfabrik, und in der Seine-Metropole fand ab 5. November im Pré-Catalan ausserdem eine internationale Velo-Ausstellung statt. Hier wimmelte es geradezu von interessanten Konstruktionen, die fast alle in späteren Jahren Bedeutung erlangen sollten: leichte Ganzmetallmaschinen,

Rohrrahmen, Eisenfelgen mit Drahtspeichen und Vollgummireifen, Vorderradbremsen, Vorderradfederung, Kotflügel, Freilauf, Geschwindigkeitswechsel-Getriebe mit zwei und vier Gängen, Kugellager, Räder mit vergrössertem Antriebsrad. Wohl die bedeutendste Fahrraderfindung des Jahres 1869 und zugleich eine der wichtigsten

Ein Urbild des modernen Fahrrads unserer Tage. – 1869 zeigten es die Erbauer, der Uhrmacher André Guilmet und die Firma Meyer & Cie., auf der Pariser Fahrradausstellung.

Neuentwicklungen der ganzen Fahrradgeschichte aber war das Guilmet-Meyer-Rad, Urbild des modernen Fahrrads unserer Zeit. Wie das Trefz-Rad hatte es eine Tretkurbel, die jedoch nicht über Stangen und Kurbeln auf das Hinterrad wirkte, sondern zum ersten Mal über eine endlose Antriebskette.

Der perfekte Hinterradantrieb war erfunden, aber im Schatten der inzwischen angelaufenen Michaux-Serienproduktion frontgetriebener Räder konnte er sich nicht durchsetzen.

«O Fahrrad, Kamel des Abendlandes!» – Wie die Fahrradindustrie entstand

Michaux und die Gründerzeit

Eine Erfindung zu machen, dazu braucht es kreative Phantasie und so etwas wie vorurteilslose Genialität. Eine Idee konsequent zu Ende zu entwikkeln, das Grundkonzept bis zur Perfektion zu verbessern, setzt analytisches Denken, praktische Intelligenz und oft auch hartnäckige Ausdauer voraus. Vom Ergebnis seiner Arbeit andere zu überzeugen, sein Produkt also gut zu verkaufen, das verlangt psychologisches Geschick, rasches Handeln, unternehmerischen Weitblick und die Bereitschaft zum Risiko. An Erfindern neuer Fahrradantriebe fehlte es in den sechziger Jahren des vergangenen Jahrhunderts in Europa nicht. Wenigen gelang es indes, über Bastlermodelle hinaus ausgereifte Konstruktionen vorzulegen, die Chancen für eine Serienfertigung gehabt hätten. Und nur ein einziger vereinigte in sich die nötigen Fähigkeiten, innerhalb eines Jahrzehnts aus dem Nichts heraus eine bedeutende Fahrradindustrie aufzubauen: Pierre Michaux. Hand in Hand mit dem Aufbau der Produktion verbesserte er zusammen mit seinem Sohn Ernest wieder und wieder seine Modelle, gestaltete sie ansprechender, funktioneller und zugleich fertigungstechnisch vorteilhafter.

Dieses frühe hölzerne Michaux-Rad zeigt die Verwandtschaft mit den Draisinen besonders deutlich…

…genauso wie das hölzerne Zweirad von Lallement aus dem Jahre 1865.

Die Umsatzstatistik der Tretkurbelräder mit Frontantrieb hätte manche Topmanager von heute vor Neid erblassen lassen. 1861 baute Michaux zwei Ausfallmuster, in den folgenden Jahren verliessen 142 «Michaulinen» seine

Michaux-Denkmal in Bar-le-Duc.

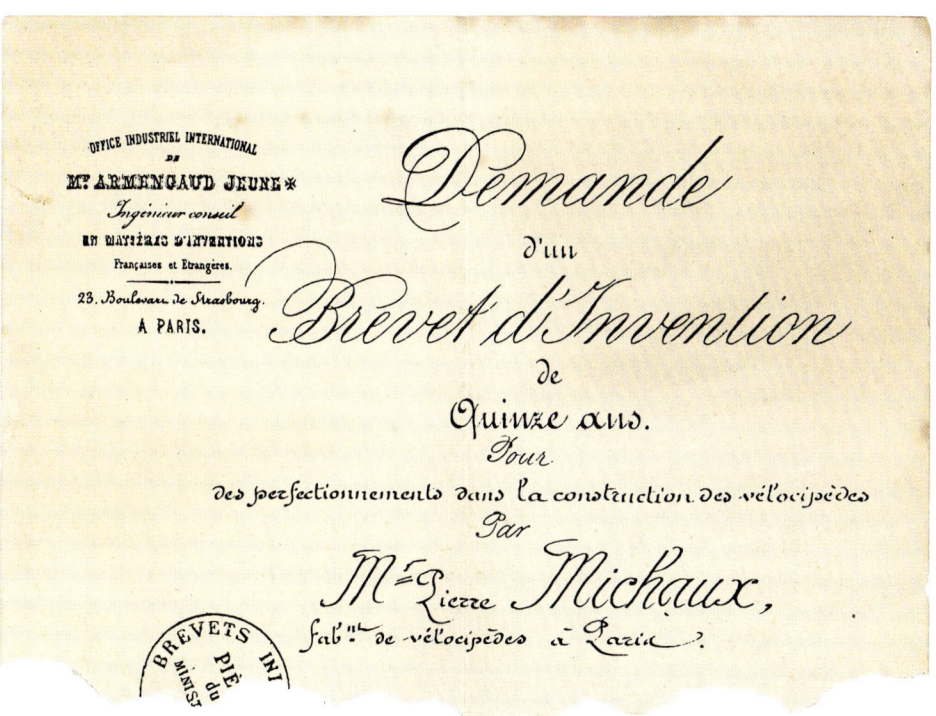

Patentgesuch von Pierre Michaux aus dem Jahre 1868.

Werkstatt, 1865 waren es bereits 400, mehr als eines pro Tag! Das brachte Geld ein, und der erste Fahrradindustrielle der Welt wusste es gut anzulegen. 1867 warb er auf der Weltausstellung in Paris so zugkräftig für seine Maschinen, dass weit mehr Bestellungen eingingen, als die inzwischen grosszügig ausgebauten Werkstätten bewältigen konnten. Die Firma belieferte zuerst die prominentesten Kunden. Das wirkte sich wiederum positiv auf die Auftragseingänge aus; denn wenn etwa der kaiserliche Prinz Louis Napoléon und sein Freund, der Herzog von Alba, gemeinsam auf Michaux-Rädern spazierenfuhren, dann war das die beste und zugleich billigste Werbung für das junge Unternehmen.

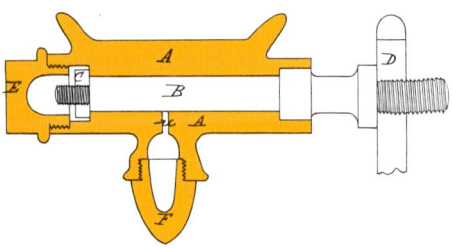

Das Michaux-Pedal von 1868 (Patentzeichnung).

1869 brach ein regelrechter Fahrrad-Boom aus. Fahrradklubs entstanden. Eigene Radfahrerzeitungen und -zeitschriften kamen auf den Markt. Am 7. November meldeten sich 300 Radfahrer zum ersten spektakulären Langstreckenrennen auf der Strecke Paris–Rouen (124 Kilometer). Sieger wurde

James Moore gewann das erste Fahrradrennen, das 1868 im Park von Saint-Cloud in Paris veranstaltet wurde. Hier James Moore als 74jähriger.

Die «Compagnie Parisienne des Vélocipèdes» unterhielt in Paris eine eigene Fahrschule (Holzschnitt aus der Zeitschrift «L'Illustration» vom 12. Juni 1869).

James Moore mit einer Durchschnittsgeschwindigkeit von 12 Kilometern pro Stunde.

Die Zeitung «Le Parlement» brach angesichts des triumphalen Siegeszuges der Zweiräder als Verkehrs- und Sportgeräte in die begeisterte Formulierung aus: «O Vélocipède, chameau de l'Occident!» (O Fahrrad, Kamel des Abendlands!).

Der 1. November 1868 im Park von Bordelais in Bordeaux: zum erstenmal liefern sich Damen ein Vélocipède-Rennen.

Die «Illustrirte Zeitung» aus Leipzig vom 20. März 1869 berichtete:
«Die meiste Verbreitung hat jedenfalls das Vélocipède in den Vereinigten Staaten von Amerika gefunden. Dort sind schon mehr als 30 Patente auf verschiedene Constructionen genommen und förmliche Schulen zur Einübung im Vélocipèdereiten eingerichtet worden. In New York allein hat man über 5000

Für 15 Dollar monatlich konnten die Amerikaner 1869 in dieser Schule das Radfahren lernen. – Am Broadway!

Schüler gezählt, welche solche Anstalten besuchen; diese Schulen sind, wie die Restaurationen, zu allen Stunden des Tages offen und fortwährend so besucht, dass die vorhandenen Vélocipèdes nicht ausreichen, um jeden, der sich derselben bedienen will, zu befriedigen.»

Auch für die Michaux-Werke war 1869 ein grosses Jahr. Zusammen mit finanzkräftigen Partnern, den Gebrüdern Olivier, die eine Bareinlage von hunderttausend Francs mitbrachten, eröffnete Michaux eine neue, leistungsfähigere Firma: die «Compagnie Parisienne Ancienne Maison Michaux & Comp.». Unweit des Arc de Triomphe, an der heutigen Avenue de la Grande Armée, entstand auf einem hunderttausend Quadratmeter grossen Werksgelände eine Fabrik, die 500 Arbeiter beschäftigte. Schon im Gründungsjahr, 1869, produzierte sie täglich 200 Michaulinen.

Natürlich riefen die emporschnellenden Umsätze auch Konkurrenten auf den Plan, vor allem die Firmen J. Tribout und Meyer & Cie. in Paris, Jules Truffault in Tours und Rousseau in Marseille. Alle zusammen brachten es aber nur auf 50 Prozent der Michaux-Fertigung.

Michaux-Vélocipède von 1867 mit Rosetten-Pedalen.

Die Konstruktionen des französischen Fahrrad-Altmeisters waren Ende der sechziger Jahre durch und durch ausgereift. Bestanden die ersten Michaulinen noch fast völlig aus Holz, mit waagrechtem, wenig geschwungenem Rahmen, ohne Bremse und ohne Federung, so lieferte die berühmte Pariser Fabrik jetzt elegante schmiedeeiserne Maschinen. Ihr hinteres Rahmenteil war konstruktiv geschickt nach unten gezogen und ging direkt in die Hinterradgabel über. Die Holzfelgen der Speichenräder umfassten als Bereifung endlose, glühend aufgezogene Eisenringe. Das Vorderrad boten die Hersteller wahlweise in drei Durchmessergrössen an: 80 Zentimeter, 90 Zentimeter und 100 Zentimeter. Die Tretkurbellänge dieses Rades liess sich verstellen, um der Grösse des Fahrers anatomisch gerecht zu werden. Die Pedale lagen immer waagrecht. Dafür sorgten ab 1868 eichelförmige Gewichte an ihrer Unterseite, die gleichzeitig die

Pedalachsen ölten. Schon 1865 hatten die Trittflächen die Form einer dreieckigen Fussauflage mit seitlicher Rosettenbegrenzung. Das Vorderrad lief in einer geschmiedeten Gabel, die im vorderen Rahmenende drehbar gelagert war. Das Hinterrad war viel kleiner als bei früheren Modellen. Beide Räder liefen in zweiteiligen Bronze-Gleitlagern, die eine Kappe gegen Staub schützte. Den ledergepolsterten Sattel trug eine lange Blattfeder. Auf ihr liess er sich je nach der Beinlänge des Benutzers verschieben. Wenn der Fahrer die Lenkstange drehte, wirkte eine Klotzbremse auf das Hinterrad (schon seit 1867). Für die Kraftübertragung sorgte dabei ein Strick oder ein Lederriemen, der sich auf dem Lenker aufwickelte. Ab 1868 wirkte dieser Seilzug über einen Flaschenzugmechanismus. Auch über einen primitiven Freilauf verfügte das Rad: zwei starre Beinauflagen. Auf ihnen liessen sich die Füsse ausruhen, wenn die Fahrt bergab ging.

Natürlich hatte das schmiedeeiserne Prachtstück gegenüber unseren modernen Rädern noch entscheidende Nachteile. Mit 40 Kilogramm Masse war es nicht gerade leicht. Die Bandeisenbereifung machte das Fahren ungemütlich hart und holprig, für spöttische Engländer und Amerikaner Grund ge-

nug, die «French bicycles» auch «Boneshakers» zu nennen. Als «Knochenschüttler» bürgerte sich diese treffende Bezeichnung rasch auch in Deutschland ein.

Weil eine Übersetzung fehlte, fuhren die Michaulinen langsam. Bei jeder Tretkurbelumdrehung legten sie nur eine Strecke von der Länge des Vorderradumfanges zurück, bei einem Raddurchmesser von einem Meter also 3,14 Meter. Ein modernes Tourenrad unserer Tage schafft dank der Kettenübersetzung etwa das Dreifache.

Auch der Kurveneinschlag der Michaux-Räder liess, bedingt durch den Frontantrieb, zu wünschen übrig. Es gab also noch viel zu verbessern, und die Konstrukteure ruhten nicht. Die Zeitschrift «La Nature» berichtete bereits 1869 von den ersten Rädern mit Vollgummireifen auf druckbelasteten Stahlspeichen und Blattfedern rechts und links unter der Vorderradachse. Der geringen Geschwindigkeit wollten die Hersteller durch zwei Fahrer auf einem Rad begegnen. Unter dem Namen «Vélo-vitesse» (Geschwindigkeitsrad) boten sie 1871 ein Tandem an.

Michaux selbst zog sich als echter Erfindergeist und Gründernatur aus dem etablierten Unternehmen überraschend schnell zurück. Die Fertigung hatte kaum grossindustrielle Dimensionen angenommen, als er sich auszahlen liess. Ende 1869 stieg er gegen eine Abfindung von 200 000 Franken aus der Firma aus. Zu Alleininhabern geworden, änderten die Gebrüder Olivier den Ge-

Ein Michaux-Tandem um 1870, das auch Vélo-vitesse genannt wurde.

sellschaftsnamen in «Compagnie Parisienne Olivier Frères». Michaux verpflichtete sich vertraglich, keine Konkurrenzfertigung aufzubauen. Doch getreu der sprichwörtlichen Katze, die das Mausen nicht lässt, gründete er kurz

Die Michaux-Fahrräder von Olivier im Jahre 1869 (nach «La Nature»).

darauf eine neue Fahrradfabrik, die Michaux & Co., später Michaux Fils. Diesmal aber hatte er Pech. Prozesse und der Deutsch-Französische Krieg 1870/71 ruinierten ihn. 1883 starb Pierre Michaux völlig verarmt im Hospice von Bicêtre in Paris. Seinen Sohn Ernest hatte er um ein Jahr überlebt.

Die «Boneshakers» und die Geburt der englischen Fahrradindustrie

Dass die Fahrräder in den sechziger Jahren des vergangenen Jahrhunderts in Frankreich so überaus beliebt waren, mag mit dazu beigetragen haben, dass ihr Siegeszug in anderen europäischen Ländern zunächst auf sich warten liess. Deckte doch die Fertigung bei weitem nicht den Bedarf im eigenen Lande. Von Exporten konnte nicht die Rede sein. So blieben die zweirädrigen Lieb-

Nach dem Vorbild der Michaulinen bauten englische Hersteller, wie K.W. Hedges, um 1869 ihre «Boneshakers».

linge der Franzosen jenseits der Grenzen über ein halbes Jahrzehnt mehr oder weniger unbekannt, und für eine eigene Fertigung in anderen europäischen Ländern fehlte deshalb die Anregung.

Erst Besucher der Pariser Weltausstellung im Jahre 1867 nahmen einige Michaux-Räder mit über den Kanal. Die Zeitschrift «The English Mechanic» veröffentlichte in ihrer Ausgabe vom 27. Juli Abbildungen dieser interessanten Maschinen. Das allgemeine Interesse erwachte. Rasch tauchten Nachbauten auf, und auch die ersten berühmten Radler liessen nicht lange auf sich warten, unter ihnen Charles Dickens und sogar der Prinzgemahl.

Zu den Radfahrern ohne Rang und Namen gehörte in dieser Gründerzeit ein dreissigjähriger Tierarzt: John Boyd Dunlop, der später weltberühmte Erfinder des luftgefüllten Fahrradreifens.

Nur die englische Industrie liess sich von dem allgemeinen Interesse noch nicht sofort anstecken. Sie erwachte erst anderthalb Jahre später, als im November 1868 der britische Student Rowley B. Turner (1840 bis 1917) das neueste Michaux-Modell aus Paris nach Coventry mitbrachte. Rowleys Onkel Josiah Turner war Direktor der «Coventry Sewing Machine Company», deren Nähmaschinenproduktion damals ausgesprochen stagnierte. Der Student

witterte eine Chance in der Fahrradproduktion. Er schlug seinem Onkel vor, Michaulinen für den Export nach Frankreich zu bauen. Denn dort konnten ja die Hersteller die Nachfrage nicht annähernd befriedigen. Onkel Josiah griff den cleveren Gedanken sofort auf und fertigte im Februar 1869 die erste Serie von 400 Maschinen. Wieviel sich die Geschäftsleitung von der neuen Produktion versprach, beweist die Namensänderung des Unternehmens. Von «Sewing Machines» ist nicht mehr die Rede. Die Gesellschaft nennt sich hinfort «Coventry Machinists Co. Ltd.». An Bestellungen aus Frankreich fehlte es nicht. Doch es sollte alles anders kommen: Die 400 neuen englischen Räder überquerten niemals den Kanal. Der Deutsch-Französische Krieg war ausgebrochen und machte einen Strich durch die Exportrechnung. Neffe und Onkel Turner mussten sich auf dem britischen Markt nach Absatzmöglichkeiten umsehen. Und siehe da, sie wurden ihr Produkt auch im Inland reissend los. Der Grundstein für die englische Fahrradindustrie war gelegt. Niemand konnte damals ahnen, dass sich in England im folgenden Vierteljahrhundert eine stürmische und faszinierend bunte Weiterentwicklung des Fahrrads bis zur völligen technischen Reife abspielen würde. Niemand konnte voraussehen, dass sich die englische Fahrradindustrie mit ihrer Keimzelle Coventry einmal zur bedeutendsten der Welt mausern sollte.

1869 war ein grosses Jahr in der Geschichte des Fahrrads. Es brachte viele neue Modelle, wie das Phantom-Bicycle von W.F. Reynolds und J.A. Mays in England...

Die ersten interessanten Entwicklungsansätze fallen auch auf den Britischen Inseln schon in das Jahr 1869, das in Frankreich so überaus fruchtbar gewesen war. W.F. Reynolds und J.A.

Mays konstruierten ihr Phantom-Rad, das durch seine Leichtigkeit bestach. Der Rahmen bestand aus Eisenstangen, die eisenbereiften Holzfelgen waren mit Drahtspeichen an der Nabe befestigt. Diese Art der Felgenaufhängung hatte sich schon am 5. Mai 1802 George Frederick Bauer patentieren lassen, der die üblichen hölzernen Speichen durch Lederriemen, Stricke oder Ketten ersetzen wollte. 1826 hatte dann Theodore Jones auf Druck belastete Drahtspeichen vorgeschlagen. Aber zum ersten Mal verwirklicht haben Reynolds und Mays die Drahtspeichen in England. Doch ihr Phantom-Rad war nur der Anfang der grossen Geschichte britischer Fahrradentwicklung. England hatte das Erbe Frankreichs übernommen.

Die Gründerjahre der Fahrrad-industrie in Deutschland

1869 bemerkt das deutsche «Gewerbe- und Universal-Lexikon für Jedermann» zum Stichwort «Velocipede»: «... *buchstäblich soviel als Schnellfüssler, eine seit 1868 zu Paris in Mode gekommene Fortbewegungsmaschine, welche in einiger Beziehung das Reitpferd zu ersetzen bestimmt ist. Die Velocipede besteht aus zwei Rädern... Die Räder sind von der ungefähren Grösse wie bei Equipagen, das vordere hat einen grösseren Durchmesser als das hintere, ihre Spurweite ist geringer als gewöhnlich. Zwischen beiden Rädern ist der Sitz oder Sattel des Reiters, welcher letztere die Maschine durch ein Trittwerk mittelst der Füsse in Trieb setzt. Vor dem Reiter... ist die Vorrichtung zum Steuern oder Lenken, zum Bremsen und überhaupt zur Regulierung des Laufes; diese Vorrichtung, welche der Reiter stets in den Händen behält, dient auch zu seiner Stütze. Der Gebrauch des Velocipedes erfordert einen eben so sorgfältigen Unterricht wie das Reiten auf Pferden... Ein virtuoser Velocipede scheut keinen Wettlauf mit einem Rennpferde... Bis jetzt ist die Mode der Velocipede auf Paris beschränkt geblieben und zählt dort, ohne erhebliche geschäftliche Verwendung als eine fashionable Leibesübung.»*

Wie in England war das Fahrrad vor 1869 auch in Deutschland unbeachtet geblieben. Die östlichen Nachbarn Frankreichs wurden ebenfalls erstmals 1868 auf das neue Gefährt aufmerksam,

... oder das am 4. Juni in den «Braunschweigische Anzeigen» vorgestellte Tretkurbelrad von Heinrich Büssing.

und bis die industrielle Fertigung anlief, verging ein weiteres Jahr. Ihr Gründer war Heinrich Büssing. Merkwürdigerweise erwähnt das kein einziges Lexikon, und nicht einmal in der Fahrradliteratur taucht der Name des später weltbekannten Nutzfahrzeugbauers auf. Dennoch: Büssing führte das Fahrrad nicht nur als Serienprodukt in der deutschen Industrie ein, er profilierte sich nach 1869 auch zum grössten Zweirad- und Dreiradfabrikanten seines Landes. Wie es dazu kam, berichtet

Erstes Büssing-Rad, das in Braunschweig hergestellt wurde (1868).

Heinrich Büssing in seiner handschriftlichen Biographie selbst:

«Im Jahre 1868 wurden die ersten Velocipeden hier in Braunschweig bekannt und nahmen mein ganzes Interesse in Anspruch. Auf einem selbst hergestellten Fahrzeug mit eisenbereiften Holzrädern lernte ich das Fahren, konstruierte und fabrizierte dieses neue

Verkehrsmittel.» Büssing war damals erst 25 Jahre alt. Aber sein jugendliches Alter hinderte ihn nicht, rasch auftauchende Konkurrenten auf dem Markt

Aus drei Antriebsrädern à la Michaux baute Heinrich Büssing aus Braunschweig ein Dreirad. Hier fährt er (vorne) zusammen mit zwei Freunden darauf aus. Ein Augenzeuge berichtet: «Und keiner fiel herunter.»

souverän in Schach zu halten. Seine hohe Qualitätsmoral machte ihn selbstsicher. Am 22. Oktober 1869 schrieb er seinem Kunden Georg Kausche in Braunschweig: «Es tut mir recht leid, Ihnen nicht die Preise stellen zu können, wie ein Dresdner Fabrikant, denn ich halte auf grösste Solidität und mag nicht solchen billigen zusammengeschlagenen Plunder in die Welt senden; anfangs baute ich meine Kinder-Velocipedes auch etwas leichter, habe aber eingesehen, dass damit schlechte Erfolge erzielt werden; und baue sie jetzt kräftiger... Eine billigere Preisofferte bin ich nicht imstande, Ihnen zu machen, wenn ich dabei Fabrikant bleiben will.»

Werbung vor mehr als hundert Jahren. 1869/ 1870 stellte die erste Deutsche Vélocipède-Fabrik ihre Produkte mit dieser Anzeige vor.

Büssing warb für seine Räder in Briefen, Prospekten und Kleinanzeigen. Auf der Leipziger Messe von 1869 vertraten ihn gleich drei Kaufleute. In ganz Deutschland, aber auch in Österreich sorgten Zwischenhändler für den örtlichen Absatz. Das Geschäft florierte. Allein von einem Fahrradhändler Julius Nehrkorn berichtet das Geheimrat-Büssing-Archiv, er «verkaufte im Monat August 1869 für etwa 350 Taler Velocipede und bestellte weitere 60 Stück fest». Nach Magdeburg lieferte die junge Fahrradfirma im gleichen Jahr 180 Räder zum Weihnachtsfest. Alles in allem muss die monatliche Produktion in der zweiten Jahreshälfte bereits einige hundert Stück betragen haben. Allein an Kinderrädern fertigte das Unternehmen vom 20. Juli bis zum 28. September 1399 Stück.

Nebenbei stellte Büssing ab Januar 1870 für Jahrmärkte, Kaffeehäuser und Gartenlokale «Velocipeden-Karussells»

Das Fahrrad-Karussell ist eine Erfindung des Amerikaners G. J. Sturdy, Providence, Road Island.

her, die den Betreibern offenbar sehr gute Einnahmen bescherten. Die 8-, 16-, 24-, und 32sitzigen «Ringelspiele» amortisierten sich bereits nach wenigen Tagen, spätestens nach einem Monat. Zeitgenössische Berichte sagten, die Karusselle seien «überall eine grosse Attraktion» und übten sogar «starke Anziehungskraft auf die feinere Welt, Herren wie Damen» aus. Büssing selbst betrieb so eine Anlage in der Nähe seiner Werkstatt. Für eine Fahrt verlangte er fünf Pfennig, «...wobei man aber selbst trampeln musste», kommentierte ein Journal spöttisch.

Lange allerdings konnte sich die aufblühende deutsche Velo-Industrie – neben Büssing fertigten besonders Firmen in Braunschweig, Stuttgart, Frankfurt

am Main (Bernhard Löffler), Offenbach, Dresden und Berlin (F. M. Stahl) Fahrräder – nicht halten. Der Deutsch-Französische Krieg von 1870/71 setzte ihr ein ebenso plötzliches Ende wie den Fabriken jenseits des Rheins.

Lallement und die amerikanische Fahrradproduktion

Pierre Lallement, der sein Leben lang behauptete, nicht Michaux, sondern er habe die Vorderrad-Tretkurbel erfunden, stand in Paris völlig im Schatten jenes Mannes, der in Wirklichkeit wohl etwa zur gleichen Zeit den gleichen Gedanken hatte. Michaux war die profilierte Unternehmerpersönlichkeit, Lallement, der 1863 zu ihm gestossen war, blieb in Paris nichts als sein Arbeiter. Kein Wunder, dass er bald kündigte

Pierre Lallement – das Bild zeigt ihn 1866 in New Haven, Connecticut – begründete die Fahrradindustrie in Amerika ...

und auswanderte. Er wollte auf eigene Faust in Amerika eine Fahrradindustrie aufbauen. 1866 meldete er zusammen mit James Carroll aus New Haven, Connecticut, das erste US-amerikanische Fahrradpatent an, das den beiden

... Das US-Patent Nr. 59915 für seine Maschine nach dieser Zeichnung erhielt er 1866.

unter der Nummer 59915 am 20. November erteilt wurde. Die Patentzeichnung zeigt eine Konstruktion, die den ersten Michaux-Rädern sehr ähnelt.

Lallement und sein Partner begannen mit der Produktion. Sehr erfolgreich waren sie allerdings nicht, denn im Gegensatz zum geschäftstüchtigen Michaux in Frankreich konnten sie die Stellung gegen die rasch aufkommende Konkurrenz nicht halten. Wettbewerber brachten fortschrittlichere Modelle auf den Markt, wie Thomas R. Pikkering, der sich ein leichteres und zugleich stabileres Rad patentieren liess, das er ausserdem noch billiger verkaufte. Rahmen und Gabeln waren Stahlrohrkonstruktionen. Den Sattel trugen

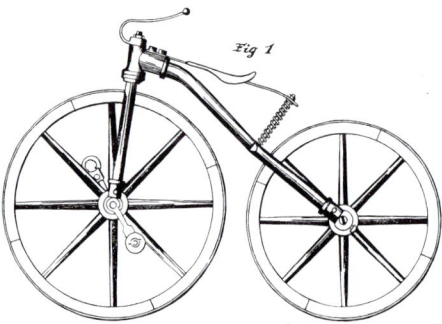

Auf das Rohrrahmen-Vélocipède erhielt T. R. Pickering das US-Patent Nr. 88507/1869.

Schraubenfedern. Pickering belieferte nicht nur den amerikanischen Markt. Er exportierte seine Räder bald nach Europa.

In New York verbesserten die Gebrüder Hanlon das Lallement-Rad und erhielten zwei Patente auf Vollgummibereifung und eine Vorderrad-Klotzbremse. Nach anfänglich guten Verkaufserfolgen verschwanden die Hanlon-Räder aber rasch wieder vom Markt. Sie liefen zu schwer.

Nicht viel besser kam das 1869 erschienene Fahrrad von M. C. Donald auf dem Markt an. Es war eine völlige Neukonstruktion mit Druckspeichen aus Stahldraht und ... einer Hinterradlenkung! Das Vehikel muss dem Fahrer beinahe artistische Fähigkeiten abverlangt haben.

Auch sonst trieb die amerikanische Velo-Industrie merkwürdige Blüten. Ein Professor Laubach aus Keyston baute ein Zweirad mit Vorderrad- und Hinterradlenkung zugleich. Um 1868 kamen Eis-Fahrräder auf den Markt, die dem russischen Modell aus demsel-

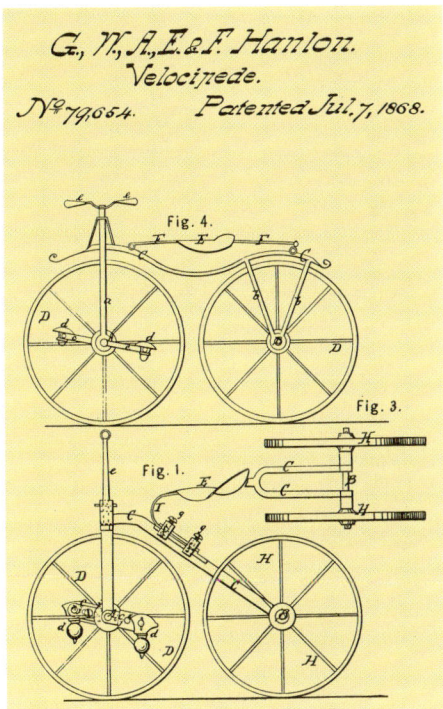

Hanlons Patentzeichnungen zeigen verschiedene Modelle seiner Räder: das Hinterrad liess sich durch eine Doppelradkonstruktion ersetzen. Damit wurde die Maschine zum Dreirad.

Das Fahrrad des Amerikaners M. C. Donald (auch MacDonald geschrieben) ist eine Stahlkonstruktion. Die Druckspeichen sind aus Stahldraht. Das Hinterrad wird gelenkt, was das Fahren sicher sehr erschwert.

ben Jahr sehr ähnelten. Auch sie setzten sich nicht durch.

Erwähnenswert unter den rund tausend verschiedenen Fabrikaten, die Ende 1870 um die Gunst der Käufer kämpften, war allenfalls noch die Konstruktion eines William van Anden aus Poughkeepsie im Staate New York: Sie zeichnete sich durch einen Sperrklinkenmechanismus als Freilauf im Vorderrad aus.

Ein Rad mit aussergewöhnlicher Steuerung baute 1868 der amerikanische Professor Dr. William Laubach: Vorder- und Hinterrad liessen sich zugleich lenken. Dadurch fuhren beide Räder auch in Kurven genau in derselben Spur. Das Körpergewicht des Fahrers stellte die Räder nach jeder Kurve automatisch wieder zurück.

Mit dem Fahrrad aufs Eis gingen die Amerikaner 1868.

Der Amerikaner Van Anden stattete Zweiräder mit einem in die Vorderradnabe eingebauten Freilauf aus.

Nur für den Gründer der amerikanischen Fahrradindustrie, Pierre Lallement, waren die USA kein Land der unbegrenzten Möglichkeiten. Sein Unternehmen brach unter dem Konkurrenzdruck zusammen. Er selbst kehrte nach Frankreich zurück und baute wieder in seinem Heimatland Fahrräder.

Die hölzernen Teile und der Sattel dieses Michaux-Rades wurden später erneuert. Fotografiert vor der Schlössli-Mühle in der Schweizer Kantonshauptstadt Aarau.

«Fahrräder, passend zur Beinlänge» – Die englische Fahrradindustrie

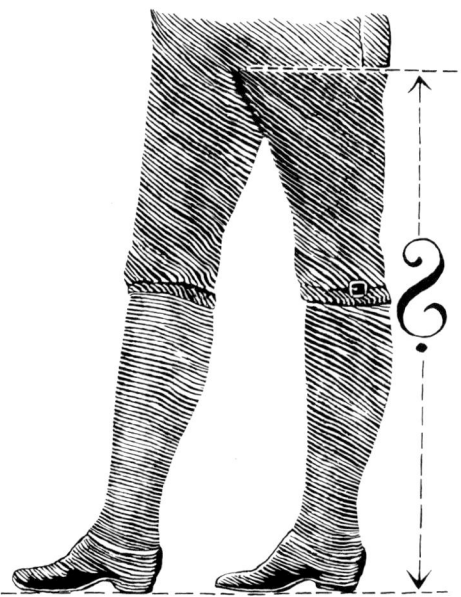

Entscheidend für die Wahl eines «passenden» Hochrades war die Beinlänge des Fahrers.

James Starley und das Ordinary-Bicycle

Die Rattenfalle sah nicht sehr vertrauenerweckend aus. Der junge James hatte sie aus den Speichen eines alten Regenschirms gebastelt, und John, sein älterer Bruder, machte sich über die eigenartige Konstruktion und ihren Erfinder lustig: «Ich werde alle Ratten essen, die du mit dem dummen Ding fängst.» James bedrückte diese Kritik. Er fasste sie nicht als einen jener Scherze auf, wie sie zwischen Geschwistern gang und gäbe sind. Im Woodbind Cottage waren die lästigen grauen Nager seit langem eine Plage, und der tüftlerische Bauernsohn hatte seine spärliche Freizeit daran gegeben, in aller Heimlichkeit die Falle zu bauen. Ausser dem kaputten Schirm hatte er nichts gehabt, woraus er den Apparat hätte fertigen können. Das verlangte schon viel Überlegung, aus dem dürftigen Material etwas Brauchbares zu machen. Und dass seine Rattenfalle brauchbar war, daran zweifelte James keinen Augenblick. Er hatte geglaubt, die Familie würde sich über das nützliche Gerät freuen. Statt dessen hänselte ihn sein Bruder. Und sein Vater hielt ihm sogar vor, er verschwende seine Zeit, indem er mit Draht spiele, statt Kühe zu melken, den Acker zu pflügen oder sonst etwas Nützliches zu tun. Dass schon in der folgenden Nacht drei grosse Ratten in die Falle gingen, zählte nicht.

Die Familie hatte nicht viel Sinn für derartige Kindereien. Einmal hatte James vorgeschlagen, den noch vom Grossvater stammenden Pflug und eine ebenso alte Erntemaschine umzubauen, um sich, seinen Brüdern und seinem Vater die harte Feldarbeit zu erleichtern.

Aber die Eltern hatten nicht einmal zugehört. Seine Ideen trugen dem Jungen nur eins ein: die schwerste Arbeit auf dem Bauernhof, damit der Faulenzer auf andere Gedanken kommen sollte. Zwei ältere Brüder hatten die Farm der Starley-Familie in Sussex schon verlassen, und der Hof war auf jede Arbeitskraft angewiesen. Die Eltern, John und James schufteten von früh bis spät. Dabei liesse sich vieles rationeller erledigen. Der ideenreiche James hätte so gerne freie Hand gehabt, den landwirtschaftlichen Betrieb der Familie etwas

zu rationalisieren. Aber er erntete nur Unverständnis und Undank und lebte auf der elterlichen Farm wie ein Knecht.

Als sich im Frühsommer 1846 die Geschichte mit der Rattenfalle ereignete, lief für den Sechzehnjährigen das Fass über. Er beschloss, sein bedrückendes Zuhause gegen eine ungewisse Freiheit einzutauschen. Eines Tages waren die Eltern auf den Markt gegangen. James musste Dünger auf die Felder bringen. Er stellte die verhasste Mistgabel in den Stall, versorgte das Pferd und machte sich völlig mittellos auf den Weg nach London. Fünfzig Meilen lagen vor ihm; zu Fuss, in zu engen Stiefeln, die sein Bruder abgetragen hatte. Um Onkeln und Tanten in der Nachbargemeinde Bolney auszuweichen, entschloss sich James zu einem Umweg. London erreichte er nicht. Auf dem tagelangen Marsch in den drückenden Schuhen wurden seine Füsse wund und schwollen an. Beissender Hunger quälte ihn. So brach er kurz vor seinem Ziel erschöpft am Wegrand zusammen. In diesem Zustand fand ihn Tom Bower, ein etwa zwanzigjähriger junger Mann aus Lewisham, der ihn mit nach Hause nahm und ihm Gelegenheitsarbeiten als Stachelbeerpflücker vermittelte. Schon sein zweiter Arbeitgeber, ein Mr. Wilmot, fand Gefallen an James und stellte ihn für 15 Shilling in der Woche fest als Gärtner an. Das war knapper Lohn, denn genau zwei Drittel davon schluckte die Miete für ein möbliertes Zimmer bei der Witwe Wilson.

Doch der technisch begabte James verdiente sich zusätzliches Geld durch Bastelarbeiten und als Feierabend-Uhrmacher. Der junge Mann war sein eigener Herr, und er war glücklich, ganz besonders, weil er einen alten Holzschuppen von Mrs. Wilson als Werkstatt benutzen durfte.

Fünfzehn Jahre waren vergangen. Vor dreizehn Jahren hatte James Starley (1830 bis 1881) seine Stellung gewechselt. Seitdem arbeitete er als Untergärtner bei dem vermögenden Marine-Ingenieur John Penn. Mit 23 Jahren hatte er die fleissige, intelligente und gutaussehende Jane Todd (1826 bis 1900) geheiratet, die sein Dienstherr als Näherin beschäftigte. Und die Ehe war fruchtbar gewesen. Vier Söhne und eine

James Starley (1801–1881) war der Vater der englischen Fahrradindustrie.

Tochter waren der Stolz des einunddreissigjährigen Vaters und der vier Jahre älteren Mutter. Nichts deutete darauf hin, dass sich das längst eingespielte Leben der Familie in Lewisham ändern sollte, als sich 1861 völlig überraschend doch ein tiefgreifender Wandel anbahnen sollte.

Penn kaufte von der Firma Newton, Wilson & Co. für seine Frau eines jener neuartigen teuren Geräte, die damals soviel von sich reden machten: eine Nähmaschine. Das gute Stück war überaus ingeniös und verzwickt konstruiert, nur leider... es funktionierte nicht. Statt glatter Nähte lieferte es wirre Garnknäuel. James reparierte den komplizierten Mechanismus. Das beeindruckte seinen Dienstherrn, der ja selbst Ingenieur war, derart, dass er be-

schloss, dem talentierten jungen Mann beruflich weiterzuhelfen. Als Gärtner konnte der geborene Techniker sich nicht voll entfalten. Penn vermittelte James Starley eine Stelle als Mechaniker bei der Herstellerfirma der Nähmaschine. Jetzt war der Bastler in seinem Element. Er schüttelte technische Verbesserungsvorschläge nur so aus dem Ärmel.

Sein neuer Chef, Josiah Turner, war begeistert. Die Nähmaschinen faszinierten Starley. Selbst nach Feierabend dachte er an nichts anderes. Und während er tagsüber die Maschinen seiner Arbeitgeberfirma technisch immer mehr verbesserte, entwarf und baute er nachts in seiner Werkstatt ein völlig neues Modell, das allen bisherigen Nähmaschinen revolutionär über-

legen war: Statt mit einer Handkurbel liess es sich mit den Füssen antreiben. Die fertige Maschine führte er seinem Chef vor, und Mr. Turner, selbst Angestellter der Newton, Wilson & Co., fasste als versierter Kaufmann einen raschen Entschluss. Er zahlte privat die Patentverfahrenskosten für die neue Maschine und liess präzise technische Zeichnungen anfertigen. Sein Hintergedanke: Zusammen mit dem Erfinder wollte er mit dessen konkurrenzlosem Produkt eine eigene Nähmaschinenfabrik aufbauen. Starley liess sich nicht lange bitten. Die beiden kündigten und gründeten zusammen mit dem finanzkräftigen Amerikaner Salisbury noch im selben Jahr in Coventry eine neue Gesellschaft, die Coventry Sewing Machine Company. Rasch wechselten vier der bewährtesten Mitarbeiter von Newton, Wilson & Co. in das junge Konkurrenzunternehmen über, unter ihnen die später weltberühmten Unternehmer Singer und Hillman. Nur Salisbury erwies sich als schlechter Partner. Er trieb in der eigenen Gesellschaft Werkspionage und setzte sich eines Tages völlig unerwartet nach Amerika ab, wo er mit Starleys Gedankengut auf eigene Faust Geschäfte machte.

Anfangs florierte die Coventry Sewing Machine Company. Doch in der zweiten Hälfte der sechziger Jahre war der Markt müde, und die Geschäfte gingen schlecht. Da brachte Rowley Turner, der Neffe des Mitbegründers, 1868 das Michaux-Rad nach England, das er im Jahr zuvor auf der Pariser Weltausstellung kennengelernt hatte.

Er berichtete dem Onkel vom aufnahmefähigen französischen Markt. Die Sache war beschlossen: Die Nähmaschinenfabrik von Coventry würde fortan Fahrräder herstellen. Augenblicklich traf man Vorbereitungen für die Fertigung der ersten vierhundert Stück. Dass sie nie an Frankreich ausgeliefert werden sollten, davon war schon die Rede.

James Starley reagierte auf das neue Produkt, wie er auf jeden neuen technischen Artikel reagierte: Er analysierte ihn, stellte die funktionell wesentlichen Elemente fest, verbesserte die Konstruktion und entwarf sie schliesslich von Grund auf neu. Das Michaux-Rad war ihm zu schwer, zu unhandlich und liess sich zu mühsam fahren. Auch das Besteigen war nicht so einfach wie es hätte sein können. Wie schon in der alten Londoner Nähmaschinenfabrik erfand Starley auch jetzt ein vollkommen neues Modell in aller Stille. Sein einzi-

Coventry, die Stadt, der James Starley zu Wohlstand und Ansehen verhalf, setzte dem Vater der englischen Fahrradindustrie ein würdiges Denkmal.

ger Eingeweihter war diesmal William Hunter. 1870 meldeten die beiden nach altbewährtem Muster ein eigenes Patent auf eine neuartige Fahrmaschine an, brachen aus der Coventry Machines Company – wie die Firma inzwischen

Starleys Hochrad «Spider» aus dem Jahre 1872 (Science Museum, London).

hiess – aus und gründeten ein Konkurrenzunternehmen. Das epochal neue Fahrradmodell, das sie ab September 1871 für acht Pfund anboten, hiess Ariel und brachte neben dem völlig verän-

Die Haarnadel-Drahtspeichen des Ariel-Rades von James Starley und William Hillman (englisches Patent Nr. 2236 von 1870) liessen sich durch Verdrehen der Nabe zentral spannen. Hersteller der Maschine war die Coventry Machinists Co. Originale befinden sich in der Albert-Galerie in Coventry und in der Sammlung Gert-Jan Moed, Lent/Holland.

derten Äusseren gleich eine ganze Reihe technischer Bonbons im Detail mit: solide Vollgummireifen, auf Zug belastete Haarnadelspeichen aus Stahldraht (Hairpinwires), eine neue Bremse und so weiter. Das Entscheidendste aber war, dass Ariel schneller fuhr als die alten Michaulinen. Das angetriebene Vorderrad war nämlich mit 50 Zoll (ca. 125 cm) Durchmesser grösser als bei den bisherigen Maschinen. Bei einer einzigen Tretkurbelumdrehung legte es deshalb 3,93 Meter zurück, ein Michaux-Gefährt mit 90-cm-Rädern dagegen nur 2,83 Meter. Schon zwei Jahre vor Starley hatte zwar der Franzose Clément Ader auf der Vélocipède-Ausstellung in Paris eine Michauline mit einem Antriebsrad von 115 cm Durchmesser vorgeführt.

Starley aber war es, der diese Entwicklung konsequent weiterführen konnte. Seine leichte Ganzstahlkonstruktion erlaubte es, grosse Fahrräder zu bauen. War das Vorderrad gewachsen, wurde das Hinterrad gleichzeitig kleiner. Es hatte nur noch eine Stützfunktion und mass beim Ariel-Modell ganze 14 Zoll (ca. 35 cm). Konstruktiv wichtig für das grosse Rad waren besonders die auf Zug beanspruchten Tangentialspeichen, die sich Starley 1874 patentieren liess. Sie wirkten gegenüber den alten Druckspeichen ausgesprochen zierlich und gaben dem Rad dennoch eine besonders grosse Stabilität; denn man konnte sie spannen. Die Tretkurbellänge liess sich zwischen 5 und 6,5 Zoll verstellen und damit der Beinlänge des Fahrers anpassen.

47

Ausfahrt auf Ariel-Rädern um 1872. Das Lady-Bicycle ist asymmetrisch gebaut, damit die Fahrerin im Damenreitsitz fahren kann.

Im Laufe der Jahre hatte Starley neben seiner angeborenen technischen Intelligenz eine zweite Fähigkeit entwickelt, die des umsichtigen Geschäftsmannes, der es verstand, für seine Produkte wirkungsvoll zu werben. Zusammen mit William Hillman arrangierte er eine spektakuläre Radfahrt, um die Ariel-Maschine über Nacht bekanntzumachen. Die beiden legten die 96 Meilen von London nach Coventry auf schlechter, hügeliger Strasse an einem einzigen Tag zurück. Bei Sonnenaufgang waren sie gestartet. Ihr Ziel erreichten sie total erschöpft um Mitternacht. Aber der Erfolg war reiche Entschädigung für die Anstrengung. Das neue Fahrrad begeisterte die sportlichen Engländer. Eine stürmische Nachfrage heizte die Produktion an. Bald fertigten neben der Firma von Starley und Hillman Fahrradfabriken im ganzen Land Maschinen des neuen Typs: in Wolverhampton und Nottingham, in Sheffield, Birmingham, London und Brighton, in Cheltenham und in King's Lynn. Wenige Jahre später, 1878, bot der englische Markt nicht weniger als 300 verschiedene Modelle von 60 Herstellern. Zu vielen hatte Starley konstruktiv beigetragen.

Der Ariel-Grundtyp war so sehr zum Standard-Fahrrad der siebziger Jahre geworden, dass man ihn einfach bald überall Ordinary-Bicycle oder kurz Ordinary nannte.

Doch zurück zum Jahre 1874. Starley bereitete einen neuen Werbegag vor. Kunden hatten befürchtet, dass die dünnen Drahtspeichen, mit denen die Fabrik in Coventry ihre Räder ausstattete, bei starker Beanspruchung reissen mussten. Der Erfinder wusste, dass so etwas völlig ausgeschlossen war. Aber er musste die Öffentlichkeit davon überzeugen. In aller Stille baute er ein wahres Riesenrad von sieben Fuss (ca. 2,30 Meter) Durchmesser mit den neuen Speichen. Seine Söhne William und John übten im geheimen mit dem aussergewöhnlichen Vehikel zu fahren. Natürlich wären die Beine selbst des grössten Fahrers nicht lang genug gewesen, um Tretkurbeln an der Nabe des monströsen Gefährts zu erreichen. Starley montierte deshalb den Pedalmechanismus höher und übertrug die Drehbewegung über einen Hebelantrieb auf die Achse. In der Leamington Spa-Show stellten seine Söhne das mächtige Hochrad als «Xtraordinary» vor. Das

Ähnlich Starleys riesigem «Xtraordinary» baute auch der Franzose Victor Renard ein übergrosses Hochrad mit 2,5 m Raddurchmesser. 1878 führte es Jules Terront in Paris vor.

Dieses amerikanische Columbia-Singer-Hochrad von 1880 besass noch Radialspeichen.

Ein amerikanisches Hochradlager um 1880.

Vertrauen in die Tangentialspeichen war gewonnen. Zugleich aber beflügelte Starleys technische Spielerei die wilde Phantasie fanatischer Hochradjünger. Riesenmodelle kamen auf den Markt, snobistische Statussymbole für die einen, superschnelles Sportgefährt für die anderen. Doch die Entwicklung zum Extrem erwies sich nur zu bald als Sackgasse, denn die schweren Riesenräder sahen nicht allein halsbrecherisch aus: sie waren es. Schuld daran hatten einige typische Konstruktionsmerkmale aller Hochräder. Um das Rad möglichst gross bauen zu können, rückte der Sattel ganz nahe an die fast senkrechte Vorderradgabel heran. Das nur gering belastete Hinterrad schrumpfte zum blossen Stützrad zusammen. Der Fahrer sass unmittelbar über dem Vorderrad. Dadurch rückte der Schwerpunkt des Vehikels gefährlich weit nach vorne und nach oben.

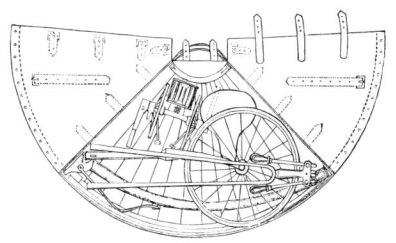

Das tragbare Hochrad in einer Tasche.

Ein Strassenstein oder eine Baumwurzel genügte deshalb oft, um den Hochradfahrer à tempo über die Lenkstange zu schicken. Nicht selten waren tödliche Kopfstürze die Folge. In manchen Städten und Landstrichen verboten die Behörden das Hochradfahren deshalb sogar.

Fertigungstechnisch hingegen waren die Hochräder vollendete Konstruktio-

Deutlich zeigt die Fotografie dieses leichten (21 kg) und eleganten englischen Hochrades von 1882 die konstruktiven Details: Stahlrohrrahmen, hohle Profilgabel, Radialspeichen, Vollgummireifen, Löffelbremse, gummigelagerte Sattelfeder und die Sturmlaterne unterhalb der Nabe.

nen. Die soliden und eleganten Speichenräder hatten keine schweren Holzfelgen mit Eisenbereifung mehr, sondern leichte stählerne Hohlfelgen mit Vollgummireifen, gegen Ende der Hochradära sogar schon mit Luftbereifung. Auch Rahmen und Gabel waren leichte Hohlstahlkonstruktionen. Die einstigen Gleitlager aus Holz, Messing oder Bronze wichen Rollen- und schliesslich Kugellagern. Besonders leicht gebaut waren die Rennhochräder. Ihnen fehlte sogar die Bremse. Der sportliche Fahrer musste das Vorderrad mit einem Lederhandschuh stoppen.

Die eleganten Gefährte waren nicht gerade billig. Hatten Starley und Partner 1871 für ihr Ariel acht Pfund Sterling verlangt, so kosteten die Räder im Jahre 1881, Starleys Todesjahr, zwanzig bis sechsundzwanzig Pfund. Gemessen an der Kaufkraft, entsprach das etwa dem heutigen Preis für ein kleines Auto.

Kleine Männer, kleine Hochräder. Dieses Jugendrad um 1886 zeichnet sich durch Luftkissenbereifung aus.

Dennoch: der Umsatz florierte, sorgte doch das Fahrrad neben Nervenkitzel in hohem Mass für Sozialprestige. Herren der vermögenden Gesellschaft liessen ihre Pferde im Stall und «ritten» auf den als äusserst vornehm und «gentlemanlike» geltenden Hochrädern spazieren, in Sonntagsrobe, kerzengerade im Sattel und über alles, was zu Fuss ging, unnahbar hinwegsehend. Das Gesamtbild der noblen Erscheinungen krönte meistens ein stark gepolsterter Tropenhelm, der den sportlich-gefährlichen Charakter des «Ausritts» unterstrich.

Ein kleines, schweres Hochrad. Eine Einzelanfertigung um 1886. Fotografiert in Zofingen (Schweiz) auf einem über 100 Jahre alten Katzenkopfpflaster.

Wer in alten bebilderten Hochradkatalogen blättert, der gewinnt sehr rasch den Eindruck: Einen grossen Spielraum für das, was man heute industrielles Design nennt, bot das hohe Zweirad nicht. Eine Maschine sieht aus wie die andere. Es gibt zeitgenössische Jahresschriften, die rund 300 Typen in Bild und Text vorstellen, bei denen sich der Betrachter im vorgerückten zwanzigsten Jahrhundert fragt, ob es nicht sinnvoller gewesen wäre, statt Hunderter von scheinbar identischen Bildern nur ein einziges oder bestenfalls zwei zu publizieren.

Unterscheiden sich die Hochräder

schon nicht in der grossen Linie, worin also bestand die Notwendigkeit für eine so breite Darstellung? Nun, die Abweichungen lagen im Detail. Im Grunde mag es belanglos sein, ob ein Rad mit einer Exzenterbremse nach Stassen, einer Timberlake-Ratchet-Bremse, einer Vertikalbremse à la Grout, einer Frontbremse Typ Birkbeck, einer Arab-Strab-Bremse oder irgendeinem anderen Bremsmodell aus einer schier unübersehbaren Auswahl ausgerüstet war, solange sich das Vehikel überhaupt zuverlässig anhalten liess. Was konnte es schon für eine Rolle spielen, ob die

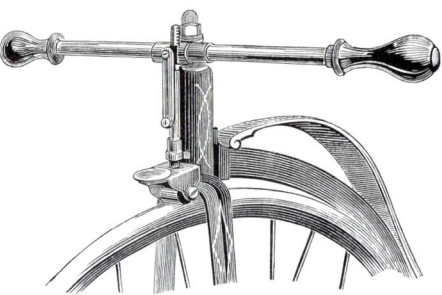

So funktioniert die Timberlake-Ratchet-Bremse. Drehen der Lenkstange drückte eine Zahnstange nach unten, die ihrerseits eine Bremsrolle auf den Reifen presste.

1875 fand im Pariser Tuilerien-Garten ein Wohltätigkeitsfest zugunsten von Überschwemmungsopfern in Südfrankreich statt. Hauptattraktion waren die Hochradartisten.

Feder, auf der der Sattel ruhte, in elegantem Schwung über die Lenksäule hinaus nach vorne verlängert war wie beim Modell Special Challenge der Singer-Werke oder ob Gummipuffer diese Feder mit dem Rahmen verbanden. Da gab es den Mothersill's-Patent-Safety-Sattel, den Web-seated-Sattel, den beweglichen Centaur-Sattel und ein rundes Dutzend mehr. Dann war da noch die Vielfalt der Gabeln. Waren die Gabelscheiden bei den berühmten Modellen Rudge und Duplex Excelsior halbvernickelt, so hoben andere Hersteller hervor, dass sich ihre Baumuster

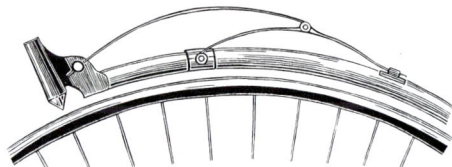

Palmers Kombinationssattelfeder war an drei Punkten unmittelbar am Rahmenrohr befestigt.

Die Sattelfeder der Coventry-Hochräder war elastisch in Gummi gelagert.

Das «Premier»-Rad von Hillman, Herbert & Cooper zeichnete sich durch eine vierfache Rohrgabel aus.

durch verschieden profilierte Gabelrohre auszeichneten. Die renommierte Firma Hillman, Herbert & Cooper schliesslich bot Hochräder mit Gabeln aus vier einzelnen dünnen Rohren an. Bei anderen Modellen liefen die Gabelscheiden unvereint bis zur Lenkstange hinauf, ein Grund, bei späteren Ausführungen dieser Art den zweigeteilten Steuerkopf mit einem Blechschutzmantel zu verkleiden, damit sich beim Lenken nicht des Fahrers Hose in empfindlicher Gegend zwischen den beiden Rohren verklemmte.

Heute mag die kleinlich anmutende Vielfalt der Hochradeinzelteile zum Lächeln reizen, damals war sie Gegenstand harter Konkurrenzwettkämpfe. Jedes Detail war Thema hitziger Diskussionen, unter den Herstellern genauso wie unter den Käufern. Das Hochrad war nun einmal ein Dandy-Fahrzeug, und weil schon die Gesamtform so wenig Extravaganzen zuliess, versuchte man sich im Detail gegenseitig auszustechen. Ob jemand das allerneuste Modell fuhr oder nicht, das zeigte sich dem geschulten Blick seiner Zeitgenossen an der Bremse, der Felgenform, der kleinen Trittstufe hinten am Rahmen, die das Aufsteigen erleichtern sollte, oder vielleicht an einer kurzen Blechschürze über dem Vorderrad, die als Hosenschutz diente.

Dicke Wälzer mit einer Fülle sorgfältiger Abbildungen verglichen gerade und gebogene Lenkstangen bis hin zu einer frühen Form des Sportlenkers, behandelten verschiedenartige Naben und Speichen, beschrieben aufs genaue-

ste Satteltaschen, Knappsäcke und Gepäckschachteln für Befestigung am Rahmen, an der Lenkstange oder gar unter der Vorderradachse. Und dann die Fülle von Lampen oder gar Radglocken, Signalhörnern und Pfeifen! Ein Sportwagenfan unserer Tage mag den sublimen Reiz, den das Riesensortiment nützlicher und funktionslos-verspielter Einzelteile auf den eleganten Hochradfahrer von einst ausübte, am ehesten nachempfinden können. Was heute das metallic-lackierte Coupé mit Chromspeichenrädern, sonor tönendem Auspuff, mit innenbeleuchtetem Ascher im Armaturenbrett, elektrisch verstellbarem Aussenspiegel und automatischer Motorantenne ist, das war in den achtziger Jahren des vergangenen Jahrhunderts das rassige Hochrad mit halbvernickelter Gabel, verstellbaren Fussrasten, sturmsicherer «Won't Go Out»-Lampe und einer kamelglockenartigen Bimmelkugel mit genau festgelegter Zahl von Schallöchern. O glückliches Männerherz, das sich am Detail begeistern kann!

Doch das rund zwanzigjährige Werben um die Gunst des Kunden schuf nicht nur eine Überfülle findiger oder spitzfindiger technischer Leckerbissen, es hatte auch einen Einfluss auf die Industrie selbst. Im harten Wettbewerb lernte sie präzises, fertigungsgerechtes Konstruieren, und sie wurde gezwungen, rationelle Herstellungsmethoden zu entwickeln. Der blosse Bastler konnte nicht überleben. Insofern war die Hochradära für die meisten Firmen eine äusserst lehrreiche Schulzeit, die der prestigebewusste Kunde finanzierte.

Auf dem europäischen Kontinent bürgerten sich die Hochräder erst relativ spät in grossen Stückzahlen ein. In Frankreich wurden sie unter dem Namen «Grand Bi» bekannt. In Deutschland führte der spätere Kommerzienrat Dr.-Ing. E.h. Heinrich Kleyer, Leiter der Adlerwerke AG in Frankfurt am Main, 1881 die industrielle Hochradfertigung ein. Er liess die ersten dieser grossen Gefährte bei der Maschinenfabrik Spohr & Krämer in Frankfurt bauen. Fast gleichzeitig nahmen die deutschen Firmen Gebrüder Reichstein in Brandenburg und die Expresswerke AG in Neumarkt in der Oberpfalz die Fabrikation auf. In England baute die

Fahrradindustrie um diese Zeit bereits die ersten Niederräder. Dieser Wandel sollte sich in Deutschland sechs Jahre später, also 1887, praktisch von heute auf morgen ereignen.

Doch das Ordinary-Bicycle war nicht nur ein Gefährt für Snobs. Mit ihm begann auch die Zeit der grossen Langstreckenrennen. Je längere Beine ein Fahrer hatte, desto schneller war er; denn die Grösse des Rades, das er fahren konnte, richtete sich natürlich danach,

Hochradfahren war gefährlich. Schröters «Sicherheitslenker» sollte halsbrecherische Kopfstürze verhindern.

wie hoch der Sattel über der Achse mit der Tretkurbel liegen durfte. Ein junger ungarischer Leutnant radelte in vierzehn Tagen von Wien nach Paris. Und der Franzose Albert Laumaillé brauchte in Gegenrichtung für dieselbe

Das amerikanische Hochrad «Columbia» von 1889 war in Europa eine arge Konkurrenz. Es kostete halb so viel wie die englischen Modelle. Interessant ist die einfache «Nackensteuerung».

Strecke sogar nur zwölf Tage. Solche Fernfahrten blieben nicht ohne Wirkung auf den weniger rennsportambitionierten Radler. Weite Radwanderungen kamen in Mode, und der Tourismus begann. 1884 bis 1886 fuhr Thomas Stevens als erster mit einem Hochrad um die Welt.

Vom halsbrecherischen Hochrad zum Safety

Bei den Gefahren des Hochrades konnte auf die Dauer der Ruf nach einem Sicherheitsrad nicht ausbleiben. Das Vorderrad musste wieder kleiner werden. Das einmal erreichte Tempo des Hochrades wollte allerdings niemand mehr missen. Diese beiden For-

James Starley bot sein frühes Hochrad Ariel alternativ bereits 1871 mit einem Übersetzungsgetriebe an. Aufnahme aus Coventry.

derungen konnte nur ein einziges technisches Prinzip unter einen Hut bringen, das der Übersetzung. James Starley hatte schon sein erstes Modell, den Ariel, 1871 alternativ zur Normalausführung mit einer Übersetzungsmechanik angeboten. Eine Tretkurbelumdrehung bewirkte zwei Vorderradumdrehungen. Doch die Sonderausführung setzte sich nicht durch, vielleicht weil sie fünfzig Prozent teurer war als der Normtyp, vielleicht auch einfach aus psychologischen Gründen. Als das

Hochrad aufkam, wollte jeder Radler, der etwas auf sich hielt, ein möglichst grosses, möglichst imponierendes Gefährt sein eigen wissen.

Starleys «Xtraordinary» und das vier Jahre später für die Pariser Weltausstellung 1878 von Victor Renard gebaute grösste Hochrad der Welt mit rund 250 cm Vorderraddurchmesser und 70 Kilogramm Masse bewiesen aber nur zu deutlich, dass die Hochradlinie nur eine technische Sackgasse war. Möglichkeiten zur Weiterentwicklung, zum Bau schnellerer und leichterer Räder gab es nicht. Ein ähnliches, besonders grosses Hochrad befindet sich im Schweizerischen Turn- und Sportmuseum in Basel.

Die Konstrukteure suchten andere Wege und entwickelten Trethebelübersetzungen, Planetengetriebe und Übersetzungen mit endlosen Ketten. Die beste Lösung stellte 1877 der Franzose Rousseau in Marseille unter der Bezeichnung «Sûr» vor. Das Vorderrad war nur zwei Drittel so gross wie bei den üblichen Hochrädern. Dadurch lag der Schwerpunkt tiefer als bei diesen, und der Fahrer konnte sich nicht so leicht überschlagen. Der Vorderrad-Kettenantrieb war so übersetzt, dass

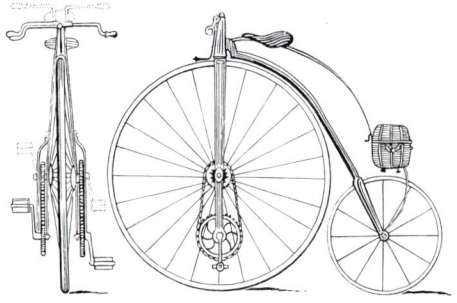

Das erste Rad mit doppeltem Kettenantrieb war das Modell «Sûr» des Franzosen Rousseau.

sich das Rad bei zwei Tretkurbelumdrehungen dreimal drehte. Auf den ersten Blick sah das «Sûr» trotz seiner kleineren Abmessungen noch wie ein Hochrad aus; denn die gewohnte Bauform mit dem viel kleineren Hinterrad hatte der Erfinder beibehalten. Bedeutung hatte das Rousseau-Rad in Frankreich nicht erlangt. Die Maschine setzte sich erst durch, nachdem sich ein Jahr später in England Edouard Carl Friedrich Otto und J. Wallis einen genau gleichen Radtyp patentieren liessen.

Um 1888 brachten Otto & Wallis ein «Kangaroo» mit doppeltem Kettenantrieb auf den Markt. Hier ein Modell mit Hinterradfederung.

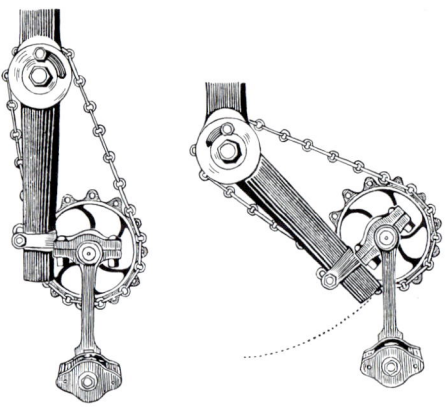

Eine spätere Verbesserung des «Kangaroo»-Antriebs: die verstellbare Tretkurbel zur Anpassung an die Beinlänge.

Unter der Bezeichnung «Xtraordinary» baute 1879 die Firma Singer dieses Rad mit Trethebelantrieb und verlegte so den Schwerpunkt weiter nach hinten.

Ob sie ihren französischen Vorläufer kannten, weiss man nicht. Britische Firmen produzierten das «Kangaroo», wie die Engländer das schnelle Zweirad nannten, bald in grossen Stückzahlen; unter ihnen so bekannte Häuser wie Singer & Co. und Hillman, Herbert &

Ein «Kangaroo»-Rad der Frankfurter Firma Adler (um 1885).

Werbung für ein neues Modell mit Übersetzungsgetriebe, das «Dutton».

Cooper, beide in Coventry. Als 1884 Hillman das Kangaroo technisch noch verbesserte, stellte sein Landsmann G. Smith damit einen neuen Geschwindigkeits-Weltrekord auf: hundert Meilen (160 km) in sieben Stunden, sieben Minuten und elf Sekunden!

Neben dem so erfolgreichen Kangaroo bot der europäische Fahrradmarkt zwischen 1874 und 1893 aber noch viele andere Sicherheitsräder mit den verschiedenartigsten Antriebssystemen bis hin zum damals überaus fortschrittlichen Klapprad an.

Ab 1884 bauten die Firmen Singer & Co. und Hillman, Herbert & Cooper in Coventry das erfolgreiche Sicherheitsrad «Kangaroo».

Als leichte Maschine mit Übersetzungsantrieb wurde das «Geared-Facile» bekannt. Dieses Modell baute 1884 die Firma Ellis & Co. in London.

«Wie ein Eichhörnchen im Käfig» – Von Einrädern, Doppelrädern und Mehrfachrädern

Einräder

1869, in dem Jahr also, das so viele Fortschritte für das Fahrrad mit sich brachte, erschien im Londoner Verlag George Routledge & Sons ein Büchlein mit dem Titel «Velocipedes – bicycles and tricycles: how to make and how to use them.» Unter der Überschrift «Velocipedum Variorum» behandelt der anonyme Autor allerlei merkwürdige Konstruktionen, die wie arabeske Seitentriebe aus dem Stammbaum der Fahrradentwicklung sprossen. So fängt das Kapitel an:

«Hätte man die Hälfte jener Vorschläge in die Praxis umgesetzt, die zum Gebrauch und zur Verbesserung von Fahrrädern gemacht wurden, hätten wir Luft-, Erd-, Feuer- und Wasserfahrzeuge in bunter Vielfalt.» – Der Verfasser konnte kaum ahnen, wie mannigfaltig der Reigen sonderbarer Gefährte erst im kommenden Vierteljahrhundert werden sollte. Noch gab es ja kein Hochrad, noch beherrschten im grossen und ganzen die Michaulinen das Feld. Eine der skurrilsten Seitenlinien des Fahrrads hatte sich aber schon ein Jahr zuvor angekündigt. Dazu der Anonymus: «Uns in England hält man für ein Volk mit dem rechten Gefühl für die Dinge, weder zur übertriebenen Begeisterung der Franzosen noch zur Sensationsfreude der Amerikaner neigend; doch in Sachen Fahrrad haben wir uns ein paar merkwürdige Extravaganzen geleistet. Zumindest haben wir Fahrrad-Eisenbahnen vorgeschlagen, und wir haben das *Einrad.*»

Der Gedanke, das Zweirad auf das Einrad zu reduzieren, muss für viele Tüftler ebenso anziehend gewesen sein wie der Schritt vom Muskelkraftwagen zur einspurigen Draisine. Wenn die Grösse einer Erfindung in ihrer Einfachheit liegt, dann musste das Einrad geradezu genial sein. Ausserdem: keine andere Konstruktion gestattet eine so perfekte gleichmässige Gewichtsverteilung und damit Belastung des Rades. Nur hat die Sache leider einen Haken: Der Zweiradfahrer kann mit seinem Gefährt nur nach rechts oder links umfallen, der Einradfahrer in jede beliebige Richtung. Ein instabileres Gefährt lässt sich überhaupt nicht denken. Um es zu beherrschen, musste der Fahrer ein Balancekünstler sein. Mit technischen Tricks liess sich das Problem nicht lösen. Dennoch haben das hartnäckige Aussenseiter jahrzehntelang immer wieder versucht, als erster ein französischer Karosseriebauer, der seine Maschine «Pédocaèdre» nannte und 1855 auf der Pariser Weltausstellung zeigte. Nicht selten zeichnen die Konstruktionen der Einräder sich schon rein äusserlich durch einen Hauch des Grotesken aus.

Manche Einräder lassen sich als Bastarde des Hochrads erklären, als Hochräder, denen einfach das ohnehin unscheinbare Hinterrad völlig verlo-

Das erste Einrad hiess «Le Pédocaèdre». Das französische Patent von M. Davis stammt aus dem Jahre 1853.

1880 begann der italienische Turnlehrer Scuri mit dem Bau von Einrädern. Mit diesem ersten Modell soll er die zweihundert Kilometer lange Strecke von Mailand nach Turin gefahren sein.

Der Fahrer auf dem Einrad des Engländers John Hobby um 1870 erinnert an einen Stelzengänger.

rengegangen ist. Der Engländer John Hobby baute um 1870 ein solches Gefährt. Zehn Jahre nach ihm führte der italienische Turnlehrer Scuri zwei ähnliche Modelle vor. Mit einem davon soll er die zweihundert Kilometer lange Strecke von Mailand nach Turin geradelt sein. Er versuchte, seine Konstruktion kommerziell zu verwerten und fand sogar einen Hersteller: die Leipziger Fahrradfabrik Focke & Co., die aber schon nach wenigen Exemplaren die Fertigung wieder einstellte. 1881 brachte dann Edouard Carl Friedrich Otto in London ein Einrad mit Band-

E. C. F. Otto aus London liess sich mit dem Deutschen Reichspatent 16802 im Jahre 1881 dieses Einrad schützen.

übersetzung auf den Markt, von dem er sich offenbar einiges versprach, denn er liess es auch im Ausland patentieren (in Deutschland unter der Nr. DRP 16802). Am Hersteller fehlte es nicht – es war die eigene Firma –, wohl aber an Käufern.

Konnten die Fahrer der Einräder von Hobby, Scuri und Otto wenigstens auf ihrem Gefährt sitzen, so mutete ihnen 1889 der deutsche Erfinder Hermann Arnz aus Remscheid-Reinshagen zu, nicht nur auf das zweite Rad, sondern auch auf den Sattel zu verzichten. Er reduzierte seine Maschine rigoros auf das Wesentlichste: Rad, Antrieb und Lenkbeziehungsweise Haltestange. Beim Fahren stand er auf zwei Pedalen, von denen er eines durch rhythmisches Treten auf- und abbewegte. Beim Niedertreten trieb es über eine Zahnstange ein

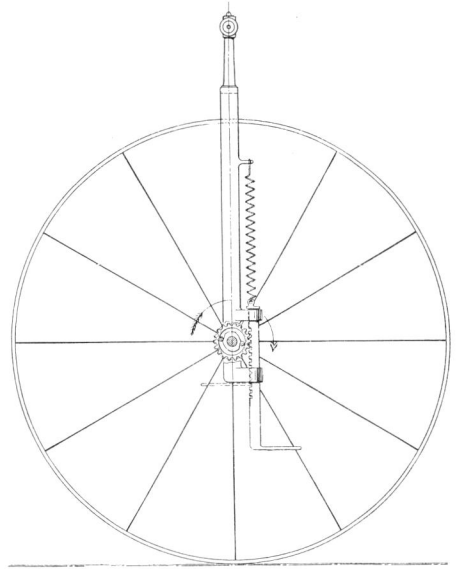

Ein merkwürdiger Zahnstangenantrieb kennzeichnet das Einrad von Hermann Arnz aus dem Jahre 1889 (DRP 51623).

Zahnrad auf der Radachse an. Während eine Schraubenfeder anschliessend das Pedal nach oben zurückholte, entkoppelte ein Freilauf das Zahnrad von der Achse. Das deutsche Reichspatent Nr. 51623 erhielt Arnz sicher nicht für den praktischen Nutzen seines Vehikels. Dass es neu war, liess sich indes nicht bestreiten.

Genausowenig konnte das Patentamt 1896 das Machwerk des Erfinders Hermann Ganzwindt in Schöneberg bei

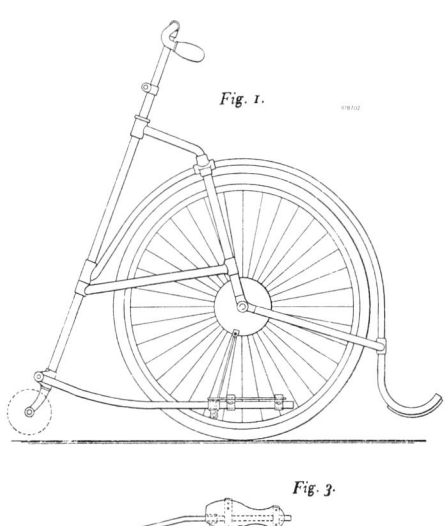

Der Erfinder Hermann Ganzwindt aus Berlin-Schöneberg meldete 1896 dieses Einrad mit Hilfsrad und Seilzug-Scheiben-Antrieb zum Patent an (DRP 105126).

Berlin als Plagiat abtun. Also gewährte es auch ihm das begehrte Schutzrecht. Ganzwindts Einrad verfügte ebenfalls über keinen Sattel, dafür aber über ein winziges zweites Rädchen vor und eine Art Gleitkopf hinter dem eigentlichen Monorad. Beide sollten beim normalen Betrieb den Boden nicht berühren und waren vom Erfinder nur als Starthilfe und Unfallsicherung gedacht. Ein eigentümlicher Fusshebel-Seilzugmechanismus trieb das Gefährt an.

Neun Jahre später tauchte die Idee mit dem kleinen Starthilferad übrigens noch einmal auf. Und diesmal war es ein ebenfalls in Deutschland patentiertes Gefährt, das nicht nur hinsichtlich der Phantasie seines Erfinders aus dem Rahmen fällt, sondern auch den Rahmen eines Fahrrads sprengt: ein Motor-Einrad!

Erfindergeist scheint keine Grenzen zu kennen. Da gab es nämlich noch jene Einräder, die trotz ihrer durchweg stattlichen Grösse jegliche Familienähnlichkeit mit den Hochrädern vermissen lassen. H. O. Duncan hat sie in seinem Monumentalwerk «The World on Wheels» sehr treffend charakterisiert: «Diese Erfindung ist ganz offensichtlich eine Patentverletzung des Eichhörnchens in seinem Käfig!» Der Fahrer sitzt oder steht *im* Rad und treibt es je nach Modell mit Handkurbeln,

Auch auf dieses bizarre Fahrzeug erhielten ihre Erfinder, Allen Greene und Elisha Dyer, ein Schutzrecht: das US-Patent 91535/1869.

Ein anderes Rieseneinrad – mit Tretkurbelantrieb – baute der Amerikaner Lewis H. Harper.

Ein Einrad mit Handkurbel- und Fusshebelantrieb zugleich konstruierte der Engländer Jackson um 1870.

Seine Idee machte offenbar Schule, andere Erfinder konstruierten bald ein Rad nach dem anderen nach dem gleichen Grundprinzip. Um 1870 war es der Engländer Jackson, der diesen Radtyp mit Fusshebelantrieb baute. 1886 zeigte der Amerikaner G. H. Strong eine verwandte Konstruktion seiner Landsleute Frederick Langmark und Peter Strief auf der Mechanikmesse in San Francisco. Und noch 1894 baute Rudolph H. Koppel in Berlin ein prinzipiell ähnliches Vehikel. Er liess ein etwas deformiertes, im übrigen aber ganz normal wirkendes Fahrrad mit Vorderrad-Kettenantrieb im Inneren eines grossen Ringes laufen. Natürlich drängt sich die Frage auf, warum er das Gewicht dieses rollenden Monsters nicht auf ein rundes Drittel reduzierte und ohne den gewaltigen äusseren Ring unmittelbar auf der Strasse fuhr. Die Konstruktion ist geradezu ein Schulbuchbeispiel für Sackgassenentwicklungen. Um das auf ein Minimum,

Fusskurbeln oder Trethebeln an. Eines der ältesten Einräder bauten 1869 die Amerikaner Allen Greene und Elisha Dyer aus Providence. Zwölf massive Stahlspeichen auf jeder Seite des fast 2,5 Meter hohen Rades umschliessen den im Inneren auf einem Brett sitzenden Fahrer. Bei einem Sturz dürfte es ihm kaum gelingen, den schweren eisernen Käfig zu verlassen.

Ähnlich von Speichen eingeschlossen war auch der Amerikaner Lewis H. Harper in seinem Riesenrad, das er mit Tretkurbeln antrieb.

Etwas leichter machte sich ein Landsmann Richard C. Hemmings aus New Haven das Aussteigen. Er liess sich 1869 ein speichenloses Einrad patentieren, das als grosser Ring um ein handkurbelbetriebenes System aus Hilfsrädern rotierte.

Und noch ein US-Patent: 92528/1869. Richard C. Hemmings erhielt es auf sein Central Velocipede.

Auf der Mechanikmesse von 1886 in San Francisco erregte ein Monocycle (Erfinder Frederick Langmark und Peter Strief) Aufsehen.

nämlich ein einziges grosses Rad reduzierte Gefährt antreiben zu können, benötigte der Erfinder zusätzlich genau
das, was er im Grunde genommen ersetzen wollte: ein normales Fahrrad. Genauso absurd nimmt sich das «Ringvelocipede» aus, auf das bereits 1884 Richard E. Papendiek aus Neumarkt in
der Oberpfalz ein Patent bekam. Auch
er hätte den gewaltigen Ring, in dem
das Vorderrad seiner Maschine lief,
nebst der horizontalen Stützkonstruk-
tion ersatzlos fortlassen können. Zwar
verhinderte der mächtige Reifen ein
Vornüberkippen des insitzenden Zwei-

Dem Grundgedanken des Einrades
näher kam wesentlich später (1922) das
Patent des Berliners Eugen Jeran.

Ein besonders skurriles Vehikel baute 1894 Rudolph H. Koppel in Berlin: das Dreirad im Einrad. Der Innenrahmen liess sich verstellen.

Einradgruppen aus dem Festzug anlässlich der
Eröffnung des Deutschen Zweirad-Museums in
Neckarsulm, Pfingsten 1956.

radfahrers, dafür aber wurde das Gefährt wesentlich schwerer, und bei seit-
lichen Stürzen konnte der Benutzer
nicht einfach abspringen. Die waag-
rechte Stangenkonstruktion hinderte
ihn daran.

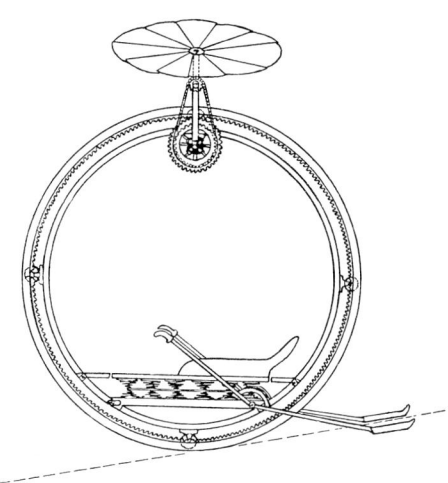

Gäbe es keine Patentschriften, wer weiss, ob
dieser einrädrige Rodelschlittenersatz aus dem
Jahre 1922 von Eugen Jeran aus Berlin überhaupt überliefert wäre. Das Schwungrad soll
helfen, das Gleichgewicht zu halten.

Das patentierte «Rennvelociped» des Richard E. Papendiek aus Neumarkt (DRP 33966/1884) wäre
wohl ebensogut ohne den gewaltigen äusseren Reif ausgekommen.

57

Dicycles, Drei- und Mehrfachräder

Wem ein einziges Rad, noch dazu für zwei Fahrer zu unsicher erscheint, wer sich aber trotzdem auf etwas Ausgefallenerem als einem normalen Zweirad durch die Strassen bewegen möchte, auch dem kann geholfen werden. Die Geschichte des Fahrrads kennt in puncto Raritäten kaum einen Mangel. Da gab es zum Beispiel das Einrad, das im Grunde ein Fünfrad war und deshalb auch nicht umfallen konnte. Der Engländer Gibbons baute es 1881 und schlug es für den Paketpostdienst vor. Mit der schlichten Bescheidenheit des überzeugten Erfinders nannte er die Maschine «Ideal». Seine Zeitgenossen sprachen lieber von der «Henne mit den Küken». Das ist bildlich zu verstehen. Um ein monströses Einrad hatte der Konstukteur gleichmässig vier sehr kleine Räder verteilt. Die Funktion dieser «Küken» bestand allein darin, der «Henne» das Anlaufen zu erleichtern. War der gewaltige Apparat erst einmal in Fahrt gekommen, dann sollten sich die kleinen Räder vom Boden abheben; die Maschine rollte als Einrad dahin. Komplizierter ging es kaum, und leicht war die «Henne mit den Küken» auch nicht gerade.

Bald tauchte neben dem Zweirad, dem «Bicycle», erstmals ein «Dicycle» auf, ein Doppelrad, bei dem beide Räder nicht hintereinander, sondern nebeneinander angeordnet waren. 1869

So trieb der Amerikaner John White 1869 sein Dicycle an: den Hals im Joch und mit allen vieren arbeitend.

baute John White aus Philadelphia eine solche Maschine. Auch dieser Erfinder geht vom sich drehenden Ring aus, in dessen Inneren aber kein komplettes Fahrrad untergebracht ist, sondern nur ein Sitz wie auf einem Schlitten, der allerdings gut gefedert ist. Den Rodelschlitten soll das Jeran-Rad auch im Sommer ersetzen. Deshalb hat es keinen eigenen Antrieb. Es rollt einfach bergab und lässt sich dabei wenn nötig mit zwei Handhebeln bremsen. Wie es der Sommerradler bergauf transportiert, ist schon schwerer zu beantworten. Vielleicht liegt gerade in dieser Anstrengung der sportliche Wert des Gerätes. Eines ist an Jerans Erfindung besonders originell: Es trägt oben ein aus zusammenschiebbaren Segmenten aufgebautes horizontales Schwungrad, das beim Fahren – vom eigentlichen Laufrad angetrieben – rotiert. Als Stabilisatorkreisel soll es helfen, die Maschine im Gleichgewicht zu halten.

Die Amerikaner waren besonders eifrige Einradbauer. Dieses Ringvelo konstruierten 1885 Francis Eugene Wills und William McMahon in Pittsburgh (DRP 33477).

Ein Ringvelocipede, das sich nicht nur zum «Schlittenfahren» eignet und dennoch kein komplettes Fahrrad in seinem Inneren birgt, hatten schon 1885 die Amerikaner Francis Eugene Wills und William McMahon in Pittsburgh, Pennsylvania, konstruiert. Der stehende Fahrer trat einen Antriebs-Hebelme-

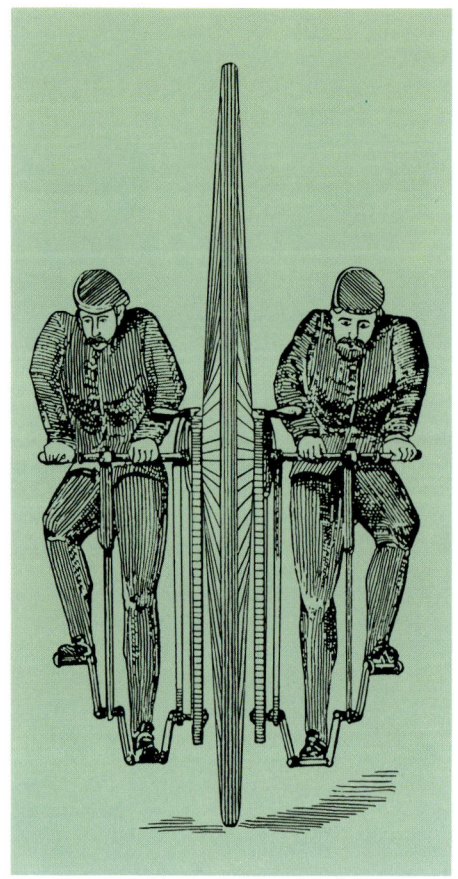

Technisch unkompliziert, praktisch schwierig – ein Rad für zwei Personen. Die deutsche Konstruktion aus dem Jahre 1869 hatte einen Tretkurbel-Bandantrieb.

chanismus und hätte ebensogut gleich zu Fuss gehen können.

Ein Gefährt, das dem Ideal des Einrads zumindest theoretisch am nächsten kommt, ist eine deutsche Konstruktion aus der Zeit um 1869. Hier wirkt ein

Ein Dicycle als Tandem bauten um 1885 die französischen Brüder Renard.

Tretkurbelantrieb über einen Bandantrieb auf die Achse eines riesigen Speichenrads. Direkter und simpler geht's kaum. Nur hat die Sache einen Haken: Weil sich der Antriebsmechanismus und damit zwangsläufig auch der Fahrer neben dem Rad befinden, klappt es mit dem Gleichgewicht nicht so recht. Doch der findige Konstrukteur löste auch dieses Problem. Er balancierte sein Einrad mit einem zweiten Fahrer als Gegengewicht auf der anderen Seite aus. Er trieb das Fahrzeug mit Händen und Füssen gleichzeitig an. Später fer-

1881 erschien das «Central-Otto» mit zentralem Kettenantrieb.

tigten auch die französischen Gebrüder Renard ein Doppelrad. Es hatte Tretkurbeln für zwei Fahrer, die hintereinander sassen.

Diese frühen Konstruktionen setzten sich nicht durch. Bescheidene Verkaufserfolge erzielte dagegen ein ähnliches Gefährt des Engländers Edouard Carl Friedrich Otto, von dem die «Birmingham Small Arms Cie. Ltd.» nach 1879 rund tausend Stück fertigte. In Deutschland kam es ebenfalls auf den Markt. Ein Inserat warb: «Die Hauptvorteile des ‹Otto›-Sicherheits-Bicycle sind: geräuschloser und äusserst ruhiger Gang, auch auf den schlechtesten Strassen, ferner einfacher Mechanismus und nahezu momentane Bremsfähigkeit. – Auf das Attribut ‹Sicherheit› macht die Maschine deshalb mit vollem Rechte Anspruch, weil man in jedem Tempo sofort abspringen kann; stürzen ist gänzlich ausgeschlossen und ist die Beweglichkeit der Maschine eine so enorme, dass man auf dem Platze wenden kann.» Die Praxis sieht anders aus. Ein «Otto» zu fahren will gelernt sein. Eine zeitgenössische Fahranweisung

Das bekannteste und verbreitetste aller Dicycles, das «Doppelotto» von 1879, hatte einen zweifachen Bandzugantrieb und eine Patentlenkung. Die Birmingham Small Arms & Co. Ltd. baute es nach Schutzrechten von E. C. F. Otto.

Familienalbum Anno 1887: eine «Ausfahrt» im Fotosalon mit Hoch- und Otto-Rad in Landsberg a. L.

schreibt: «... Obgleich das ‹Otto› dem Anfänger einige wenige Schwierigkeiten bereitet, indes unähnlich dem Lernen des gewöhnlichen Bicycles, so hat doch dasselbe das voraus, dass ein Umeinanderpurzeln absolut ausgeschlossen ist. Damen und ältere Herren können

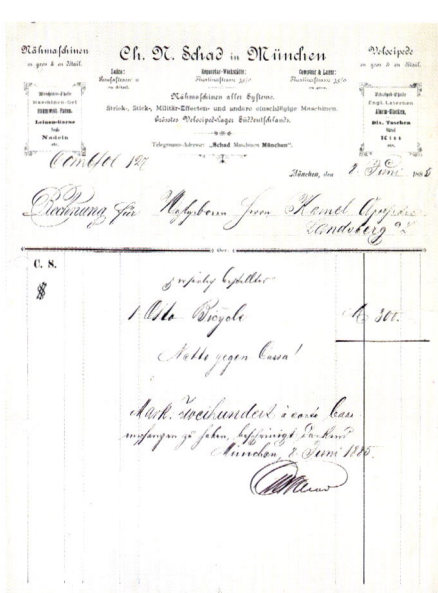

Die Rechnung beweist es: Otto-Fahrräder wurden auch in Deutschland verkauft.

59

das ‹Otto› lernen ohne das geringste Risiko, dabei zu fallen.» Wer in den sehr ausführlichen «Riten für den Lerner» aufmerksam weiterliest, der wird das zu interpretieren wissen, sieht er doch vor seinem geistigen Auge, wie die erwähnten Damen und älteren Herren sich «in die Balancierlage zu heben versuchen», wie beim Bergabfahren ihr Dicycle «gerade die entgegengesetzte Wendung macht, als der Fahrer beabsichtigt», wie schliesslich der Schüler lernt, «wenn sehr steile Abhänge zu nehmen sind, sofort von der Maschine zu springen beim ersten Zeichen, dass er die Controle über dieselbe verlieren könnte».

Doch Spass beiseite. Wer erst einmal gelernt hatte, das Otto-Rad zu fahren, freute sich über dessen leichten Lauf und seine Beweglichkeit. Gerade das Lenken verlangte aber ein gewisses technisches Einfühlungsvermögen. Durch Drehgriffe liessen sich die beiden Räder des Dicycles einzeln vom Antrieb entkoppeln. Trat der Fahrer in die Pedale und betätigte zugleich den rechten Griff, dann wurde nur noch das linke Rad angetrieben. Das «Otto» fuhr eine Rechtskurve. Drehte er denselben Griff während des Bremsens, dann war die Wirkung genau umgekehrt: das rechte Rad lief ungehemmt weiter, und die Folge war eine Linkskurve. Bergab schliesslich liess sich das Gefährt überhaupt nicht durch den Drehgriff allein steuern. Hier musste der Fahrer immer zugleich die auf das entgegengesetzte Rad wirkende Handbremse ziehen, wenn er eine Kurve fahren wollte. Das alles wollte geübt sein, bevor sich reflexartig richtige Reaktionen einstellten. Wer nicht instinktiv, sondern nur mit Überlegung lenkte, dem konnte allzuleicht folgendes passieren: Der Fahrer will nach links abbiegen. Also bremst er leicht und dreht den . . . . richtig! den rechten Handhebel. Das linke Rad verlangsamt sein Tempo, das rechte läuft ungebremst weiter. So weit so gut. In der Kurve aber beschleunigt der Fahrer wieder, indem er die Bremse lockert und in die Pedale tritt. Und schon reisst es das tückische Gefährt herum, und die Maschine fährt eine Rechtskurve; denn jetzt läuft ja plötzlich das linke Rad schneller als das rechte.

Das Balancieren des Otto-Gefährts will zweifellos beherrscht sein. Physikalisch gesehen tritt der Fahrer praktisch gegen sein eigenes Körpergewicht an. Das heisst, seine ausgreifenden Beinbewegungen müssen der leicht hinter der Achse liegenden Masse des restlichen Körpers die Waage halten. Auf einem sehr verwandten Gleichgewichtsprinzip basiert die asiatische Rikscha. Der Kuli, der sie zieht, balanciert am langen Hebelarm mit geringem Kraftaufwand das Gewicht seines unter Umständen wohlbeleibten Fahrgastes aus, der auf dem weitaus kürzeren Hebelarm sitzt. Auch die Rikscha hat ja nur zwei parallel laufende Räder.

Weit leichter, aber immer noch schwer genug, liessen sich Fahrräder mit Hinterradsteuerung lenken. Auch das gab es! Ein berühmtes Modell dieser Art baute 1869 der Amerikaner M. C. Donald. Es fiel besonders durch seine

Perfekt nannte der amerikanische Erfinder M. C. Donald 1869 sein Gefährt mit Vorderradantrieb und Hecklenkung. Das Rad besass bereits 5-mm-Stahlspeichen.

Stahlspeichen (5 mm) und einen horizontalen Ring auf, der das ganze Hinterrad umgab und in dem es sich beim Lenken drehte. Ein anderes Zweirad mit Hecklenkung entwarf 1884 J. Hawkins: das Sicherheitsrad «Adjustable».

Dreiräder mit Hinterradantrieb waren häufiger, besonders Anfang der achtziger Jahre, als der Dreiradbau als sichere Alternative zum Grossrad starke Impulse von der Fahrradindustrie Coventry bekam: schneller als das Zweirad und ohne Fahrschule.

Eine Rikscha in Kalkutta.

Ein Sicherheitsrad mit Hinterradlenkung war auch das «Adjustable» von J. Hawkins 1884.

Überhaupt spielte das Dreirad von allen Abarten des Fahrrads kommerziell die wichtigste Rolle. Es liess sich als «Sociable» für junge Paare bauen, die gerne gesellig (daher der Name) neben-

Ein «Sociable» von 1869.

einander sitzen wollten; es eignete sich für Damen und ältere Herren, denen das Hochrad zu riskant war; es bot sich als Transportrad für Geschäftsbetriebe und für die Post an. Manche Zeitgenossen waren fest davon überzeugt, dass es nur eine Zeitfrage sei, bis das Dreirad das Zweirad vollkommen verdränge. Wir wissen, dass es nicht so kam, was wohl hauptsächlich an dem grösseren Gewicht des Dreirads und damit an der grösseren körperlichen Beanspruchung des Fahrers lag.

Ein Coventry-Lever-Dreirad besonderer Prägung war das Modell der «Coventry Tricycle Co., Ariel Works» von 1876.

Ein ähnliches asymmetrisches Gefährt ist das Coventry-Rotary-Dreirad von Rudge (1883).

Schon Drais hatte ein dreirädriges Laufrad gebaut. Frühe Formen des tretkurbelgetriebenen Dreirades tauchten wieder um 1870 auf und folgten konstruktiv noch stark den Michaulinen. Man nannte sie Deutsche Räder.

Einen interessanten Versuch machten die Amerikaner Topliff und Ely. Ihr Fahrzeug sollte die Vorteile des Drei-

Draissche Laufmaschine mit drei Rädern von 1819.

Dreiräder gab es in jeder Ära des Fahrradbaus. Hier ein Michaux von 1865. Man nannte sie «Deutsche Räder».

rads mit denen des Zweirads verbinden. Sie montierten deshalb die beiden Hinterräder auf ihren Achsen verschiebbar. Dadurch liess sich während des Fahrens die Spur stufenlos von zwei Fuss bis auf zwei Zoll verringern.

Elyria-Dreirad von Topliff & Ely in Elyria, Ohio.

Zum kommerziellen Durchbruch verhalf den Dreirädern aber erst eine Erfindung des Vaters der englischen Fahrradindustrie, James Starley. Er entwickelte 1877 ein Differentialgetriebe für leichte Mehrspurfahrzeuge, das es gestattete, Modelle mit zwei angetriebenen Hinterrädern zu bauen. Später bedienten sich die Automobilkonstrukteure dieses Patents. Starleys «Coventry Lever»-Dreirad erwies sich augenblicklich als immenser Erfolg, ebenso wie die Nachfolgetypen «Coventry Rudge» und «Rudge Rotary».

Starleys Dreiraderfolge riefen auch die Konkurrenz auf den Plan. Kaum ein Fahrradhersteller, der etwas auf sich

hielt, hatte ab Mitte der achtziger Jahre kein Dreirad in seinem Programm. Die ersten dieser Gefährte waren jedoch sehr schwer. So hatte ein Damendreirad um 1880 eine Masse von rund 50 Kilogramm. Schon zwei Jahre danach drückten technische Verbesserungen das Gewicht auf weniger als die Hälfte herunter, und um 1890 waren die Maschinen noch leichter.

Dieses leichte Dreirad wurde um 1880 in den Tempest-Werken in Wolverhampton gebaut.

Wo ist das rechte Hinterrad? – Nun, es war nicht grösser als das Vorderrad und liegt weit hinten im Dunkel. Dieses Dreirad konstruierte James Starley 1876 und nannte es Coventry Rotary.

Im Prinzip liess sich das bunte Dreiradangebot nach drei verschiedenen Gesichtspunkten gliedern:
1. nach der Lenkung in Fahrzeuge mit Front- oder Hecklenkung,
2. nach dem Antrieb in Fahrzeuge mit Front-, Seiten- oder Heckantrieb; mit oder ohne Übersetzungsgetriebe; Einfach- oder Mehrfachantrieb; Fussantrieb, Handantrieb oder beides zugleich, ja sogar Antrieb durch rhythmische Bewegungen des ganzen Körpers; Kurbel- oder Pendelantrieb,
3. nach der Zahl und Anordnung der Sitze in Einsitzer, Tandems mit zwei oder drei Sitzen hintereinander oder Sociables, bei denen die beiden Fahrer nebeneinander sassen.

Ein Sociable von Adolphe Clément aus dem Jahre 1892.

Die Kombination der verschiedenen Möglichkeiten gestattete eine beinahe unerschöpfliche Typenvielfalt. Als beliebteste Form hat sich im Laufe der Zeit eine einsitzige oder Tandemmaschine mit direkter Frontlenkung und einfachem Heckantrieb mit Übersetzungsgetriebe herauskristallisiert.

Natürlich kann man darüber streiten, ob sich Dreiräder überhaupt zu den Fahrrädern zählen lassen. Im Grunde sind es als Zwei- und Dreispurfahrzeuge viel eher späte Nachkommen der uralten Muskelkraftwagen. Aber sie sind so stark von der technischen Entwicklung des Fahrrads mit beeinflusst worden, dass wohl niemand ganz wortlos über sie hinweggehen kann, der sich mit der Historie des Zweirades im en-

Der «Velociman» der englischen Firma Singer & Co., um 1883, liess sich mit Armen und Beinen antreiben. Bewegungen des Rückens steuerten das Hinterrad.

Ein sechsrädriges «Quadruplet» bauten 1888 die Brüder Pirzer in München. Ein Jahr später boten sie es auf der Leipziger Messe an.

Aus sechs Zweiertandems der Firma Humber, Marriott & Cooper baute der 1. Karlsruher Bicycle-Club von 1882 diesen Zwölfsitzer. Am 13. November 1887 ging er auf Jungfernfahrt.

Das breitspurige Vierrad der Centaur-Cycle Co. und der West Orchard Works in Coventry bot vier Fahrern Platz. Es war mit einem Differential von Townend ausgestattet.

Ein «Sociable» von 1886.

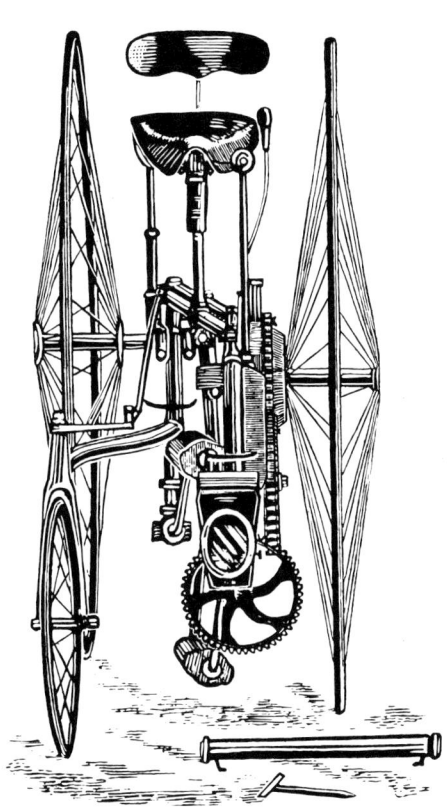

Fast alle englischen Dreiräder liessen sich leicht demontieren oder gar zusammenklappen wie dieses Modell. Sie passten dann durch jede normale Haustür.

geren Sinne befasst. Das gleiche gilt dann natürlich auch für muskelkraftgetriebene Vierräder, die allerdings weit weniger Bedeutung erlangten.

Von den alten Muskelkraftwagen abgesehen, haben sich die Vierräder aus den Dreirädern entwickelt, und es existierten sogar Zwitter: sogenannte «convertible tricycles», an die sich mit wenigen Handgriffen ein viertes Rad montieren liess. Das «Royal Mail» und das «Coventry Rotary Sociable» waren Beispiele solcher Maschinen. Wirkliche Vierräder ohne Umbaumöglichkeiten gab es weitaus seltener. Eines der besten war das dreisitzige «Triplet» der Firma Rudge von 1888.

Mit den Vierrädern und der Fünffachkonstruktion «Henne mit Küken», von der schon die Rede war, erschöpften sich die Vielradmaschinen nicht. Fahrzeuge mit noch mehr Rädern waren zwar rar, aber es gab sie: Ein aus drei Vierrädern zusammengesetztes englisches Militärvehikel hatte nicht weniger als zwölf Räder.

Mit dem Rad über Schnee, Eis und Wasser

Die Zeit der merkwürdigen Konstruktionen, der Hochräder, der Ein- und Doppelräder, der Drei-, Vier-, Fünfräder, trieb noch in einer anderen Hinsicht eigentümliche Blüten. Das Fahrrad verliess die feste sommerliche Strasse und versuchte sich auf unsicherem Grund: auf Eis und Schnee, ja sogar auf dem Wasser.

Der Schlitten und sein Antrieb waren schon seit Jahrtausenden unverändert

Wenn's dem Radler zu wohl wird, geht er aufs Eis. Dieses Modell schlug ein Konstrukteur um 1869 vor...

...und das hier baute im selben Jahr der Amerikaner James Bray aus Wewerley.

geblieben. Bergab lief er von allein. Sonst mussten Menschen oder Tiere ihn stossen oder ziehen.

Das sollte sich nach dem Willen der Fahrradkonstrukteure ändern. Schon zur Zeit der Michaulinen, 1869, meldete der Amerikaner James Bray aus Wewerley ein Schlittenvelo zum Patent an. Ein gezahntes Vorderrad sollte das Fortkommen auf Harsch oder Eis möglich machen. 1886 montierte Josef Husong in New Jersey zwei parallele Gleitkufen an das Heck eines Fahrradrahmens, brachte vorne eine steuerbare Kufe für die Lenkung an und versah das ganze

Vehikel schliesslich in der Mitte mit einem stacheligen Antriebsrad.

Im selben Jahr konstruierte Otto Voigt in Lübeck einen ähnlichen lenkbaren Radschlitten mit gezahntem Treibrad, mit dem er den Radsport im Winter beleben wollte. Bei Talfahrten liess sich das Antriebsrad durch einen Kniehebel von der Fahrbahn abheben.

Später, als die Fahrräder schon auf Lufttreifen rollten, bot Hugo Meyer aus Berlin eine schnee- und eistaugliche Konstruktion an. Er montierte 1897 einfach Kufen an serienmässige Fahrräder: eine Leitkufe am Vorderrad, zwei Gleitkufen links und rechts des Hinterrades. Meyers Schnee- und Eisrad soll sehr schnell gewesen sein. Durchgesetzt hat es sich – wie alle Konstruktionen vorher – indes nicht.

1886 konstruierte Otto Voigt aus Lübeck dieses Eis-Schlittenrad.

64

Genausowenig Gegenliebe wie die Schnee- und Eisräder fanden Wasservelos, die ab 1869 von Zeit zu Zeit auf dem Markt, zumindest aber in den Akten der Patentämter erschienen. Vorreiter dieser Gefährte war der Pariser Bootsbauer und Mechaniker Delarue. Er montierte über zwei nebeneinanderliegenden leichten Booten einen Fahrersitz, von dem aus der Benutzer Tretpedale bediente, die ihrerseits ein Wasserrad antrieben.

1890 schlug Josef Körner aus Olmütz ein ähnliches Gefährt vor, bei dem die Delarueschen Boote einfach kleinen

Ein Amphibien-Dreirad aus Brüssel. Der Ingenieur Cooman erfand es 1883.

Kanistern gewichen waren. Zwei Jahre später führte ein Inspektor Krüger dem deutschen Kaiser auf dem Wannsee bei Berlin seine neueste Konstruktion vor: ein Wassertretrad, das langsam auf zwei acht Meter langen Pontons dahinglitt.

Das Jahr 1895 brachte dann mit mehreren Modellen gleichzeitig Schiffsschrauben für Tretboote. Auch sie konnten nicht gegen das altbewährte Paddel aufkommen.

Neben den reinen Wasservelos mit starren Schwimmkörpern bauten einzelne Erfinder auch Amphibienfahrzeuge, Dreiräder mit gewaltigen hohlen Treibrädern, die dem Fahrzeug im Wasser Auftrieb verliehen. Am bekanntesten waren die Amphibienräder des Brüsseler Ingenieurs Cooman

(1883) und des Berliners Pinkerc (1891). «Auf dem Lande mag diese Maschine wie ein watschelnder Schwan ausgesehen haben», beurteilte ein Chronist das letztere, «auf dem Wasser mag sie sich ganz gut bewegt haben. Die leichte Manövrierfähigkeit wurde jedenfalls gerühmt. Wie vieles setzte sich auch diese Idee nicht durch.»

Was dem Eisfreund recht, das ist den Wasserratten unter den Radfahrern billig. 1869 offerierte der Pariser Bootsbauer Delarue ein Wasservelociped.

Ein Amphibien-Dreirad aus Frankreich.

«Käfer und Kriecher» – Vom Safety zum Niederrad

Trieb besonders in den sechziger und frühen achtziger Jahren des vergangenen Jahrhunderts die Fahrradentwicklung auch so merkwürdige Stilblüten wie Einräder, «Dicycles» (also Doppelräder) oder Schwimmräder, wirklich beherrschend auf dem Markt blieben zunächst die Hochräder, von denen die Industrie Hunderte verschiedener Modelle anbot. Im Grunde glichen sich die meisten wie ein Ei dem anderen. Eines hatten sie alle gemeinsam: ihre Gefährlichkeit. Dass sie trotzdem so weit verbreitet waren, verdanken sie nicht zuletzt der Eitelkeit ihrer Fahrer. Ein Hochrad hob seinen Benutzer buchstäblich über die zu Fuss gehenden Zeitgenossen hinaus. Deshalb konnten gegen das Sozialprestige vermittelnde Gefährt so sinnvolle Konstruktionen wie früher das hinterradgetriebene Rad von Macmillan oder das Guilmet-Meyer-Rad (1869), das ausser der Rahmenform in sich schon alle wesentlichen Merkmale der späteren Niederräder vereinigte, zunächst nicht aufkommen.

Im Grunde konnte dem Hochrad nur ein Fahrzeug den Rang ablaufen, das in irgendeiner Hinsicht noch bemerkenswerter war als dieses. Zunächst waren das die Sicherheitsräder, wie das Kangaroo, die, wie der Name sagt, weniger Sturzgefahren in sich bargen und durch

Vor dem Capitol in Washington.

Das Star-Rad mit Trethebelantrieb, das die A. B. Smith Machine Co. 1885 in Smithville, USA, baute, kennzeichneten ein grosses Hinter- und ein kleines Vorderrad...

Auf den Vorläufer des berühmten amerikanischen Star-Rades erhielt William Klahr von Myerstown das US-Patent 285821/1883.

die Antriebsübersetzung zumindest nicht langsamer fuhren als ihre grossen Brüder. Der Bauform nach gehören sie trotz kleinerer Gesamtdimensionen durchaus noch zu den Hochrädern. Ein erstes Sicherheitsrad, das nicht in das übliche Bild des Zweirads mit gewaltigem Vorder- und winzigem Hinterrad passte, war das amerikanische «Star»-Rad von P. A. Maigen (Patent von 1880) und William S. Kelly (Patent von 1885). Bei ihm war das Vorderrad klein und das Hinterrad gross. Natürlich wirkte der Antrieb – Trethebel in Verbindung mit Sperrklinken – auf das

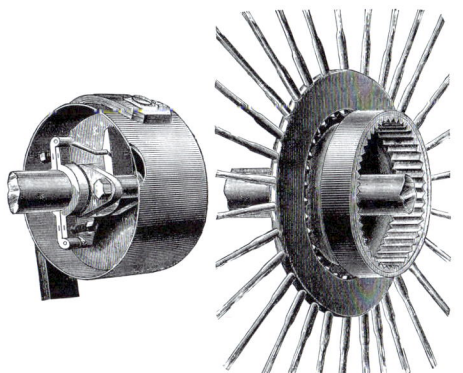

... und dieser an der Hinterradachse montierte Antriebsmechanismus.

grössere der beiden Räder. In den Vereinigten Staaten fertigte die A. B. Smith Machine Co. in Smithville, New York, dieses Zweirad. In Europa stellten es Lizenznehmer wie Kretschmer & Co. in Dresden her. Überschlagen konnte sich der Fahrer eines «Star» nicht mehr.

Mitte der vierziger Jahre des 19. Jahrhunderts nahm Gavin Dalzel die Idee von Macmillan auf. Er baute ein Niederrad mit einem etwas grösseren Hinterrad, das er durch Trethebel antrieb. Die Hebellänge liess sich verstellen. Das Dalzel-Rad hatte also eine Übersetzung. Im Grunde brachte die Konstruktion nichts Neues, und sie setzte sich auch genausowenig durch wie ihr Vorläufer, zumal sie zwar ingeniös gelöst, in der Ausführung aber recht grob gehalten war.

Auch Nachahmern des Stuttgarter Naturkunde- und Turnlehrers Trefz, der ja schon 1869 ein recht modernes Zweirad mit Hinterrad-Gestängeantrieb gebaut hatte, war kein grösserer Erfolg beschieden. Zu ihnen gehörte Thomas Shergold aus Gloucester, der 1878 ein Sicherheitsrad mit zwei gleich

1878 konstruierte Thomas Shergold aus Gloucester dieses Sicherheitsrad mit gleichgrossen Rädern und Hinterrad-Kettenantrieb.

Ein Lawson-Rad um 1885, aufgenommen in einem Düsseldorfer Park.

grossen Rädern, Antriebskette, einer eigentümlichen Rahmenform und einem ebenso bizarren Steuermechanismus baute. Und zu ihnen gehörte der bekannte Engländer Lawson mit seinem «Safety» aus dem Jahre 1879, das wegen des unnötig grossen Vorderrades eine komplizierte Parallelogramm-Lenkung hatte. Erst fünf Jahre später konnte Lawson, der den Vertrieb der bedeutenden Fahrradwerke Rudge & Co. in Coventry leitete, einen gewissen Erfolg verzeichnen, als er das erste Damen-Safety anbot. Die Monopolstellung der Hochräder blieb jedoch ungebrochen. Das änderten auch zwei Safety-Konstruktionen aus dem Jahr 1884 nicht: weder die von J. McCammon mit einem grossen kettengetriebenen Hinterrad und einem viel kleineren Vorderrad noch das Humber-Sicherheitsrad, das sich durch eine schon sehr dem späteren Trapezrahmen ähnelnde Bauform auszeichnete.

J. McCammon konstruierte 1884 dieses Damen-Sicherheitsrad mit grossem kettengetriebenem Hinterrad.

Das «Safety» von Henry John Lawson, das 1879 entstand, hatte noch verschieden grosse Räder.

Der Rahmen des Humber-Sicherheitsrades von 1884 ähnelt schon späteren Konstruktionen.

Die eingefleischten Hochradanhänger hatten für all die gutgemeinten Erfindungen nur ein mitleidiges Lächeln übrig. Technische Überlegungen überzeugten sie nicht. Sie liessen sich nur mit spektakulären Erfolgen gewinnen, die unmissverständlich bewiesen, dass es Besseres gab als ihre stählernen Prachtstücke. Der erste, der das begriff, war James Starleys früherer Partner William Hillman, der sich inzwischen mit zwei neuen Gesellschaftern, Herbert und Cooper, selbständig gemacht hatte. Hillman wusste aus Erfahrung, was beim breiten Publikum ankam. Hatte er doch zusammen mit Starley schon einmal ein völlig neues Modell populär gemacht, den «Ariel». Damals hatten sich die beiden Altmeister der englischen Fahrradindustrie mit ihrer sensationellen Eintagsfahrt von London nach Coventry die Sporen verdient. Auf genau die gleiche Weise weckte Hillman 1884 das öffentliche Interesse für sein Kangaroo, das er aufgrund der Erfindung von Otto und Wallis (1878) weiterentwickelt hatte. Die Firma Hillman, Herbert & Cooper organisierte auf der Great North Road ein Hundert-Meilen-Rennen von Twyford in Berkshire nach Norman Cross in Huntingdoshire. Eigens für diese Sensationsveranstaltung heuerten sie den Spitzenfahrer George Smith an, der die Strecke in nur sieben Stunden und elf Minuten bewältigte. Mit einem Durchschnitt von vierzehn Meilen (22,4 km/h) war er mehr als doppelt so schnell wie Hillman und Starley bei ihrer historischen Propagandafahrt. Der Erfolg blieb nicht aus: Die Verkaufszahlen des Kangaroo schnellten über Nacht in die Höhe.

Aber nicht nur Hillman hatte bei Starley überzeugen gelernt. Die kleine Fahrradfirma Hayes and Jeffries beschäftigte 1878 einen jungen Mann, der aus derselben Schule stammte: den zweiundzwanzigjährigen John Kemp Starley, einen Neffen von James. An seinem Onkel hatte er beobachtet, dass es sich auszahlte, sich zeitig auf eigene Füsse zu stellen, wenn man das Zeug dazu hatte; und dass er selbst es hatte, daran zweifelte er nicht. Ende 1881 fand er in dem jungen Kurzwarenhändler

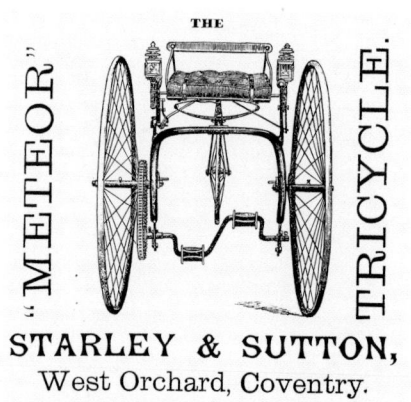

Werbung für das Dreirad «Socia» der Starley & Sutton «Meteor Works» in Coventry (1878)…

William Sutton einen nicht ganz mittellosen Partner. Die beiden gründeten die Meteor-Werke in West Orchard und begannen, Hochräder und «Meteor-Tricycles» nach bewährtem Starley-Muster in eigener Regie herzustellen, und die Qualität ihrer Produkte lag

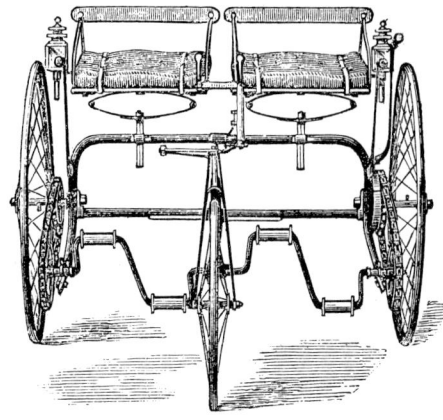

… Das gleiche Gefährt war 1880 auch als Sociable lieferbar.

über dem Durchschnitt. Die Preise nicht minder. Bald mussten die beiden jungen Männer feststellen, dass es gar nicht leicht war, ins Geschäft zu kommen, wenn man nicht mehr zu bieten hatte als die etablierte Konkurrenz. John Kemp Starley nahm sich deshalb vor, ein völlig neues Fahrrad auf den Markt zu bringen. Also analysierte er die gängigen Modelle. Wie liessen sie sich verbessern? – Einmal hatten sie keinen idealen Rahmen, und der Benutzer seines Zukunftsrades sollte nicht nur bequemer sitzen, sondern er sollte auch seine Muskelkraft effektiver ausnutzen. Das gestattete eine Konstruktion mit zwei gleichen mittelgrossen Rädern, zwischen denen der Sattel möglichst senkrecht über den Pedalen angebracht war. Zum zweiten plädierte John Kemp Starley für den Hinterrad-Kettenantrieb. Drittens mussten die Räder den Forderungen nach grösserer Sicherheit entsprechen und deshalb insgesamt kleiner werden. Und schliesslich galt es, in einer verbesserten Lenkstangenausführung eine präzisere Steuerung zu ermöglichen. Ganz im geheimen entwickelte der junge Mann ein Zweirad, das all diesen Anforderungen entsprach. Es heisst, er habe die ersten Versuchsmodelle zusammen mit seinem Partner in dessen Kutsche hinaus aufs Land gebracht, um sie dort unbeobachtet testen zu können.

1884 war es dann soweit. Starley und Sutton tauften das neue Rad Rover. Ein Jahr später stellten sie es auf der Stanley Show in London dem grossen Publikum vor. Unter all den Hochrädern musste sich die Neuheit wie ein Zwerg ausgenommen haben. Die Fachwelt urteilte sehr unterschiedlich. «Ideal für ängstliche, nervöse oder ältere Fahrer», meinten die einen; andere, darunter besonders die prominenten Hochradsportler, taten es verächtlich als «Käfer» oder «Kriecher» ab. Zum grossen Renner der Ausstellung avancierte der Rover jedenfalls nicht. Dafür sorgte schon eine Sensation der Konkurrenz. Die Starley Brothers, John Kemps Vettern, die ihres Vaters Firma übernommen hatten, stellten mit grossem Aufwand ihr neues «Psycho»-Dreirad vor, das eine Auszeichnung Ihrer Majestät, der Königin Victoria, dekorierte.

Die «Rover»(Wanderer)-Konstruktion erdachte 1879 H.J. Lawson. Sechs Jahre später bauten Starley & Sutton das Rad in Serie und führten es auf der Stanley-Show in London vor. Der Rover I hatte noch eine indirekte Lenkung.

Etwa zur gleichen Zeit gelang es William Hillman, durch das spektakuläre Hundert-Meilen-Rennen sein Kangaroo berühmt zu machen. John Kemp Starley zog die Konsequenzen. Wenn er und Sutton dem Rover zum Durchbruch verhelfen wollten, mussten sie für eine ähnliche Sensation sorgen. Das

war leichter gesagt als getan, denn nachdem Hillmans wilde Jagd mit dem Kangaroo einigen Hühnern das Leben kostete und Weidetiere längs der Rennroute scheuten, verbot die Polizei unter dem Druck verärgerter Bauern hinfort alle Veranstaltungen dieser Art. Die Presse stellte sich ausnahmsweise hinter die Hüter des Gesetzes.

John Kemp indes hielt das alles nicht davon ab, ein neues Rennen zu veranstalten, in dem sich sein Rover profilieren sollte. Er engagierte denselben Erfolgsfahrer George Smith, der schon das Kangaroo auf seinem Weg zum Ruhm geritten hatte, und kündigte in den Radsportjournalen für den letzten Samstag im September ein Rennen von London nach Brighton und zurück über Shoreham an. Als Preis für die drei ersten setzte er eine teure goldene Armbanduhr, ein Rover-Rad und eine silberne Armbanduhr aus. Startort: Anderton's Hotel, Fleet Street, London.

Der Termin rückte heran und mit ihm eine grosse Zahl Neugieriger und ein Polizeiaufgebot, das die Rennfahrt verhindern sollte. Wer nicht erschien, waren die Veranstalter und die Radsportler. Starley selbst hatte für diese Überraschung gesorgt und alle Teil-

…und der Rover III mit geschweiftem Trapezrahmen («Swift-Rahmen») und Tangentialspeichen stellt 1887 die endgültige Form dieser Baureihe dar.

nehmer insgeheim an einen anderen Ort bestellt: zum Cross Hotel in Norman Cross. Pünktlich um 8.30 Uhr winkte John Kemp zum Start, vom Auge des Gesetzes unbeobachtet. Die wilde Jagd spurtete nach Twyford, und um halb vier Uhr des gleichen Tages gab es einen neuen Radfahr-Weltrekord. Der Meisterfahrer George Smith war auf Rover schneller als auf Hillmans Kangaroo. Die Sensation war da. Der neue Renner auf dem Fahrradmarkt hiess Rover. Er hatte seine Feuerprobe als solide, praktische Sicherheitsmaschine mit Auszeichnung bestanden.

Starley und Sutton mussten in aller Eile die Kapazität ihrer Fabrik erweitern. Doch der junge Konstrukteur

Das Modell Rover II besass eine direkte Lenkung, Nackensteuerung und Radialspeichen…

und Geschäftsmann, der so erfolgreich in die Spuren seines Onkels getreten war, ruhte nicht auf seinen Lorbeeren. Für ihn war das im ganzen Land gerühmte neue Zweirad nicht vollkommen. Fieberhaft arbeitete er an Verbesserungen, bis er 1888 mit dem dritten Rover-Typ jenes Modell herausbrachte, das noch heute international als Prototyp des modernen Fahrrads gilt; mit Ausnahme der Luftbereifung, die J. B. Dunlop noch im selben Jahr erfinden sollte.

Der Rover III war ein Ganzstahlrad mit zwei gleich grossen Rädern und einem Trapezrahmen. Im Gegensatz zu späteren Niederrädern waren das obere Rohr und jenes zwischen dem Steuerkopf und Tretlager geschweift. Fachleute sprechen vom «Swift»-Rahmen. Die Lenkung war eine sogenannte «Nackensteuerung». Der verstellbare Sattel ruhte auf Federn. Die Blockkette des Antriebs liess sich spannen. Bremsen konnte man den Rover mit einer Löffelbremse, die auf das Vorderrad wirkte.

An der Hinterachse war eine Aufsteigraste montiert. Die Räder hatten zweiunddreissig Tangential-Drahtspeichen. Die Stahlhohlfelgen waren vollgummibereift. Sogar über einen Kotflügel verfügte das Modell. Die Kundschaft war begeistert: Bereits ein Jahr nach seinem Erscheinen hatte der Rover einen Marktanteil von neunzig Prozent errungen!

Ein Adler-Dreirad von 1888, das heute noch voll funktionsfähig ist.

Mit diesen Bildern warben 1887 die St.-John's Works der Starley-Brüder für ihre Fahrzeuge.

In der Gutleutstrasse in Frankfurt unterhielt die Firma Adler um 1888 einen Fahrsaal für Zweiräder.

«…und bald hatte jeder ein Fahrrad» – Niederräder bis zur Jahrhundertwende

Der stolze Besitzer auf seinem vollgummibereiften Kreuz-Rover (Adler, 1887). Eine Aufnahme für das Familienalbum.

Der erfolgreiche Industrielle John Kemp Starley auf seinem Rover III (1888).

John Kemp Starleys Rover-Modelle brachten die gesamte Fahrradindustrie in eine unangenehme Lage. Alle Fabriken hatten sich auf Hochräder eingestellt. Nun aber war das Niederrad gefragt, dessen Anhänger das alte Gefährt mit den ungleichen Rädern jetzt als «Penny-Farthing» belächelten. Diese beiden Geldstücke, der Penny und der Farthing, hatten schliesslich sehr verschiedene Durchmesser.

Doch wie jede Münze ihre zwei Seiten hat, zeichnete sich das Niederrad ebenfalls nicht nur durch Vorteile aus. Eine frühe englische Radlerin, Gwenn

Raverat, erinnerte sich an ihre Kinderzeit: «Wir pflegten Familienfahrten zu machen, alle miteinander; mein Vater voraus auf einem Fahrrad, und der arme Charles stand höchst unbequem auf der Stange hinter meiner Mutter (sie fuhr ein Damendreirad); er hielt sich fest, als ginge es um sein Leben. Ich empfand es als schwere Arbeit, auf meinen harten Reifen voranzukommen; ein glanzvoller, aber kein angenehmer Zeitvertreib.»

Gwenn war nicht die einzige, die so empfand. Das Niederrad fuhr sich härter als das Penny-Farthing mit seinem grossen Rad, das die Bodenunebenheiten weitaus besser ausglich. Die kleinen neuen Räder reagierten auf jeden Schotterstein mit einem harten Stoss. Natürlich versuchte die Industrie, Abhilfe zu schaffen. Luftbereifung gab es noch nicht; also blieb nur die Möglichkeit, entweder den Rahmen oder die Radaufhängung abzufedern. So erschienen zwischen 1885 und 1890 eine ganze Reihe verschiedener Schwingrahmenräder auf dem Markt.

Singer-Safety (um 1890).

Überhaupt war der Rahmen etwas, womit die Starley-Konkurrenten dessen Rover-Patente umgehen konnten. Sie alle wollten ja am Markterfolg des Niederrades teilhaben. So bauten sie Modelle, die hinsichtlich der Radgrösse und des Antriebs dem Rover glichen, dessen Rahmen- und zum Teil auch Steuerungskonstruktionen aber oft sehr

Die Patentzeichnung des Lawson-Sicherheitsrades von 1879, aus dem sich der Rover entwickelte.

eigenwillig ausfielen. Die Firma Hillman, Herbert & Cooper, die durch den Kangaroo-Erfolg von Starley unter den Tisch gespielt worden war, liess sich schon 1886 patentlich ein Niederrad mit Kreuzrahmen schützen, das auf dem Markt recht gut ankam und von dem – 1887 – die deutschen Adler-Werke in Frankfurt am Main Lizenzbauten fertigten.

Der stets aktive H. J. Lawson, inzwischen zum Direktor der Fahrradfabrik Rudge & Co. in Coventry avanciert, brachte 1887 eine Weiterentwicklung seines «Safety» von 1879 auf den Markt.

1887 bauten die Adler-Werke ihr erstes Niederrad. Es hatte Kreuzrahmen.

Das Rad hatte gleichfalls einen Kreuzrahmen, Vorder- und Hinterrad waren gleich gross; aber von seinem komplizierten indirekten Lenkmechanismus wollte der Erfinder sich nicht trennen. Vielleicht blieb dem Gefährt deshalb der kommerzielle Erfolg versagt.

Lange hielten sich die verschiedenen Rahmenformen nicht auf dem Markt. Das Rennen machte eindeutig der Trapezrahmen, bei den Typen nach dem dritten Rover-Modell ohne Rohrkrümmungen. Anfang der neunziger Jahre glichen sich die verschiedenen Fabrikate wie ein Ei dem anderen. Eine er-

wähnenswerte Ausnahme machte das 1893 patentierte Dursley-Pedersen-Rad, das allerdings als ausgesprochenes «de Luxe»-Modell nur in geringeren Stückzahlen gefertigt wurde. Eine entscheidende Rolle spielte es als Militärrad um die Jahrhundertwende im Burenkrieg. Es hatte einen dreieckigen Doppelrohrrahmen, der konstruktiv so stabil war, dass er sich mit weitaus dünneren Rohren als der übliche Trapezrahmen ausführen liess. Das Rad war dadurch ganz besonders leicht. Auch der Sattel fiel aus der Reihe: Er glich einer kleinen Hängematte. Die Pedersen-Räder zeichneten sich durch eine erstaunliche Lebensdauer aus. Viele erfüllten ihren Zweck bei intensiver Benutzung fünfzig Jahre und länger.

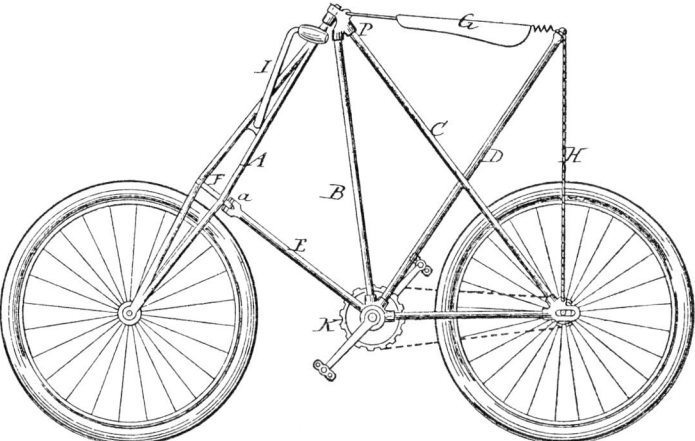

Zeichnung aus der deutschen Patentschrift von 1894.

Wegen des elastisch aufgehängten Sattels hiess das sorgfältig gefertigte Dursley-Pedersen-Rad mit seinem Triangel-Stabrahmen scherzhaft die «Hängematte». Dieses Modell stammt aus dem Jahre 1902. Für Militärzwecke gab es eine zerlegbare Ausführung.

Entscheidend zur Popularität und damit zur Verbreitung der Niederräder trug nach dem Rover eine Entwicklung des schottischen Tierchirurgen J. B. Dunlop bei: der Luftreifen, der um 1890 endlich die ideale Federung auf schlechten Strassen brachte, die Schwingrahmenräder verdrängte und den Trapezrahmen-Konstruktionen im wahrsten Sinne des Wortes den Weg ebnete. Gwenn Raverat, die als kleines Mädchen so sehr über das beschwerliche Radfahren mit den harten Reifen geklagt hatte, berichtet weiter: «Dann, eines Tages beim Mittagessen, sagte mein Vater, er habe gerade eine neue Reifenart gesehen, gefüllt mit Luft, und

schen Zeitschrift «Punch» ein Lied zu singen. Der Titel der Verse: «The Biker Biked», was übersetzt etwa so viel heisst wie:

Der Radler radelte

Er lernte radeln, Tag für Tag.
«Jetzt fahre ich, wohin ich mag»,
frohlockt er; aber sehr betrübt
erkennt er: sie hat auch geübt
und – was besonders ihn erschreckt –
ein Rad gekauft, das zweie trägt
und «gemeinsam fahr'n», seufzt er, «o je,
das ist des Rades Wohl und Weh!»

Kein historisches Fahrradmuseum, sondern ein altes Fabriklager in Coventry mit Rädern aus dem vergangenen Jahrhundert – aufgenommen 1972.

Ein amerikanisches Dreirad für zwei Personen, die das Fahrzeug antreiben (um 1870).

er dachte, das könnte ein Erfolg werden. Und bald danach hatte jeder ein Fahrrad, auch die Damen, einfach alle...»

Wie sehr sich das Zweirad in der ersten Hälfte der achtziger Jahre durchsetzte, davon weiss auch ein betroffener Zeitgenosse in der verbreiteten engli-

Das Sicherheitsrad als Tandem: ein sehr kurz gebauter Typ der Firma Hillman, Herbert & Cooper von 1887.

73

Der Münchner Fahrrad-Industrielle Johann Strobel mit seinen Söhnen Alfons und Oskar auf seinem Tandem mit Kindersitz.

Ja, Tandems waren Mode. Obwohl der Freiherr von Drais schon 1818 ein zweisitziges Laufrad empfohlen hatte und obwohl auch Michaux-Räder als Zweisitzer mit Tretkurbeln an beiden Rädern existiert hatten, fanden die Tandems erst mit dem Aufkommen der Niederräder in der Mitte der achtziger Jahre grösseren Anklang.

Ob der anonyme Dichter aus dem «Punch» bei seinen Scherzversen allerdings ein normales Tandem mit zwei hintereinander angeordneten Sitzen im Auge hatte, darüber liesse sich streiten. Verbreitet waren nämlich auch sogenannte «Sociables», Gesellschaftsräder aus zwei nebeneinandergekuppelten Rahmen, beide komplett mit Lenker, Rädern und Tretkurbeln.

Die gebräuchlicheren Einspur-Tandems verlangten auch dem routinierten Radfahrer einige zusätzliche Übung ab. Balancehalten und Kurvenfahren waren schwerer als mit Einsitzern. Dafür entschädigte das grössere Tempo dieser höher übersetzten Gefährte. Bis zur Jahrhundertwende baute die Industrie Zweisitzer serienmässig. Wer Lust hatte, konnte sich auf Sonderbestellung auch einen Dreisitzer anfertigen lassen... oder einen Viersitzer oder Fünfsitzer oder... Irgendwann muss jedenfalls jemand Lust auf einen Zehnsitzer gehabt haben. Auch er wurde geliefert!

Epochale Erfindungen rufen fast immer ein Heer von Tüftlern auf den Plan, die, angeregt durch die faszinierende Idee, des anderen Geisteskind verbessern wollen, und sei es nur dadurch, dass sie eine längst bekannte Zutat in den neuen Kuchen mischen. So ähnlich verhielt es sich mit dem Niederrad und dem Kardanantrieb. Samuel Miller hatte ihn 1882 erstmals bei einem Dreirad verwendet. Als sieben Jahre später das neue Niederrad den Markt beherrschte,

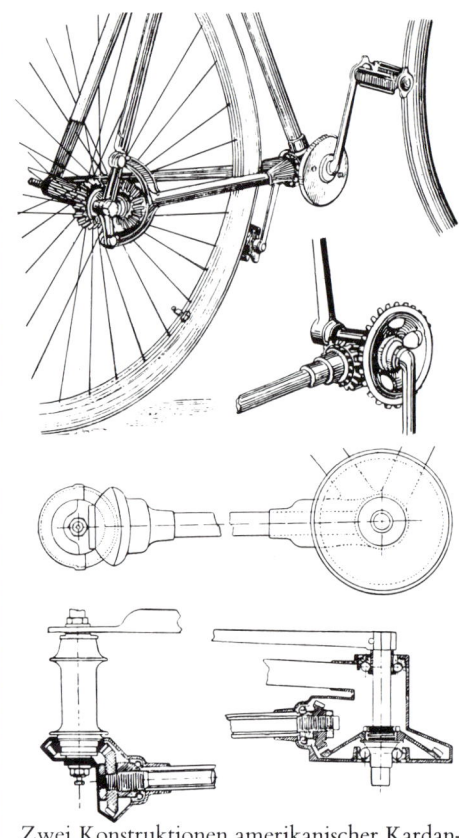

Zwei Konstruktionen amerikanischer Kardanantriebe: oben Columbia, unten Royal.

Sechssitzer der Familie Wemhörner in Bielefeld (1901).

74

Wenn das keine Werbung ist: Auch John D. Rockefeller fuhr jahrelang ein Rad mit Kardanantrieb der deutschen Firma Dürkopp. Sie hatte die Patente der belgischen F. N. von 1902 erworben.

Im Historischen Velociped-Archiv in Düsseldorf steht die erste Maschine mit Kardanantrieb der Fabrique Nationale d'Armes de Guerre in Lüttich aus dem Jahre 1889.

erinnerte man sich seiner wieder. Zunächst ersetzte die belgische Fabrique Nationale d'Armes de Guerre in Lüttich die Kette durch eine Kardanwelle. 1895 zog Frankreich mit der Marke «Acatène» nach, die in Lizenz auch die Österreicher bauten; dann kamen die USA mit «Columbia» (1898) und «Pierce» (1900), England mit «Quadrant» (1899) und Deutschland mit einem Modell der Firma Dürkopp in Bielefeld. Die kardangetriebenen Fahrräder waren sehr beliebt, aber auch sehr teuer und deshalb für die meisten Radler unerschwinglich.

Um 1895 baute die Fahrradfabrik «Métropole» den Kardanantrieb «Acatène» der Firma Marié & Co. in ihre Modelle ein.

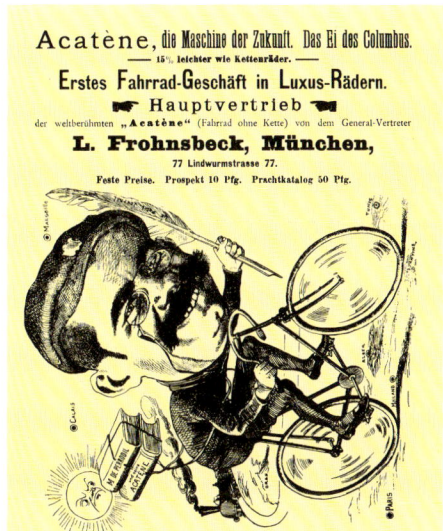

Acatène-Werbung der Pierce Cycle & Co., Buffalo, USA, mit Edouard von Perrodil, dem Sieger der Fernfahrt Paris–Mailand (1895).

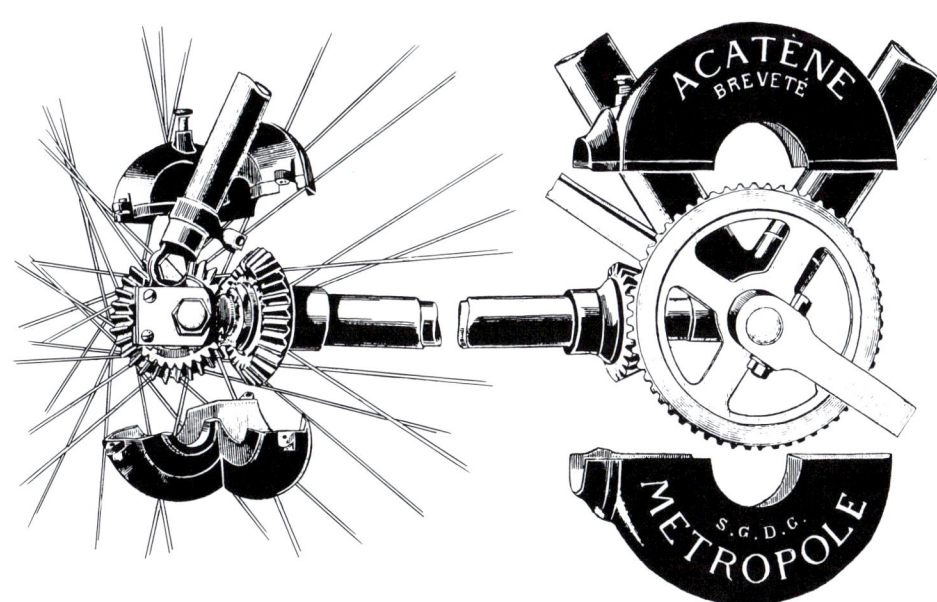

«Wo bleibt die Polizei?» – Der Aufbruch ins zwanzigste Jahrhundert

Ästhetik – «So sittlich und edel, lieber Herr Collega, diese Leibesübung dem Manne ansteht, so sehr ist der Anblick eines radfahrenden Weibes geeigenschaftet, unseren am klassischen Geiste geläuterten Schönheitssinn in seiner vollen und ganzen Tiefe zu empören.» (Zeichnung von Th. Th. Heine aus dem «Simplicissimus».)

Hilfe – die Polizei!

«Dem die Maximilianstrasse entlang promenierenden zahlreichen Publico bot sich gestern, Sonntagvormittag 12 Uhr, ein ebensoviel Entrüstung als Ärgernis erregendes Bild dar. Auf einem doppelsitzigen Velociped bewegte sich ein Pärchen in rascher Fahrt durch die Strasse. Das Pärchen bestand aus einem Mannsbilde und – seiner Donna, letztere in einem geblümten seidenen Rocke, durch den die stampfenden, das Vehikel in Bewegung setzenden Beine sich jedem, so darauf erpicht war, sie zu sehen, leicht präsentierten. Ohne Scham, stolz wie eine Amazone, liess die holde Dame sich männlich mustern, ihre Fahrt ungeniert fortsetzend. Wir fragen nur: Ist dies die neueste Art Velocipedsport? Darf auf solche Art dem öffentlichen Sittlichkeitsgefühle ungestraft ein Faustschlag ins Gesicht versetzt werden? Endlich: Ist dies die neueste Art von Reklame für gewisse Weibspersonen? Zuletzt: Wo bleibt die Polizei...»

So las man's im Jahre 1900 in der «Münchener Zeitung».

Was anhand steigender Umsatzziffern der Fahrradindustrie wie ein Siegeszug des Zweirads wirkt, war nicht selten ein harter Kampf. Oft drohten Radfahrervereine auseinanderzufallen, weil lokale Fahrverbote ihnen das Leben schwer machten. In den frühen neunziger Jahren des vergangenen Jahrhunderts berichtete der «Radmarkt» ständig über neue örtliche Verbote und unliebsame Polizeibestimmungen. 1894 waren die Massnahmen gegen das Rad-

Der Schrecken der Radler.

Das Schlimmste, was passieren kann,
Ein fürchterlicher Schrecken,
Ist: Hält ein biedrer Bauersmann
In's Rad Dir einen Stecken.

fahren so weit angewachsen, dass sie ein Buch füllten. Der Leipziger Polizei-Assessor Dr. Max Weiss zeichnete als Verfasser dieser Schrift, die nicht weniger als 19 umfangreiche Verordnungen – für Bayern, Preussen, Sachsen und andere Länder und Städte – umfasste. Auch ausserhalb besiedelter Gebiete machte die Polizei den Radfahrern das Leben schwer. Auf den Chausseen war das Befahren der Banketten verboten, auch dann, wenn sich weit und breit kein Fussgänger zeigte. Was heute die Radarfalle für den Autofahrer, war seinerzeit der Gendarm, der – oft als Zivilist verkleidet – hinter dicken Bäumen versteckt oder im Strassengraben

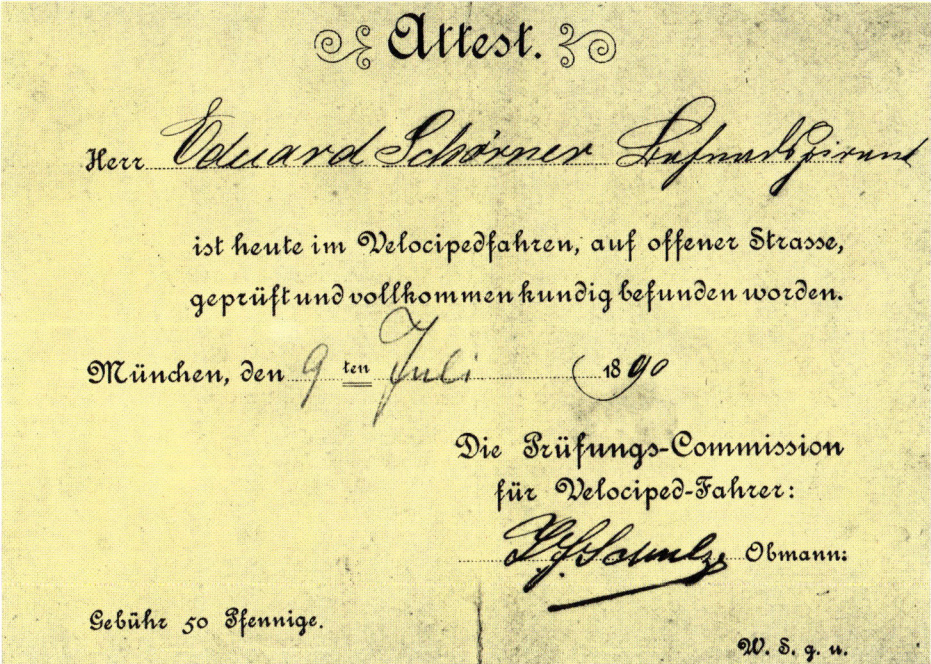

Ein Velocipede-Attest um 1890 . . .

Dieses Attest berechtigt noch nicht im Stadtbezirk München zu fahren, die „Berechtigung zum Fahren" besitzt der Velocipedfahrer erst dann, wenn ihm von der kgl. Polizei-Direktion die schriftliche polizeiliche Bewilligung mit derjenigen Nummer zugestellt worden ist, mit der er seine Maschine vorschriftsmässig zu versehen hat; diese Bewilligung kann nicht abgeholt werden, sie wird jedem Fahrer, der sein Attest von der Prüfungs-Kommission erhalten hat, von der Polizei-Direktion in möglichster Bälde in's Haus geschickt.

. . . und das ist die Kehrseite.

liegend, auf seine Opfer lauerte. Eine andere Unannehmlichkeit für die Radler war die Radfahrkarte, die jeder Jünger des Pedals bei seinen Ausfahrten mit sich führen musste.

Das Fahrrad und die Justiz

Aus der Wiener Fahrordnung für Radfahrer von 1894:

«Der Radfahrer hat auf die ihm entgegenkommenden Reit- und Wagenpferde zu achten und, falls diese stutzig werden oder deren Lenker wegen Gefahr des Scheuwerdens derselben durch Zeichen zur Vorsicht mahnt, sofort abzusitzen und sein Fahrzeug den Augen der Pferde möglichst zu entziehen.»

«Den Wagen des Allerhöchsten Hofes und den Fuhrwerken der Feuerwehr muss ganz ausgewichen werden und es hat nötigenfalls der Radfahrer abzusitzen.»

Aus einem Wiener Bericht um die Jahrhundertwende über das Ordentragen:

«In Österreich ist das Tragen von Radfahrorden und -medaillen durch einen Regierungserlass als ein Unfug verboten worden, auf dessen Ausübung die Krone allein ein Vorrecht hat...»

Aus den Oberpolizeilichen Vorschriften für Radfahrer im Königreich Bayern vom 1. Januar 1898:

«Übermässig schnelles Fahren, Umkreisen von Fuhrwerken, Menschen und Tieren, das Mitführen von Kindern auf dem Fahrrade und sonstige Handlungen, welche geeignet sind, Menschen oder Eigentum zu gefährden, den Verkehr zu stören, Pferde oder andere Tiere scheu zu machen, sind verboten. Der Radfahrer ist verpflichtet, bei Beanstandungen durch Sicherheitsorgane auf Anruf sofort anzuhalten und abzusitzen.

Jeder Radfahrer muss eine von der Ortspolizeibehörde seines Wohnortes oder, falls er einen Wohnort in Bayern nicht hat, seines Aufenthaltortes ausgestellte, auf seinen Namen lautende Fahrkarte bei sich führen und auf Erfordern den Aufsichtsbeamten vorzeigen. Die einmal ausgestellte Fahrkarte gilt unabhängig von einem etwaigen Wohnorts- oder Aufenthaltswechsel für das ganze Königreich.

Personen, welche sich nicht im Besitze einer solchen Fahrkarte befinden, dürfen auf öffentlichen Wegen, Strassen und Plätzen nicht radfahren.

Die Fahrkarte kann von der zur Ausstellung derselben jeweils zuständigen Behörde zeitweilig oder gänzlich entzogen werden, wenn der Radfahrer nach Erteilung der Fahrkarte wegen vorsätzlicher oder fahrlässiger Tötung oder Körperverletzung oder wegen Sachbeschädigung bestraft wurde, soferne

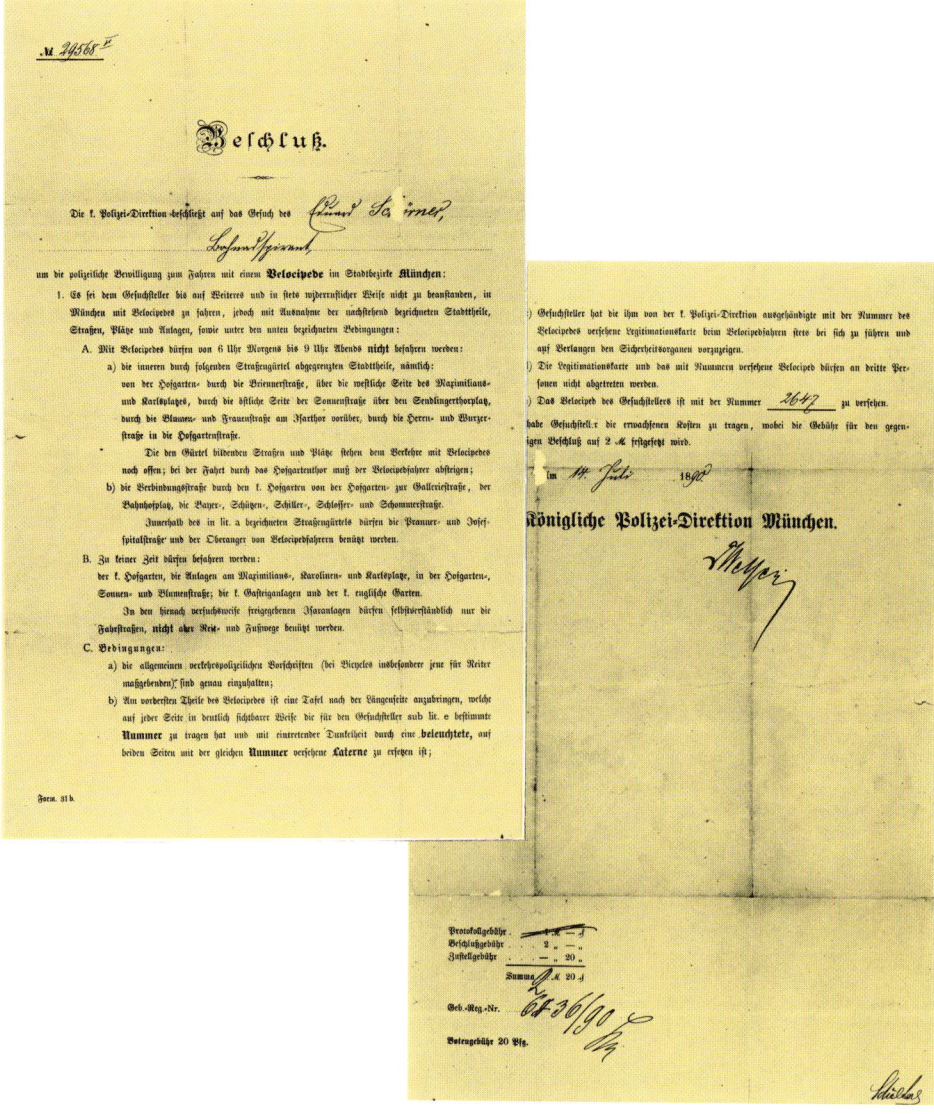

Auch in Preussen gab es Radfahrkarten (1917).

diese Reate mit dem Radfahren im Zusammenhange stehen.»

Aus «Das Recht des Radfahrers» von Amtsgerichtsrat Prof. Dr. jur. Schumacher (1900):

«Den Zweck, das Publikum vor Schaden und Belästigung zu schützen, haben diejenigen Polizeiverordnungen, welche den Verkehr mit Fahrrädern regeln sollen. Sie sind erlassen im Interesse der Ordnung, Sicherheit und Leichtigkeit des Verkehrs auf öffentlichen Strassen. Aus diesem Zwecke der Radfahrer-Polizeiverordnungen erklärt sich auch, dass diese Polizeiverordnungen nur die gefährlichen Eigenschaften des Fahrrades, z.B. seine Schnelligkeit und Geräuschlosigkeit, berücksichtigen, dagegen die guten Ei-

genschaften des Fahrrades, z.B. seine leichte Beweglichkeit und der Umstand, dass das Fahrrad die Wege nicht abnutzt, ganz ausser Acht lassen. Die Polizeiverordnungen für Radfahrer enthalten daher nur Verpflichtungen des Radfahrers, aber von den Rechten derselben erwähnen sie nur wenig oder gar nichts.»

«Andere Polizeiverordnungen für Radfahrer verbieten den Gebrauch von Nebelhörnern und anderen, nicht in Metallschellen bestehenden Signalapparaten.»

«Ob der Radfahrer die verschiedenen Polizeiverordnungen kennt oder nicht, ja ob er überhaupt in der Lage ist, sie kennen zu lernen, ist für die Bestrafung gleichgiltig. Der Radfahrer, welcher den Polizeivorschriften zuwiderhandelt, wird bestraft, auch wenn er beweisen sollte, dass er die betreffende Vorschrift nicht gekannt habe. Kommt z.B. ein Radfahrer auf einer Radfahrt um 12 Uhr mittags durch die Strasse einer Stadt, welche von 11–2 Uhr für Radfahrer gesperrt ist, so verfällt er der Strafe, sollte er auch nicht wissen, dass ein solches Verbot besteht und sollte z.B. auch am Eingange der Strasse ein Anschlag fehlen, aus welchem das Verbot hätte ersehen werden können.

Wie weit man in dieser Beziehung geht, beweist folgender Fall: Ein in Mecklenburg wohnender Radfahrer hatte eine Radfahrt nach der preussischen Provinz Pommern unternommen. Eine in ganz Pommern geltende Radfahrer-Polizeiverordnung schreibt vor, dass jeder Radfahrer eine Radfahrkarte haben und sie auf Verlangen vorzeigen muss. Da die Karte von der Polizeibehörde des Wohnorts ausgestellt werden muss und der Radfahrer in Mecklenburg wohnte, so war ihm die Erlangung einer Radfahrkarte für Pommern unmöglich. Der Radfahrer wurde angehalten und, da er eine Radfahrkarte nicht besass, wurde er von dem Schöffengericht und, auf seine Berufung hin, auch von der Strafkammer des übergeordneten Landgerichts verurteilt. Der Radfahrer legte gegen das Urteil der Strafkammer Revision ein, aber das Kammergericht zu Berlin verwarf die Revision und hielt die Verurteilung aufrecht. Das Kammergericht führte aus, die pommersche Polizeiverordnung gelte für alle in Pommern radfahrenden Personen und demnach auch für die Angehörigen anderer Bundesstaaten, und wenn der Radfahrer eine für Pommern geltende Radfahrkarte nicht habe erlangen können, so habe er das Radfahren in Pommern zu unterlassen.»

Schau dich nach keinem Mädchen um,
Denn die Blamage wäre doch zu dumm.
Und es verging' Dir jeder Spass,
Fahrst Du hinein in's Spiegelglas.

Sie schmauchen der Havannah Duft,
Und schauen Beide in die Luft.

Doch plötzlich wie ein Zauberschlag,
Ein jeder auf der Erde lag.

Ein nicht alltäglicher Anblick.

«Die vielen und inhaltlich verschiedenen Polizeiverordnungen und namentlich die Art ihrer Anwendung müssen die Radfahrer zu grösster Vorsicht ermahnen. Jeder Radfahrer, welcher sicher gehen will, muss sich erkundigen, welche polizeilichen Vorschriften in seinem Wohnorte und in dessen nächster Umgebung gelten. Wer grössere Radfahrten unternimmt, wird hierbei stets das Gebiet zahlreicher und inhaltlich verschiedener Polizeiverordnungen durchfahren, ohne dass er die Bestimmungen dieser Polizeiverordnungen kennen kann, ja ohne dass er überhaupt weiss, dass er aus dem Gebiete einer Polizeiverordnung in das benachbarte Gebiet einer anderen Polizeiverordnung hineingefahren ist. Der Radfahrer wird daher gut thun, alle an den Strassen angebrachten Tafeln und sonstigen Anschläge sich genau anzusehen. Es ist namentlich zu empfehlen, beim Einfahren in Städte die auf Posten stehenden Polizeibeamten zu befragen, ob bestimmte Strassen für den Radfahrer verboten sind oder ob irgend eine andere den Radfahrer berührende polizeiliche Vorschrift in Geltung steht.»

«Die Beleidigung ist wohl diejenige strafbare Handlung, welcher der Radfahrer am meisten ausgesetzt ist. Giebt der Radfahrer z. B. mit der Schelle ein Zeichen, dass er an einem Fuhrwerk vorbeifahren will, so wird der Inhaber des Fuhrwerks beim Ausweichen dem Radfahrer jedenfalls einige Schimpfworte zurufen. Muss ein gedankenlos dahergehender Spaziergänger einige Sekunden stehen bleiben, damit ein Radfahrer vor ihm in eine Nebenstrasse einbiegen kann, so wird er seinem Unmut über diese Störung ganz sicher durch Worte Luft machen, die er nicht gerade Knigge's Buch über den Umgang mit Menschen entnommen hat. Ich notiere mir schon seit Jahren die Schimpfworte, welche mir auf meinen Radtouren zugerufen worden sind, und ich habe manchmal geglaubt, alle menschenmöglichen Schimpfworte in dieses Wörterbuch aufgenommen zu haben. Nur zu oft erfahre ich aber zu meinem Erstaunen, dass ich die unerschöpfliche Fülle von beleidigenden Worten, die in des Menschenbrust schlummert, noch lange nicht ganz zu Papier gebracht habe.

Ein vernünftiger Radfahrer wird die ihm zugerufenen Schimpfworte in der Regel einfach nicht beachten und sich die Freude an der schönen Natur durch die Zornesausbrüche irgend eines rohen und ungebildeten Menschen nicht stören lassen. Nur ausnahmsweise empfiehlt es sich, eine Beleidigung zur An-

Der Hund jedoch, der lauft davon,
Der Schinder schreit: pardon! pardon!

Familienausflug Anno 1890.

zeige zu bringen. Die Anzeige empfiehlt sich zunächst dann, wenn eine grössere Anzahl von Personen Augen- und Ohrenzeugen der Beleidigung war. Das Publikum wird nämlich gewöhnlich gegen den Radfahrer Partei ergreifen und die Anzeige verfolgt dann den Zweck, durch die Bestrafung des Thäters und durch die Veröffentlichung der Verurteilung erziehlich auf das Publikum zu wirken und der Gesamtheit aller Radfahrer zu nützen. Die Anzeige wegen Beleidigung empfiehlt sich auch dann, wenn noch andere strafbare Handlungen, z.B. Körperverletzungen oder Sachbeschädigungen zur Anzeige gebracht werden. Es macht dann keine Mühe, die Anzeige auch auf die Beleidigung auszudehnen.

Die Beleidigung, welche dem Radfahrer widerfährt, ist gewöhnlich die einfache Beleidigung. Sie kann sowohl durch Worte wie auch durch Geberden und Thätlichkeiten verübt werden. Die durch Thätlichkeiten verübte Beleidigung (die sog. thätliche Beleidigung) unterscheidet sich von der einfachen Körperverletzung dadurch, dass der Thäter bei der thätlichen Beleidigung eine Ehrenkränkung beabsichtigt, während bei der einfachen Körperverletzung eine Verletzung des Körpers zugefügt oder doch wenigstens bei dem Verletzten ein körperliches Missbehagen verursacht werden soll. Die thätliche Beleidigung kann z.B. durch Anfassen, Stossen, Schütteln, Rütteln, Ausspucken u.s.w. verübt werden.»

«Die Nötigung ist zwar ein ziemlich seltenes Vergehen, aber die eigentümlichen Lagen, in welche der Radfahrer kommen kann, bewirken, dass oft das Verhalten des Radfahrers oder das Verhalten eines Dritten dem Radfahrer gegenüber als Nötigung erscheint.»

«Es wird wohl keinen Radfahrer geben, der nicht auf seinen Fahrten irgend einen fremden Gegenstand, wenn auch unerheblich, beschädigt hat. Die Schnelligkeit und Geräuschlosigkeit der Maschine, die Ungeschicklichkeit des Fahrers oder des Publikums, auch wohl die verwickelte Lage, die der Strassenverkehr plötzlich schafft, bewirken, dass der Radfahrer leicht mit fremdem Eigentum in unliebsame Berührung kommt. Trifft den Radfahrer bei einer solchen Sachbeschädigung ein Verschulden, so ist er zum Schadensersatz verpflichtet. Beschädigt ein Radfahrer das Kleid einer über die Strasse gehenden Dame dadurch, dass er aus Unachtsamkeit in das Kleid hineinfährt, gerät ein Radfahrer, welcher auf einer abschüssi-

Ein Radelmüder: «I mein alleweil, i verkauf's doch halt wieder.» (Zeichnung von R. M. Eichler aus dem «Simplicissimus».)

gen Strasse die Herrschaft über das Rad verloren hat, in das Fenster eines Hauses, so liegt eine strafbare Sachbeschädigung nicht vor, da die Beschädigung nicht gewollt, sondern nur eine unerwünschte Folge der Handlung des Radfahrers ist. Der Radfahrer würde aber strafbar werden, wenn er mit Absicht das Kleid der Dame beschädigt oder das Fenster zerbricht.

Das Rad des Radfahrers ist aber oft der Gegenstand einer von anderen Personen verübten Sachbeschädigung. Wirft jemand mit Steinen in die Speichen des Rades, wirft jemand einen Stock zwischen das Rad in der Absicht, das Rad zu beschädigen, so liegt eine strafbare Sachbeschädigung vor. Häufig lassen Personen, die durch einen Radfahrer belästigt worden sind, ihre Wut an dem Rade selbst aus. Es ist wiederholt vorgekommen, dass eine Person, die von einem Radfahrer

aus Unachtsamkeit angefahren wurde, in das Rad hineintrat und das Rad so oft auf den Boden stiess, dass es in Stücke ging. In diesen Fällen liegt eine strafbare Sachbeschädigung vor.»

Wen das alles nicht anfocht, der hatte noch eine Hauptschwierigkeit zu überwinden, bevor er sich auf sein Rad schwingen konnte: Er musste es kaufen. Und mit 350 bis 600 Goldmark waren die deutschen, englischen und amerikanischen Modelle auf dem Markt alles andere als billig. Trotzdem, die Zahl der Radfahrer nahm in den neunziger Jahren lawinenartig zu, und die Polizei musste Kompromisse schliessen. Hatte sie am 21. August 1891 versuchsweise einige wenige Strassen Berlins für den Zweiradverkehr freigegeben, so erlaubte sie am 1. Februar 1896 das Rad-

In den Kinderjahren des Fahrrads gab es sehr viele gute, aber auch weniger sinnvolle Karikaturen. Sie beweisen alle das grosse Interesse am Fahrrad.

fahren auf beinahe allen Strassen der deutschen Hauptstadt. Ausgenommen waren lediglich «Unter den Linden», die «Leipziger Strasse» und die «Friedrich-Strasse» sowie einige andere.

Hatte der Radfahrer des ausklingenden neunzehnten Jahrhunderts seine Probleme, die deutsche Fahrradindustrie klagte nicht minder. Gegen Mitte der neunziger Jahre hatte sie es zwar geschafft, qualitativ mit den soliden englischen Fabrikaten zu konkurrieren, doch da tauchte ein neuer, sehr gefährlicher Gegner auf dem Markt auf: Amerika. Im Land der unbegrenzten Möglichkeiten ging das Interesse am Zweirad zurück. Die Industrie versuchte ihr

Glück deshalb im Export. Einfuhren in die USA blockten hohe Schutzzölle wirkungsvoll ab. Deutschland war zollpolitisch nahezu schutzlos. Amerikanische Marken wie «Columbia», «Cleveland», «Dayton», «Cripper» bedrängten mehr und mehr die deutschen Hersteller. Oft kosteten die US-Räder nur die Hälfte der einheimischen Fabrikate. Sie waren meistens recht billig konstruiert, manche hatten sogar Holzrahmen. Dafür aber waren sie sehr leicht und fuhren sich gegenüber den soliden, schweren deutschen Maschinen spielend, zumal sie mit ausgezeichneten Kugellagern ausgestattet waren. Natürlich sträubte sich der Fahrradhandel, die Dumping-Ware aus Übersee zu verkaufen. Doch die Importeure suchten und fanden neue Vertriebswege: öffentliche Versteigerungen, Direktverkäufe ab Werk, Schneeballvertrieb, Beamtenhandel oder Verkauf in Warenhäusern.

Auf die Dauer konnte sich die einheimische Industrie nur durch drastische Preissenkungen behaupten. Das ging zwar auf Kosten der Qualität, aber es erschloss völlig neue Käuferschichten. Zugleich kam wieder eine Welle intensiver Erfindertätigkeit ins Rollen. Nicht nur in Deutschland, besonders auch in England brach ein wahres Patentfieber aus. Zahllose verbesserte oder neue Fahrradantriebe, Bereifungen, Bremsen, Radlampen, Sättel und andere Einzelteile füllten die Schutzrechtregister. Ein Patentverletzungsprozess jagte den anderen. So schweb-

ten 1897 allein in England rund 70 Gerichtsverfahren gegen Verletzer der Dunlop-Reifen und -Ventilpatente. Das wiederum zwang die Fabriken dazu, eigene Komponenten zu entwickeln und schützen zu lassen. So überschwemmte um die Jahrhundertwende eine Unzahl verschiedener Kugellager-, Reifen- oder Freilaufnabentypen den Fahrradmarkt. Und da jedes Fahrrad schon im Jahr 1900 aus 90 bis 100 einzelnen Elementen bestand, von denen sich viele als Baugruppen wiederum aus einer Unzahl winziger Teile zusammensetzten – etwa die Kette oder ein Kugellager –, liess sich die Fülle verschiedener Ausführungen nicht mehr überblicken.

Der Fahrrad-Boom hatte zu einem äusserst ungesunden wirtschaftlichen System geführt: zur hundertfachen Parallelentwicklung und Parallelanfertigung in unzähligen kleinen und grösseren Firmen. Die industrielle Struktur zur Jahrhundertwende war durch und durch morbide und zum Scheitern verurteilt.

Der Zusammenbruch liess nicht lange auf sich warten. Und wo ein gewachsener Organismus stirbt, tauchen die Aasgeier auf. Im Fahrradgeschäft unterminierten zwielichtige kaufmännische Abenteurer mit undurchsichtigen Finanzmanipulationen die Klein- und Mittelbetriebe vollends. Dazu kam, dass die ersten serienmässigen Motorräder und Autos der Branche Abbruch taten. Und die allgemeine wirtschaftliche Instabilität im Europa der

Jahrhundertwende tat das Ihre dazu. Viele Firmen schlossen ihre Tore für immer. Gesündere Unternehmen stellten die Fertigung rechtzeitig auf Motorfahrzeuge um. Wer im Geschäft blieb, musste neue, rationellere Wege industrieller Fertigung suchen.

Um 1910 zeichneten sich drei verschiedene Trends ab: Grossfirmen entwickelten wirtschaftliche Standardtypen, die sich billig als Massenware fertigen liessen. Kleinere Unternehmen schrumpften sich gesund. Sie fertigten besonders die komplizierten Einzelteile nicht mehr selbst, sondern beschränkten sich vorwiegend auf die Montage. Lager, Naben, Übersetzungsgetriebe, Zahnräder, Ketten und so weiter kauften sie bci cinigen wenigen Herstellern von Einheitsteilen. Als Drittes schliesslich behaupteten sich teure «de-Luxe»-Maschinen auf dem Markt, wie das seit 1893 praktisch unverändert produzierte englische Dursley-Pederson-Rad. Zu den Fahrrad-Aristokraten zählten ausserdem die besonders leichtgängigen Modelle von Lea Francis und Beeston Humber, vor allem aber das «Golden Sunbeam» der Firma John Marston & Company in Wolverhampton. Länger als ein Dritteljahrhundert – von 1902 bis 1936 – baute die Gesellschaft ihr vielleicht bestes Rad der Welt fast unverändert. Es zeichnete sich durch solche Feinheiten wie ein Ölbadkettenkästchen, ein «epicyclisches» Zweigang-Nabengetriebe mit integrierter Rücktrittbremse und ein extrem widerstandsfähiges Allwetter-Finish aus.

CAPITAL STOCK $ 2,000,000.

NUMBER
119

SHARES

INCORPORATED UNDER THE LAWS OF THE STATE OF NEW JERSEY

REGISTERED THE NEW JERSEY TITLE GUARANTEE AND TRUST COMPANY.
REGISTRAR
SECRETARY.
BY

Mannesmann Cycle Tube Works

This Certifies that Walther Rittner Deutsche Notung und Wohnstätten entitled to _____ Shares of the Capital Stock of the Mannesmann Cycle Tube Works subject to the provisions of the Certificate of Incorporation and By Laws and transferable only on the books of the Corporation by the holder hereof in person or by attorney upon the surrender of this Certificate. Such shares are of the par value of One Hundred Dollars each, and were issued for property necessary for the business of the Corporation and are full paid Stock and not liable to any further call, neither shall the holder thereof be liable for any further payment under any provisions of the Act under which said Corporation is organized. Witness the signatures of the President and Treasurer of said Corporation this 30th day of June 1897.

TREASURER.   PRESIDENT.

SHARES $100 EACH

100-Dollar-Aktie der amerikanischen Mannesmann-Fahrradrohr-Werke aus dem Jahre 1897.

Gegenüber den «de-Luxe»-Rädern oder «Gentlemen's bicycles» waren die Standardmodelle grosser Firmen betont auf reine Zweckmässigkeit in Herstellung und Gebrauch konstruiert. Trotzdem erreichten sie – wegen der Grossserienfertigung – ein erstaunliches Qualitätsniveau. Der stabile Parallelogrammrahmen bestand aus leichten nahtlos gezogenen Rohren. Das Patent für ihre Herstellung aus Rundstahl nach dem «Schrägwalzverfahren» hatte schon 1887 die deutsche Firma M. Mannesmann angemeldet. Die Tretkurbel, die Radnaben und der Steuerkopf waren kugelgelagert. Die Bremsen liessen sich durch Handhebel oder Bowdenzüge betätigen. Manche Räder besassen

Rücktrittbremsen. Die 26- oder 28-Zoll-Räder waren durchweg luftbereift. Zur Sonderausstattung gehörten hochwertige Übersetzungsgetriebe. Den Rahmen schützte im Ofen eingebranntes Hartemaille; die Lenker, Tretlager, Gabelköpfe, Felgen und kleinere Bauteile waren nickelbeschichtet.

Für Touren- und Sporträder standen verschiedene Satteltypen zur Verfügung, von breiten, bequem gefederten Ausführungen für geruhsame Wanderfahrten bis zum leichten harten Rennsattel. Wer wollte, konnte sein Rad zusätzlich mit Lampe, Glocke, Kettenschutz, Schmutzfänger, Gepäckträger, Werkzeug- und Satteltaschen, Luft-

pumpe und Reparaturkästchen ausstatten. Ein Vorläufer dieser Standard-Serienräder war der Rover, eine Weiterentwicklung des ursprünglichen Safety-Modells gleichen Namens von John Kemp Starley aus dem Jahre 1885.

Waren die in grossen Stückzahlen gefertigten Touren- und Sporträder schon preisgünstig, so belieferten lokale kleine Fahrradhersteller und Grossisten den Markt noch billiger. Sie hatten im Vergleich zur Grossindustrie verschwindend kleine Verwaltungskosten. Auch entfiel gegenüber früheren Zeiten weitgehend der Aufwand für teure Werkzeugmaschinen, denn die endlich standardisierten Einzelteile lieferten einige wenige Spezialfirmen mit riesi-

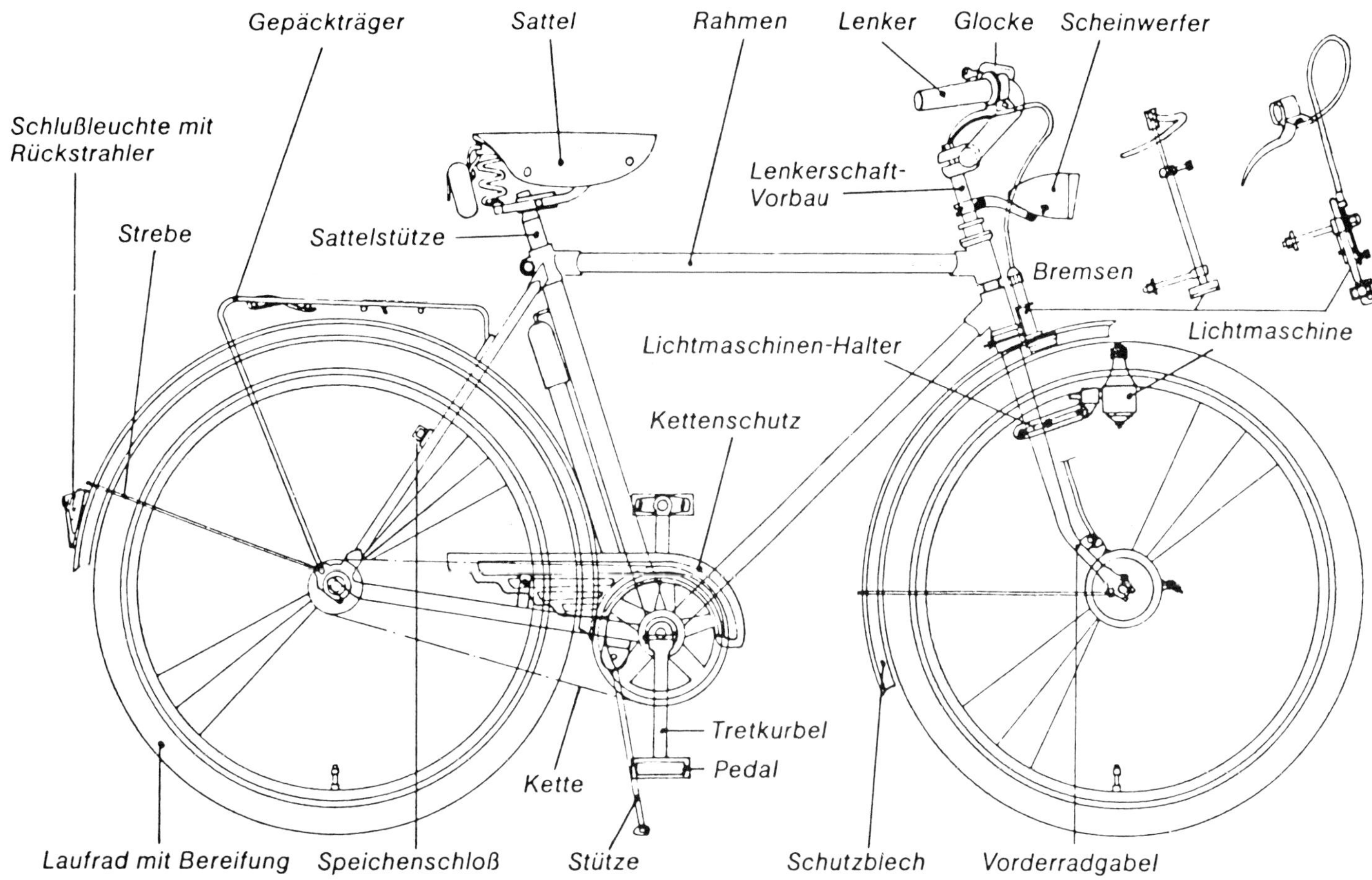

Gepäckträger Sattel Rahmen Lenker Glocke Scheinwerfer

Schlußleuchte mit
Rückstrahler

Strebe Sattelstütze Lenkerschaft-
Vorbau

Bremsen

Lichtmaschine

Lichtmaschinen-Halter

Kettenschutz

Tretkurbel
Pedal

Laufrad mit Bereifung Speichenschloß Stütze Kette Schutzblech Vorderradgabel

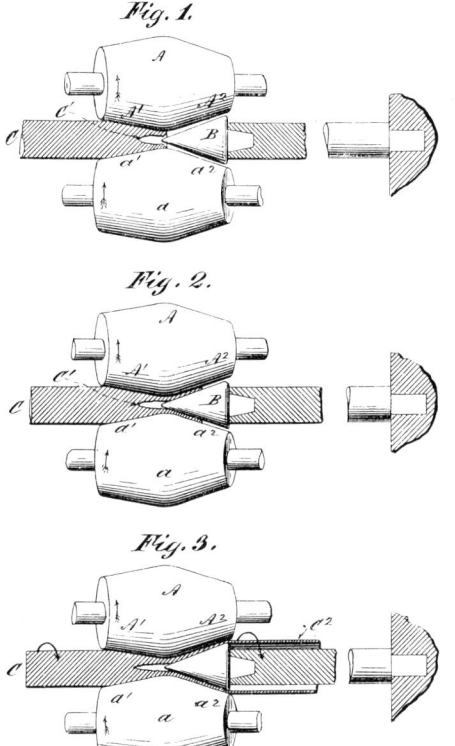

Fig. 1.

Fig. 2.

Fig. 3.

Aus der amerikanischen Patentschrift Nr. 361,
959/1887 von Max Mannesmann. Schrägwalz-
vorgang für nahtlose Mannesmann-Rohre. Die
Zeichnung ist noch heute als schematische Darstellung des Walzvorgangs gültig.

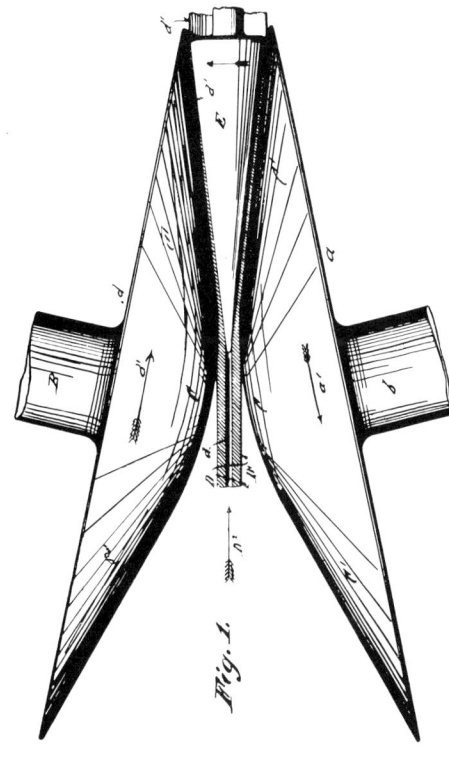

Aus der amerikanischen Patentschrift Nr. 361,
963/1887 von Max Mannesmann. Schrägwalz-
vorgang für nahtlose Mannesmann-Rohre.

Fahrrad-Bezeichnungen des deutschen Nor-
menausschusses.

gen Umsätzen. Der Kampf ums Überleben, der die kleinen Unternehmen
zwang, komplizierte Komponenten
nicht mehr im Hause zu fertigen, hatte
sein Gutes. Er führte zur Normung.
1912 gründete der VDMI (Verein
Deutscher Motorfahrzeug-Industriel-
ler) eine «Normalien-Kommission».
1916 etablierte sich in Deutschland mit
der gleichen Zielsetzung die «Ver-
kehrstechnische Prüfungskommission»
(VPK). Ein Jahr später konstituierte
sich der «Normenausschuss der Deutschen Industrie», der die ersten der heute weltbekannten DIN-Bestimmungen
ausarbeitete. Mit die wichtigsten Impulse dieser Entwicklung gingen von
der Fahrradindustrie aus. In England
war es nicht anders. Hier setzten einige
grosse Einzelteilehersteller gemeinsam
die Standardisierung der Zweiradkom-
ponenten durch, allen voraus die Firmen Abingdon-Ecco, B.S.A., Chater-
Lea und Albert Eadie.

«Mit dem Fahrrad ins Manöver» – Vom Militärrad zum Klapprad

Prägte die Fahrradentwicklung im letzten Jahrzehnt des vergangenen und im ersten Viertel unseres Jahrhunderts in erster Linie der Trend zum Standardgefährt, so entwickelten sich doch nebenbei einige ausgesprochene Sonderzweiräder. Kettenlose Räder gehörten dazu, bei denen Kardanwellen oder Systeme von direkt ineinandergreifenden Stirnrädern die Kraft von den Tretkurbeln auf das Hinterrad übertrugen. Einige Gefährte mit Hebelantrieb wurden vorgeschlagen und schliesslich sogenannte «Vordertreiber», wie das englische Bantam-Rad, bei denen Tretkurbeln an der Vorderradachse über ein in der Nabe eingebettetes Übersetzungsgetriebe wirkten. Keines dieser Modelle setzte sich durch.

Überhaupt ist das Fahrrad im Heeresdienst ein Kapitel für sich. Lebhafte Diskussionen löste es besonders in den letzten Jahrzehnten des vorigen Jahrhunderts aus. Aber noch 1897 schrieb der Münchener Julius Burckart, Haupt-

Das deutsche Reichspatent 72109 von 1892 beschreibt ein belgisches Niederrad mit Übersetzungsgetriebe (Planetengetriebe) in der Vorderradnabe…

…Ähnliche Räder entstanden auch in Holland.

… hier am englischen Bantamrad von 1893, einem sogenannten «Vordertreiber».

Werbung für Dürkopp-Fahrräder (1894).

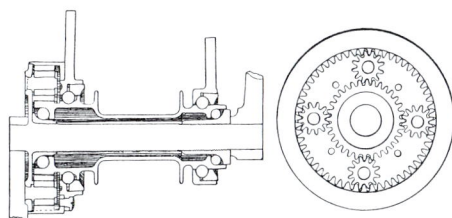

Der Urahn aller Fahrradübersetzungen mit Planetengetriebe: das Getriebe der Crypto- und Bantam-Räder…

Die Claviger Cycle Co. in Manchester baute 1888 kettenlose Militärräder.

mann und Batteriechef im Königlichen Bayerischen 3. Feld-Artillerie-Regiment, Vorsitzender der Bayerischen Militärfahrrad-Abnahme-Kommission und Leiter der Militär-Radfahrkurse des Königlichen Bayerischen I. Armeekorps seit 1895, in einer langen und ausführlichen Abhandlung über «Das Rad im Dienste der Wehrkraft»:

«Die heutige ‹offizielle› Radfahrerverwendung in den einzelnen Armeen erhebt sich nicht über das Stadium mehr oder minder primitiver Versuche. Es wird daher zu untersuchen sein, wo die Grenzen der militärischen Verwendbarkeit des Fahrrades liegen, inwieweit sich hierdurch die verschiedenen Gebiete der kriegerischen Tätigkeit erweitern und günstig beeinflussen lassen, was für Mittel zur Erreichung dieses Zwecks anzuwenden, welche Wege hierzu einzuschlagen und wie Versuche überhaupt anzulegen sind. Hierin dürfte die Hauptaufgabe aller theoretischen Betrachtungen bestehen.»

Die Überlegung, wie Versuche überhaupt anzulegen seien, war sicher

berechtigt, hatte die Vergangenheit doch gelegentlich recht eigentümliche Erprobungsmethoden für die Einsatzmöglichkeiten von Radfahrern im Heer geliefert. 1888 etwa wollte die französische Armee die Überlegenheit des mili-

tärischen Radlers in Frankreich genau ergründen. Sie veranstaltete ein «gross angelegtes» Wettrennen. Teilnehmer waren neben acht Bicycle-, acht Bicyclette- und acht Dreiradfahrern alle im Heer als besonders schnell bekannten Kuriere: acht Reiter, etliche Armeehunde und eine Handvoll Brieftauben. Nacheinander stürzten sich die unterschiedlichen Teilnehmer des Wettbewerbs ins Rennen über sage und schreibe ganze 4,3 km! Die Strecke führte von Tours zum Nachbarort Montbazon und war für harten militärischen Einsatz alles andere als repräsentativ. Immerhin, das von der Armee sorgfältig vorbereitete Experiment zeitigte ein überaus «exaktes» Ergebnis, denn man rechnete mit Sekunden. Die erste Brieftaube erreichte das Ziel nach 5 Minuten, 35 Sekunden, unmittelbar gefolgt von den Bicycletten, deren Spitze nach 7 Minuten, 35 Sekunden eintraf. Die Reiter und die Hunde brauchten 8 Minuten, 0 Sekunden. Die Bicycles waren mit 9 Minuten, 10 Sekunden Letzte.

Die Heeresleitung war überzeugt: Das Rad hatte im Militärdienst Chancen.

Das war im selben Jahr nicht nur in Frankreich bekannt. England gründete 1888 unter Colonel A.T. Savil vom Royal Staff College das erste Radfahrercorps der Welt. Der Offizier befehligte 121 Mann, später 361. Die Einheit nannte sich 26. Middlesex Cyclist Volunteer Rifle Corps.

Wettfahrt in einem französischen Manöver von 1888.

Das dreirädrige Kanonen-Laufrad war eine pessimistische Vision des englischen Karikaturisten Cruikshanks.

Erstes Radfahrcorps der Welt heisst keineswegs, dass zuvor kein Militärradfahrer Einsätze gefahren hätte. Allein zu Draisens Zeiten war das Zweirad rein pazifistischer Natur, und nur der englische Karikaturenzeichner Cruikshank unterstellte der Armee, dass sie sich sogleich der neuen Technik bedienen würde. Er skizzierte einen Soldaten, der auf einer Dreiradkanone ritt. Das war 1819. 32 Jahre später wurde Cruikshanks Version Wahrheit: nicht gerade in Form von mobilen Kanonenrädern, wohl aber als Einsatz von Militärlaufrädern. Britische Truppen ritten auf Hobby Horses dem Feind in Neuseeland entgegen(1851).

1870/71, im Deutsch-Französischen Krieg, übernahmen Michaulinen Kurierdienste. Und im belagerten Belfast setzte man Velocipedes um die gleiche Zeit als Pferdeersatz ein.

Die italienische Armee bediente sich der Zweiräder zum ersten Mal 1874 bei Manövern.

1882 errichtete R. G. Molyneux, Mitglied des britischen Parlaments, ein Freiwilligen-Corps mit Radfahrern. Zwei Jahre später machte das österreichisch-ungarische Kriegsministerium die ersten Versuche mit einer kleinen Radfahreinheit unter Leitung von Leutnant Schadek von der Militärakademie in Wiener Neustadt. Seine Armeeradler fuhren 300 Kilometer in drei Tagen.

1885 prüfte Colonel A. T. Savil, ob sich Safeties im Heer verwenden liessen. Im selben Jahr machte die Armee in

Dursley-Pedersen-Kriegsrad (Hängematte genannt) mit Leichtdreieckrahmen und Rückentragemöglichkeit (1894).

Militärdepeschendienst um 1890.

Deutschland Versuche mit Militärrädern. Ein Jahr später erfolgten Erprobungsfahrten mit Fahrrädern im holländischen und im japanischen Heer. Frankreich richtete im 9. und 17. Armeecorps Radfahrer-Stafetten ein. 1887 setzt das schweizerische Heer in Manövern Reservisten aufs Velo.

Das Jahr 1890 sieht schon 3000 Radfahrer in der englischen Armee, und das Bicycle ist fester Bestandteil des neuen britischen Felddienstreglements. 1891 führte das russische Heer radfahrende Offiziere ein. Die Freiwilligen mussten ihre Dienstgefährte selber kaufen, bekamen aber als Anreiz eine staatliche Beihilfe von drei Rubeln und 60 Kopeken. Frankreich verfügt indessen 1892 bereits über ein Standard-Militärrad.

1893 macht das Land der unbegrenzten Möglichkeiten von sich reden. Angehörige eines US-Signalcorps radeln 5600 Kilometer von San Francisco nach New York, angeblich mit Geschwindigkeiten bis zu 32 Kilometer pro Stunde (!).

Weniger praktisch, dafür aber gründlicher in der Theorie, geben sich die Deutschen: Am 20. April 1894 tritt die erste Felddienstordnung in Kraft, die das Fahrrad in den Heeresdienst einbezieht; genau ein Jahr später erscheint eine eigene «Fahrradvorschrift». Aber für den Deutschen war ein radelnder

Das Multicycle, ein englisches Militärfahrrad für zwölf Mann mit Gepäckanhänger erreichte 1887 Geschwindigkeiten bis 22 km/h.

Deutsches Dienstrad mit 30″-Vorderrad, Umleglenker, Silberziselierung auf Rahmen, Gabel und Blechen (Dürkopp, 1892).

Max R. Zechlin aus Thorn meldete als DRP 94325/1897 ein mehrsitziges dreirädriges Militärfahrzeug an. Auf der Patentzeichnung ist das Rad für elf Personen eingerichtet.

So sah 1895 das erste auf dem Rücken tragbare französische Militär-Faltrad von Capitain Gérard, St-Quentin, aus.

Fig. 7.   **Fig. 5.**

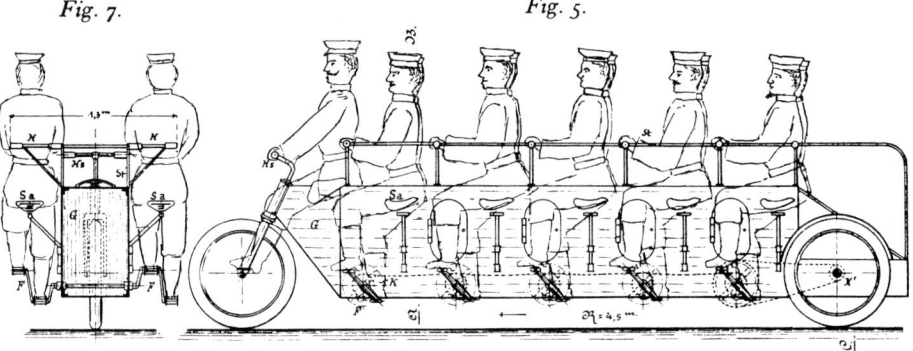

Fig. 8.   **Fig. 6.**

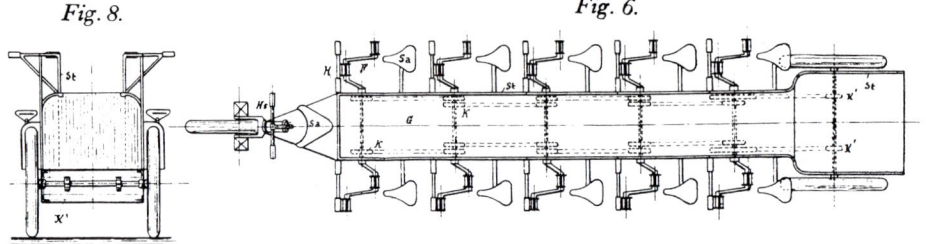

Jäg. Bat. werden diese im Manöver erprobt. Auch die von Capitain Gérard vom 87. Infanterieregiment 1895 entwickelten zusammenklappbaren Militärräder, die später die Firma Charles Morel in Domène im Departement Isère in grossen Stückzahlen herstellte, wetteifern in diesen Manövern. Sie las-

So trug eine französische Fahrradabteilung des 87. Infanterieregiments die Gérard-Räder.

Offizier unvorstellbar: «Der outrierte Katzenbuckelsitz ist nichts für einen Mann in des Königs Rock», und «die zukünftige Entwicklung des Militärfahrradwesens ist geeignet, die Bedeutung der Kavallerie herabzudrücken, was naturgemäss Opposition bei den Trägern des ‹Reitergeistes› in der Armee hervorruft».

Andere Länder dachten nicht so markig. Sie zogen praktischen gesunden Menschenverstand dem Heeresgeist vor. 1894 haben die Armeen der Schweiz, von Belgien, Frankreich, Italien, Holland, Spanien, Portugal, Schweden, Serbien, Bulgarien, den USA, Mexiko, Argentinien, Japan und China ihre Militärräder. In Frankreich wird 1895 durch das definitive Radfahrreglement ein einheitliches Armeerad in den Artilleriewerkstätten in Puteaux hergestellt. Unter Lt. Sanmade vom 21.

Humber-Militär-Safeties benutzte um 1896 auch die japanische Armee.

Ganze Abteilung kehrt!

Später stellte Charles Morel in Domène (Departement Isère) das Gérard-Faltrad in grossen Stückzahlen her; die Firma Peugeot folgte als weiterer Hersteller.

Militär- und Jagd-Sicherheitsfahrrad von Frankenberger & Ottenstein, Nürnberg 1890.

auszuwählen» und sie sodann ebenso sorgfältig und gründlich «in geschlossenen Körpern» auszubilden. Dabei genügt keinesfalls das Radfahrenlernen,

sen sich mit wenigen Handgriffen zusammenlegen und, wenn nötig, wie ein Rucksack schultern. Sie waren praktischer. Das «bicycle pliante» wird das französische Truppenrad, auf dem man

Ein holländischer Militärradfahrer.

Die holländische Armee probt den Verwundetentransport auf Fahrrädern (1904).

«aus dem Fahren halten, rittlings über dem Rad stehen, in dieser Stellung schiessen und weiterfahren kann, ohne abzusitzen». Gérard-Räder bezog sogar die russische Heeresleitung.

Das holländische Kriegsministerium belieferten die Firmen Simplex, Burgers und Fongers. In Österreich stellen die Steyr-Werke in ihrer Swift-Fahrradfabrik eigens konstruierte Militärräder für die Infanterie her, auf denen der Reserveleutnant Franz Smutny in Graz mit k. k. Verspieltheit regelrechte Fahrradartisten ausbildet.

Als 1897 das deutsche Heer Adler-Klappräder einführte, fand es der eingangs zitierte Hauptmann und Batteriechef Julius Burckart endlich an der Zeit, das militärische Radwesen zu straffen. Dass sich Reservisten aufs Heeresrad setzen, lehnt er strikt ab. Er fordert, «die zu Militär-Radfahrern auszubildenden Individuen vorher sorgfältig

denn «die besonderen Aufgaben, die an Radfahrtruppen herantreten werden, erheischen ferner noch die Ausbildung des einzelnen im Signalisieren, in Bahn- und Telegraphenzerstörungen und an-

Die Adler-Werke stellten Militärräder faltbar her (hier ein Modell von 1904) …

... und mit starrem Rahmen (Modell von 1899).

derem mehr». Burckart erklärt das näher: «Es liegt auf der Hand, dass solche Anforderungen nur an einen Radfahrer gestellt werden können, dessen Körperkräfte durch systematische Arbeit trainiert sind und dessen Wille durch Erziehung dahin gebracht wurde, sich bedingungslos in den Dienst der Pflichterfüllung zu stellen.» – Wo da noch ein Wille bleibt, fragt sich zwar, aber schliesslich ist der Militär-Radfahrer kein normaler Sterblicher. Burckart definiert das überaus einleuchtend und fast poetisch: «Der Militär-Radfahrer unterscheidet sich von jeder anderen Kategorie Radfahrer vor allem darin, dass seine Thätigkeit Pflicht ist. Wenn die schöne Jahreszeit den Radtouristen herausruft ‹aus der Strassen quetschender Enge›, wenn den Renn- und Distanzfahrer klingende Münze verlockt, seine Gesundheit und geraden Glieder aufs Spiel zu setzen, so erlahmt beider

Thätigkeit, sobald jene Reize hinfällig werden. Nicht so der Militär-Radfahrer. Ihn lockt kein Naturgenuss, ihn reizt kein Gewinn, ihn ruft einzig die Pflicht, und sein Lohn ist kein anderer, als der eines jeden, der die Ehre hat, zu dienen: das Bewusstsein der Pflichterfüllung.»

Dr. med. Schiefferdecker, Professor der Anatomie an der Universität Bonn, der sich 1900 in einem dicken Werk mit dem Radfahren auseinandersetzte, sieht es ähnlich: «Für den militärischen Radfahrer tritt insofern ein neues Moment hinzu, als derselbe weder zu seinem Vergnügen noch um seine Gesundheit zu kräftigen, fährt, sondern zu dem bestimmten Zwecke, militärisch wichtige Dienste zu leisten, und dabei wird dann eventuell auf die Gesundheit und auch auf das Leben nur bis zu einem gewissen Grade Rücksicht zu nehmen sein.»

Der Militärradfahrer «bedarf aber auch mehr wie jeder andere Kämpfer des Mutes, der Energie, der Findigkeit und der List», ergänzt Burckart. Wer sich fragt, warum ein militärischer Radler listig sein muss, der findet die Antwort in den weiteren Ausführungen des grossen radfahrenden Strategen. Als Hauptaufgabe der Radfahrertruppe sieht er unter anderem «Überfälle, Verstecke und Hinterhalte, Wegnahme oder Vernichtung feindlicher Armee-Vorräte, Verbreitung von Schrecken und Verwirrung bei der Bevölkerung und Bestrafung derselben, lauter dem ‹Kleinen Kriege› eigentümliche Unternehmungen. Dagegen erscheint eine Verwendung von Radfahrertruppen in

Auf dem Rücken tragbare Militärräder bauten auch Seidel & Naumann, Dresden (1897).

der eigentlichen Schlacht als vollständig verfehltes Experiment».

Nun, Verwirrung bei der Bevölkerung stifteten des markigen Hauptmanns Radler bald im eigenen Lande; Schrecken allerdings weniger, und was die Bestrafung anbelangt, so bestraften eher die pazifistisch gesinnten Bürger in Münchens Umgebung die militanten Radler als umgekehrt. Als nämlich Burckarts listige Radfahrer ab 15. Mai 1895, 12.00 mittags, 81 Stunden lang in Wechselschicht ein und dasselbe Zweirad pausenlos 50mal von der Max-II.-Kaserne über Nymphenburg und Holzapfelgreuth hin- und herfuhren und dabei 36 «ausgesuchte Militär-Radfahrer», überwacht von neun Offizieren, insgesamt 1000 Kilometer zurücklegten, da kannte die Belästigung seitens der gemeinen Zivilisten keine Grenzen. Der von so wenig Wehrbewusstsein enttäuschte Hauptmann beklagte sich, «dass die Mannschaften nicht nur in jeder Weise verhöhnt und belästigt wurden, sondern dass sie auch in der Nacht den Weg mit Barrieren versperrt fanden. So waren insbesondere in der zweiten Nacht Baumstämme quer über die ganze Strasse gelegt, wodurch ein Fahrer zu Fall kam». Doch der wackere Militär erkannte mit manövergeschultem Blick zugleich den hohen erzieherischen Wert der «Feindseligkeiten» seitens der Bevölkerung: «Insofern trug allerdings auch sie, im Bunde mit den Launen des Himmels ihr Teil dazu bei, den ‹kriegsmässigen› Charakter des ganzen Versuchs zu vertiefen.» Und gerade auf den kriegsmässigen Charakter kommt es beim Militärradfahrer ja letzten Endes an. Die abschliessenden Sätze Burckarts lassen daran nicht im geringsten Zweifel: «Allerdings wird in einem kommenden Krieg die Kavallerie den Radfahrern die Eröffnung des blutigen Reigens überlassen müssen, denn Radfahrer werden es sein, die die ersten Schüsse wechseln und die ersten Opfer bringen. Keines Infanteristen Fuss, keines Rosses Tritt wird zuerst den feindlichen Boden berühren: Lautlos werden noch vor diesen unsere Radfahrer-Pneumatiks über die Grenze gleiten.» – Bleibt höchstens noch zu erwähnen, dass der Verleger hinter des Hauptmanns patriotischen Ausführungen aus dem Jahr 1897 eine liebliche ornamentale Girlande im Jugendstil gesetzt hat.

Was sich so operettenhaft urig anliess, wurde leider in den folgenden Jahrzehnten wieder und wieder auf der ganzen Welt blutiger Ernst. 1900 kämpften englische Radfahrer auf Dursley-Pe-

Dursley-Pedersen-Militärrad im Burenkrieg und im Ersten Weltkrieg.

dersen-Maschinen im Burenkrieg in Südafrika, «einem Land, wo die Pferde wegen der ungewohnten Hitze nur so dahinzusterben pflegen». Japan setzt zur gleichen Zeit Fahrradtruppen unter

Faltbares holländisches Militärrad von Capitain Wachtendonk (1911).

Major Uzawa auf belgischen Maschinen gegen China und in Korea ein.

Während des Ersten Weltkriegs spielten Falträder bei den englischen, französischen und deutschen Truppen zur Unterstützung der Kavallerie eine grosse Rolle.

Faltbares Fiat-Waffenrad der italienischen Armee mit Federung des Vorder- und Hinterrades, luftgekühlten Bergbremsen und Vollgummireifen (1915).

Danach wurde es vorübergehend wieder friedlicher auf der Welt. Die Reserve hatte Ruh, und A.A. Borstlap gründete 1927 in Holland das erste radfahrende Militärmusikcorps der Welt. Genau zehn Jahre später fallen die radfahrenden Söhne der diversen Vaterländer erneut auf den Schlachtfeldern der

Das radfahrende Musikkorps «Crescendo» aus Holland (1977).

Welt. Japan setzt Fahrradeinheiten im Krieg gegen die Mandschurei ein. 1939 ziehen finnische Militärradfahrer gegen Russland durch Karelien. Zugleich rollen im Polenkrieg Radfahreinheiten an Mannschaftsseilen hinter Pkw zur Front. Holländische Radler kämpfen bis zum Rückzug nach Rotterdam vor Eindhoven. Das war 1940. 1941 dringen deutsche radfahrende Einheiten nach Russland vor. Ein Jahr später, im November, landen die «Grünen Teufel» mit Radfahrzügen in der Oase Gabes in Tunesien. Die radelnden Truppen des japanischen Generals Jama Shita durchdringen nach Guerilla-Art den tropischen Dschungel vor Singapur und nehmen schliesslich sogar diese Weltstadt ein.

1944 landen Radfahrereinheiten der alliierten Truppen kampfbereit in der Normandie. Tausende englischer Soldaten aus Luftlandeeinheiten springen

Japanische Fahrradtruppen waren im Zweiten Weltkrieg an der Einnahme von Singapur massgeblich beteiligt.

Dieses faltbare englische BSA-Waffenrad mit Gitterrahmen, Rückentragemöglichkeit und Schiebepedalen benutzten britische Fallschirmjägereinheiten im September 1944 bei Arnheim zu Tausenden.

bei Arnheim mit faltbaren BSA-Waffenrädern sogar mit Fallschirmen ab.

Doch mit dem Zweiten Weltkrieg geht die Geschichte des Militärrades keineswegs zu Ende. Der vietnamesische General Giap erobert im Indochinakrieg Dien Bien Phu mit 20 000 Peugeot-Rädern. 1955 bringt Katakura in Osaka, Japan, ein Militärklapprad mit sechs Weltpatenten für die SEATO heraus.

Aus dem Militärfaltrad «Silk» der japanischen Firma Katakura, Osaka, entwickelte sich das Automobilfahrrad «Silk».

1967 übernehmen Tausende von Radfahrern den Nachschub nordvietnamesischer Truppen auf dem Ho-Chi-Minh-Pfad. Gegen die kleinen mobilen Fahrzeuge, die sich so schwer bombardieren lassen, ist die amerikanische Luftwaffe machtlos.

Heute, über zehn Jahre nach dem asiatischen Dschungelkrieg, haben

«subtilere» Kampfmittel weitgehend auch das Fahrrad abgelöst. Die konventionellen Armeen der Schweiz, Schwedens und Finnlands aber verfügen noch immer über Radfahrereinheiten.

Wie so oft war beim Klapprad der Krieg der Vater einer Erfindung, von der bald auch Zivilisten Gebrauch machten. Das zusammenlegbare Zweirad fand unter den Autofahrern Freunde. 1900 berichtet der Bonner Universitätsprofessor Dr. med. Schiefferdecker in seinem umfangreichen Werk «Das Radfahren und seine Hygiene» über die Klappräder:

«Endlich haben verschiedene Fabriken auch versucht, Räder herzustellen, deren Rahmen sich zusammenklappen lassen. Zu diesem Zweck befindet sich bei ihnen in der Mitte des oberen und des unteren Rahmenrohres je ein Charnier. Ein solches Rad bauen unter anderem die Gladiator-Fahrradwerke (3, Rue François-Henri, Pré Saint-Gervais, Seine). Die Versteifung des Rahmens wird durch zwei kaum bemerkbare Bajonettverschlüsse am oberen und unteren Rohre herbeigeführt. Nach der Angabe der Fabrik soll dieses Rad so widerstandsfähig sein wie jedes andere. Derartige Räder finden ihre Verwendung einmal als Militärräder und zweitens zum Mitnehmen auf Reisen, namentlich auch in Motorwagen. Das zusammengeklappte Rad ist in einem grösseren Motorwagen bequem unterzubringen, und der Motorwagenfahrer wird dadurch in den Stand gesetzt, an beliebigen Stellen unterwegs Touren mit einem Fahrrade unternehmen zu können. Das Fahrrad würde also zu dem Motorwagen in einem ähnlichen Verhältnisse stehen, wie ein Boot zu einem grösseren Schiffe. (Das war 1900!)
Ein solches Klapprad und eventuell Militärrad bauen auch die Styria-Fahrradwerke. Der Mechanismus besteht bei diesem Rade aus einer Charniervorrichtung mit Bolzenverschluss. Die Festigkeit des Rades für das Fahren soll durch diesen Mechanismus keinerlei Einbusse erleiden, und die Gewichtsvermehrung gegenüber einem gewöhnlichen Rade gleicher Bauart soll nur 900 Gramm betragen. Die Tragriemen sind an dem Rade befestigt, und man soll zum Zusammenklappen, Schultern und Wiederinstandsetzen zur weiteren Fahrt nur 30 Sekunden nötig haben.
Das zusammenlegbare Fahrrad der Österreichischen Waffenfabriks-Gesellschaft in Steyr ist so gebaut, dass es durch Zurück-

Das Armee-Klapprad der Express-Fahrradwerke Neumarkt in der Oberpfalz bewährte sich im Ersten Weltkrieg.

schieben zweier Muffen an dem oberen und unteren Rahmenrohre zusammenklappbar wird.
Es gibt noch eine Anzahl weiterer, von anderen Fabriken hergestellter Klappräder. Die mitgeteilten Beispiele mögen indessen genügen; man wird aus denselben jedenfalls schon ersehen können, in welcher Weise derartige Maschinen konstruiert sind.»

Zu den «weiteren» Klapprädern gehörten in Deutschland vor allem das Adlerrad, das 1896 seine Premiere hatte und wenig verändert in mattgrauer Tarnfarbe in beiden Weltkriegen zum Einsatz kam. Die Express-Fahrradwerke in Neumarkt in der Oberpfalz fertigten es in grosser Stückzahl.

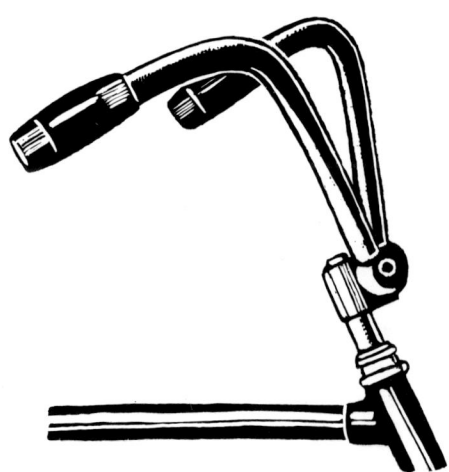

Detail des französischen Autorades «Hirondelle».

Radfahrer sind, über kürzere Distanzen, sogar schneller als Motorfahrzeuge. Radfahrereinheit der Schweizer Armee im Jahre 1978.

Universal-«National», in Westeuropa auch unter «Velosacoche» bekanntgeworden. Das aus der CSSR stammende Autosteckrad war ab 1966 ein Verkaufsschlager.

Militärrad und Uniform der Schweizer Armee (bis 1945).

In Deutschland stellten 1961 die Viktoria-Werke in Nürnberg ein Doppelrahmen-Klapprad mit abnehmbarem «Express»-Lenker her.

Nach dem Zweiten Weltkrieg gerieten die Klappräder durchaus nicht in Vergessenheit. Im Zuge der privaten Motorisierung wuchs auch der Wunsch nach einem handlichen, zusammenlegbaren Zweirad, das sich im Kofferraum jedes Pkw transportieren liess. Die ersten solchen Freizeitgefährte montierten die Express-Werke aus ehemaligen Wehrmachts-Räderteilen, allerdings nicht mehr wie früher in matter, grauer Tarnfarbe.

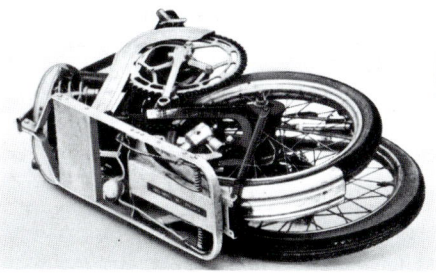

Der Münchner Ingenieur Trawniczek konstruierte 1962 das Paket-Faltrad.

95

«Fortschritte im Design, im Material und in den Produktionsmethoden» – Moderner Fahrradbau im zwanzigsten Jahrhundert

Wer heute technische Museen in Europa besucht, bemerkt, dass sich das Fahrrad im zwanzigsten Jahrhundert praktisch nicht mehr verändert hat. Gewiss, die Modelle sind leichter geworden, die Grosserienfertigung hat konstruktive Spuren hinterlassen, und mit dem Zeitgeschmack haben die Rahmenfarben gewechselt; aber die klassische Form des Niederrades mit Parallelogrammrahmen und Hinterrad-Kettenantrieb war ausgereift und änderte sich nicht.

Ausnahmen bestätigten die Regel. Dass sie hin und wieder auf dem Fahrradmarkt auftauchten, spricht nicht gegen den Standardtyp. Dass sie aber allesamt rasch wieder verschwanden, spricht für ihn.

Zu den konstruktiven Eintagsfliegen gehörten Modelle, bei denen das obere Rahmenrohr nach vorne steil anstieg, und solche, bei denen es in der gleichen Richtung leicht abfiel. 1910 experimentierten schwedische Fahrradbauer mit einem Winkelhebelantrieb, der eine Kette oder auch Lederzugriemen hin und her bewegte. Ein Freilaufzahnkranz beziehungsweise zwei Freilaufriemenscheiben übertrugen die Kraft auf das Hinterrad.

1914 bot Peugeot in Frankreich dieses einsitzige Sesselrad mit indirekter Lenkung an.

Kurz vor dem Ersten Weltkrieg entwickelte die französische Fahrradindustrie Sesselräder mit recht kleinem Raddurchmesser. Der Fahrer sass weit zurückgelehnt auf der Maschine. Besser gesagt: Er lag schräg nach hinten geneigt auf seinem Gefährt. Das hatte zwei Vorteile: Einmal liess sich die menschliche Antriebsleistung besser ausnutzen, denn neben den Beinmuskeln beteiligte sich jetzt auch die Rückenmuskulatur am Fahren; zum anderen bot der fast liegende Radler dem

Ein Fahrrad aus Schweden: das Svea-Damenrad von 1893. H. P. Palmcrantz baute das Gefährt mit Winkelhebelantrieb in Stockholm. Später stellte es auch die französische Firma Terrot und in Deutschland die Firma National in Serie her.

Dieses interessante Sesselrad des Aerodynamikers Paul Jaray fand in der Schweiz und in Holland grössere Verbreitung.

*Liegerad schneller **als Normalfahrrad**-*

- warum?

Der Luftwiderstand als grösster Anteil des Gesamtfahrwiderstandes wird gesenkt. Dadurch erhöht sich die Fahrgeschwindigkeit.

Den Hauptanteil der Tretleistung eines Radfahrers verbraucht der Luftwiderstand.

Wind eine weitaus geringere Angriffsfläche. Sesselräder waren deshalb schneller als die üblichen Zweiräder. Darum faszinierte dieses Prinzip später den «Vater der Stromlinienform», den deutschen Zeppelin-Konstrukteur Paul Jaray (1889 bis 1974). Er konstruierte um 1920 ein Sesselrad, das die Hesperus-Werke in Stuttgart herstellten und vor allem in die Schweiz und nach Holland verkauften. Jaray trieb sein Rad durch verstellbare Hebelarme über Bowdenzüge und eine Hinterrad-Federzugnabe an. Obwohl auch dieses Gefährt nur vorübergehende Erfolge buchen konnte, starb die einmal geborene Sesselradidee nicht aus. Um 1926 tauchte sie in Frankreich und im Rheinland wieder auf, ging aber auch dort rasch unter.

Genau ein Vierteljahrhundert später konstruierte der Leipziger Ingenieur Rinkowsky Sesselräder, die ohne übermässige Anstrengung des Fahrers Geschwindigkeiten über 50 km/h erreich-

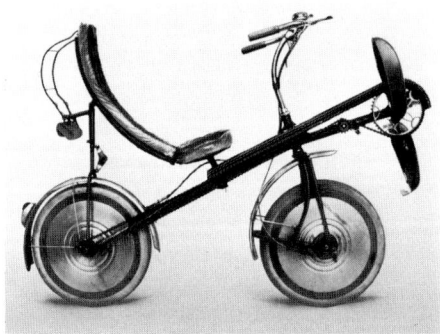

Ein Sesselrad der jüngsten Vergangenheit: 1960 baute es der Leipziger Ingenieur Rinkowsky und stattete es erstmals mit Gürtelreifen aus ...

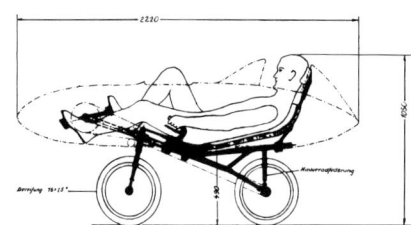

... Rinkowsky entwarf auch Räder mit Stromlinienverkleidung.

ten. Rinkowsky stattete seine Gefährte auf das modernste mit einem luftgefederten Sattel, mit Gürtelreifen – den ersten in der Geschichte des Fahrrads – und mit Stromlinienverkleidungen der Pedale und Speichen aus.

Dass die schnellen, sehr leichtgängigen Räder sich nicht durchsetzen konnten, liegt vor allem daran, dass sie sich schwer im Gleichgewicht halten lassen.

Eine ebenso kurze Lebensdauer wie den Sesselrädern war Fahrrädern mit Ballonreifen beschieden. Ende der

zwanziger Jahre hatte der Automobilbau die Ballonreifenmode aus Amerika übernommen. Was lag näher, als sie auch auf das Fahrrad zu übertragen? 1933 galten die Fahrräder mit der dikken 26-Zoll-Bereifung als «dernier cri». Aber was ihre Fahrer aus Modebewusstsein gekauft hatten, mussten sie teilweise durch harte Beinarbeit bezahlen: Die meisten dieser neuen Reifen zeichneten sich unliebsam durch einen

Ballonreifen 1936: hier an einem Damenrad der Brennabor-Werke.

Die Ballonreifen-Mode kam aus den USA. Diese amerikanische Werbung für Super-Ballonreifen stammt aus dem Jahre 1933.

Ein Sesselrad mit Fusshebelantrieb über Seilzüge entwarf um 1920 der Zeppelin-Konstrukteur Paul Jaray.

Damen-Tourenrad der deutschen Firma National. Sie baute es um 1910/12 in Serie. Der Antrieb erfolgte durch Winkelhebel über Lederzüge (Svea-Genie-Patent).

hohen Rollwiderstand aus. Dauerkunden gewannen sie deshalb nicht.

Den Hauptumsatz in der Fahrradbranche trugen nach wie vor die Standardräder. Die Verkaufsstatistik beeindruckt. Hatte der deutsche Fahrradmarkt 1887 insgesamt 17 000 Stück umgesetzt (davon 10 000 Importräder aus England!), so betrug die reine Inlandsproduktion 1896 schon 200 000. Die Jahrhundertwende brachte eine Krise, aber kurz vor dem Ersten Weltkrieg war die Fertigung auf jährlich 500 000 Räder angewachsen. Vor Ausbruch des Zweiten Weltkrieges lag die deutsche Jahresproduktion schon bei 2 850 000. Knapp die Hälfte davon entfiel auf das heutige Bundesgebiet. Dann legte der Krieg die Wirtschaft lahm, und ab 1946 musste sich die zerstörte Industrie erst langsam wieder aufrappeln. Doch schon 1949 stellten westdeutsche Fahrradfirmen wieder 1,47 Millionen Räder her, weitere 700 000 montierte der Handel aus Einzelteilen. Das schwarz lakkierte «Jedermannrad» der Nachkriegszeit verschwand damit bald wieder von den Strassen. Die neuen Räder – besonders der fünfziger Jahre – waren

In Zeiten schlechter Wirtschaftslage bauten auch Automobilfabriken Fahrräder, um die Kapazität ihrer Werkstätten auszunützen. So entstanden nach dem Ersten Weltkrieg in Untertürkheim Mercedes-Touren- und Rennräder, die sich gut verkauften.

Nach dem Zweiten Weltkrieg entwickelte BMW in München Fahrräder, die eine Reihe von Neuerungen aufwiesen, wie Aluminium-Gussrahmen, Innenbackenbremsen (vorn und hinten) sowie ein Zweiganggetriebe im Tretlager.

modisch bunt, oft metalleffekt- oder la-
surlackiert. Mehr und mehr lief das
leichte Sportrad dem soliden schweren
28-Zoll-Tourenrad den Rang ab.
Leichte und superleichte Modelle bis
hin zum modernen Rennrad wurden zu
Marktschlagern. Die alten handgear-
beiteten Gentlemen-Gefährte verloren
an Boden.

Schliesslich erweckte die zunehmende Motorisierung noch einen anderen
Radtyp zu neuem Leben, der erstmals in
den neunziger Jahren des vorigen Jahrhunderts in England aufgetaucht war:
das Mini-Rad, das sich im Kofferraum
mitnehmen liess. Die alten englischen
Kompakträder besassen Vorderrad-
Übersetzungsantrieb und waren recht
schwergängig. Sie setzten sich deshalb
genausowenig durch wie die französischen Automobilfahrräder um 1910 mit
ihrem kleineren Raddurchmesser, dem
abklappbaren Sattel und den umlegba-
ren Lenkern und Pedalen.

Erst um 1960 entdeckten die Japaner
den kleinen Raddurchmesser wieder.
Mit ihrem – zunächst für militärische
Zwecke konstruierten – Klapprad
«Silk» eroberte die Firma Katakura
rasch ein breites Publikum. Europäische Hersteller zogen bald nach: In Italien fertigte Garnielli das Piccolo-Rad
«Graziella» mit 16-Zoll-Bereifung. Für
mitteleuropäische Körpergrössen war
das allerdings denn doch etwas zu win-
zig. Unter 20-Zoll wollte sich die deutsche Industrie nicht wagen, und genau
mit diesem Reifendurchmesser bauten
die Panther-Werke in Braunschweig
ihr Mini-Rad «Panther-Pfiff». Indes be-
sann sich die Düsseldorfer Zweirad-
grosshandlung Jung & Volke wieder auf
das neue Militär-Klapprad aus Japan
und bot es jetzt in grossen Stückzahlen
in 20-Zoll-Ausführung an. Allerdings

Union Strano heisst dieses holländische Automobilrad von 1958, das nach Abnehmen des Lenkers in
jedem Kofferraum Platz hat.

In Budapest fertigte 1966 die Firma Pannonia das Pony-Faltrad «National-Mini» mit geradem Zentralrohr-Rahmen und Druckknopf-Faltpedalen. Es fand in Westdeutschland einen guten Markt.

Ein Steckrad mit Zentralrohr-Rahmen bauten
ab 1964 die Panther-Werke in Braunschweig.

führte die Firma aus Preisgründen auch Klappräder der Fahrradwerke Eska in Eger, Tschechoslowakei, ein. So konnte sie das leichte, durch zwei Flügelmuttern teilbare Gefährt in der zweiten Hälfte der sechziger Jahre für nicht mehr als 155 DM verkaufen. Auch eine Zigarettenreklame mit Klapprädern half mit, dem Klapprad 1966 zum Durchbruch zu verhelfen. Doch auch die Konkurrenz schlief nicht. Bald er-

1970 bauten die Nürnberger Hercules-Werke dieses zweiteilige Steckrad mit Pressstahlrahmen.

schienen Importe aus Belgien, Ungarn und Italien, und die deutsche Industrie baute selbst Mini-Räder. Die kleinen Falträder mauserten sich rasch zu Publikumslieblingen. Zwischen 1967 und 1970 liefen sie mit über 50 Prozent Marktanteil den konventionellen Fahr-

Das englische Mehrzweckrad Raleigh Twenty von 1969.

rädern den Rang ab. Rasch bildete sich ein Einheitsmodell mit Damenrahmen heraus, das dank fortschrittlichster Fertigungsmethoden – besonders der modernen Rundschweissmaschine – ungewöhnlich preiswert war. 1969 wurden sogenannte Pony-Räder für 100 DM angeboten, und der Umsatz florierte. So mancher Vertriebsexperte mochte damals in den soliden kleinen Gefährten

Das moderne italienische Faltrad Duemilla von 1968 besitzt einen kombinierten Press- und Rohrrahmen, Sichelgabel, eingebaute Beleuchtung, verstellbaren Doppellenker und einen verstellbaren Sattel.

das Zweirad der Zukunft gesehen haben.

Aber es kam anders. So rasch die Ponys die Gunst der Radler erobert hatten, so schnell verloren sie wieder an Boden. Sieger blieb das klassische Modell, dessen Urtyp schon 1884 John Kemp Starley in seinem Rover vorgestellt hatte. Wenn dieses Buch ein halbes Jahrzehnt alt ist, wird es den Namen «Jahrhundertrad» verdient haben.

Der von den Warenhäusern und andern Grossabnehmern ausgeübte Preisdruck hatte die Industrie zur Fertigung primitivster Billigsträder gezwungen, die bald keine Freude mehr machten. Das wurde das Ende des modernen 20-Zoll-Klapprades, das doch so erfolgreich begonnen hatte.

Den Bundespreis für gute Form 1974 erhielt das zweiteilige Hercules-Klapprad mit Duomatic-Nabe von Fichtel & Sachs, Schweinfurt.

Neue Fahrradhalter lösten das Transportproblem des Zweirades. Selbst Rennräder oder auch grosse Tourenräder, ja selbst Tandems lassen sich mühelos mit Hilfe dieser Halterungen auf dem Autodach oder Kofferdeckel jedes Pkw mühelos transportieren.

Mit dem Graziella-Piccolo von Theodore Carnielli, Padua, begann die Einführung des neuzeitlichen Faltrades von Italien aus. Die Kölner Firma B. Goldberg brachte es 1957 auf den deutschen Markt.

«Reifen, Rahmen, Antrieb, Lenkung» – Die Geschichte der Fahrradteile

«Die schnellsten Räder der Welt» – Von Rädern und Reifen

Die Geburtsstunde des Rades, jenes Grundelements mechanischer Konstruktionen, das nicht wenige Technikhistoriker die bedeutendste Erfindung der Menschheit nennen, liegt im Dämmer der Vorzeit, vielleicht vor mehr als zehn Jahrtausenden. Älter als fünftausend Jahre ist das Rad sicher; denn schon im vierten vorchristlichen Jahrtausend haben es kleinasiatische Hirtenvölker abgebildet. Die Elamiten, die Sumerer, die Chaldäer und die Hethiter kannten das Rad, freilich noch ohne Speichen, als volle, in der Mitte durchgelochte

Bronzeräder waren schwer, und auch ihre Lebensdauer musste enttäuschen. Später, irgendwann im Zeitalter des Eisens, kam ein früher Schmied auf den Gedanken, das Holzrad durch einen eisernen Ring zu schützen. Er hatte den Eisenreifen erfunden. Damit war die Entwicklung des Rades für rund zwei Jahrtausende praktisch abgeschlossen. Eisenbereifte Holzspeichenräder holperten noch in den dreissiger Jahren dieses Jahrhunderts über Wege und Strassen. Zwar hatte es schon seit dem Aufkommen der Michaux-Räder nicht an Versuchen gefehlt, die Räder mit stossschluckenden Werkstoffen zu belegen, etwa mit Korkauflagen, Lederriemen oder geteerten Hanfseilen; be-

An der Wiege des Rades. Das Flachrelief einer steinernen Weiheplatte aus Ur in Mesopotamien stammt aus dem vierten Jahrtausend vor Christus. Grosse Katzen ziehen einen zweirädrigen Lastkarren.

Holzscheibe. Sie war aus drei Brettern zusammengesetzt, denn Stirnholz liess sich mit den Werkzeugen der frühen Bronzezeit noch nicht bearbeiten. Zwei Jahrtausende vergingen, bevor Ägypter das Speichenrad benutzten. Bereits gegen Ende der Bronzezeit versuchten findige Handwerker, das rasch verschleissende Holzrad durch das goldgelbe Metall zu ersetzen. Aber die

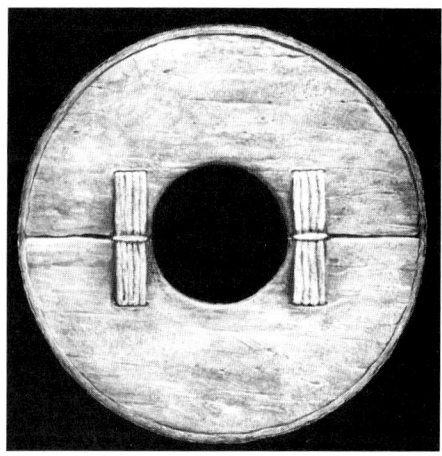

Eine Rekonstruktion des Ur-Rades nach dem Vorbild der Mosaik-Standarte besitzt das Deutsche Museum in München. Ähnliche Räder aus derselben Zeit fanden russische Archäologen im unteren Donauraum und im Kaukasus. Mesopotamien ist deshalb als Geburtsland des Rades heute nicht mehr gesichert. Auf jeden Fall gelangten Rad und Wagen im Zweistromland zu einer derartigen Blüte, dass beide von dort aus andere frühere Kulturen eroberten.

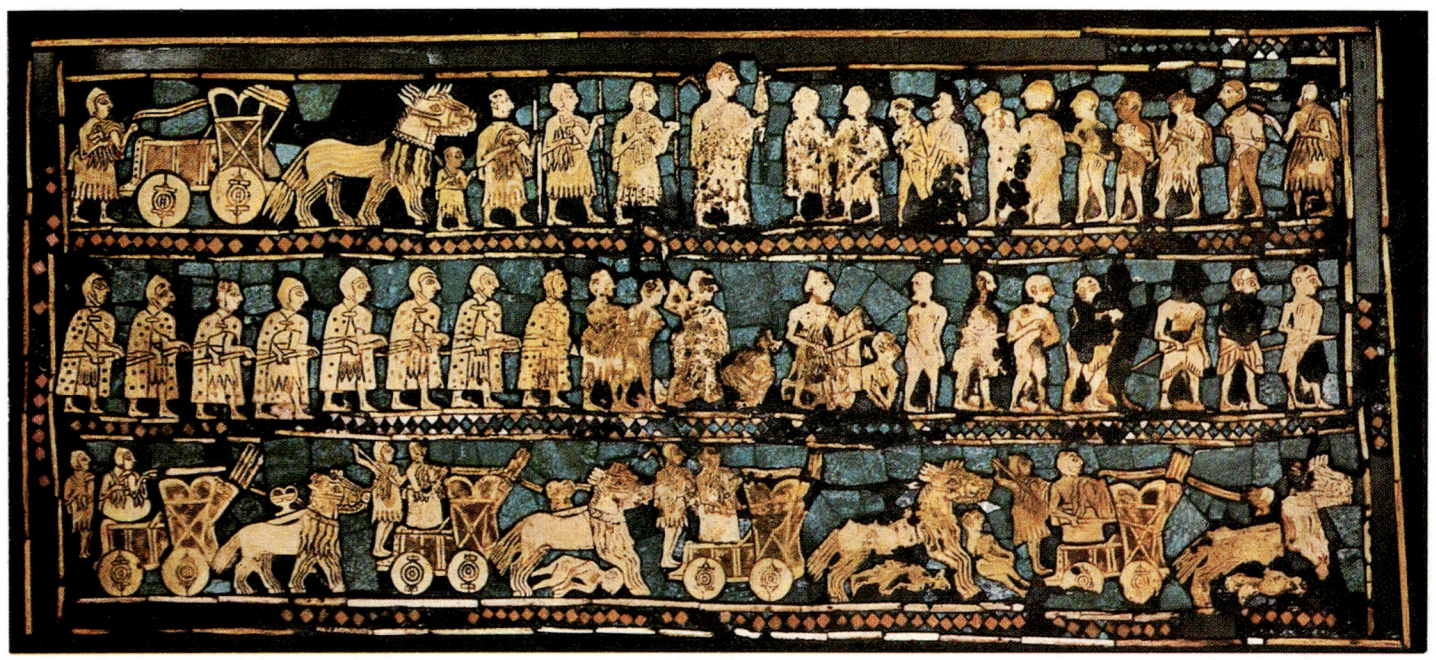

Um 2500 v. Chr. entstand in Ur als Votivtafel diese berühmte Mosaik-Standarte. Sie ist aufgebaut aus Muscheln, roten Kalksteinen und Lapislazuli, eingebettet in Bitumen. Die «Kriegsseite» zeigt schwere vierrädrige Wagen. Sie werden von Wildeseln gezogen. Die Scheibenräder, diesmal aus zwei Halbscheiben bestehend, werden von Tiersehnen und Pflanzenschnüren zusammengehalten. Als Bereifung dienten Lederstreifen.

friedigend war das jedoch nicht. Die auf das Holz geklebten oder später in die Metallfelge geleimten «Reifen» bewährten sich in keiner Weise. So kam es, dass die meisten Michaulinen noch auf Eisenreifen liefen, was wohl mit zu ihren englischen und deutschen Namen «Boneshaker», beziehungsweise «Knochenschüttler» beitrug.

Ein entscheidender Schritt vorwärts gelang erst 1839 dem Briten Charles Goodyear. Wie es dazu kam, berichtet eine nette Anekdote, die wie so viele Geschichten um berühmte Männer und Frauen einen wahren Kern haben mag.

Seit fünf Jahren schon experimentierte Goodyear mit Gummi. Doch seine häuslichen Versuche hatten ihm nichts anderes eingebracht als einen schiefhängenden Haussegen. Das war verständlich, denn die nimmer ruhende Beschäftigung mit dem Naturkautschuk verursachte nicht nur unangenehmen Gestank, sie war auch der Grund für die katastrophale finanzielle Lage der Familie. Charles musste seiner hart geprüften Ehefrau schliesslich versprechen, seine fruchtlosen Experimente aufzugeben. Das Kind im Manne – beziehungsweise das wissenschaftliche Interesse – war jedoch stärker als jener eheliche Schwur. Kaum war die Gattin

ausser Hause, als Goodyear auch schon weiterexperimentierte. Des Geschicks Ironie wollte es, dass eines Tages ausgerechnet die Furcht vor der gestrengen Hausfrau wissenschaftlichem Weitblick zum grossen Erfolg verhalf. Charles hatte gerade Rohgummi mit Schwefelblume durchknetet, als Madame unerwartet früh nach Hause kam. Vor Angst, ertappt zu werden, warf der überraschte Herr Gemahl seinen Gummikuchen in den Herd und gab sich unschuldig-erstaunt über den üblen Geruch, der dem Ofen entstieg. Wehmütig schaute er wenig später ins glimmende Feuer. Die Überraschung war perfekt. Was sich dort blähte und quoll, war genau das, wonach er jahrelang vergeblich geforscht hatte: vulkanisierter Gummi.

Ob es sich so oder ähnlich abgespielt hat, Charles Goodyear schenkte 1839 den Konstrukteuren ein wunderbares neues Material: hochelastisch und zu-

Dieser hölzerne Streitwagen aus Theben am Oberlauf des Nils stammt aus dem fünfzehnten vorchristlichen Jahrhundert. Er war leichter als die alten mesopotamischen Vorbilder, denn im zweiten Jahrtausend v. Chr. wurde das schnelle Pferd Zugtier für die Wagen. Durch den Hyksos-Einfall im Nilland, 1730 v. Chr., lernten die Ägypter Rad und Wagen kennen. Bei ihren leichten Wagen ersetzten sie die Vollscheibenräder durch Holzspeichenräder, zuerst mit vier, später auch mit sechs und acht Speichen.

gleich resistent gegen Wärme, Kälte und viele Chemikalien. Vier Jahre später nahm sein Landsmann Thomas Hancock die industrielle Produktion vulkanisierten Gummis auf. Allerdings handelte es sich dabei noch um Weichgummi. Hartgummi liess sich erstmals 1844 herstellen, als Ernst Hancock das Goodyear-Verfahren entsprechend abgeändert hatte. Und nicht vor 1853/54 war die grossindustrielle Hartgummiproduktion möglich. Die entscheidenden Verfahrenspatente stammen von dem deutschen Forscher L. O. Meyer.

Robert William Thomson (1822 bis 1873) erfand 43 Jahre vor Dunlop den Luftreifen …

Wohl der erste, der die überragende Bedeutung des einmaligen Werkstoffs für den Fahrzeugbau erkannte, war der englische Zivilingenieur Robert William Thomson (1822 bis 1873). Er dachte über die elastischen Eigenschaften des Gummis selbst hinaus und sah in ihm das ideale Hilfsmittel, sich die Elastizität eines ganz anderen Stoffs zunutze zu machen, jene der Luft! Am 10. Dezember 1845 erhielt er auf seine Erfindung das englische Patent Nr. 10990. Im Text dazu beschreibt er neuartige Wagenräder:

«Die Erfindung ist gekennzeichnet durch die Verwendung elastischer Bandagen auf den Felgen der Wagenräder, um die für die Fahrt notwendige Kraft zu verringern, die Fahrt

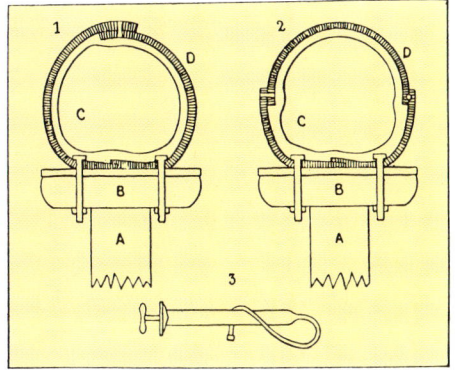

… Hier eine Zeichnung aus seinem englischen Patent 10990 von 1845. In der Mitte unten die Luftpumpe …

ruhiger zu gestalten und den Lärm zu vermindern. Zu diesem Zweck wird ein hohler Gürtel aus wasser- und luftdichtem Stoff verwendet, zum Beispiel aus geschwefeltem Kautschuk oder Guttapercha. Diese Hohlbänder werden mit Luft gefüllt, so dass die Räder auf ihrer ganzen Oberfläche mit Luftpolstern versehen sind, ob sie nun auf der Erde zu fahren haben, auf Schienen oder auf anderen Bahnen.»

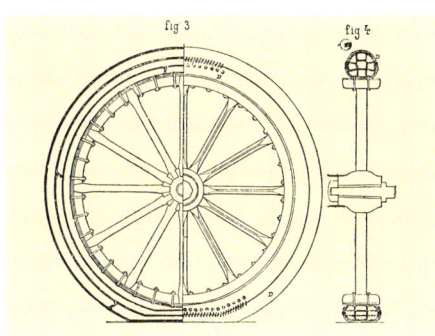

… Eine Patentzeichnung zeigt den Thomson-Luftreifen für Pferdewagen …

Erprobt wurde Thomsons Patent an einigen Pferdewagen mit Luftbereifung. Nach hundert Meilen zeigte sich noch keine Abnutzung. Es heisst sogar, ein englischer Gentleman hätte mit einem solchen Gefährt 1200 Meilen zurückgelegt. Das Prinzip des Luftreifens, den Thomson zugleich in einer Mehrschlauch-Ausführung vorschlug, überzeugte, und rasch fand sich ein Lizenznehmer für alle Fahrzeuge in der Londoner Wagenbaufirma Whitehurst & Co. Die Presse warb für den ersten Luftreifen:

«Die Räder geben den Fahrzeugen eine so sanfte Bewegung, wie man sie unmöglich durch irgendeine andere Feder erreichen kann; sie unterdrücken vollständig das

Geräusch des Wagens, vermeiden jeden Stoss, jede Erschütterung, und die erforderliche Zugkraft ist beträchtlich geringer als mit gewöhnlichen Rädern, besonders auf schlechten Strassen. Die Firma Whitehurst & Co. hat ein Coupé mit Luftreifen versehen, so dass die Leute, die es gerne ausprobieren wollen, es ruhig tun können. Adresse: 313 Ox-street.»

Nach rund zwei Jahrtausenden war es Thomson, dem es zum erstenmal gelang, das Rad technisch grundlegend zu verbessern. Doch etwas Unglaubliches geschah: Die wahrhaft epochale Erfin-

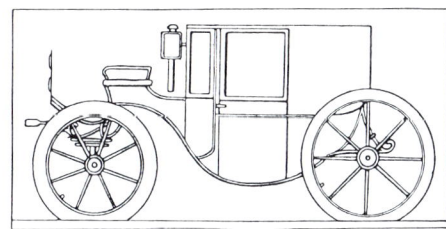

… So stellte sich der Erfinder Pferdewagen mit seinen Luftreifen vor (1845).

dung geriet in kürzester Zeit wieder in Vergessenheit, und zwar so gründlich, dass sich wenig später nicht ein einziger Mensch mehr an sie erinnerte, nicht einmal Fahrzeugbauer, Reifenkonstrukteure oder Mitarbeiter des Patentamts. Thomson und seinem Lizenznehmer war der wirtschaftliche Erfolg versagt geblieben, weil Gummi zu ihrer Zeit als Reifenmaterial noch zu teuer war und die Besitzer von Pferdekutschen lieber die holprige Fahrt als hohe vermeidbare Ausgaben in Kauf nahmen.

Bereits zwei Jahrzehnte später, um 1865, kam Gummi wieder als Reifenmaterial ins Gespräch. Aber an den Luftreifen dachte niemand mehr. Die Idee des federnden Gases war vergessen. Statt dessen setzten zahlreiche Erfinder auf die elastischen Eigenschaften des Kautschuks selbst. Sie montierten Gummibandagen um die Holzräder und konstruierten U- und V-förmige Eisenfelgen, in die sie Vollgummiprofile der verschiedensten Querschnitte einpassten.

1869 gehört der Gummireifen zum Stand der Technik. In diesem Jahr legen der Franzose Truffault, der Engländer Warwick und die Fahrradindustrie in Coventry auch schon Bänder mit elastischen Einlagen und Kissenreifen mit eingelagerten Hohlräumen um die Eisenfelgen ihrer Räder. Rutschsichere Profilreifen sind ebenfalls bereits auf dem Markt.

Später ersinnt der ideenreiche William Starley ein U-förmiges Gummiprofil, das er mit der offenen Seite zum Rad hin auf die Felge spannt. Das erhöht die Elastizität. Mit dem Luftreifen hat es allerdings nichts zu tun, denn nach wie vor federt allein der Kautschuk.

Der «Pneumatik» musste regelrecht ein zweites Mal erfunden werden. Diesmal hiess der geistige Vater Dr. John Boyd Dunlop. Er war Ire und Veterinär-Chirurg in Belfast. Über seine Erfindung wurde so viel Halbwahres berichtet, dass es sich anbietet, hier eine Augenzeugin zu Wort kommen zu lassen, seine Tochter Jean Dunlop, die 1956 als Mrs. McClintock in London starb. Sie erinnerte sich:

«Eigentlich war es mein Bruder Johnny, dem es zu verdanken ist, dass mein Vater den Reifen erfand, ohne den heute kein Fahrzeug mehr denkbar ist. Mein Bruder hatte ein Dreirad geschenkt bekommen, und in einem unbedachten Augenblick sagte der Vater zu ihm, dass er ihm die schnellsten Räder der Welt für sein Gefährt bauen könne – wenn er wolle. Dass er dann auch wirklich wollte, dafür sorgte mein Bruder. Beide zogen sich in sein Schlafzimmer zurück. Ich erinnere mich sehr wohl, dass meine Mutter höchst bestürzt war, als sie nach ein paar Tagen die Unordnung in dieser ‹Notwerkstatt› feststellte, in der es von Gummi- und Tuchstreifen, Leim, Holz, Scheren und allem möglichen Gerät nur so wimmelte. Völlig ausser Fassung geriet sie, als Streifen amerikanischen Ulmenholzes in der Badewanne versenkt wurden, wo sie sich vollsaugen sollten, damit man sie besser biegen konnte. Bald war das ganze Haus völlig durcheinander – mein Vater arbeitete fröhlich weiter.

Einige Felgen und Reifen

1 und 2: Holzfelgen mit Vollgummireifen (1869).
3 und 4: Holzfelgen mit Gummiband und Eisenreifen (1869).
5: Englischer Vollgummireifen mit schwammigem Innenteil (1871).
6: Amerikanischer Vollgummireifen mit rutschsicherem Profil (1871)
7: Amerikanische Stahlfelge mit Vollgummireifen und schwammigem Innenteil (1870).
8: Englischer Vollgummireifen mit schwammigem Innenteil (1871).
9: Französische Stahlfelge, System Truffault (1875).
10: Stahlfelge, System Bell mit Vollgummireifen (1876).
11 und 12: Stahlfelge von Rudge und Luftkissenreifen (1876).

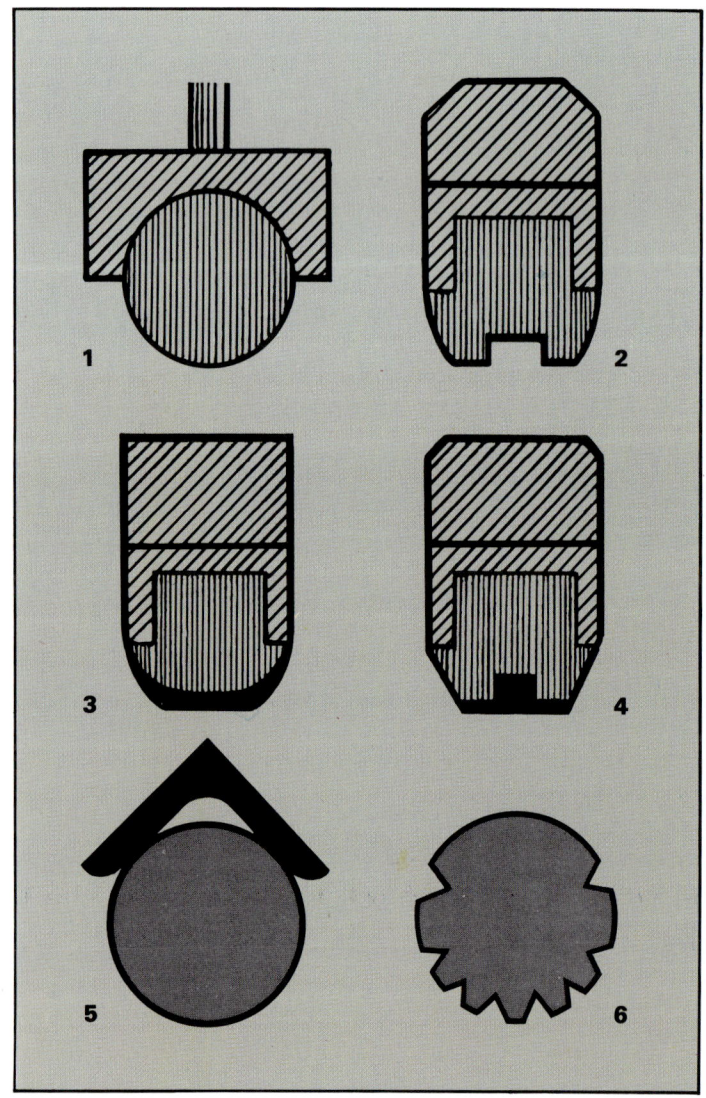

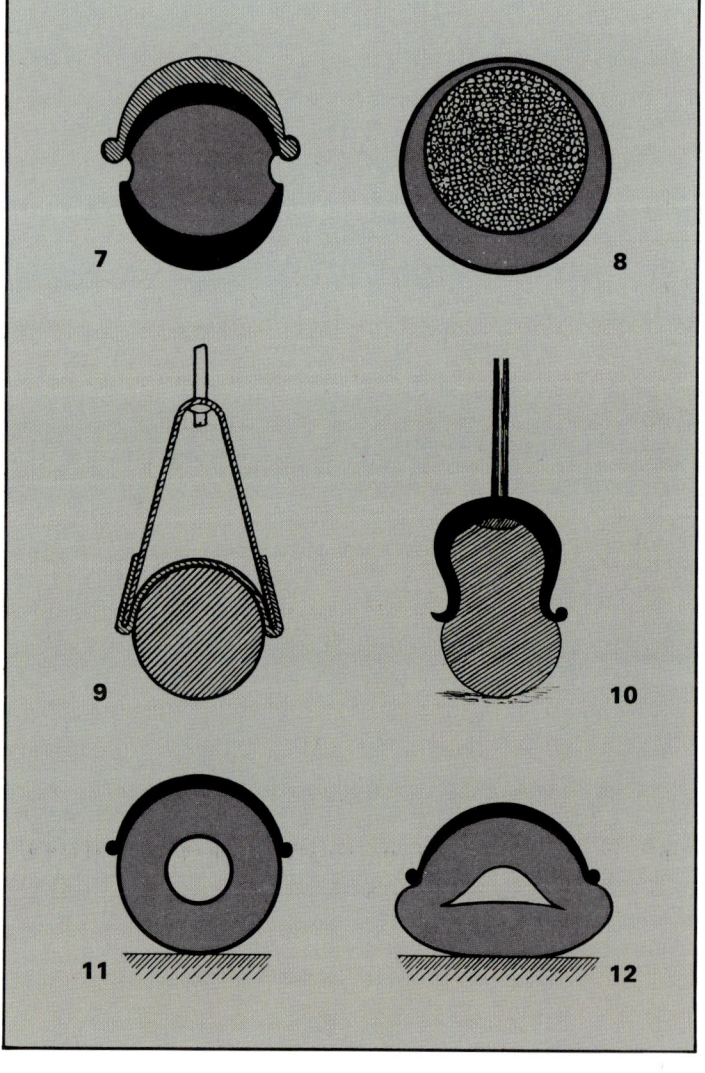

Es fällt mir heute sehr schwer, mir die wirklichen Schwierigkeiten vorzustellen, die mein Vater bei seiner Erfindertätigkeit zu überwinden hatte, ganz zu schweigen von der Ironie und dem mitleidigen Lächeln der Nachbarn und später der Fachwelt, die er zu ertragen hatte. Aber unerschütterliche Zielstrebigkeit war eine seiner grossen Charaktereigenschaften.

Ich habe oft die Meinung gehört, die Erfindung des pneumatischen Gummireifens sei mehr oder weniger ein Zufall oder das Ergebnis einer Inspiration. Nichts ist weniger wahr als das. Schon von Kindheit an hatte sich mein Vater für wissenschaftliche Probleme interessiert. Sein Spezialgebiet war schon immer der Strassenverkehr. Er hatte lange vorher die Kraftverschwendung und den Verlust an Geschwindigkeit erkannt, die durch den schlechten Zustand der Strassen in damaliger Zeit verursacht wurden, und sich Gedanken über biegsame Speichen, besondere Federungen und ähnliches gemacht.

Aber ihm blieb wenig Zeit für Experimente, da der Veterinärberuf ihn voll in Anspruch nahm. Erst als er sich zur Ruhe setzen konnte, kam ihm der Gedanke, Luft in einen Schlauch aus Gummi und Kanevas zu komprimieren und um den äusseren Rand des Rades herumzulegen. Das war damals höchst ungewöhnlich und revolutionär.

Ich erinnere mich genau an den Tag, an dem mein Vater seinen ersten pneumatischen Reifen im Freien ausprobierte. Er nahm zwei Räder, das eine war das gewöhnliche Vorderrad vom Dreirad meines Bruders, das andere eine runde Holzscheibe, um deren Rand mein Vater seinen Pneu mit Hilfe einer ‹Decke› aus Leinen befestigt hatte. Der Pneu wurde mit Johnnys Fussballpumpe aufgepumpt und das Ventil abgebunden, wie man es heute noch bei Fussbällen macht.

Mein Vater fragte dann seinen Freund John Caldwell, welches von den beiden Rädern wohl am schnellsten laufen würde. Caldwell antwortete: ‹Natürlich das kleine da vom Dreirad.› Als mein Vater nun das kleine Rad in Schwung setzte und über den Hof rollen liess, blieb es schon in der Mitte des Platzes liegen. Die Holzscheibe mit dem luftgefüllten Reifen durchlief nicht nur die ganze Länge des Hofes, sondern prallte noch ein ganzes Stück vom Tor am anderen Ende zurück.

Mein Bruder Johnny bekam also Luftreifen um die Räder seines Dreirades gelegt. Er war sehr glücklich darüber und bald von allen Dreiradfahrern der weiteren Nachbarschaft der schnellste und wendigste. Zu

Das erste «Luftrad», das Dunlop baute, war ein Gefährt für seinen Sohn.

lösen war noch das Problem, wie man einen solchen Reifen möglichst haltbar machen konnte.

Mein Vater kaufte ein Fahrrad ohne Räder. Aus Bandeisenstücken konstruierte er sich dann die Räder selbst und bog deren Ränder zu Felgen zurecht, auf denen die pneumatischen Reifen aufgezogen werden konnten – genau so, wie das heute noch geschieht. Als Reifendecken benutzte er diesmal erstklassiges Segeltuch. Das fertiggestellte Fahrrad wurde sodann ausgedehnten Tests unterworfen und legte dabei mehr als 4000 Kilometer zurück. Das Vorderrad erlitt dabei auch nicht eine einzige Panne und brauchte während der ganzen Prüfzeit nicht ein einziges Mal von den Felgen abgenommen zu werden.»

Und so beschreibt John Boyd Dunlop in der Patentschrift vom 31. Oktober 1888 seine Erfindung selbst:

«Meine Verbesserungen wurden mit der Absicht durchgeführt, eine grössere Vereinfachung in der Beweglichkeit auf Rädern laufender Fahrzeuge zu gewährleisten, besonders soweit es sich um Fahrzeuge der leichteren Klasse handelt, wie zum Beispiel Fahrräder, Krankenstühle, Ambulanzen, wenn diese über Strassen und Wege bewegt werden, vor allem, wenn diese Strassen und Wege von rauher, unebener Natur sind. Weiterhin aber soll sie auch das Einsinken der Räder solcher Fahrzeuge in das Erdreich vermeiden, wenn diese über weichen, lockeren Boden gefahren werden. Gleichermassen aber auch für die Bereifung aller auf Rä-

der laufender Fahrzeuge ganz allgemein in allen den Fällen, in denen eine gewisse Elastizität erforderlich und eine Erschütterungslosigkeit wünschenswert bzw. sicherzustellen ist, wobei gleichzeitig auch eine erhöhte Geschwindigkeit der Fortbewegung aufgrund der elastischen Eigenschaften der nach meiner Erfindung hergestellten Radreifen gewährleistet ist.

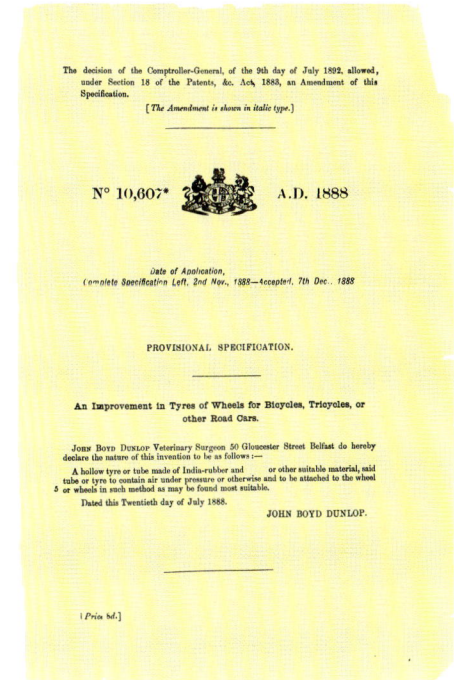

Das erste Luftreifen-Patent von Dunlop, Nr. 10607, aus dem Jahre 1888.

Bei der Ausführung meiner Erfindung, benutze ich einen aus einer hohlen Gummiröhre bestehenden Reifen, der mit Stoff, Kanevas oder einem anderen geeigneten Material umwunden ist, welches dem Druck der in der hier beschriebenen Art von Reifen eingebrachten und enthaltenen Luft widerstehen kann. Dieser Kanevas oder Stoff ist ebenfalls mit Gummi überzogen, um ihn vor dem Verschleiss auf der Strasse zu schützen. Der besagte Hohlröhren-Reifen wird auf die Radfelge mit dafür bestgeeigneten Mitteln befestigt und wird dann mit unter Druck gehaltener Luft oder Gas gefüllt. Zum Zwekke dieser Auffüllung mit Luft kann ich jede gewöhnliche Luftpumpe oder irgendeine dem ähnliche Konstruktion benutzen, wobei die Luft oder das Gas, je nach dem, was zur Verwendung kommt, die oder das unter Druck in das Innere des Reifens einzubringen ist, durch eine kleine am Rande des Rades vorzusehende Röhre, die mit einem Nicht-Rücklauf-Ventil versehen ist, geleitet wird.»

Nachdem die ersten Versuche so vielversprechend verlaufen waren, gewann Dunlop die Belfaster Fahrradfirma von R.W. Edlin und Finley Sinclair für seine Neuheit. Besonders Edlin war begeistert und untersützte den Tierarzt hervorragend. In den Werkstätten seiner Fabrik entstanden einige «Pneu-Räder», wie Dunlops von Luft getragenes Gefährt bald hiess.

Wie schon mehrfach in der Geschichte des Fahrrads sollte nun ein

Eines der ersten Serienfahrräder mit Dunlop-Luftbereifung war die «Fire-Fly» der Victoria Cycle Co. in Manchester (1889/90). Ein solches Rad steht heute im Deutschen Museum in München.

Rennen den Pneumatik-Reifen publik machen. Im Herbst 1888 lud Dunlop einige bekannte Sportfahrer ein, sein Pneu-Rad auf der Ormeau-Park-Piste zu besichtigen und zu versuchen. Der einzige, den die Erfindung begeisterte, war W. Hume, ein ehemals erfolgreicher Rennfahrer, dessen Form allerdings ein halbes Jahr zuvor unter einem schweren Unfall gelitten hatte und der sich aus dem aktiven Sport zurückziehen wollte. Dunlops Maschine gab ihm den Mut zu einem Neustart. Am 18. Mai 1889 war es dann soweit. Bei den Queens-College-Sportspielen gewann Hume auf dem Pneu-Rad alle vier Rennen. Das Publikum grölte zwar vor Lachen über das Fahrzeug mit den merkwürdigen «Pudding»-Rädern, aber das änderte nichts an Humes überlegenem Sieg.

An dem Rennen hatten auch die drei Brüder du Cros teilgenommen; alle drei favorisierte Sportfahrer, die ihr Vater, der drahtige Allround-Sportsmann Harvey du Cros, selbst hart trainiert hatte. Nach dem denkwürdigen Rennen war du Cros allerdings weniger über die Leistung seiner Söhne

1887 erfand der Tierarzt Dr. John Boyd Dunlop (1850 bis 1921) den Luftreifen zum zweiten Mal und wurde damit Vater des Fahrrad-Pneumatiks. Dunlop auf einem «Safety» mit seinen Luftreifen um 1890.

enttäuscht als von Dunlops neuem Rad begeistert, das seiner Familie den Sieg streitig gemacht hatte. Er sah die grosse Chance des Luftreifens, und er erkannte auch dessen Mängel. Auf jeden Fall witterte er ein grosses Geschäft. Er verhandelte mit Dunlop und kaufte ihm wenig später die Patentrechte für ein Butterbrot ab: 300 Pfund Sterling bar, 3000 Pfund Sterling in Form von Anteilen an der neuen Pneumatic Tyre Company in Belfast, die ab 1896 zusätzlich Dunlops Namen tragen sollte.

Als die neue Firma begann, ihre Produktion aufzunehmen, waren seit der Erteilung des Dunlop-Patents rund zwei Jahre vergangen. Die Konkurrenz wurde begreiflicherweise unruhig. Fieberhaft versuchte sie, das Schutzrecht zu umgehen. Bayliss, Thomas & Co., Rudge und viele andere Firmen suchten ihre Chance im Kissen- oder Polsterreifen, der seit einigen Jahren bekannt war. Doch die Hersteller erlitten Schiffbruch. Die wegen der eingelagerten Hohlräume unregelmässig aufgebauten Reifen verschlissen durchweg nach wenigen hundert Meilen. Verärgerte Kunden forderten kostenlosen Er-

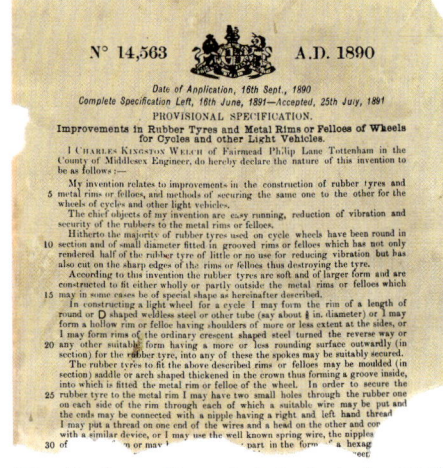

«Eine Decke aus Kautschuk, in der in den Wülsten Drahtseile eingebettet sind, so dass diese einen vollständigen Kreis bilden, welcher in einer U-förmigen Felge liegt», liess sich Charles Kingstone Welch 1890 in England unter der Nr. 14563 patentieren. Die neugegründete «Pneumatic Tyre and Booth's Cycle Agency» in Dublin kaufte das Patent und stellte ab 1893 danach Reifen und Felgen («Dunlop-Welch Hollow Center Rim») her …

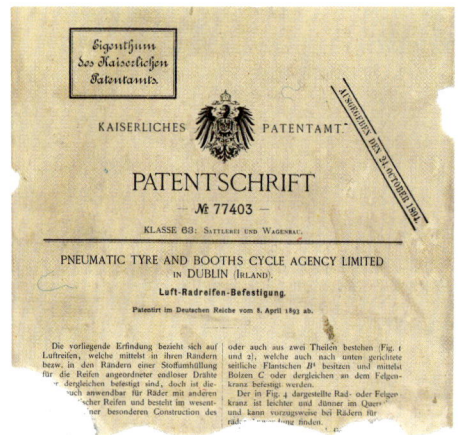

… Die Erfindung wurde in Deutschland mit der Patentschrift Nr. 77403 im Jahre 1893 geschützt.

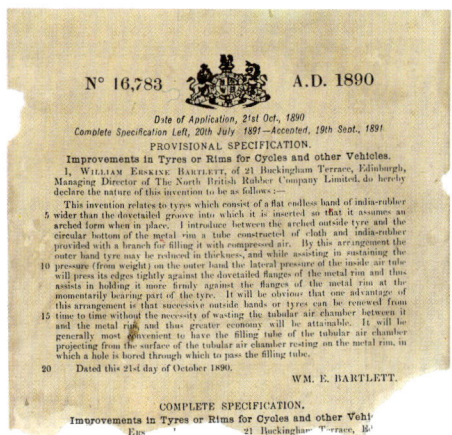

Auch die wichtigen englischen Patente aus dem Jahre 1890 des Amerikaners William Erskine Bartlett auf Hackenwulst-Reifendecken erwarb die «Dunlop-Pneumatic Tyre»-Gesellschaft. Zusammen mit den Welch-Schutzrechten sicherte sie damit ihre Monopolstellung.

satz. Bei der Dunlop-Konkurrenz zeichnete sich eine finanzielle Katastrophe ab. Da machte die Zeitschrift «Sport und Spiel» in Midland eine sensationelle Entdeckung. In verstaubten Patentakten stiess sie auf die 45 Jahre alte Erfindung von Robert William Thomson. Er hatte den Pneu schon lange vor Dunlop beschrieben und hergestellt! Dunlops Patent war nichtig.

Die Konkurrenz atmete auf. – Zu früh! Der Pneumatic Tyre Company in Belfast gelang es nämlich, 1890 drei Patente zu kaufen, die ihre Monopolstellung sicherten. Charles Kingston Welch aus Coventry hatte den Drahtseilreifen erfunden (englisches Patent 14563), William Erskine Bartlett aus Edinburgh den Wulstreifen (Clincher- oder Hackenreifen; englische Patente 16384 und 16783). Beide Erfindungen liefen darauf hinaus, den Pneu leichter

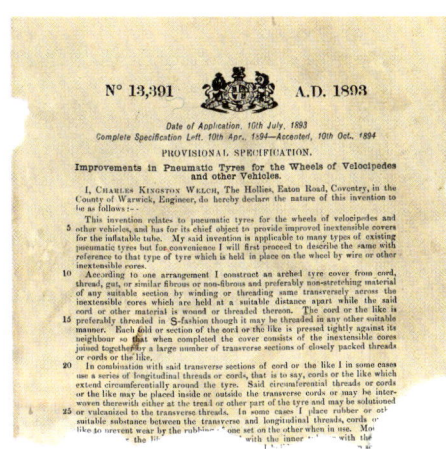

Der eigentliche Verbesserer der Dunlop-Luftreifen ist Charles Kingston Welch. Er erfand auch das später generell übliche Ventil und die Cord-Einlagen, die er sich 1893 durch das englische Patent 13391 schützen liess.

als bisher auf die Felge zu montieren. Die Räder der einzelnen Hersteller mussten nicht mehr nach Belfast gebracht werden, um dort bereift zu werden. Die Pneumatic Tyre Company konnte die neuen Reifen einfach den Fahrradfabriken zuschicken.

Im selben Jahr entwickelte die französische Firma Michelin in Clermont-Ferrand einen Luftschlauch ohne Mantel, den der Radfahrer selbst montieren, demontieren und reparieren konnte. Dieser Pneu gewann an Prestige, als Charles Terront damit 1891 das 1208-km-Rennen von Paris nach Brest und zurück in 71¹/₂ Stunden gewann. Er

In Frankreich war Edouard Etienne Michelin (1859 bis 1940) der Pionier des Luftreifens für Fahrrad und Auto …

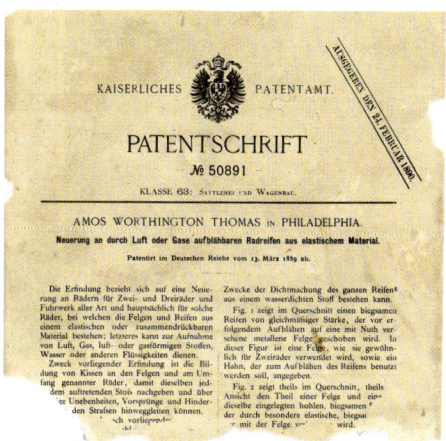

… 1891 führte er für Fahrräder demontierbare Schlauchreifen als Luftschlauch ohne Mantel ein.

Werbung um die Jahrhundertwende.

verlor aber bald wieder an Bedeutung, denn die englischen Dunlop-Drahtmantelreifen liessen sich wesentlich einfacher montieren. Nur in den USA behauptete sich der Luftschlauch-Reifen à la Michelin noch viele Jahre lang. Heute ist er als Pneumatic der leichtesten Rennräder und der Kunstradmaschinen selbstverständlich. In Deutschland fertigte die Firma Continental bis in die dreissiger Jahre unseres Jahrhunderts

Dunlop hatte mit seinem Luftreifen eine Patentflut ausgelöst. In den ersten fünf Jahren nach seinem Schutzrecht beschäftigten sich über dreitausend englische Patente damit, Pneumatikreifen und Felgen voneinander zu trennen. Das Deutsche Reichspatent Nr. 50891 von 1889 des Amerikaners Amos Worthington Thomas aus Philadelphia schützt 17 verschiedene Befestigungsarten der Reifendecke an den Felgen.

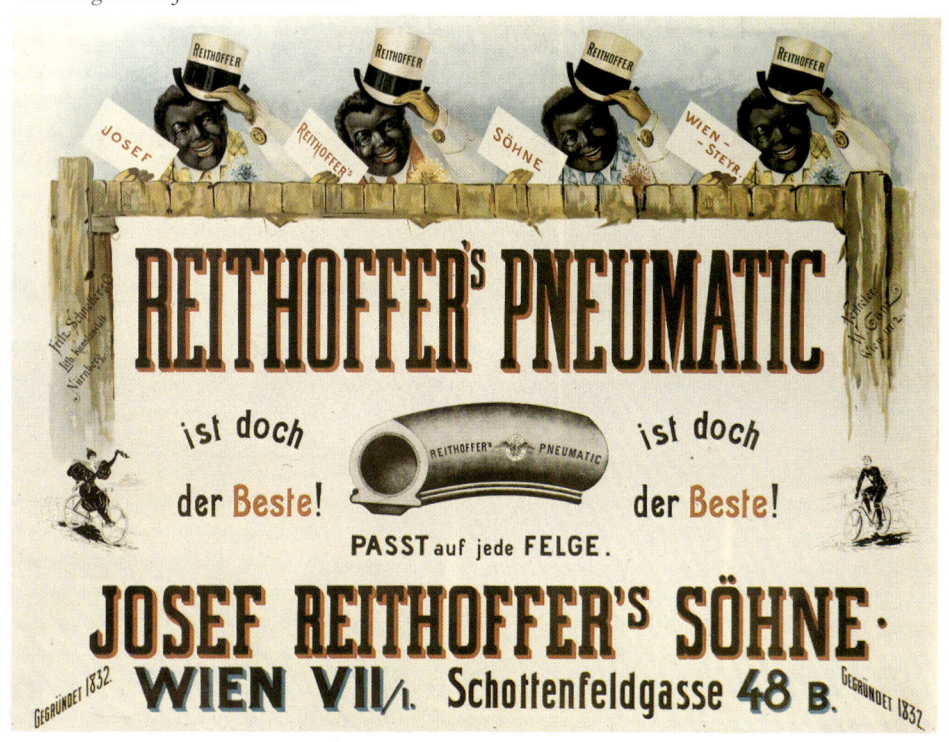

Charles Terront siegte auf Michelin-Reifen im ersten Langstrecken-Radrennen Paris–Brest–Paris im Jahre 1891 überlegen...

... Zweiter wurde in diesem Radrennen mit Dunlop-Luftreifen Jiel-Laval. Seine Maschine steht heute im «Conservatoire des Arts et Métiers» in Paris.

verbesserte Wulstreifen nach Bartlett. Dann löste diesen Typ auch hier der Drahtreifen ab.

Waren die ersten Dunlop-Reifen auf glatten Böden noch sehr rutschempfindlich, so tauchten rasch Entwicklungen auf, die das verhinderten: zunächst Querrippenprofile, später Reifen mit Längsrillen. 1905 ersetzten die Amerikaner dann noch das Baumwoll-Kreuzgewebe des Mantels durch Cordgewebe, das John Fullerton Palmer bereits 1889 vorgeschlagen hatte. Dadurch wa-

So entwickelte sich der Fahrradreifen:
1. Massiv-Gummireifen bis 1894.
2. und 3. Hohlraum-Reifen.
4. Der erste (englische) Luftreifen.
5. Aufgekitteter Single Tube, System «Boothroyd».
6. Verbesserte deutsche Ausführung «Boothroyd Continental» (1892).
7. Reparaturmethode des «Single Tube»-Reifens.
8. Der Vorläufer des Wulstreifens (1890).
9. Der erste «Clincher»-Reifen (1892).
10. Der erste deutsche «Excelsior»-Wulstreifen (1892).
11. «Continental»-Wulstreifen (1893).
12. Versuch eines schlauchlosen Wulstreifens.
13. Der erste englische Drahtreifen auf Tiefbettfelge (1892).

Michelin-Reifenmontage bei Nacht während des Langstreckenrennens Paris–Brest–Paris, 1891.

ren die Reifen stabiler und haltbarer. Die innere Walkarbeit war wesentlich geringer als beim Kreuzgewebe. Später, im Zeitalter des Kunststoffs, verdrängten synthetische Gewebe den Baumwoll-Cord.

Der erste Versuch eines Reifens aus künstlichem Kautschuk wurde bereits 1910 unternommen. Dieser Continental-Reifen wurde damals aus synthetischem Kautschuk der Elberfelder Farbenfabriken, vormals Friedr. Bayer &

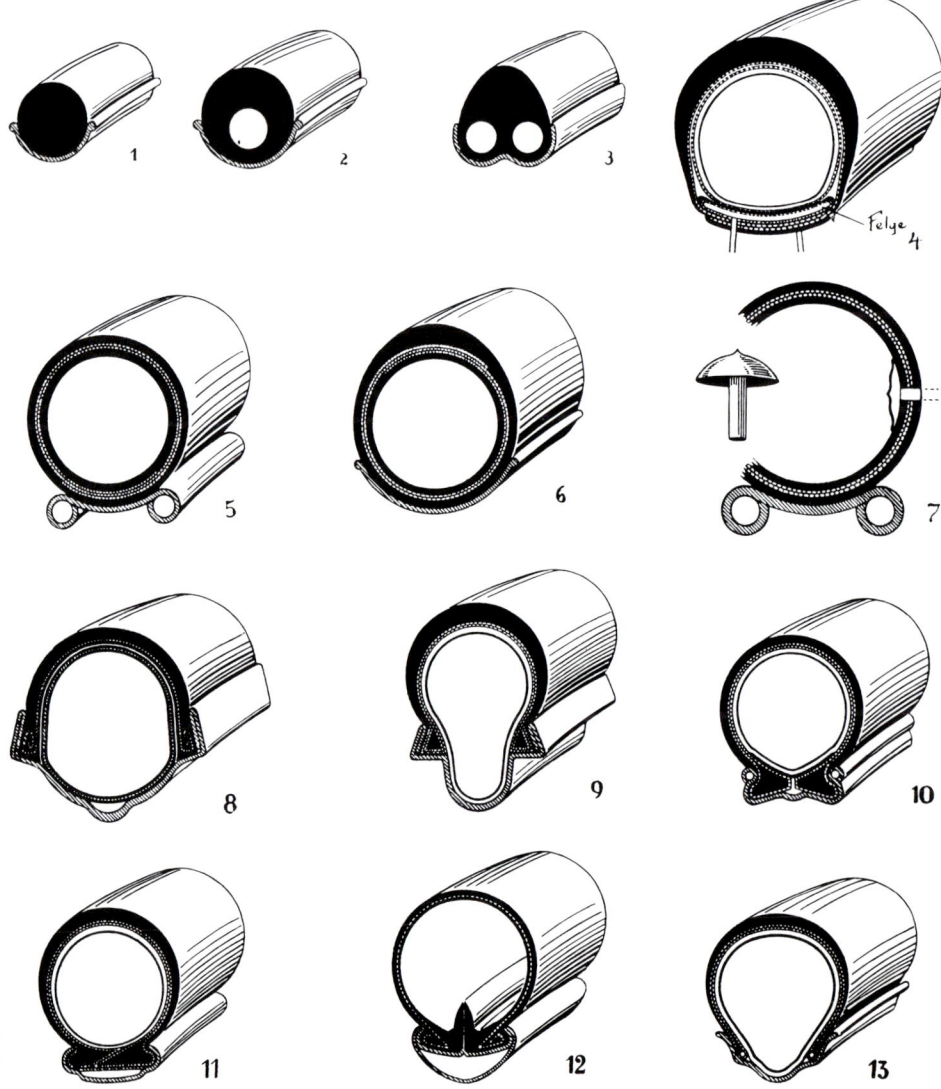

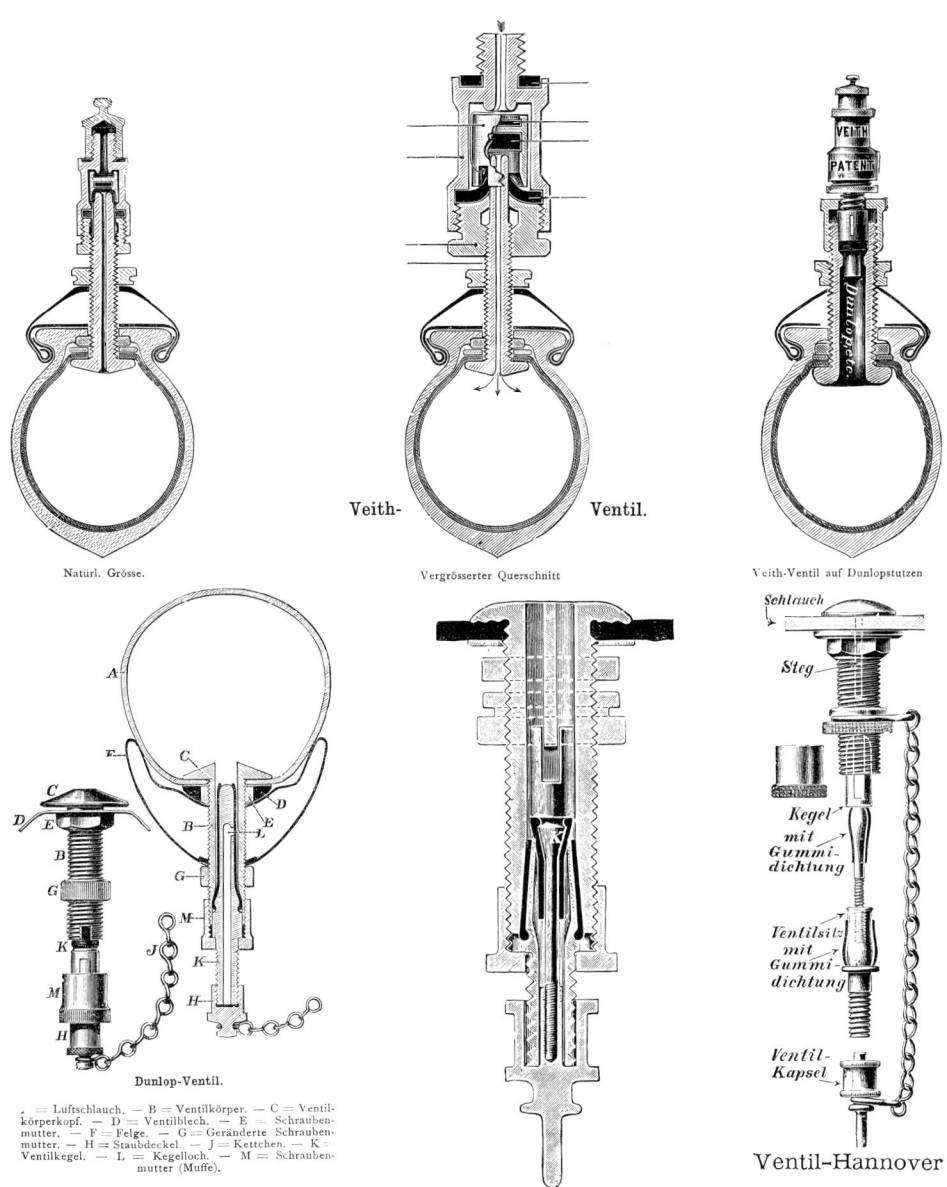

Veith-Ventil.

Natürl. Grösse.   Vergrösserter Querschnitt   Veith-Ventil auf Dunlopstutzen

A = Luftschlauch. — B = Ventilkörper. — C = Ventilkörperkopf. — D = Ventilblech. — E = Schraubenmutter. — F = Felge. — G = Geränderte Schraubenmutter. — H = Staubdeckel. — J = Kettchen. — K = Ventilkegel. — L = Kegelloch. — M = Schraubenmutter (Muffe).

Dunlop-Ventil.

Schlauch
Steg
Kegel mit Gummidichtung
Ventilsitz mit Gummidichtung
Ventil-Kapsel

Ventil-Hannover

Rad-Ventile vor der Jahrhundertwende.

Im Ersten Weltkrieg kamen in Deutschland Tourenräder mit Ersatzbereifung aus Schraubenfedern zum Einsatz.

Montage der Maxim-Gumminoppenreifen (1889).

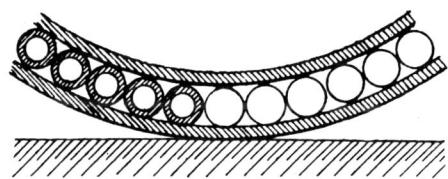

Französischer Luftkissenreifen mit Gummiringen nach Achille (1890).

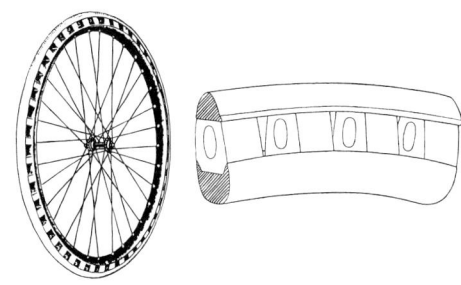

Einen «Compensationsreifen» brachte 1891 die Berliner Firma Kemmrich & Co. auf den Markt. Er besass eine Zwischenlage aus nach aussen verjüngten Gummipuffern.

Co., hergestellt. Erst 1938 wurden in Deutschland Reifen aus künstlichem Kautschuk (Buna) erzeugt, der einen fast vollwertigen Ersatz des Naturkautschuks darstellt. Als nach Kriegsende wieder Naturkautschuk in genügenden Mengen vorhanden war, ging man zur Verwendung von Kunst- und Naturkautschuk-Mischungen über.

Sind moderne Fahrräder ohne Pneus auch unvorstellbar, so macht die Luftbereifung allein doch nicht das ganze Rad aus. Nicht minder wichtig sind die Felgen, die Speichen und die Nabe. Ihre Entwicklung verlief bei weitem nicht so dramatisch wie die des Reifens. Dem bis in Michaux' Zeiten allein üblichen Holzrad mit aufgeschrumpftem Eisenband folgten mit der Entwicklung mehr oder weniger elastischer Laufflächen beinahe automatisch die verschiedensten Felgenformen, von der einfachen, in den Holzreifen eingefrästen Nut über die Eisenfelge und Stahlfelge mit U- und V-Profil bis zur 1875 von Jules Truffault erfundenen Hohlfelge, die aus zwei miteinander hartverlöteten Profil-Eisenbändern bestand. Die Felgen zeichneten sich durch grosse Stabilität aus.

Die Speichenentwicklung setzte im Gegensatz zu den Fortschritten in der Reifen- und Felgentechnik schon recht früh ein. Bereits 1802, also noch vor der Erfindung der Draisine, liess sich der Deutsche G. F. Bauer eine Radaufhängung mit Lederriemen oder Schnüren patentieren, 1826 erhielt der Engländer

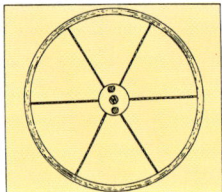 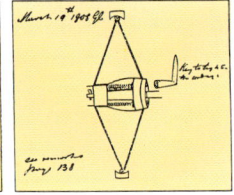

George Cayley machte um 1808 mit an Schnüren aufgehängten Felgen Versuche. Sie wurden beim Ariel-Rad um 1870 wieder interessant.

Theodore Jones ein Schutzrecht auf Eisenspeichen. Allerdings gewann die Erfindung von Jones erst beim Phantom-Rad 1869 praktische Bedeutung. Die eisernen Speichen verliefen radial von der Felge zur Nabe und waren demgemäss auf Druck und – wegen der Drehung des Rades – auf Biegung beansprucht. 1874 erfand James Starley die Tangentialspeichen, deren Vorzüge er wenig später mit seinem riesigen Hochrad Xtraordinary sehr anschaulich demonstrierte. Diese Speichen laufen von der Felge tangential zur Nabe und sind dort in einem Loch eingehängt. An der

Das Ariel-Rad im Jahre 1870.

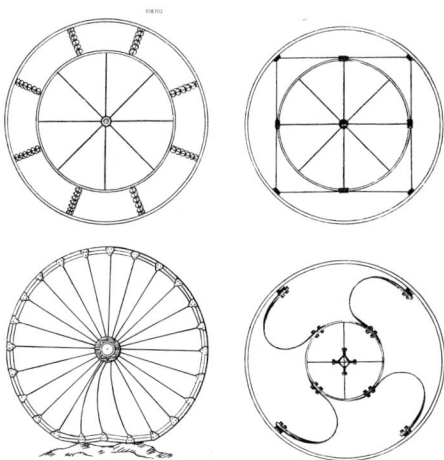

Diese federnden Räder schlugen im Jahre 1869 verschiedene Konstrukteure in Frankreich vor.

Felge lassen sie sich mit einem Gewindenippel spannen. Sie sind nur auf Zug beansprucht und dürfen deshalb wesentlich schwächer sein als ihre Vorgänger. Sie allein setzten sich schliesslich durch.

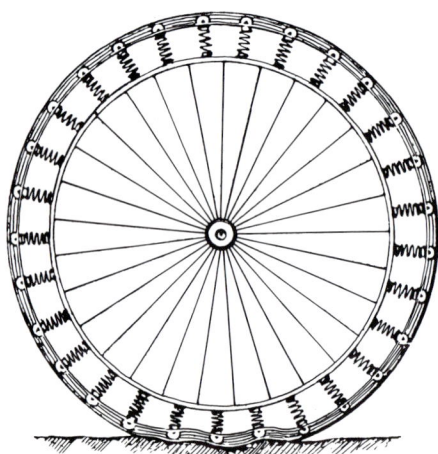

Elastisches Vorderrad des französischen Hochrades «Fantôme» (1880).

Erwähnenswert ist eine Reihe merkwürdiger Speichenkonstruktionen um das Jahr 1869 einerseits und gegen 1881 andererseits. Franzosen, Amerikaner und Italiener versuchten, den harten Rädern dadurch elastische Laufeigenschaften zu verleihen, dass sie flexible Speichen bewusst auf Biegung beanspruchten. Truffault beispielsweise hängte 1869 ein kleines vierspeichiges inneres Rad an vier U-förmig gebogenen kräftigen Blattfederspeichen im äusseren Laufrahmen des Rades auf. Ein Landsmann von ihm umgab das innere Rad mit einem Quadrat aus Speichen, das mit seinen vier Ecken im äusseren Rad befestigt war. Italienische Modelle

von 1881 besassen elastische Speichen, die von der Radnabe ausgehend die Felgen nicht auf kürzestem Weg erreichten, sondern in elegant geschwungenem Bogen.

Dieses elastische Rad mit Schraubenfedern wurde 1942 in der Schweiz hergestellt. Es befindet sich heute im Verkehrshaus der Schweiz in Luzern.

Elastisches Vorderrad des französischen Hochrades «Elastique» (1880).

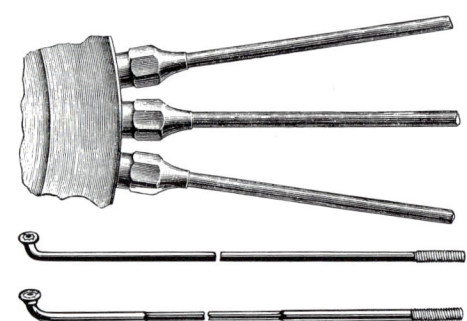

Einst und jetzt: Radialspeichen mit Nabennippeln eines englischen Hochrades (1875) und heutige Normal- und Doppeldickend-Speichen.

Dem letzten Teil des Rades, der Nabe, sei ein eigenes Kapitel gewidmet; denn so einfach das Prinzip des Radlagers auf den ersten Blick erscheinen mag, so unglaublich gross ist die Zahl der einschlägigen Konstruktionen.

«Der rechte Rahmen» – Vom Holz-balken zum Trapez

Das Prinzip des Fahrrads ist, nüchtern formuliert, die rollende Fortbewegung auf einem durch Muskelkraft angetriebenen lenkbaren Zweirad. Der Satz lässt auf die unumgänglichen Baugruppen schliessen: zwei Räder, ein Antriebs- und ein Steuerungsmechanismus. Alles andere, Sattel, Lampe, Bremse und so weiter, sind Hilfskonstruktionen. Die zweifellos wichtigste unter ihnen ist der Rahmen, der schliesslich alles zusammenhält. Aber gerade weil er eine Hilfskonstruktion ist, wie jeder Rahmen in des Wortes weitester Bedeutung, ist seine Gestalt weit weniger streng funktionsgebunden als die der anderen Bauelemente des Zweirads. Kein Wunder, dass die Formenfülle der Rahmenkonstruktionen

Ein deutsches Hochrad mit Druckspeichen von Seidel & Naumann aus Dresden (1889).

im Laufe der Fahrradgeschichte allein ein dickes Buch füllen könnten. Es gilt, sich auf das Prinzipielle zu beschränken.

Hier hilft Hamlet weiter: «Ist es gleich Wahn, so hat es doch System.» Denn so bizarr auch mancher alte Rahmen anmutet, ganz ohne System hat wohl kein Fahrradkonstrukteur die Gestalt seines Vehikels gewählt. Zwei Hauptmerkmale kennzeichnen den Rahmen: das Material und die Form. Zum Teil beeinflussen sie sich gegenseitig. Aus Holz lässt sich schliesslich kein Rohrrahmen bauen. Die Auswahlkriterien für das Material sind rasch genannt. Es soll stabil und gleichzeitig leicht sein, gut zu bearbeiten, preiswert und – natürlich – verfügbar. Über moderne hochfeste Stähle oder Aluminiumlegie-

rungen beispielsweise verfügte Drais noch nicht, als er sein Laufrad baute. Deshalb verwendete er Holz. Erst 1864 ersetzte Michaux Teile des Holzrahmens durch Schmiedeeisen. 1870 – die Industrie hatte gelernt, Stahlrohre herzustellen, die geringes Gewicht mit hoher Festigkeit vereinigten – bauten die Amerikaner erstmals hohle Rahmen. Die Fahrräder wurden erheblich leichter. 1886 erfanden die deutschen Brüder Reinhard und Max Mannesmann nach jahrelangen Versuchen ein Verfahren,

aus Rundstahl nahtlose Rohre zu walzen. Am 26. April 1887 erhielt Max darauf mehrere Patente, gleichsam Geburtsurkunden der später weltberühmten «Mannesmann-Röhren». Drei Jahre später war das nahtlose Stahlrohr im Fahrradrahmenbau Stand der Technik.

Später, um die Jahrhundertwende und kurz danach, besannen sich die Amerikaner bei der Suche nach billigen Werkstoffen für leichte Serienräder noch einmal auf das Holz. Sie bauten kombinierte Holz-Stahl- beziehungs-

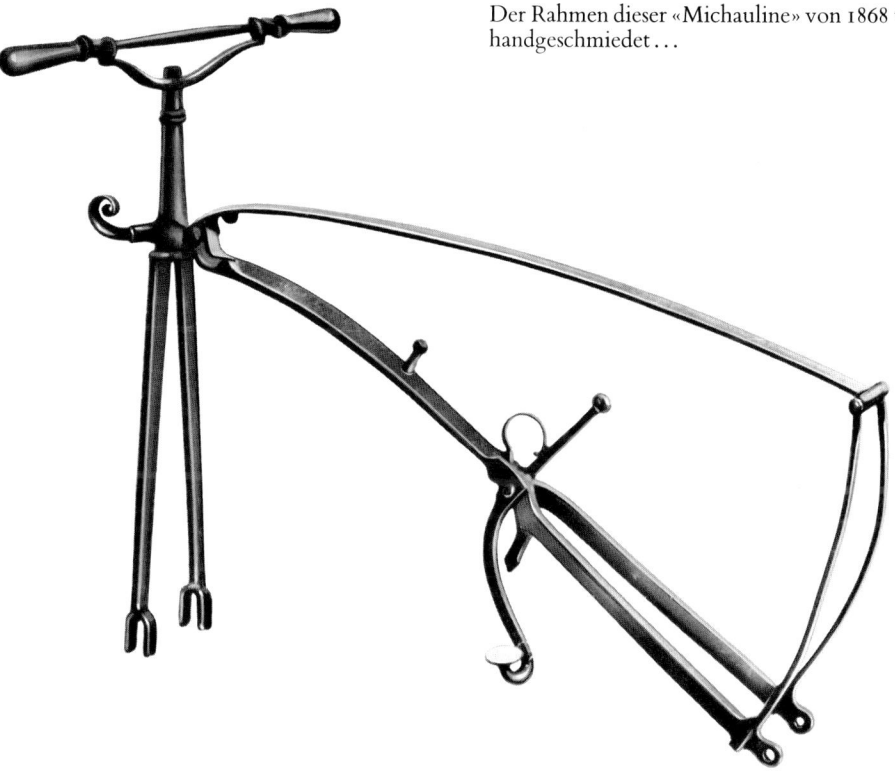

Der Rahmen dieser «Michauline» von 1868 war handgeschmiedet...

... ebenso wie jener des Lallement-Velocipeds aus demselben Jahr.

Damenräder aus Hickoryholz lieferten die Zeus-Holzfahrrad-Werke von Karl Gropp in Benneckenstein am Harz. Ähnliche Modelle baute die Firma Karl Jircher & Co. in Mannheim. In England und Österreich arbeiteten Spezialfabriken für Fahrräder mit Bambusrahmen: die Bambus Cycle & Co., Ltd. in London-Wolverhampton und die Firma Grundner & Lemisch in Ferlach/Kärnten. Aluminiumfahrräder bauten Humber & Co. in Beeston und Giese in Offenbach am Main.

weise Holz-Aluminium-Rahmen und konstruierten sogar extrem leichte und zugleich elastische Gefährte aus ineinandergesteckten Bambusrohren. Sie sollten sich nicht durchsetzen.

Grundlegend neue Werkstoffe brachte die Kunststoffära. In den letzten Jahrzehnten fehlte es nicht an Versuchen, sie auch im Fahrradbau einzusetzen. Glasfaserverstärkte Polyesterharze schienen sich anzubieten und in allerjüngster Zeit auch verschiedene sehr widerstandsfähige und bruchfeste Kunstharze mit eingelagerten kurzen Kohlenstoffasern. Erfolge blieben aus. Die neuen Werkstoffe konnten weder in der mechanischen Stabilität noch im Gewicht mit dem dünnwandigen leichten Edelstahlrohr konkurrieren. Ausserdem liessen sie sich schwerer verarbeiten, und das wiederum bedingte zu hohe Preise. Das Stahlrohr hatte sich ja seit Mannesmanns Zeiten verändert. Besassen die Fahrradrahmen um 1890 Wandstärken bis zu 2,5 Millimeter, so ist das hochwertige Material der heute üblichen «Renold-531-Rohre» ganze 0,9 Millimeter dick. Besonders teure Hochleistungsstähle für moderne Rennräder erbringen die erforderliche

Stabilität gar bei Rohrwandstärken von 0,3 Millimetern! Damit werden die Fahrräder so leicht, dass dagegen selbst Rahmenkonstruktionen aus Aluminiumlegierungen nicht aufkommen können. Sie nämlich erfordern stärkere Rohre mit dickeren Wänden. Natürlich hat es in jüngerer Zeit nicht an Versuchen mit Leichtmetall-Legierungen

Aluminiumrad 2600 von Kettler.

gefehlt; bisher ohne nennenswerte Erfolge. Um 1973 machte ein sehr leichtes Fahrrad mit Titanrahmen von sich reden, nachdem der berühmte Champion Eddy Merckx darauf einen Weltrekord heimbrachte. Prompt verkaufte die Industrie rund zehntausend Exemplare dieses Gefährts, dessen Rahmen nur etwa 60 Prozent eines Stahlrahmens

wog. Eine weitere Verbreitung scheiterte allerdings am Preis der Titanräder.

Soweit zum Material; jetzt aber zur Form. Einmal folgt sie ebenfalls den Prinzipien der Gewichtsminimierung, der Stabilität und der Möglichkeit preiswerter Fertigung. Darüber hinaus aber spielen die Grösse der Räder, die

Die «Souplette» aus Frankreich (1896) hatte einen Holzrahmen mit Aluminiumverbindungsteilen.

Funktionalität und zum Teil auch die Elastizität der Konstruktion eine Rolle. Und schliesslich wirken noch andere Faktoren mit: das technische Können oder Unvermögen des Konstrukteurs

Amerikanisches Plastikrad, das 1964 in Amsterdam gezeigt wurde.

bis hin zum zuweilen spürbaren Hang zur Extravaganz, der Zeitgeschmack und – auch das ist wichtig – die Notwendigkeit, Patente anderer Hersteller zu umgehen.

Ein noch sehr vordergründiges Funktionalitätsdenken bestimmte die einfache Holzbalkenkonstruktion der Draisinen, an die sich auch Lallement noch anlehnt. Erste fertigungstechnische Überlegungen fielen bei den schmiedeeisernen Rädern Michaux' ins Gewicht, zugleich aber auch schon Gedanken zur Elastizität jenes Rahmenteils, das den Sattel trug.

Bei den Hochrädern diktierten fast ausschliesslich die Dimensionen des riesigen Vorder- und des winzigen Hinterrades die Rahmengestaltung, weshalb sich die Hunderte verschiedener Typen im Grunde glichen wie ein Ei dem anderen.

Das englische Scout-Safety von 1884 besass einen doppelten Kettenantrieb.

Rover-Modell der Firma Starley & Sutton in Coventry (1886).

Dann aber traten Männer wie John Kemp Starley, Lawson, Humber und Singer mit ihren Niederrädern auf den Plan. Sie liessen sich nichts diktieren, sie konstruierten und sie berücksichtigten zum ersten Mal die ganze Fülle der Kriterien, die für die Gestaltung eines Fahrradrahmens ausschlaggebend sind. Starleys dritter Rover mit seiner fast schon modernen Form blockierte natürlich für eine ganze Zeit Konkurrenzentwicklungen, denn sein Rahmen war patentiert. Also fehlte es auch nach 1885 nicht an Dutzenden anderer Konstruktionen, obwohl der Rahmen in Starleys Modell im Grunde weitgehend ausgereift war.

Im wesentlichen lassen sich die Niederradrahmen in drei Kategorien einteilen, mit einer Vielzahl von Spielarten und Übergangsformen: den Kreuzrahmen, den Diamantrahmen (diamond bedeutet im englischen «Raute», und das weist auf die ungefähre Rahmenform hin) und den Fünfeck- oder Trapezrahmen. Letzteren entwickelte 1890 der englische Konstrukteur Humber, indem er beim Diamantrahmen à la Rover Sattel- und Tretlager durch ein zusätzliches Rohr verband. Damit war

Rover Modell mit Diamant-Rahmen von 1886.

jene Konstruktion geboren, die sich bis zum heutigen Tag bewährt hat. – Wieder und wieder versuchten Fahrradbauer seit Humbers Tagen, diesen Rahmen abzuändern, im Detail oder als Ganzes. Ab und zu feierte der Kreuzrahmen so etwas wie ein flüchtiges Comeback. Doch bis jetzt schlugen alle Bemühungen fehl, und es ist bei etwas gründlicherer Überlegung begreiflich, warum. Der Fünfeckrahmen ist bei optimaler Stabilität die materialsparendste und damit leichteste aller Konstruktio-

Moderner Sportrahmen.

nen. Die auf Seite 116 abgebildeten Prinzipskizzen sollen das erklären. Bekanntlich ist der halbe Kreisbogen die einfachste Konstruktion, wenn es darum geht, eine vertikale Kraft auf zwei Punkte überzuleiten. Gewölbe, Kuppeln, Tunnels machen davon Gebrauch. Fehlt im Gegensatz zum Tunnel der seitliche Druck, wird an der Basis des

Halbkreises zusätzlich eine Querverbindung erforderlich. Ihre architektonische Verwirklichung findet sich häufig unter den weitspannenden Bögen der Säulenhallen in Moscheen. Ginge es allein darum, das Gewicht eines Radfahrers auf die beiden Räder überzuleiten, wäre die einfachste und damit leichteste und billigste Konstruktion die in Skizze 1. Dass sie sich so nicht verwirklichen lässt, hat verschiedene Gründe. Das Vorderrad muss beweglich sein. Damit verbietet sich die starre Verbindung von Rad zu Rad. Zwischen beiden Rädern soll sich eine Tretkurbel befinden. Sie braucht einen Montagepunkt am Rahmen. Die einfachste Art, beiden Forderungen gerecht zu werden, zeigt Skizze 2. Jetzt kommt die Lenkung hinzu und mit ihr zwei neue Bedingungen: Die Lenkstange soll in anatomisch sinnvoller Höhe angebracht sein. Das Rohr, das die Lenksäule führt, darf nicht gebogen sein. Zwangsläufig ergibt sich Skizze 3. Fehlt noch der Sattel. Auch er muss physiologisch richtig plaziert sein, also etwa in gleicher Höhe wie der Lenker und möglichst senkrecht über der Tretkurbel. Weil er als punktförmige Kraft auf den oberen Kreisbogen wirkt, drängt sich eine zusätzliche Abstützung am Tretlager auf, gleichsam als «Speiche» dieses Kreisbogens. Skizze 4 entsteht. Von hier zum modernen Fahrrad ist nur noch ein winziger Schritt. Die Streben zwischen Sattel und Hinterrad sowie zwischen Sattel und Lenksäule werden aus fertigungstechnischen Gründen begradigt. Und die Vorderradgabel erhält eine leichte Biegung nach aussen, weil das die elastischen Eigenschaften des Rades verbessert.

Das moderne Zweirad in Skizze 5 ist fertig, genau in jener Form, die sich im Laufe der Entwicklung als die günstigste erwiesen hat. Wer das Fahrrad unserer Tage unter diesem Gesichtspunkt betrachtet, wird den Kreisbogen erkennen, auf dem Hinterradnabe, Sattelbasis, oberes Steuerrohrende und – von der Gabelbiegung abgesehen – auch die Vorderradnabe liegen. So starr ist dieses Schema, dass selbst die Rahmenhöhe für kleine und grosse Radfahrer nicht mehr als acht Zentimeter schwankt. Was fehlt, gleicht ein längeres Satteltragrohr aus.

116

Prinzipskizze des Fünfeckrahmens.

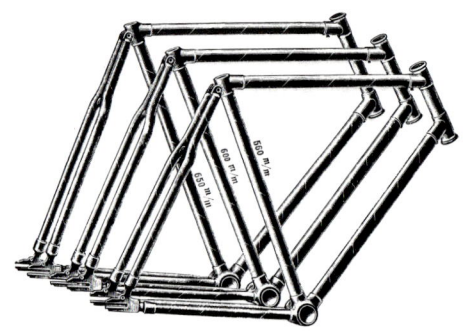

Die verschiedenen Rahmengrössen der Nürnberger «Premier Cycle Co» (1899).

Rahmen eines Herrenfahrrades (um 1910).

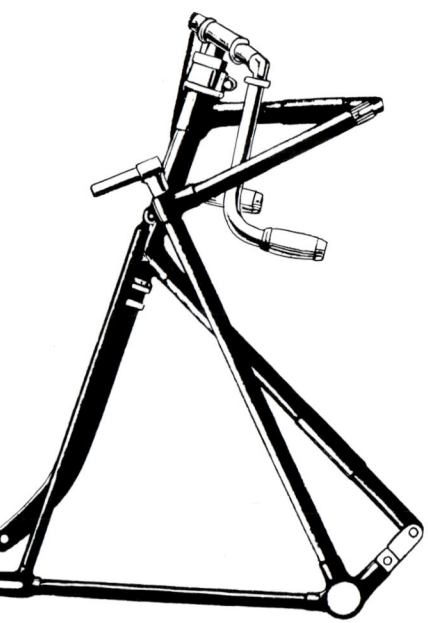

Das Gestell des zusammenlegbaren Hénault-Rades (1897).

Auch das Damenrad fügt sich soweit wie möglich diesem Prinzip. Es muss auf das obere Rohr verzichten und zieht es, nicht weiter als nötig, nach unten.

Der heutige Fahrradrahmen ist technisch optimal. Abweichungen sind mit höherem Materialbedarf bezahlte Modeströmungen wie die Rahmenform der Pony-Räder um 1970 oder stilistisch gekonnte Eingriffe, die am Grundprinzip nicht das geringste ändern. Am gelungensten dürften in dieser Hinsicht die aus Amerika und Japan stammenden Cantilever-Rahmen sein. Sie sind nicht nur sehr geschmackvoll, sondern auch konstruktiv gekonnt gelöst. Die Streben zwischen Lenksäule und Sattelrohr und zwischen Sattelrohr und Hinterradnabe verschmelzen zu einer elegant geschwungenen Einheit. Zugleich lösen sich alle dicken Rahmenrohre in zwei schlankere Rohre auf, die bei gleichem Materialeinsatz stabilitätsmässig vorteilhafter sind und ausserdem zu fer-

Solche Cantilever-Gitterrahmen produziert Japan seit 1966 für den US-Markt.

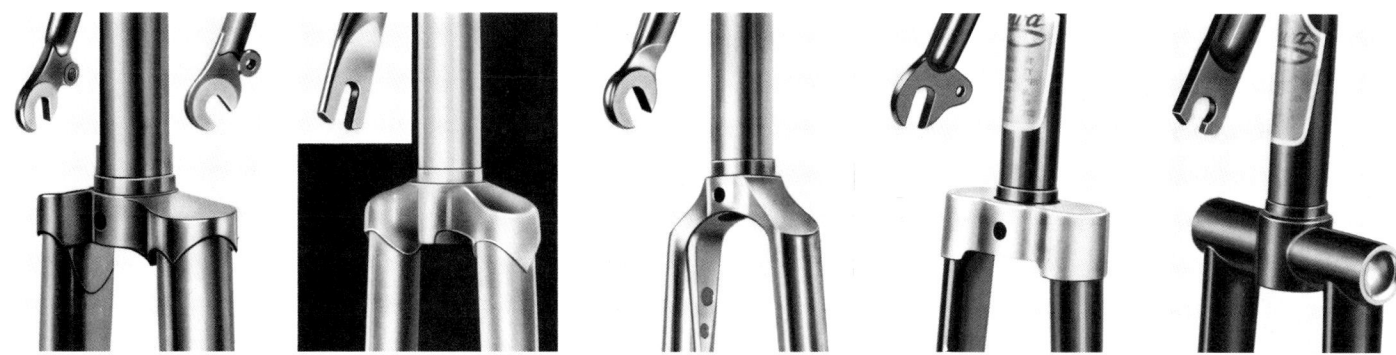

Touren-, Sport- und Renngabeln (1978).

tigungstechnisch sehr einfachen Hinterradgabeln führen. Nur Entwicklungen dieser Richtung dürfte es gelingen, das seit beinahe einem Jahrhundert zur Gewohnheit gewordene Aussehen des Fahrrads zu verändern.

Die Geschichte des Fahrradrahmens wäre nicht vollständig, ohne jene Entwicklungen zu erwähnen, die vor dem Aufkommen des Luftreifens für eine wünschenswerte Federung des Zweirads sorgen sollten und später wiederholt kurze Nachblüten erlebten. Gemeint sind die Schwingrahmen. Weil ihnen jedoch niemals grosser Erfolg beschieden war und sie nichts zum Werden des modernen Rahmens beitrugen, erübrigt sich eine ausführliche Beschreibung der vielen verschiedenen Modelle. Drei Beispiele zu diesem Ka-

pitel zeigen typische Vertreter dieser Rahmengattung.

1 In grossen Stückzahlen gebautes Victor-Rad der Overman Wheel Co. in Boston (USA). Patente 1877 bis 1899.
2 Auch dieser Kreuz-Rover mit gefedertem Hinterbau erlangte um 1889 grössere Verbreitung.
3 Vollgummibereiftes Zweirad mit Federrahmen von John Boyd Dunlop (DRP 52 470/1890). Vertraute er seinen Luftreifen doch nicht ganz?

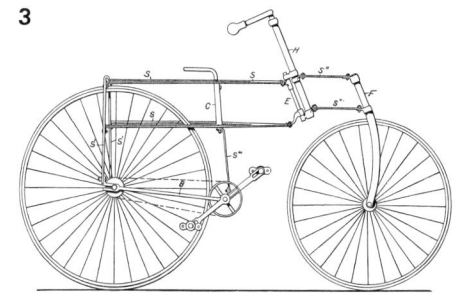

«Der Nerv des Velocipeds» – Lenkung und Gabeln

«Die Gabel, unten so weit, dass sie die Nabe einschliesst, verengt sich nach der Peripherie des Rades zu immer mehr, doch nicht so weit, dass das Rad daran schleifen kann. Es bedarf wohl, da sie die Last des Reiters mit zu tragen, sonst auch während des Fahrens manchen Stoss und Ruck auszuhalten hat, keiner näheren Ausführung, dass dieselbe vom besten Schmiedeeisen angefertigt werden muss. Ein Fall ist mir bekannt, der durch Zerbrechen dieser Gabel leicht lebensgefährlich hätte ablaufen können. Ein Herr, des Fahrens noch nicht sehr mächtig, übt sich, eine ziemlich grosse Anhöhe hinunterfahrend, in der Balance, natürlich die Füsse herunterhängen lassend und so ganz der sich schnell und immer schneller bewegenden Maschine anheimgegeben; mit der Lenkung noch nicht recht vertraut, ist er genöthigt, die Furche eines anstossenden Kornfeldes zu passiren. Dieser Stoss zertrümmert den oberen Theil der Gabel, und der Reiter ohne Stütze und doch im gewaltigen Schwunge fliegt über das Triebrad mit dem Kopfe voran in das glücklicherweise weiche Feld, ohne Schaden zu nehmen. – Da, wo sich oben an der Gabel der Absatz befindet, wird dieselbe von dem Träger beweglich umschlossen, sie muss also hier eine runde Form annehmen, erst oben wird sie viereckig, um die Lenkstange aufsetzen zu können; und endigt in einer Schraube, die dazu dient, diese festzuhalten. Es ist durchaus nothwendig, dass die Lenkstange, der Nerv der ganzen Maschinerie, gut befestigt werde, darum setze man dieselbe konisch auf, dass die Schraube beliebig nachgezogen werden kann.»

So beschreibt 1870 Gustav Steinmann in seinem Büchlein «Das Velocipede» die Gabel der zu seiner Zeit gebräuchlichen Michaulinen. Der Kern dessen, was er sagt, galt zu allen Zeiten für jede Fahrradgabel. Sie hat die Last des «Reiters» mitzutragen und während des Fahrens manchen Stoss und Ruck auszuhalten. Ihr Hauptkriterium ist die Stabilität. Steinmann verweist auf die Notwendigkeit, sie aus bestem Schmiedeeisen anzufertigen. Drais hatte sich zuerst mit stabilen Holzkonstruktionen beholfen. Aber schon zu seiner Zeit erschienen Laufmaschinen mit den ersten schmiedeeisernen Gabeln. So hat die von einem unbekannten Mainzer Mechaniker 1817/18 gebaute Draisine bereits eine Eisengabel, die in ihrer nach vorn durchgebogenen Form sehr den heutigen Konstruktionen ähnelt. Üblicherweise waren die Gabeln damals gerade, und sie blieben es bis nach der Zeit der Hochräder.

Schmiedeeisen war bis zur technischen Beherrschung des Stahlrohres optimaler Stand der Technik. Sobald sich, in der Zeit der Hochräder, Rohrkonstruktionen anboten, machten die Fahrradbauer davon auch Gebrauch. Heute unterscheidet man Tourengabeln, Sportgabeln mit Ausfall-Enden und besonders leichte und hochwertige Renngabeln.

Lenkstange des Michaux-Rades (um 1868).

«Eine eiserne Querstange mit Holzgriffen, zwei eiserne Bügel, die sich zu einer viereckigen Öffnung vereinigen, um mit dem oberen Theile der Gabel in feste Verbindung treten zu können, das ist das Ganze. Wie man aber oft mit geringen Mitteln Grosses zu leisten vermag, so ist es auch hier. Vermittelst der Lenkstange wird die Richtung nach rechts und links erzielt, mit ihr die Balance gewonnen und der vollkommen sichere Halt auf der so schwankenden Maschine hergestellt. Sie wird mittelbar durch die Gabel bei jedem Drucke auf die Kurbel in Mitleidenschaft gezogen und muss daher, will man einen sicheren Gang der Maschine erzielen, wechselseitig, jenachdem man tritt, gehalten werden. Zu kurz construirt, wirkt dieses Halten ermüdend auf Hände und Arme ein, sie muss daher auch eine gewisse Länge haben, die sich allerdings nach der Grösse des Velocipedes zu richten hat, damit dieses nicht unproportioniert erscheint.»

Lenkstangenformen der Frankfurter Firma Adler um die Jahrhundertwende.

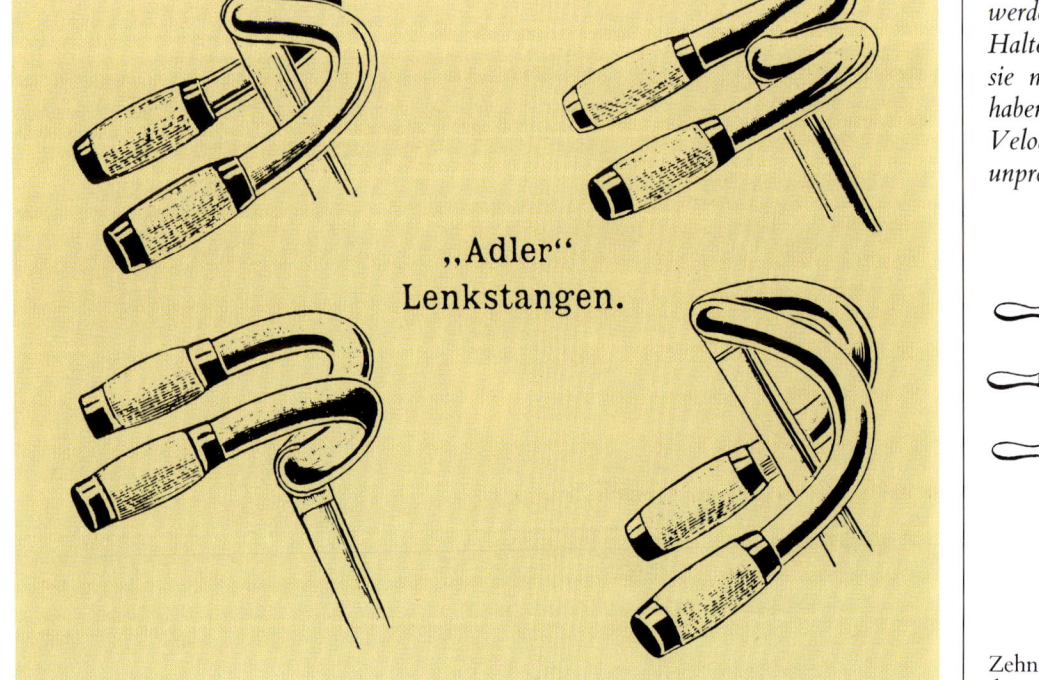

„Adler" Lenkstangen.

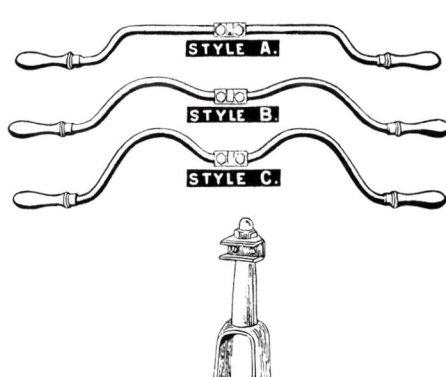

Zehn Jahre später: Lenkstangen für Hochräder der englischen Firma Andrew.

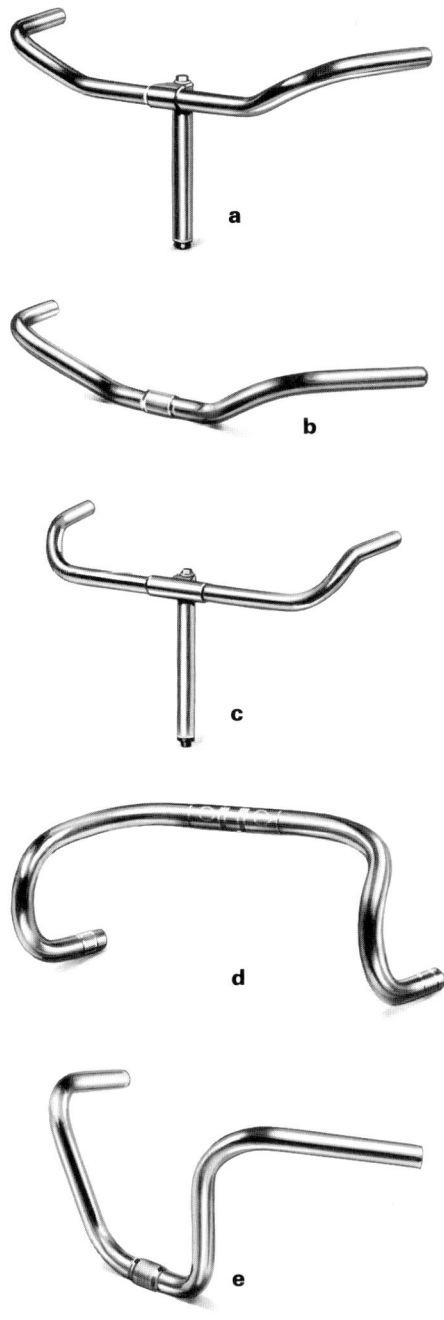

Lenker von heute:
a) Deutscher Tourenlenker
b) Sportlenker
c) Englischer Tourenlenker
d) Internationaler Rennlenker
e) Klappradbügel

Auch hier beschreibt Steinmann wieder den Lenker des Michaux-Rades, der, wie auch bei den Hochrädern, in der Tat noch eine andere Aufgabe zu erfüllen hatte als das Bremsen und das reine Steuern. Mit ihm musste der Fahrer, wie Steinmann erklärt, den «Druck auf die Kurbel» ausgleichen, denn diese Fahrradtypen hatten ja Vorderradantrieb. Später entfiel der Gesichtspunkt.

An sich sind die einzig entscheidenden Kriterien der Lenkstange ihre Länge, die Handlichkeit ihrer Griffanordnung und ihre Höhe. Kein Wunder, dass ihre Form, abgesehen von den verspielten Gestaltungsversuchen mancher Zeitgenossen Michaux', kaum eine grosse Mannigfaltigkeit aufweist. Allein der Sportlenker unterscheidet sich merklich von den sonst beim Niederrad üblichen Ausführungen, und das ist verständlich: Er soll dem Fahrer helfen, in einer gebückten, den Windwiderstand minimierenden Haltung zu spurten.

Interessanter ist die Entwicklung der Lenkungslagerung. Im wesentlichen

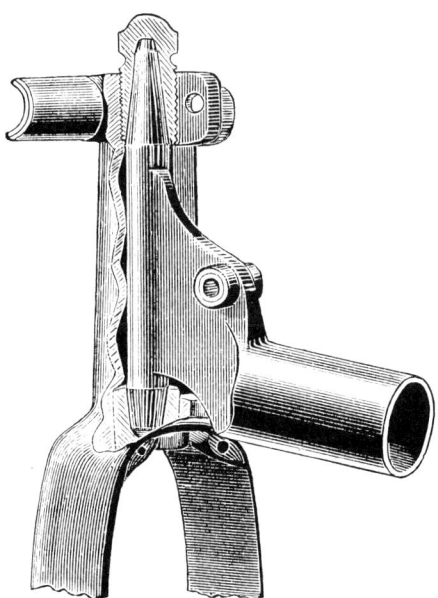

Die Gabel des amerikanischen «Jeffery»-Hochrads um 1884 war konusgelagert.

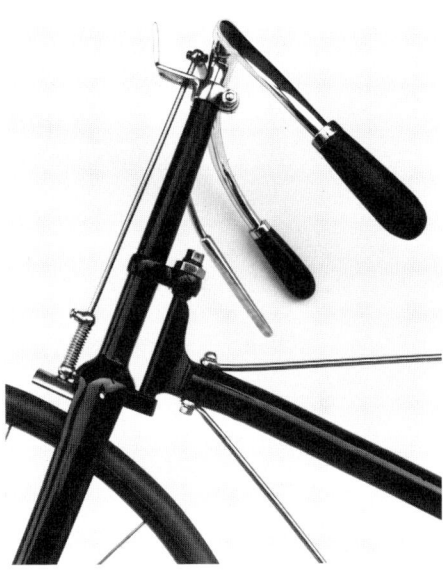

Nackensteuerung an einem Peugeot-Rennrad aus dem Jahre 1880.

lässt sie sich in zwei Grundtypen einteilen: die Sockelsteuerung und die Nackensteuerung. Bei der frühen Sockelsteuerung war die Lenksäule einfach in einem Rohr drehbar gelagert. So waren die älteren Zweiradmodelle bis hin zur Michauline und zu den ersten Hochrädern gesteuert. Bei den späteren Hochrädern lagerte der Rahmen in der Einheit aus Lenksäule und Gabel auf zwei Spitzen. Auch das war eine Art der Sockelsteuerung.

Die Niederräder ab 1889 besassen eine Steuerung mit einem Hilfslenkrohr, das fest mit dem Rahmen verbunden war und an seinen beiden Enden Lagerzapfen besass, um die sich Schalen bewegten, die ihrerseits an der eigentlichen Lenksäule montiert waren. Diese Nackensteuerung hielt sich nur etwa ein halbes Jahrzehnt. Dann löste sie wieder eine Sockelsteuerung ab, diesmal mit Kugellagern. Um die Jahrhundertwende erfuhr dieser Steuerungstyp eine hervorragende Verbesserung: Die Steuersäule lagerte jetzt in zwei Kugellagern am oberen und unteren Ende des vorderen Rahmenrohres. Diese mehrteiligen Lager heissen Steuersätze und sind bis heute im Gebrauch.

Moderne Gabeln sind in Steuersätzen gelagert.

«Kurbeln, Ketten, Kardanwellen» – Die Entwicklung der Kraftübertragung

Wie vielfältige Antriebssysteme des Zweirades im Lauf seiner Geschichte zum Tragen kamen, davon war bei der historischen Behandlung der Modelle von der Draisschen Laufmaschine bis zum modernen Fahrrad immer wieder die Rede. Hier sollen noch ein paar Details nachgetragen werden, die für die Einzelteilentwicklung wichtig waren: Fortschritte im Bau von Tretkurbeln und Pedalen, der Weg zur Kette, Gedanken über das Kettenrad, Anmerkungen zum Kardanantrieb.

Die ersten *Pedale* waren nichts anderes als hölzerne Spulen, die sich um einen Zapfen drehten. Sie fanden sich besonders bei alten Bauernrädern, die als Michaulinen-Nachbauten dort entstanden, wo das Geld für ein in der Fabrik gefertigtes Zweirad fehlte. Michaux selbst ging rasch zu Pedalen aus Bronzeguss über. Auch sie hatten Gleitlager. Am 24. April 1868 liess er sich patentamtlich ein kleines eichelförmiges Bronzeanhängsel unter dem Pedal schützen. Als zusätzliches Gewicht hielt es das Pedal immer in waagrechter Lage. Zugleich war es hohl und liess sich mit Öl füllen. So war für eine ständige Schmierung des Pedallagers gesorgt. Später brachte Michaux als seitliche Begrenzung der kantigen Pedale Rosetten an, vielleicht weil ihn das praktisch dünkte, vielleicht auch nur, weil es schön aussah.

Um 1870 kamen in England beim Ariel-Rad zum ersten Mal die sogenannten Rattrap-Pedale auf, auch sie noch mit Gleitlager. Dieser Typ entwickelte sich in verschiedener Weise weiter. Die Firma Singer stattete ihn mit Gumminoppen aus. Andere Firmen bauten kombinierte Pedale mit gezahnten Blechauftritten und eingearbeiteten Gummielementen. Auch reine Blockpedale mit zwei oder drei Gummirollen kamen vor.

Das Kugellager, erstmals 1869 in den Radachsen angewandt, eroberte die Pedallager zögernd. Erst nach 1890 waren die meisten Pedale mit dieser Erfindung ausgestattet. Die Bauformen unterschieden sich dabei. Da gab es kugelge-

Die bronzenen Gewichtspedale von Michaux (1868) garantieren stets horizontale Trittflächen.

lagerte Block-, Flügel- und Rattrap-Pedale, Leder- und Gummipedale und spezielle Leichtkonstruktionen. Um die gleiche Zeit kamen beim Sportrad die «Rennhaken» auf, die dem Fuss auf dem Pedal einen besseren Halt geben und die später durch Riemen-Halterungen ergänzt wurden.

Die abschraubbaren Eicheln, die zugleich als Öler funktionierten, liess sich Pierre Michaux am 24. April 1868 schützen. Patentzeichnung des Pedals.

Waren die Gewindezapfen der Pedale bei den Hochrädern und frühen Safeties noch mit Muttern an den Tretkurbeln befestigt, so wurden sie später direkt in diese eingeschraubt. Heute stellt die einzelne Fahrradfabrik die modernen Pedale gar nicht mehr selber her, sondern bezieht sie von einigen wenigen Spezialfabriken. So ändern sich die Zeiten. Und weil sich auch der Strassenverkehr geändert hat, kam zur eigentlichen technischen Aufgabe des Pedals noch eine zweite Funktion hinzu. Seit 1936 gibt es Modelle mit Rück-

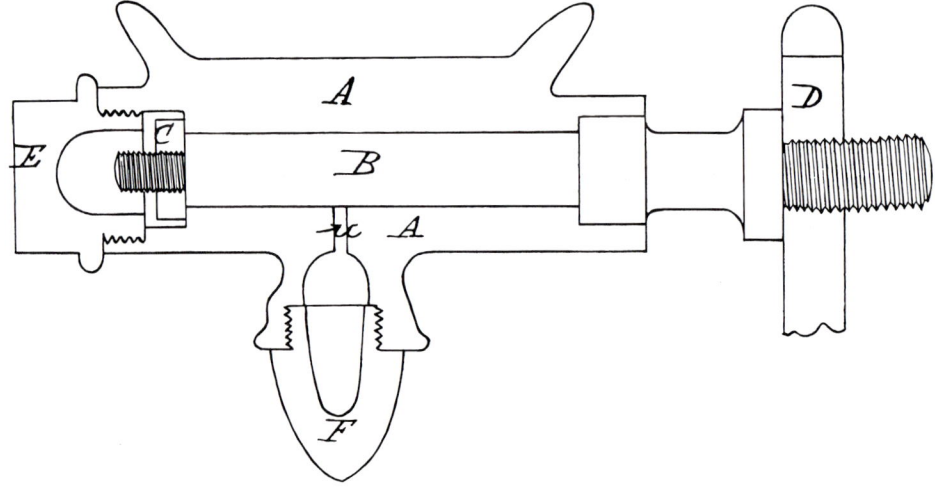

Ab 1867 besassen Michaux-Räder auch Rosetten-Pedale.

Die ältesten Rattrap-Pedale finden sich beim «Ariel» (1874).

Das Singer-«Xtraordinary»-Rad von 1878 besass Pedale mit sechs Gumminoppen.

Englisches Hochrad mit Radialspeichen und Dreiblock-Pedalen (1876).

Kangaroo-Antrieb mit Zweiblockpedalen (1884).

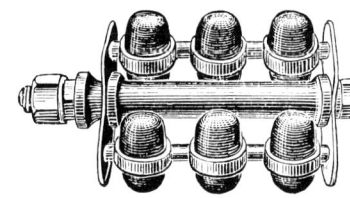

Sechs-Gumminoppen-Pedal der Firma Singer, Coventry (1878).

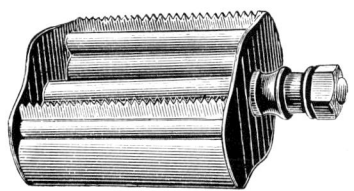

Ein Zacken- und Gummipedal aus Coventry (1879).

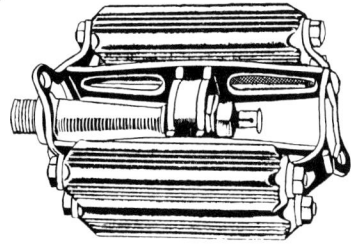

Englisches, einfach kugelgelagertes Gummipedal (1884).

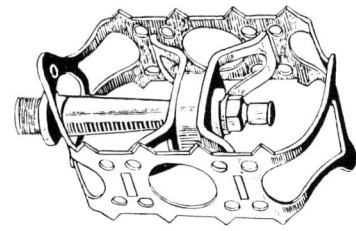

Englisches, einfach kugelgelagertes Zackenpedal (1884).

strahlern, die Kraftfahrzeuge nachts auf den Radler aufmerksam machen sollen. In der Bundesrepublik müssen sie vom Lichttechnischen Institut geprüft sein und eine gültige Prüfnummer tragen.

Kein Pedal ohne *Kurbelarm*. An ihm liess sich technisch nicht viel entwickeln. Zu erwähnen ist, dass sich schon bei Michaux das Pedal im Kurbelarm verschieben liess, womit sich der Durchmesser des von den Füssen beschriebenen Kreises änderte. Diese Ausführung gab es bis Anfang der neunziger Jahre.

Als die Tretkurbel am Ende der Hochradära nicht mehr direkt auf die Vorderradachse wirkte, wurden *Kraftübertragungsmechanismen* erforderlich. Zwar hatten einzelne Konstrukteure wie Macmillan, Guilmet oder Trefz sie schon vorweggenommen – bei der Beschreibung der Fahrradentwicklung war davon die Rede –, im breiten Rahmen aber haben sie sich erst mit dem allgemeinen Aufkommen der Safeties eingebürgert. Nun wird ein eigenes *Tretlager* erforderlich.

Die vielleicht frühesten Tretkurbellager konstruierten Michaux, Guilmet (1868) und Trefz (1869). Die eigentliche Tretlagerentwicklung begann mit den Sicherheitsrädern. Modebewusstsein spielte dabei keine geringe Rolle. Waren zunächst solide breite, kugelgelagerte Typen gebräuchlich, die mit den Äolus-Lagern der Hochräder ausgerüstet waren, so wollte bald jeder Fahrer elegante, schmale Ausführungen an seinem Rad sehen, bis um 1898 die technisch wesentlich verbesserten sogenannten Doppelglockenlager als neue-

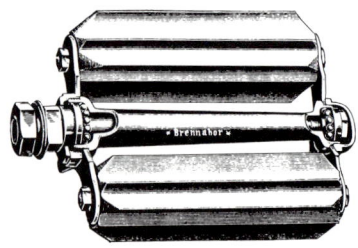

Doppelkugelgelagertes Zweiblockpedal mit Befestigungsmuttern für Hochräder und «Safeties» (1880 bis 1895).

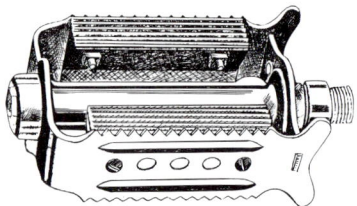

Doppelkugelgelagertes Gummi-Zackenpedal zum Einschrauben für Niederräder (1896).

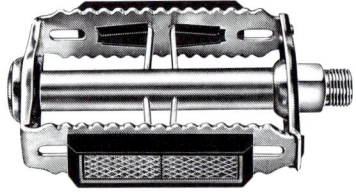

Rattrap-Pedal mit amtlich geprüftem gelbem Tretstrahler (1976).

Japanisches Rennpedal (1978).

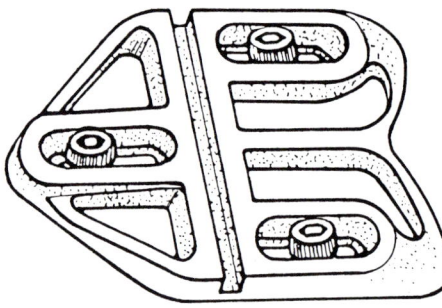

Verstellbare Rennschuhplatte (1978).

der Engländer Raleigh veränderliche Tretlagerübersetzungen. Später brachten die Frankfurter Adlerwerke ein Fahrrad mit Gangschaltung im Tretlager auf den Markt. Eine interessante Variante der Kettenradübersetzung am Tretlager entwickelte die amerikanische Firma TCM 1973.

Mehrere direkt in den Antrieb einbezogene Übersetzungsgetriebe für Dreiräder entwickelten besonders die Engländer. Eine Vielfalt von Patenten hierzu sind überliefert: von Kirby, Hillman, Markham, Warwick und Jean; oder die Getriebe namens Victor, Weston, Burdes Hill, Rapid Hill, Royal Mail, Vertical Wheel und so weiter.

Zur baulichen Einheit aus Tretkurbeln und Tretkurbellager gehört auch jenes Zahnrad, das die Kette antreibt. Es wäre nicht viel darüber zu sagen, hätten nicht verschiedene Konstrukteure versucht, selbst diesen einfachen Kreis mit einem Zahnkranz umzugestalten. Der Grundgedanke dafür entspringt einer biophysikalischen Überlegung. Ein Muskel hat seinen höchsten Wirkungsgrad bei einer ganz bestimmten Ar-

Das frühe Hochradpedal, das sich wie bei Michaux-Rädern in der Hebellänge verstellen liess, war von 1868 bis 1882 üblich.

Auf der Leipziger Frühjahrsmesse 1889 machte Johann Walch, München, dieses Wechselgetriebe bekannt.

ster Schrei aufkamen, die sich im Prinzip bis in die fünfziger Jahre unseres Jahrhunderts in Deutschland behaupteten.

Gelegentlich schlugen Konstrukteure vor, das Tretkurbellager mit einem Übersetzungsgetriebe zu kombinieren. Schon 1889 stellte der Münchner Johann Walch ein Rad mit Tretkurbel-Wechselgetriebe in Leipzig aus. 1896 baute der Franzose Marcel Boudard ein von der Funktion her ähnliches Getriebe. Um 1900 machte die englische Eite-and-Todd-Zweigangschaltung von sich reden, und im selben Jahr konzipierten auch der Franzose Mercier und

beitsgeschwindigkeit. Zieht sich der Muskel zu rasch zusammen, geht ein grosser Teil der freigesetzten Energie für das Überwinden der Gewebereibung im Muskel selbst verloren. Bewegt er sich zu langsam, dann verwandelt er relativ viel Energie in Wärme. Am «wirtschaftlichsten» ist Muskelarbeit bei etwa 30 Prozent des grösstmöglichen Tempos. Bei gleicher Gesamtar-

Dieses Fahrradgetriebe erfand 1896 der Franzose Marcel Boudard.

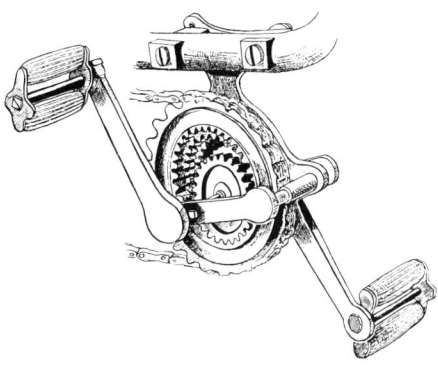

Eine Übersetzung im Tretlager baute 1899 der Franzose Mercier.

«Adler»-Berg- und Talrad (Modell 1949) mit Zweigangübersetzung im Tretkurbellager.

beit ermüdet deshalb der Muskel bei dieser Geschwindigkeit am langsamsten.

Die Erkenntnis stammt von dem Sportmediziner Guyton. Der übliche Fahrradantrieb wird ihr keineswegs gerecht. Bei ihm ist die Beinmuskelgeschwindigkeit gerade während der grössten Anstrengung, bei Senkrechttreten, maximal. Im unbelasteten oberen und unteren Totpunkt ist sie dagegen am geringsten. Das lässt sich einfacher korrigieren, als es vielleicht scheint: mit einem elliptischen Kettenrad. Der Gedanke ist keineswegs neu.

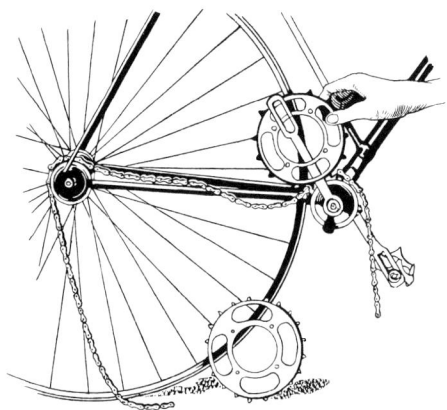

Durch Austausch des Kettenrades liess sich beim Raleigh von 1897 das Übersetzungsverhältnis ändern.

Schon 1890 gab es erste Versuche in dieser Richtung. Und seitdem fehlte es nicht an Vorschlägen, dieses Prinzip technisch zu verwirklichen. So berichtete beispielsweise 1928 die Zeitschrift «Klein-Motor-Sport» von einem Fahrrad mit elliptischem Kettenrad: «Bei horizontal stehender Tretkurbel, wo der Fahrer die grösste Kraft ausüben

kann, zieht die Kette mit dem grössten Abstand (grosse Achse der Ellipse) von der Kurbelmitte und bei senkrechter Kurbel mit dem kleinsten Abstand von der Kurbelmitte. Die Übersetzung ist 1:2. Damit die Kette straff bleibt, ist das hintere Zahnrad exzentrisch gelagert.»

Durchgesetzt hat sich bis jetzt keine derartige Konstruktion, vielleicht, weil niemals wirklich umfassende Grundlagenstudien angestellt wurden. Der amerikanische Professor Charles Y. Warner hat sie zusammen mit einem Kollegen, einem Studenten und einem Laborassistenten in den Jahren 1976/77 an der Brigham Young University in Provo, Utah, nachgeholt. Der Wissenschaftler hat das günstigste Achsenverhältnis der Ellipse bestimmt und Überlegungen über den Winkel zwischen Tretkurbel und elliptischem Zahnrad angestellt. Verschiedene Versuchsfahrten unter strenger messtechnischer Kontrolle mit einem Höchstaufwand biomedizinischer Analysegeräte lieferten erstmals Ergebnisse in Zahlen: Der Sauerstoffverbrauch der Fahrer sank gegenüber Versuchen auf einem Rad mit rundem Kettenrad bei schnellem Fahren im Durchschnitt um acht, in einem Fall sogar um zwölf Prozent. Um dieselben Prozentsätze niedriger lag demnach der Energieverbrauch. Noch günstiger wirkte sich das ovale Kettenrad auf den Kreislauf der Versuchspersonen aus: Der Puls lag bei dieser Antriebsart im Durchschnitt wesentlich niedriger.

Im Zeitalter des Hochleistungssports konnten diese Ergebnisse nicht lange ohne Reaktion in der Fahrradindustrie bleiben. Im Juni 1978 kündigten

prompt die österreichischen Puch-Werke in ihrer Hauszeitschrift an: «Mit diesem zusätzlichen Zahnkranz (gemeint ist das ovale Kettenrad) hätte

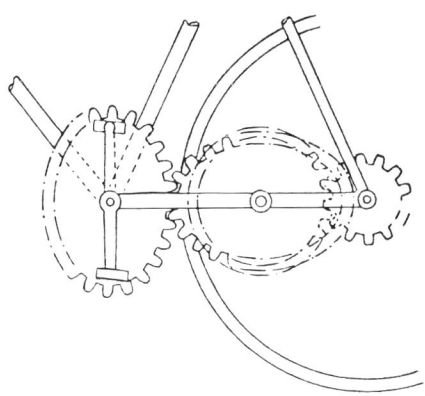

Schemaskizze der ovalen Kettenräder, die die Tretkraft der Beine erheblich besser nützen als herkömmliche, runde Kettenräder.

Didi Thurau die ‹Tour de France› gewinnen müssen. Das ‹Ei von Puch› erhöht nämlich die Bergsteigefähigkeit auf Fahrrädern um 14 Prozent. Es nutzt die Tretkraft der Beine erheblich besser als herkömmliche kreisrunde Zahnkränze. Puch präsentierte diese konstruktive Sensation auf der IFMA 1978. Bald wird vielleicht schon ein Sportrad serienmässig mit diesem zusätzlichen Zahnkranz (das runde Kettenrad behält die Firma ausserdem bei) ausgestattet. Schon heute gilt: ‹Wer auf Puch umschaltet, der hat, was andere versprechen – den technischen Vorsprung.› »

Wer sich daran erinnert, dass die Idee schon 1890 bekannt war, wird den futuristischen Aspekt der Erfindung etwas anders sehen als die Werbung.

1936 konstruierte der Stuttgarter Fabrikant und Erfinder Eugen Woerner ein Fahrrad, das ebenfalls einen elliptischen Antrieb hatte, der allerdings auf einem ganz anderen Prinzip beruhte. Bei seinem Modell bewegten sich schon die Füsse des Radlers selbst auf

Kettenloses Herren-Tourenrad mit Fusshebel-antrieb der Firma Woerner, Stuttgart (1958). Die Füsse bewegen sich bei diesem Rad auf einer ovalen Tretbahn.

einer elliptischen Bahn. Natürlich liess sich das nicht mit Tretkurbeln bewerkstelligen. Woerner hatte deshalb einen geeigneten Trethebelmechanismus entwickelt.

Ein anderer Typ des Ovalantriebs kam ebenfalls ohne Kette aus, hatte aber Tretkurbeln. Ein elliptisches Tretkurbelzahnrad trieb unmittelbar ein zweites eiförmiges Rad an, auf dessen Achse ein rundes Zahnrad angebracht war, das in das ebenfalls runde Zahnrad auf der Hinterradachse eingriff.

Doch zurück zum gebräuchlichen Kettenantrieb. Wie immer Tretlager und Kettenantriebsrad aussehen mögen, ihr Sinn und Zweck ist es, die Kette in Umlauf zu versetzen. Sie wiederum gibt die ihr aufgeprägte Energie an jenes kleine Zahnrad ab, das schliesslich das Hinterrad treibt. Auch an dieser Stelle lässt sich konstruktiv eine Übersetzungsschaltung realisieren. An verschiedenen mehr oder weniger praktischen Lösungen fehlt es nicht. Zunächst eine etwas umständliche Methode, die den Radler unserer Tage keineswegs befriedigen dürfte: Rennfahrer, die um die Jahrhundertwende Bergstrecken bewältigen mussten, bauten kurzerhand das Hinterrad aus und setzten es, um hundertachtzig Grad gewendet, wieder ein. Die Nabe hatte nämlich auf jeder Seite einen Zahnkranz; beide waren unterschiedlich gross. Die eigentlichen Kettenschaltungen tauchten erst 1932 bei Rennrädern auf. Die Idee dazu stammt aus Italien. In Deutschland bauten Fichtel & Sachs 1934 die ersten Schaltungen dieser Art mit einem dreifachen Zahnkranz. Später erweiterte die Firma das Modell auf vier Gänge. Aber erst nach dem Zweiten Weltkrieg

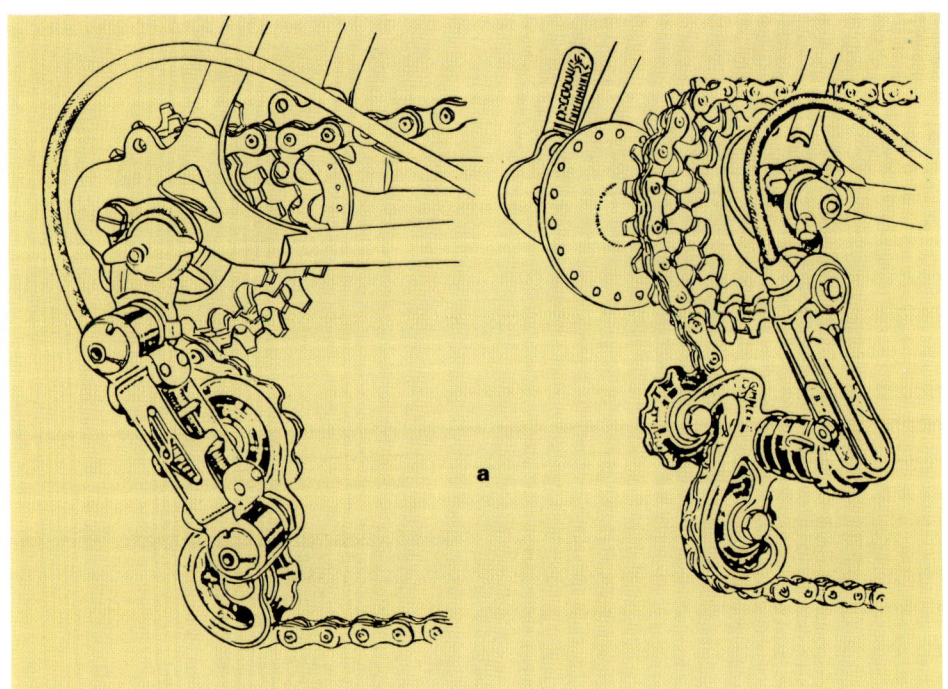

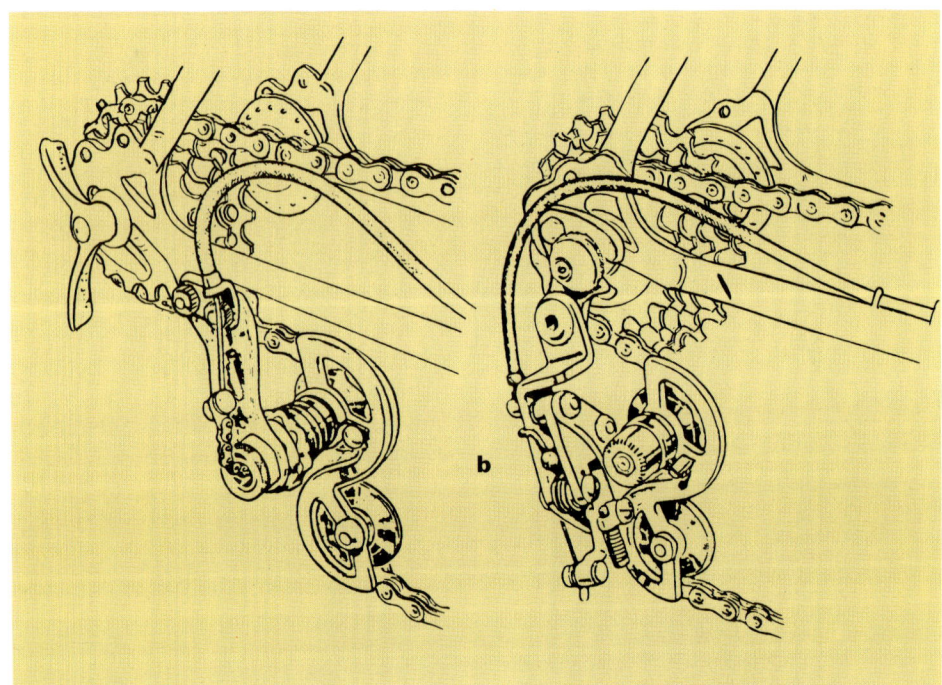

Kettenschaltungen aus den fünfziger Jahren:
a) Französische Juy-Kettenschaltung (1952)
b) Französische Huret-Kettenschaltung (1952)

war die Kettenschaltung technisch so ausgereift, dass sie sich in grossem Stil durchsetzte. Heute sind bei Sporträdern Ausführungen mit zehn oder zwölf Gängen nichts besonderes. Das Tretlager besitzt dann zwei Kettenblätter, am Hinterrad befindet sich ein Mehrfachkranz mit fünf oder sechs Zahnrädern.

Nachdem so viel von Kettenantrieben die Rede war, jetzt ein paar Worte

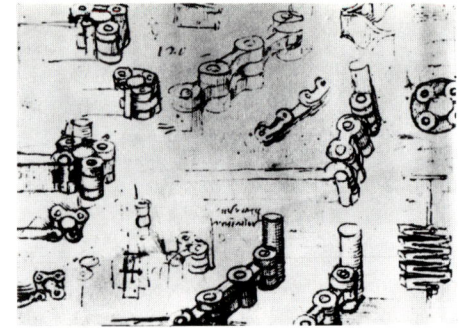

Der erste Entwurf einer Gelenkkette stammt von Leonardo da Vinci. Sie war noch nicht als Zahnkette ausgebildet (1500).

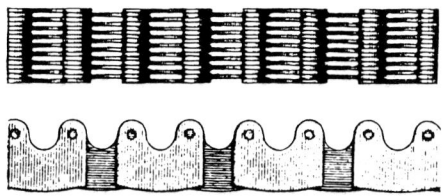

Die erste Zahnkette schuf 1829 André Galle. Sie wurde als Gallesche Kette bekannt.

zur *Kette* selbst. Ihre Grundkonzeption findet sich schon auf den Skizzenblocks Leonardo da Vincis um 1500. Das italienische Universalgenie hatte eine Gliederkette entworfen, die sich allerdings noch nicht durch ein Zahnrad antreiben liess. Die Zwischenräume zum Eingreifen der Zähne fehlten. Sie hat erst über drei Jahrhunderte später, im Jahre 1829, André Galle erfunden. Nach ihm hiess die Zahnkette früher auch gallische Kette. Es handelte sich um eine sogenannte Blockkette, deren Aufbau das Bild deutlich zeigt. Rasch entwickelte sich daraus die Rollenkette; und sie war es, mit der die ersten kettengetriebenen Fahrräder gebaut wurden. Aber die relativ grobe und langgliedrige Rollenkette erlaubte keinen ruhigen Antrieb.

Das Modernste aus Japan: die Kettenschaltung der Firma Shimano mit Schrägverzahnung des fünffachen Freilauf-Zahnkranzes und geräuschloser Uniglide-EX-Rennkette (1978).

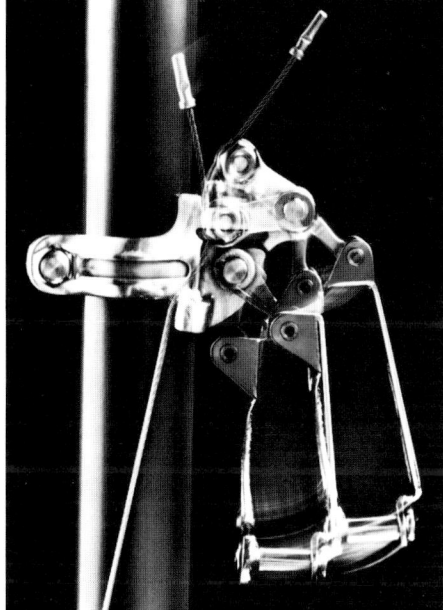

Schwingender Kettenumwerfer EX von Shimano (1978).

Das neuste Modell: die Kettenschaltung Shimano 600EX (1978).

Deshalb verwendeten die Zweiradkonstrukteure bald die kurzgliedrigere Blockkette. Damit liefen die Räder weicher. Zugleich aber forderten sie energischere Beinarbeit, denn die Kette mit den starren Blockgliedern verursachte grössere Reibungsverluste. Also fand man wieder zur Rollenkette zurück, diesmal allerdings in schmaler, kurzgliedriger Ausführung. Die Werbung schrieb: «Dieselbe vereinigt die Vorteile der Rollen- und Blockkette und gewährleistet somit einen überaus weichen Gang bei geringem Kraftaufwand.» Diese Kette ist heute noch im Gebrauch, obwohl es nicht an Versuchen fehlte, neue konstruktive Wege zu finden. Als Beispiel seien die Ketten

von Simpson, Terrot und Warman genannt. In allerjüngster Zeit bietet die japanische Firma Shimano eine verbesserte Rollenkette, die sogenannte «Uniglide Chain» (UG) an, die sie speziell für einen geräuschlosen flüssigeren Übersetzungswechsel bei Kettenschaltungen entwickelt hat.

Dieses Rennhinterrad mit fünffachem Freilaufkranz ist asymmetrisch gespannt (1978).

Die Kettenreibung lässt sich übrigens auf rund ein Drittel verringern, wenn die gesamte Kette einschliesslich der Zahnkränze in einem Ölbad läuft.

Rollenkette der Abingdon Works Co. (1890).

Humber-Blockkette von Perry & Co. (1885), aus gehärtetem Stahl und Federstahlbüchsen.

Natürlich gab und gibt es Fahrradkonstrukteure, die mit der Kette völlig brechen. Sofern sie keinen Trethebelantrieb wählten, sondern von der Kurbel ausgingen, haben sie sich meistens dem Kardanprinzip zugewandt. Oft genug preisen sie ihre Modelle als neue-

Doppelblockketten-Antrieb eines frühen Peugeot-Rennrades (1889).

1896 stellten auch die amerikanischen Columbia-Werke Räder mit Kardanantrieb her.

Die Uniglide-UG-Rennkette von Shimano, Japan, schaltet (fast) geräuschlos (1978).

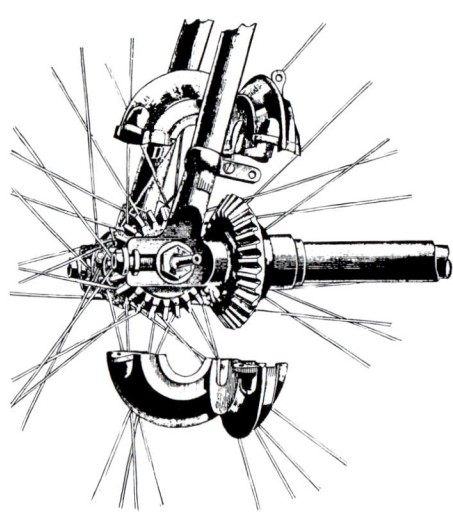

Kurz vor der Jahrhundertwende stellten zahlreiche Fabriken Kardanräder her: zum Beispiel die Graziosa-Fahrradwerke in Graz (1898).

Schmutzige Ketten erschweren das Fahren. Diese Kettenbürste System Reimling (1910) sollte Abhilfe schaffen.

Eine Fahrradkette von 1978. Hersteller ist die Firma Union Sils, van de Loo & Co., Fröndenberg, Holland.

Rotierende, verstellbare Kettenbürste «Vorwärts» (1910).

sten Schrei der Technik an, im Grunde aber war alles schon einmal da. Die erste Kardanwelle zur Kraftübertragung bei einem dreirädrigen Fahrrad verwendete der Engländer Samuel Miller nämlich schon 1882! 1889 führte sie die belgische Fabrique Nationale d'Armes de Guerre beim Zweirad ein. Später bauten auch andere bedeutende Firmen Kardan-Fahrräder. Bekannt wurden unter anderem die Modelle Acatène, Omega, Royal, Dürkopp, Adler, Puch und das amerikanische Columbia.

Wer Kette und Kardanwelle gleichermassen scheute – die letztere meist wegen des hohen Preises –, der musste andere Wege suchen. Manche Konstrukteure fügten zwischen Antriebsrad und hinterem Nabenrad zur Kraftübertragung einfach ein weiteres Zahnrad ein, etwa der Franzose Chereau oder in Ostasien Li-Sian. Die Idee mochte jenen Dreirädern aus Coventry um 1880 entlehnt worden sein, die in gleicher Weise die Kraft von der Antriebs-Tretkurbelwelle auf die Radachse übertrugen.

Der Holländer Borgert versuchte es 1970 noch direkter. Er trieb das Hinterrad gar nicht mehr von der Achse her an, sondern durch ein Gummireibrad, das unmittelbar auf den Reifen wirkt

Der französische Kardanantrieb «Acatène» um 1895 der Fahrradfabrik Métropole von Marié & Co.

und seinerseits von einem Kurbellagergetriebe gedreht wird. Den gleichen Gedanken verfolgt die Forschungsabteilung der japanischen Honda-Werke. Sie allerdings ist noch konsequenter: Wenn das Rad nicht von der Achse her angetrieben wird, wozu soll es dann überhaupt eine Nabe besitzen? Wenn die Nabe fehlt, dann lassen sich zwar keine Speichen mehr montieren, aber wozu auch? Sie können ebenfalls entfallen. Vom Rad bleibt nur ein Felgenring

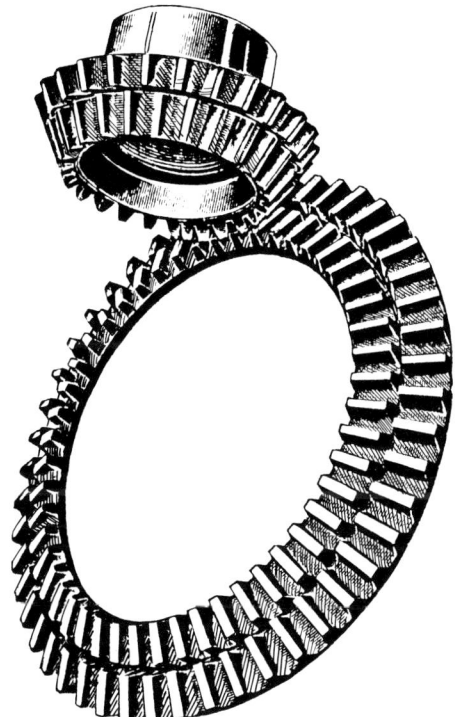

Kardanantrieb der Kölner Staffelrad-Werke (1899).

mit Bereifung übrig. Und was für das Hinterrad recht ist, sollte für das Vorderrad billig sein. Bei diesen rigorosen Einsparungen taucht ein anderes Problem auf: Das Rad muss schliesslich gelagert sein; die Frage ist «wie», wenn die Achse fehlt. Auch hierauf fanden die Japaner eine Antwort. Die Felge mit Reifen wird von tangentialen Rollen geführt, die in einer Art stabilem Schutzblech befestigt sind. Ob sich die avantgardistische Konstruktion bewäh-

ren wird, kann nur die Zukunft zeigen. Extrem stabil kann dieses Vehikel kaum sein. Aber welcher japanische Radler hat schon Gardemass und ein Gewicht von zwei Zentnern?

Kardanantrieb «Prinzip Sager» der Firma Adler aus dem Jahre 1899.

Kettenlose Fahrräder entwickelte unter anderen 1895 der Franzose Chereau. Er ersetzte die Kette durch Zahnräder.

Auch beim Fahrrad von Li-Sian (1894) ersetzt ein Zahnradgetriebe die Antriebskette.

Ein besonderes Problem der Kraftübertragung stellt sich bei Dreirädern; dann nämlich, wenn die beiden parallelen Räder angetrieben werden sollen. Wären sie über eine rotierende Achse starr miteinander verbunden, dann liessen sich mit dem Gefährt keine Kurven fahren, denn die beiden Räder würden sich immer gleich schnell drehen. Trotz

Die F. N. in Belgien baute 1889 erstmals ein Parallelogrammrahmen-Safety mit Kardanantrieb.

Ein Zahnradgetriebe, Typ Caroche aus dem Jahre 1879, trieb auch das Dreirad von Bayliss, Thomas & Co. an. Solche Maschinen verwendete die Post im täglichen Zustelldienst.

Dieses speichenlose Fahrrad erhielt 1972 den ersten Preis beim Honda-Ideen-Wettbewerb in Japan...

...Ein zweites speichenloses Zweirad beim Honda-Ideen-Wettbewerb.

gemeinsamen Antriebs müssen sich die zwei Räder also gegenseitig verdrehen lassen. Die Lösung dieses Problems bei mehrspurigen Fahrrädern brachte schon 1879 James Starleys Differentialgetriebe. Im folgenden Jahrzehnt hat der Erfinder seine Konstruktion noch verbessert. 1890 war das Differential technisch ausgereift. Heute spielt es vor allem im Automobilbau eine entscheidende Rolle.

Patentiertes Differentialgetriebe für ein mehrspuriges kettenloses Fahrrad nach Starley (1879).

David Rutschmann verwendete vor hundert Jahren in Wien das Differentialgetriebe im Uhrenbau. Das erste Patent erhielt 1828 der französische Ingenieur Onésiphore Pécqueur in Verbindung mit einem Strassendampfwagen. Der Engländer Richard Roberts baute 1833 ein Differential in seinem Dampfwagen ein. Dann geriet das Ausgleichsgetriebe fast in Vergessenheit. Erst 1879 erfand James Starley für mehrspurige Fahrräder das Differential neu. Das Bild zeigt ein Starley-Differentialgetriebe für ein kettenangetriebenes, mehrspuriges Fahrrad, wie es 1886 Carl Benz für sein erstes Auto verwendete.

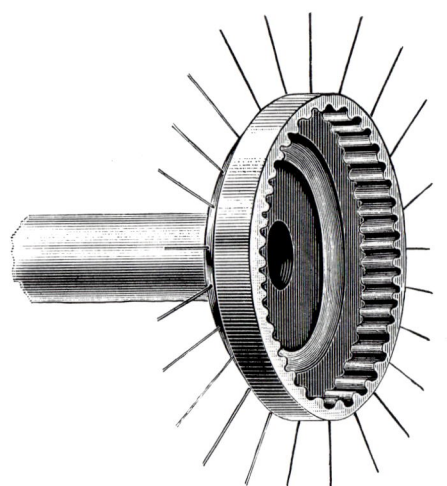
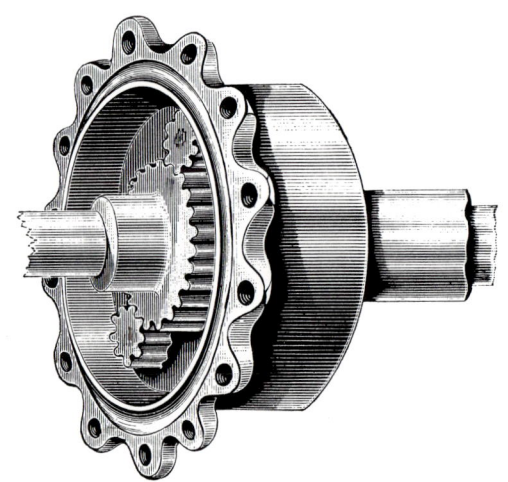

Differentialgetriebe von Pritchard um 1880.

«Worum es sich dreht» – Vom Gleitlager zur Rücktrittnabe

Zu den technisch kompliziertesten Teilen des Fahrrads gehört heute die Nabe. Wie einfach hatte dieses Bauelement doch begonnen. Eine eiserne Achse, um die sich eine zuerst hölzerne Nabe gleitend drehte; das war alles. Zu Michaux' Zeiten waren dann Bronzegleitlager im Gebrauch. Das Material hatte sich geändert, die Technik nicht.

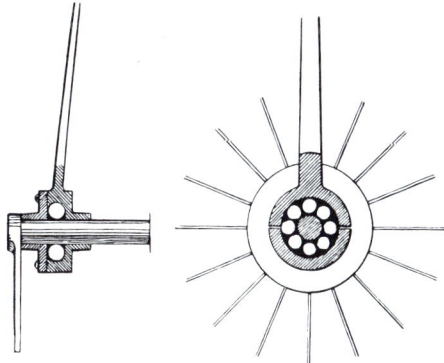

Kugellager von Jules Pierre Suriray für Michaux-Räder (1869).

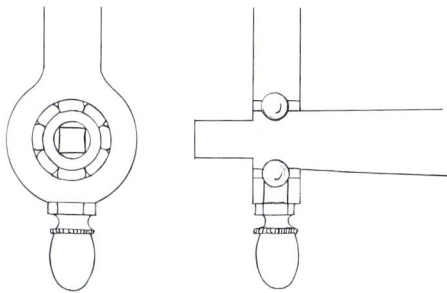

Diese Patentzeichnung vom 3. August 1869 zeigt die vordere und die hintere Michaux-Achse mit Kugellagern von Jules Pierre Suriray (französisches Patent 86680).

Michaux kannte das Kugellager, denn es gibt von ihm eine Tretlagerkonstruktion mit diesem Bauelement; aber erst Jules Pierre Suriray, seines Zeichens Generalunternehmer der industriellen Arbeiten der Gefängnisse an der Seine, verwendete kugelgelagerte Naben. Die Reibungsverluste sanken auf Werte in der Grössenordnung von wenigen Promillen. Nach der ersten Anwendung entwickelte sich die Lagertechnik bald weiter. Bekannt wurden etwas später besonders das Pihlfeldt-Kugellager (1882), das Äolus-Lager von Bown (1886) und das Humber-Lager (1889).

Die erste Freilaufnabe mit Rücktrittbremse der Schweinfurter Firma Fichtel & Sachs erhielt 1903 den Namen Torpedo.

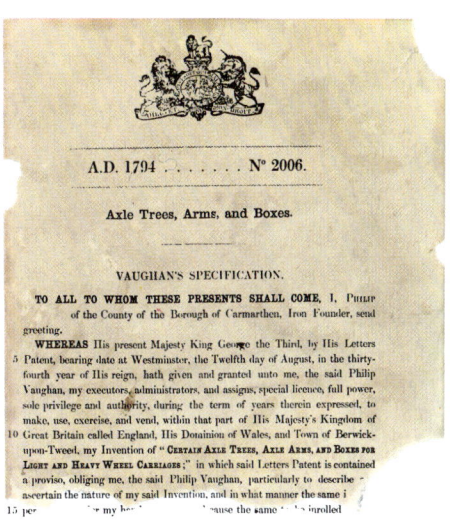

Das erste englische Kugellagerpatent (Nr. 2006) erhielt am 12. August 1794 der Eisengiesser Philip Vaughan. Es bezieht sich auf Wagenachsen.

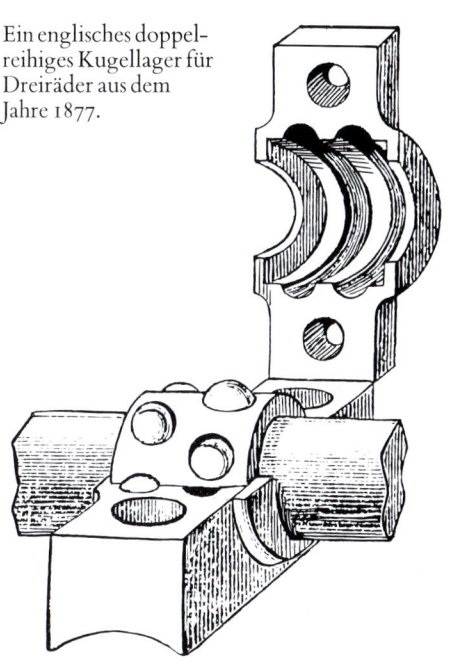

Ein englisches doppelreihiges Kugellager für Dreiräder aus dem Jahre 1877.

129

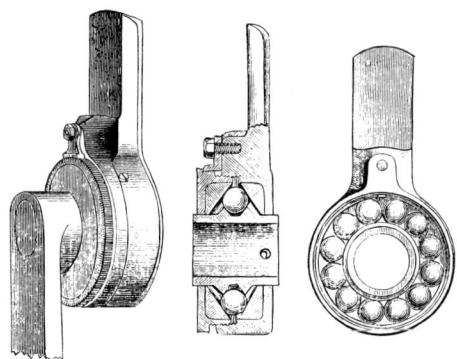

Die Firma William Bown, Birmingham, stellte ab 1880 Äolus-Kugellager für Fahrräder her.

Sie waren aber bei weitem nicht die einzigen patentierten Kugellagermodelle auf dem Markt.

Was aber die Fahrer an der starren Verbindung zwischen Radachse und Tretkurbel störte, war, dass ihre Beine nicht zur Ruhe kamen; selbst dann nicht, wenn die Fahrt bergab ging und ein Antrieb gar nicht erforderlich war. Die Pedale drehten sich ja munter weiter. Schon Drais hatte das Bedürfnis nach einer Ruhelage der Beine bei Talfahrten erkannt und deshalb bereits 1817 Rasten an der Vorderradgabel montiert, auf denen der Laufradreiter

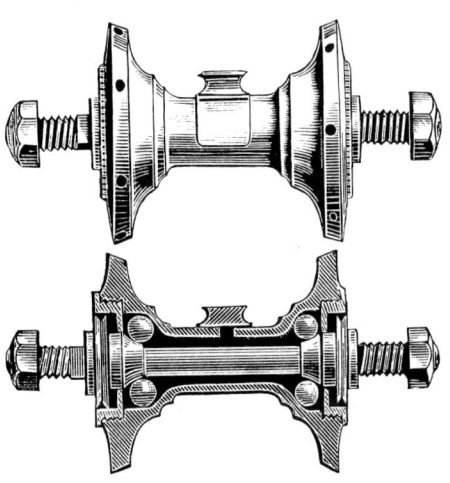

Staubdichte kugelgelagerte Club-Naben um 1880.

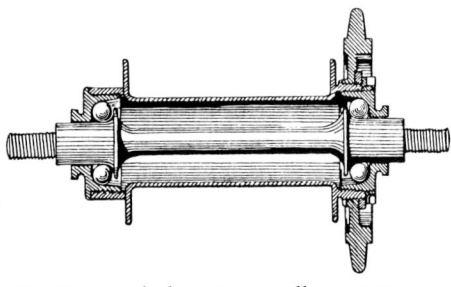

Die Hinterradachse «Decauville» mit Konus-Kugellager (1893). Der Zahnkranz ist fest aufgeschraubt.

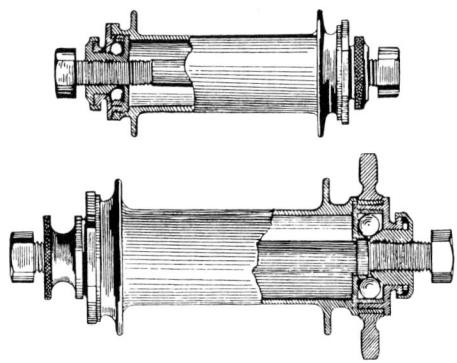

Kugelgelagerte Vorderradnabe und Hinterradnabe mit verstellbaren Konen um 1880.

seine Füsse ausruhen konnte. Die Michaulinen hatten für diesen Zweck Beinauflagen über dem Vorderrad. Doch diese Lösung befriedigte auf die Dauer nicht. Warum sollte es nicht möglich sein, dass sich beim Bergabfahren allein das Rad drehte, während die Pedale stillstanden? Eine Antwort auf die Frage fanden als erste die Franzosen. 1867 entwickelten sie den Freilauf. Es ist überliefert, dass er in jenem Jahr patentiert wurde; von wem als erstem, lässt sich nicht mehr genau feststellen. War es François? War es Grandchamp?

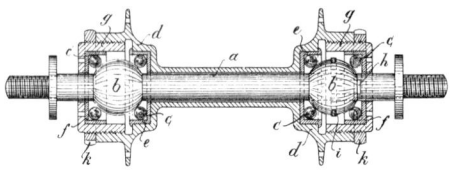

1894 entwickelte Ernst Sachs, Schweinfurt, Fahrrad-Kugellager mit verschiebbarer Kugellauffläche.

Seit 1938 gibt es für Renn- und Rennsporträder Hochflanschnaben.

Auch Suriray hat sich mit dem Freilauf beschäftigt. Er schrieb: «Die Pedale bleiben unbeweglich, bis der Fahrer die Bewegung beschleunigt oder wieder aufnimmt.» Am 23. März 1869 erhielt in den USA William van Anden ein Patent auf eine Freilaufnabe.

Fussrasten als «Freilauf» schlug bereits Karl Freiherr von Drais vor. Hier sind sie 1819 bei einem englischen Johnson-Laufrad verwirklicht.

Der «Freilauf» des Michaux-Rads von 1867 war die Beinauflage.

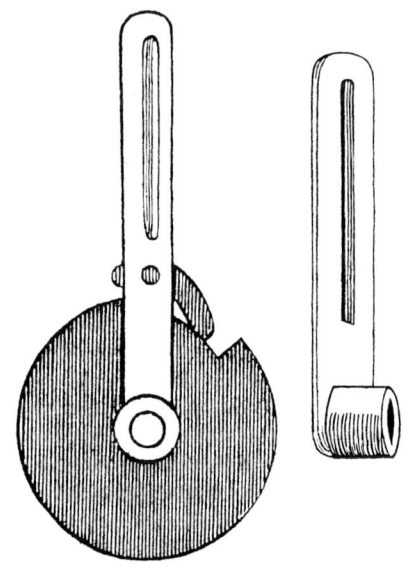

1867 kam bei den Michaux-Rädern der Freilauf mit Ratsche auf.

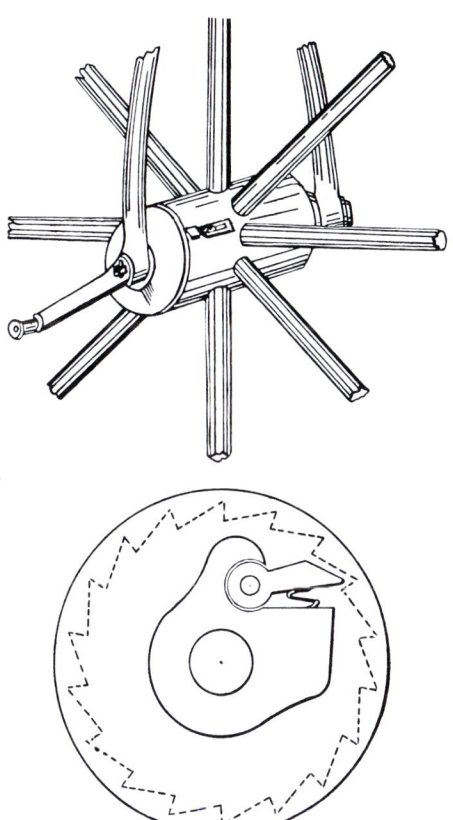

Diesen Freilauftyp schlug der Amerikaner William van Anden 1869 für das Michaux-Rad vor (US-Patent Nr. 88238).

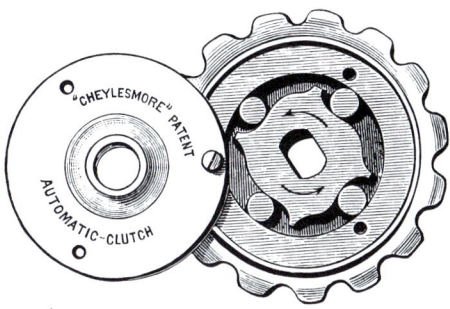

Englischer Freilauf «Cheylesmore» um 1880.

In den drei Jahrzehnten bis zur Jahrhundertwende häuften sich dann die Freilaufkonstruktionen. Als Beispiel mögen der Cheylesmore-Freilauf (vor 1881), der Monarch (vor 1883) und der Champion (vor 1887) genügen. Bis zum Jahre 1900 gab es weit über fünfzig verschiedene Konstruktionen, die sich vom Prinzip her in zwei Gruppen einteilen liessen: formschlüssige und kraftschlüssige Freiläufe. Die Bilder erklären diese Begriffe besser als viele Worte. Der Monarch und der Champion gehören zu den formschlüssigen Typen, der Cheylesmore arbeitet kraftschlüssig.

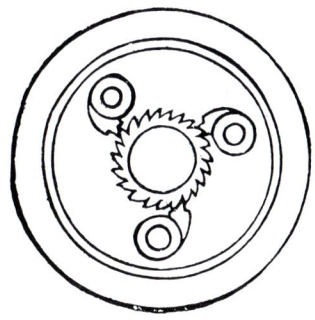

Englischer Freilauf «Monarch» der Monarch Tricycle Co., Birmingham, um 1880.

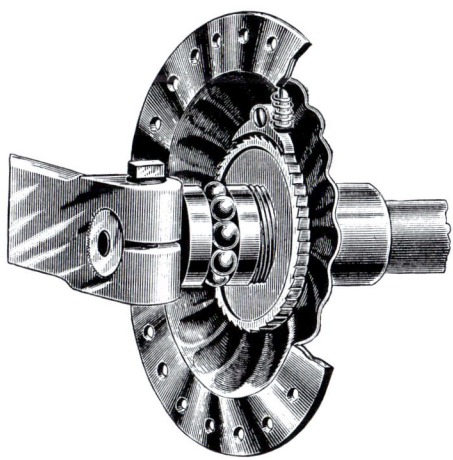

Amerikanischer Freilauf «Champion» um 1885.

Trotz des grossen Angebots konnten sich die freilaufenden Naben vor 1900 nicht recht durchsetzen. Man misstraute der merkwürdigen Technologie und hielt sie für gefährlich. Deshalb bauten selbst Fichtel & Sachs, die sich um diese Zeit profilierten, ihre ersten Freilauf-

modelle umschaltbar. Der Mechanismus liess sich abschalten; die Nabe war dann starr.

Im zwanzigsten Jahrhundert aber waren Räder ohne Freilauf bald undenkbar.

Schon 1877 übernahm die Nabe noch eine weitere Funktion. Der Engländer G. Walker konstruierte erstmals eine Hinterradnabe mit eingebautem Zweiganggetriebe. 1889 entwickelte sein Landsmann Frank Bowden ein ähnliches Modell. Er nannte es Collier. Die erste Ausführung mit kommerziellem Erfolg liess sich aber erst 1896 W. Reilly patentieren.

Nicht genug damit, montierte Ernst Sachs 1898/99 auch noch eine Tellerbremse, die «Münchnerbrems», auf der Hinterradachse. Und kurz darauf, in der Zeit vom 1. August 1899 bis zum 6. Februar 1900, reichte A. P. Morrow in Elmira (USA) fünf Patentanträge auf Naben mit integrierter Rücktrittbremse ein. Alle Schutzrechte wurden ihm 1900 erteilt. Von ihm übernahm Ernst Sachs, Schweinfurt, die Rücktrittnabe New Departure (Bendix).

Die Entwicklung verlief stürmisch. Bald liegen weitere Patente über sehr unterschiedliche Rücktrittnaben vor, darunter jenes auf die später weltbekannten Torpedo-Freilaufnaben mit Rücktrittbremse von Ernst Sachs um 1900. Beim Vorwärtstreten drücken Kurvenflächen kleine Rollen gegen das

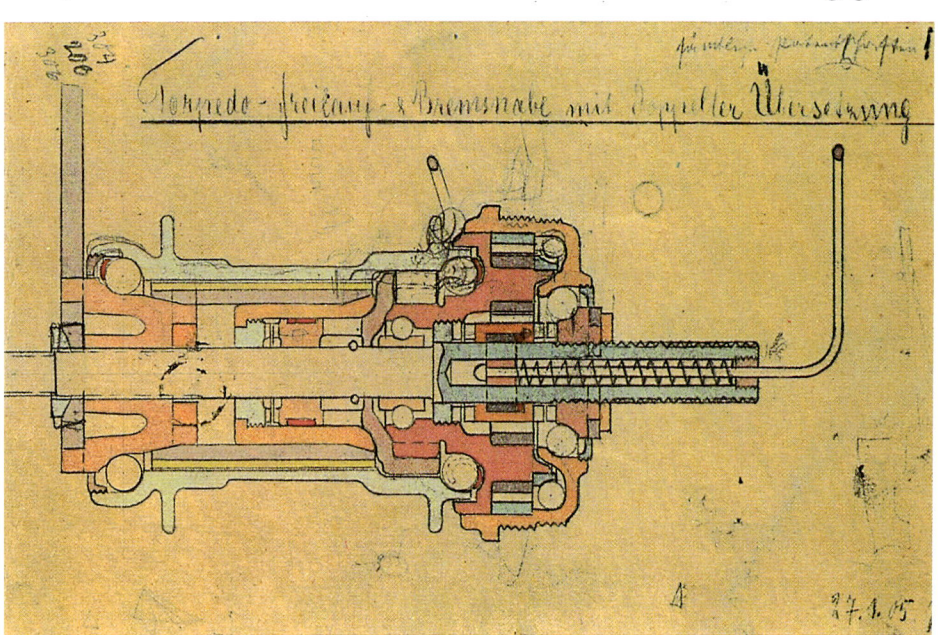

Entwurf einer Torpedo-Nabe mit doppelter Übersetzung (1905). Sie wurde von 1907 bis 1958 in Grosserie gefertigt.

Nabengehäuse. Dadurch entsteht eine kraftschlüssige Klemmverbindung. Beim Freilauf lösen sich die Rollen, und das Nabengehäuse einschliesslich des Rades dreht sich frei um den Antriebs- und Bremsmechanismus. Tritt man das Pedal zurück, presst sich ein Bremskonus gegen die schrägen Flächen eines Mantels, der über einen Hebel starr am Rahmen befestigt ist. Die Wirkung ist beachtlich: Der Mechanismus übersetzt die Kraft des zurücktretenden Fusses auf mehr als das Fünfzigfache. Bei längeren Talfahrten kann die Bremse bis zu 300°C heiss werden.

Eine staubsichere Vorderradnabe von Union-Fröndenberg, Ruhr, aus dem Jahre 1977.

Mit Freilauf, Übersetzung und Rücktrittbremse sind die Funktionen der Nabe komplett. Dem zwanzigsten Jahrhundert blieb die technische Perfektion vorbehalten. 1902 erhielten Henry Sturmey und James Archer ein überaus wichtiges Patent auf eine Dreigangnabe. 1903 ging sie in Fertigung. Genau zehn Jahre später waren rund hunderttausend Exemplare verkauft und in Fahrräder vieler Länder eingebaut. Sturmey und Archer sollten sich zum grössten Nabenbauer der Welt entwickeln. Die deutsche Firma Fichtel & Sachs in Schweinfurt lag indes nicht allzuweit zurück. Als dritter grosser Hersteller auf dem Weltmarkt tat sich die amerikanische Fabrik von A.P. Morrow in Elmira im Staat New York hervor. Daneben traten in bescheidenerem Umfang noch weitere Fabrikanten auf den Plan, etwa 1907 die Wanderer-Werke, und viele andere Fahrradfabriken stellten ihre Rücktrittnaben selbst her (Dürkopp, Opel, Kayser, Brennabor, Corona, Bismarck, Presto, Adler, Gritzner, NSU, Weltrad und Viktoria).

Im Laufe der Jahre verbesserten die Hersteller ihre Modelle. Aber schon gegen 1912 waren die Entwicklungen weitgehend ausgereift. So haben Fichtel & Sachs einen Getriebenabentyp, die «Doppeltorpedonabe mit Rücktritt-

Freilauf von Fisher für Hochräder um 1880.

bremse» 50 Jahre lang praktisch unverändert gefertigt. Heute blicken die renommierten Werke auf eine Neid erweckende Statistik zurück. Hier sind einige Zahlen:

1927 galt in der Fahrradbranche als ein Jahr des allgemeinen «Hochs». Fichtel & Sachs verkauften damals mehr als acht Millionen Naben in zwölf Monaten. Der Weltkrieg brachte später Rückschläge; aber kurz nach Kriegsende liefen täglich bereits wieder bis zu 15 000 der berühmten Torpedonaben vom Band. Im Sommer 1975 schliesslich verliess die 250millionste Nabe das Schweinfurter Werk.

Die neueste Entwicklung auf dem Nabenmarkt stellte die erfolgreiche Firma 1972 auf der IFMA in Köln vor: die «Torpedo-Automatik». Wie der Name ahnen lässt, schaltet sie bei einer bestimmten Geschwindigkeit automatisch auf eine andere Übersetzung um. Das ist Nabentechnologie in Perfektion, massgeblich beeinflusst vom Entwicklungsdirektor H.J. Schwerdhöfer, Schweinfurt, und seinem Team.

Zweigang-Torpedo-Automatic-Nabe (1978).

«Unsportlich, aber lebenswichtig» – Die Fahrradbremse

Von jenen Bremsen, die in der Nabe wirken, war schon die Rede. Als Rücktrittbremsen waren sie mit der Entwicklung des Freilaufs verknüpft. Schon lange zuvor hatten aber Fahrradkonstrukteure ganz andere Bremsen entwickelt, allen voran der Freiherr von Drais. Bei seinen Laufrädern drückte er schon 1817/18 einen hölzer-

So bremste Drais 1817 sein Laufrad.

nen Bremsschuh durch einen Seilzug direkt auf die Eisenbereifung des Hinterrades. Dieses Prinzip änderte sich jahrzehntelang kaum. Auch um 1870 hatten die Räder noch solche Bremsen.

Michauline mit einer 1868 patentierten verbesserten Hinterradbremse. Durch Drehen der Lenkstange rollte sich die Bremsschnur auf und zog die Bremse gegen das Hinterrad.

Michaux wandelte dann in den sechziger Jahren das System etwas ab. Das Zugseil betätigte er durch Drehen der Lenkstange. Es rollte sich auf dem Len-

Technisch vorbildlich ist die neue Felgenbremse «Dura-Ace» für Rennräder der japanischen Firma Shimano (1978).

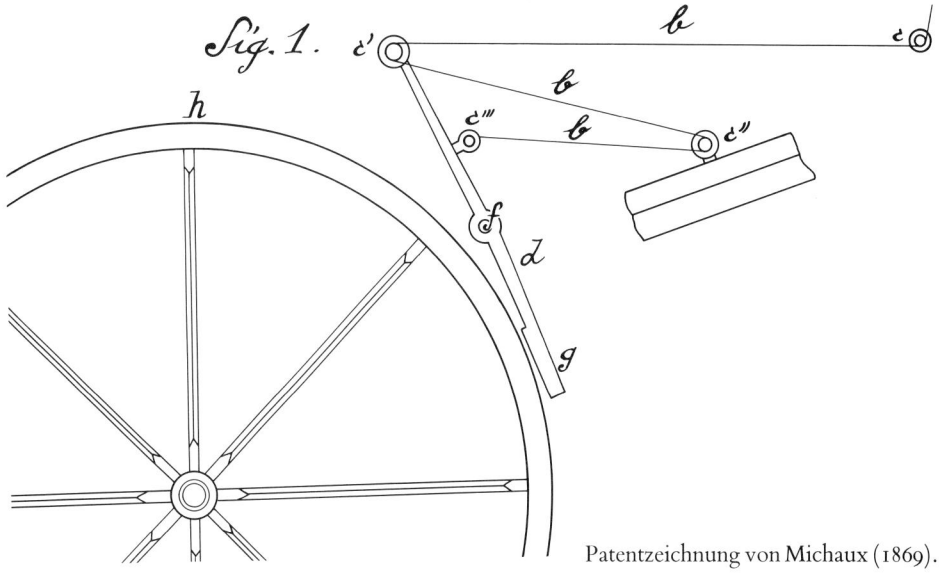

Patentzeichnung von Michaux (1869).

133

ker auf, verkürzte sich dabei und presste gegen die Rückholkraft einer Blattfeder einen gusseisernen Bremsschuh gegen das Hinterrad.

Hochrad-Reibungsbremse mit Gummirolle von Timberlake (1878). Wer die Bremse betätigen wollte, musste die Lenkstange drehen oder die runde Platte des Bremsschuhs betätigen.

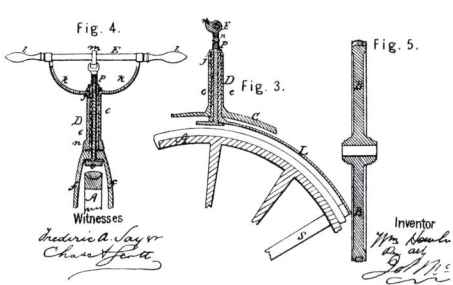

Die Stossbremse des Amerikaners Hanlon (um 1869).

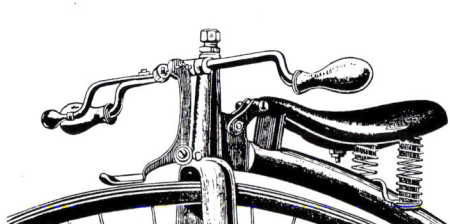

Hochrad-Löffelbremse (um 1885).

Mit dem Aufkommen der Hochräder bürgerte sich dann die Vorderradbremse ein. Sie bestand meist in einem löffelartigen Bremsschuh aus Eisen, der auf den Vollgummireifen wirkte. Von der Lenkstange aus liess er sich durch einen Hebel betätigen. Gelegentlich ersetzte eine Gummirolle den Bremslöffel.

Sportliche Fahrer, die etwas auf sich hielten, lehnten Bremsen rigoros ab. Solange die Radnabe keinen Freilauf besass, hemmten sie zu raschen Lauf ihrer Gefährte durch langsameres Treten. Und wenn das nicht reichte, stoppten sie den Gummireifen direkt mit einem Lederhandschuh. So mancher Sports-

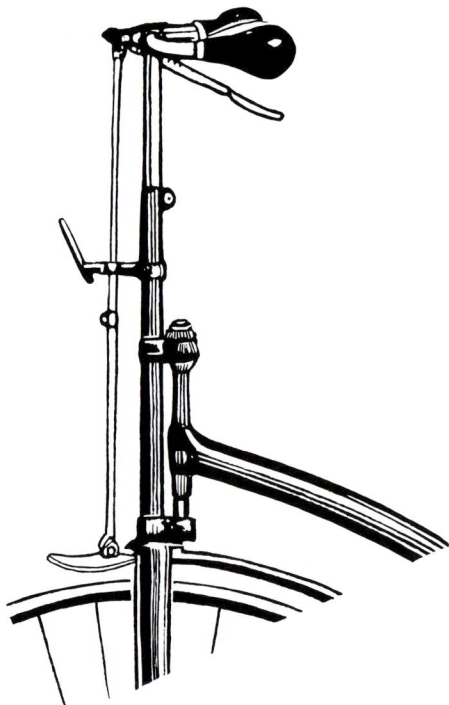

Löffelbremse eines frühen Fahrrads mit Vollgummireifen.

freund verachtete die Bremsen derart, dass er an seinem Rad eine Bremsattrappe montierte, als die Polizei die lebensschützende Vorrichtung zwingend vorschrieb. Übrigens: Bahnrennmaschinen besitzen bis zum heutigen Tag keine Bremsen!

Erst als die Pneumatikreifen aufkamen, setzten sich die Gummirollen als Belag der stählernen Bremsschuhe vollends durch. Manchmal traten auswechselbare Gummiblöcke an ihre Stelle. Solche Hebel-Blockbremsen finden sich im Prinzip noch bei manchen Tourenrädern unserer Tage. Nur die Form des Bremshebels hat sich mit der Mode geändert, und das Bremsgestänge liegt zuweilen innerhalb des Lenkrohrs.

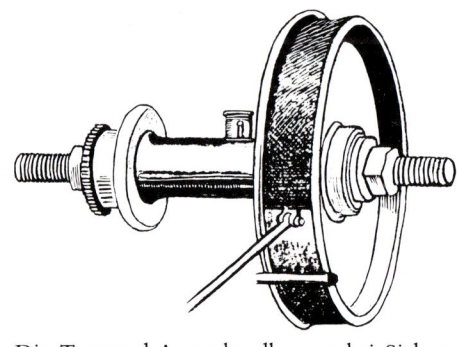

Die Trommel-Aussenbandbremse bei Sicherheitsrädern um 1882 war selten.

Vor der Jahrhundertwende brachten manche Hersteller bei Rädern ohne Schutzblech Klotzbremsen mit Fussbetätigung an. Sie waren nicht ganz ungefährlich; denn gerade beim Bergabfahren sollten beide Füsse die Pedale im Zaum halten.

Als im letzten Jahrzehnt des vergangenen Jahrhunderts der Freilauf (ohne Rücktrittbremse) seinen Siegeszug antrat, wurde das Fahrrad auf Talfahrten immer schneller. Die herkömmlichen Bremsen erwiesen sich als zu schwach. Fahrradzeitschriften empfahlen damals für lange Abfahrten sogenannte «Schleppbremsen», die darin bestanden, dass der Radler einfach einen grossen Ast oder einen Busch an seinem Gefährt befestigte und mitschleifte. Diese nicht gerade technisch elegante Lösung mag einen gewissen Herrn Höfer zur Erfindung seiner «Gebirgsbremse» in-

Die Felgenbremse der Industriewerke Kaiserslautern wirkte auf das Vorderrad (1898).

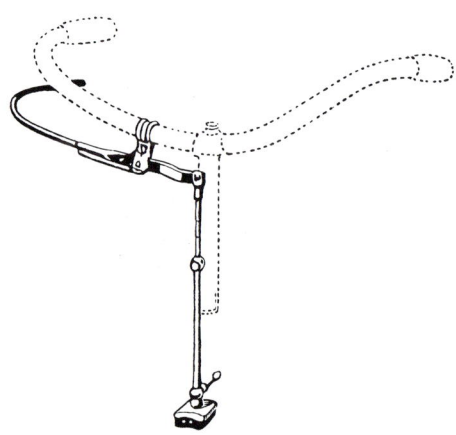

Viel verwendet wurde ab 1902 diese Hebelbremse mit Gestänge.

Bremsfuss der R. F. Hall Manufacturing Co., Ltd., in Birmingham (1892).

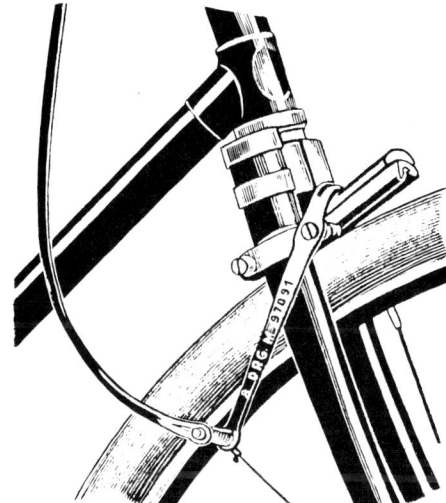

Ein Bowdenzug betätigte diese Vorderrad-Reibungsbremse der Firma C. Ehling, Bremen (1898).

die allen etwaigen Konkurrenten seinerzeit souverän den Rang ablief. Sie liess sich über einen Bowdenzug – zuerst zentral, später meist seitlich – bedienen. Über ein halbes Jahrhundert stand sie unangefochten neben der sich später ebenfalls einbürgernden Rücktrittbremse. Um 1960 änderte sich ihr Prinzip dann geringfügig, aber sehr zu ihrem Vorteil: Als Synchron-Felgenbremse presst sie seitdem beide Bremsklötze stets mit exakt gleichem Bremsdruck gegen die Felgen.

spiriert haben. Auch sie wirkte nämlich nicht auf das Rad, sondern – als langer, schleifender Hebelarm – vor dem Hinterrad unmittelbar auf die Fahrbahn.

Ein Konstrukteur stiess um 1895 bei seiner Suche nach einem wirkungsvollen Bremsprinzip auf den Luftdruck. Er befestigte einen Gummiball unterhalb des Handgriffs an der Lenkstange, mit dem sich durch einen Schlauch die eigentliche «Pneumatic Cycle Brake» aufpumpen liess. Eine zeitgenössische Beschreibung erklärt das: «Durch einmaligen Druck auf den Gummiball, der an der Lenkstange angebracht und mit der pneumatischen Bremse durch einen

Gummischlauch verbunden ist, bläht sich die pneumatische Bremse, drückt sich an den Reifen an und funktioniert infolgedessen. Die Luft entweicht wieder durch einmaligen Druck auf das Auslassventil neben dem Gummiball.» Die Bremse konnte «sowohl auf das Vorder- wie auf das Hinterrad wirken».

Weder die Höfersche Gebirgsbremse noch das Pneumatik-Modell setzten sich durch, denn bald erschien die Felgenbremse für Vorder- und Hinterrad,

Fussbremse von Focke & Co., Leipzig (1896).

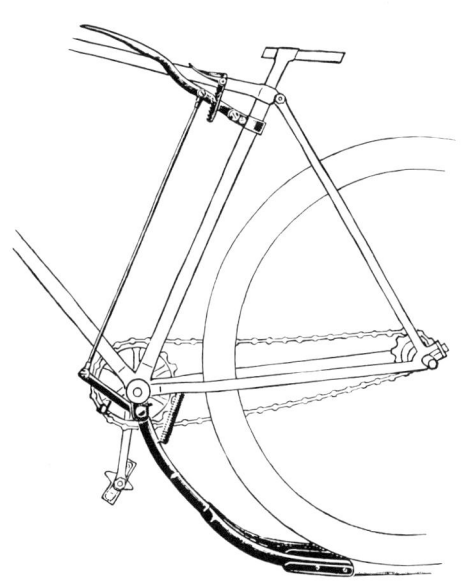

Die Patent-Gebirgsbremse der Robert Höfer & Co., gebaut von der Mercur-Fahrradfabrik in Nordhausen, wirkte direkt auf die Fahrbahn (1895).

Pneumatische Bremse der Pneumatic Cycle Brake Gesellschaft (1890). In Deutschland stellte die Firma Ellis Menke, Frankfurt am Main, um 1895 solche Bremsen her. Sie konnten sich nicht durchsetzen: Die Druckluft für die Bremse, im Gummiball erzeugt, war zu schwach und wirkte mit Verzögerung.

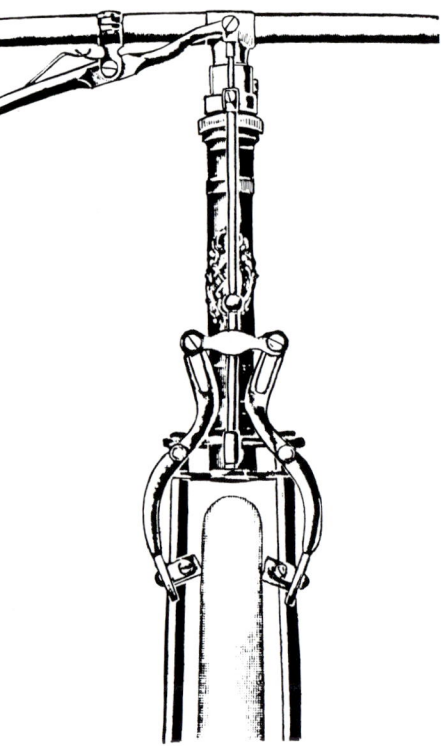

Hebel-Felgenbremsen für das Vorderrad stellte um 1901 die Pfälzische Nähmaschinen- und Fahrradfabrik her.

Der geniale Konstrukteur Dr. Ing. H. Klaue – er entwarf Flugzeug- und Panzerscheibenbremsen – entwickelte nach dem Zweiten Weltkrieg wirkungsvolle Vorder- und Hinterrad-Scheibenbremsen fürs Fahrrad.

Zwar an der Radachse montiert, aber keine Nabenbremse im eigentlichen Sinne, sind verschiedene Scheiben- und Trommelbremskonstruktionen, die sich nicht durch den Rücktritt, sondern durch Bowdenzüge betätigen lassen. Weil handausgelöst, sind solche Mechanismen nicht allein an die Hinterradachse gebunden. Eine Trommelbremse, die auf dem Markt recht gut ankam, brachte 1937 die amerikanische Firma Arnold, Schwinn & Co. in Chicago

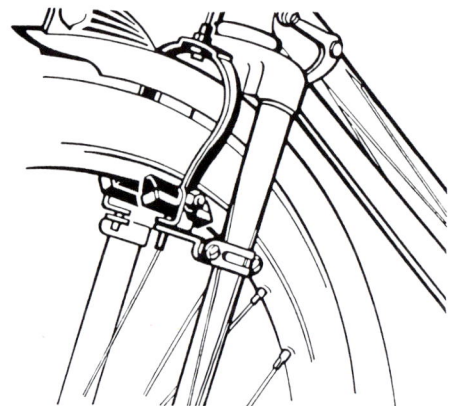

Englische Felgenbremse am Vorderrad.

heraus. Neuere Konstruktionen sind die japanischen Scheibenbremsen (Bridgestone Super Disc, Shimano). Sie bremsen so weich wie die Öldruckbremse im Auto. Auch sie wirken hydraulisch.

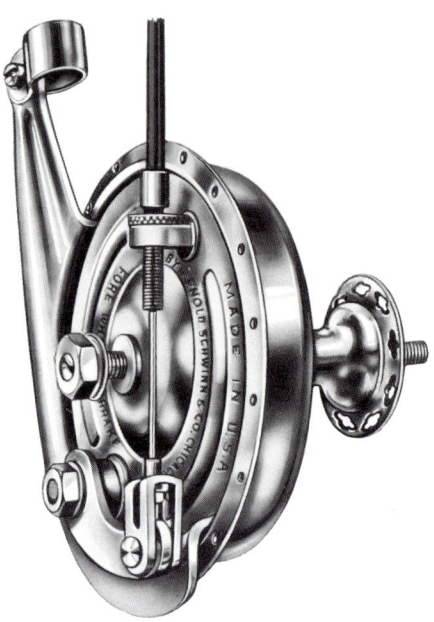

Bremstrommelnaben für Vorder- und Hinterräder gab es 1937 in den USA und in Europa. Manche waren mit einem Radlichtdynamo kombiniert.

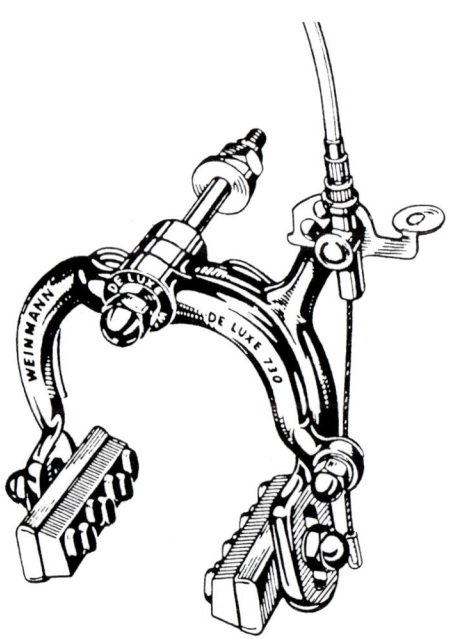

Aluminium-Felgenbremsen entwickelten in den vergangenen Jahrzehnten Hersteller in aller Welt. Hier zwei Beispiele:
a) Ältere Weinmann-Seitenzug-Felgenbremse

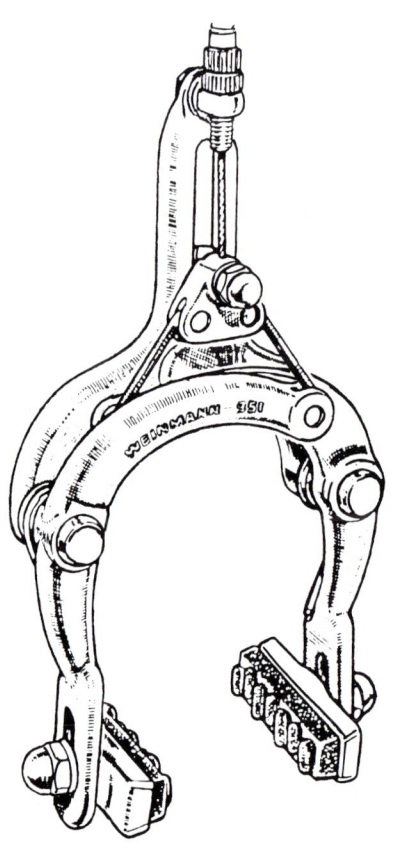

b) Weinmann-Mittelzug-Felgenbremse (1958)

Die ersten ölhydraulischen Scheibenbremsen stammen 1976 aus Japan.

«Für Fahrten in der Dunkelheit» – Die Fahrradbeleuchtung

Die Gewohnheit, einfach das Licht einzuschalten, wenn es dunkel wird, egal ob zu Hause, im Auto oder auf dem Fahrrad, lässt heute kaum daran denken, welche Probleme die Beleuchtungsfrage in den Jugendjahren des Zweirads aufwarf. Dem Baron von Drais, der schon 1817 Leuchten für seine Laufräder «für Fahrten in der Dunkelheit» erwähnte, standen nur primitive Kerzenlampen zur Verfügung. Vermutlich stammten sie aus Sachsen.

Auch Michaux musste sich noch mit Kerzen behelfen. Doch die Form der Leuchten war schon etwas weiter entwickelt. Er verwendete die für seine Zeit typischen Handlaternen mit spitzem, kegelförmigem Dach.

Die Hochradbauer hatten es da schon etwas leichter. Um 1878 begannen Werkstätten wie Miller, Powell & Hammer oder Joseph Lucas & Salsbury Öl- und Petroleumlampen zu fertigen, die sich an den Radnaben der grossen Vorderräder befestigen liessen. Auch sie waren aber noch sehr einfach gebaut und lehnten sich völlig an Handlampenkonstruktionen an.

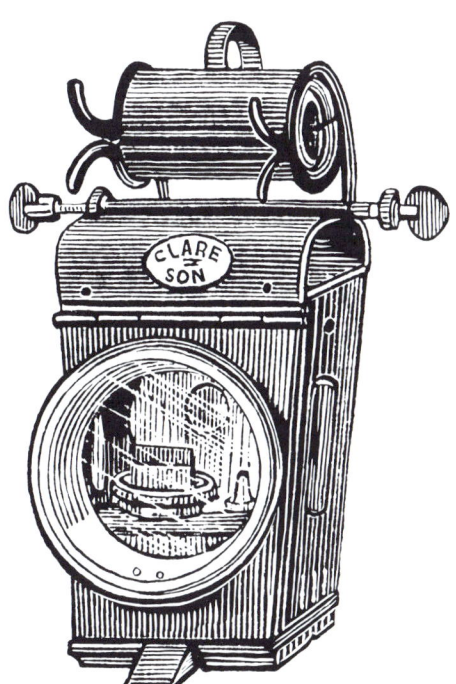

Die englischen Hochrad-Petroleumlaternen wurden auf der angetriebenen Radachse montiert. Solche Nabenlampen waren 1878 weit verbreitet.

Vernickelte Staudruck-Fahrradlaterne für Petroleumbetrieb (1890). Je grösser der Fahrtwind, desto höher die Flamme.

Erst in der Niederrad-Ära – die Leuchten waren jetzt mit federnden Haltern am Steuerkopf befestigt – entstanden die typischen Fahrradleuchten mit Reflektoren und zum Teil auch mit Linsen, die den Lichtstrahl bündelten.

Das Jahr 1898 brachte einen Fortschritt, der sich am besten mit dem Aufkommen der Halogen-Autoscheinwerfer unserer Tage vergleichen lässt. Karbidleuchten wurden publik, und mit ihnen verfügten die Fahrräder zum ersten Mal über wirklich helles Licht. Allerdings war es bei diesen neuen Leuchtkörpern nicht einfach mit dem Anzünden getan. Sie verlangten sorgfältige Pflege.

Zwar hatte schon am 12. April 1886 der Leipziger Fahrradfabrikant Richard Weber ein englisches Patent für eine

Kleine englische Öllaterne um 1880.

Englische Öllaterne (1890) …

… und noch eine aus der gleichen Zeit.

elektrische Fahrradbeleuchtung erhalten, aber seine Erfindung stiess auf wenig Gegenliebe. Das war verständlich. Gewiss, Webers elektrisches Radlicht besass schon alle wesentlichen Elemente einer modernen Fahrradbeleuchtungsanlage, also eine Dynamo-Maschine mit Reibrolle am Vorderreifen sowie einen kleinen Scheinwerfer mit Hohlspiegel und Glühbirne; aber der Dynamo war viel zu schwach, und die damaligen Kohlefadenlampen lebten auf den rüttelnden Gefährten nur sehr kurze Zeit.

Dennoch, auf die Dauer sollte der elektrische Strom dem Karbid den Rang ablaufen. Die Technologie war schliesslich entwicklungsfähig. Aber gut Ding will Weile haben. Rund zwei Jahrzehnte nach Weber baute der Deutsche Fritz Eichert eine magnetoelektrische Radlichtanlage. Diesmal mit Erfolg. 1905 begann die Serienfertigung, und später sollte sich aus Eicherts Initiative die grosse Radlichtfirma Berko entwickeln.

Die elektrische Radleuchte fand Anhänger, und die Konkurrenz wurde

wach. 1910 teilte sich schon eine Reihe von Unternehmern den Markt, so die Firma Lohmann und die englische Bowden Company. 1923 trat Robert Bosch auf den Plan und entwickelte sich in der Folgezeit zu einem der grössten Hersteller der Branche.

Ein Jahrzehnt später verlegte die Sturmey-Archer Gears Ltd. die Lichtmaschine in die Vorderradnabe. Durch die geringe Umdrehung erreichte sie aber nicht die heute in Deutschland geforderte Leistung.

Karbid-Fahrradlampe der Offenbacher Firma Radsonne, Schlesinger, um 1923.

Die versilberte Öllaterne «Silver King» der Jos. Lucas Ltd., Birmingham, war um 1888 sehr bekannt.

Eine weitverbreitete deutsche Öllaterne (1889).

Doppel-Karbid-Fahrradlampe um 1908.

Doch Strom lässt sich nicht nur in Dynamos erzeugen. Bereits vor der Jahrhundertwende besannen sich Radlichtkonstrukteure auch auf das galvanische Element, die Batterie. Wie Webers erstes elektromagnetisches Radlicht konnte aber auch dieses Prinzip auf Anhieb keine Freunde gewinnen. Die Batterien waren, technisch gesehen, einfach eine Katastrophe. Erst als ein Vierteljahrhundert später leistungsfähige und billige Taschenlampenzellen auf den Markt kamen, gaben die Kunden auch dem Batterie-Fahrradlicht eine Chance. Danach allerdings verdrängte die immer kleiner und wirkungsvoller, weil mehrpolig, werdende Lichtmaschine die Batterie wieder vollständig.

Ging es über ein Jahrhundert lang nur darum, überhaupt eine zuverlässige und helle Radbeleuchtung zu entwickeln, so brachten die letzten Jahrzehnte völlig neue Bedingungen. Die Technik war den Kinderschuhen entwachsen, also durfte die Justiz Forderungen an sie stellen. In Deutschland erarbeitete das Lichttechnische Institut bindende Vorschriften für Frontleuchte und Rücklicht. Dazu kamen Richtlinien über so-

Vernickelte Kerzenlaterne der deutschen Firma Hermann Riemann (um 1890).

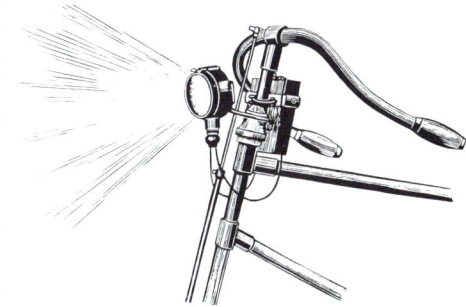

Elektrische Fahrrad-Batterieleuchte von Harzendorff & Lehmann, Berlin (1895).

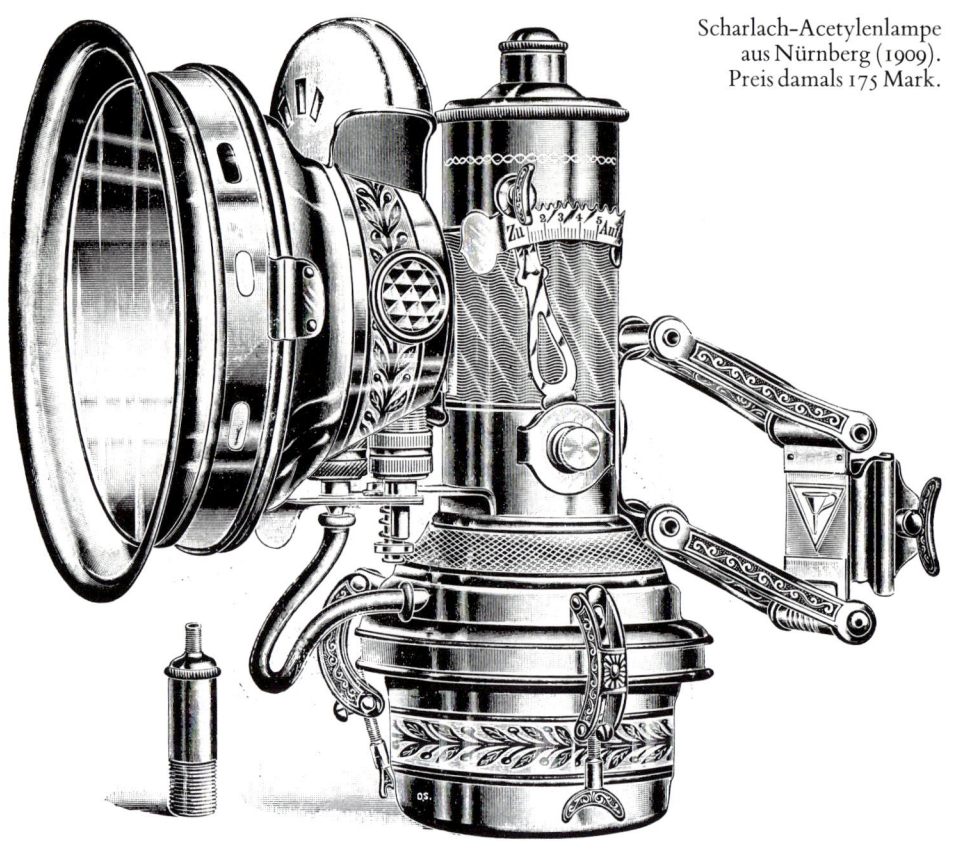

Scharlach-Acetylenlampe
aus Nürnberg (1909).
Preis damals 175 Mark.

Union-Weitstrahler (1977).

genannte Katzenaugen als Reflektoren am hinteren Ende des Rades und – ab 1956 – als Tretstrahler an den Pedalen aller Fahrräder über 18 Zoll Raddurchmesser. Auch die Leuchtfarbe dieser Reflektoren ist festgelegt. Früher war das Katzenauge am hinteren Schutzblech weiss, heute ist es rot. Die Tretstrahler werfen auffallendes Licht gelb zurück.

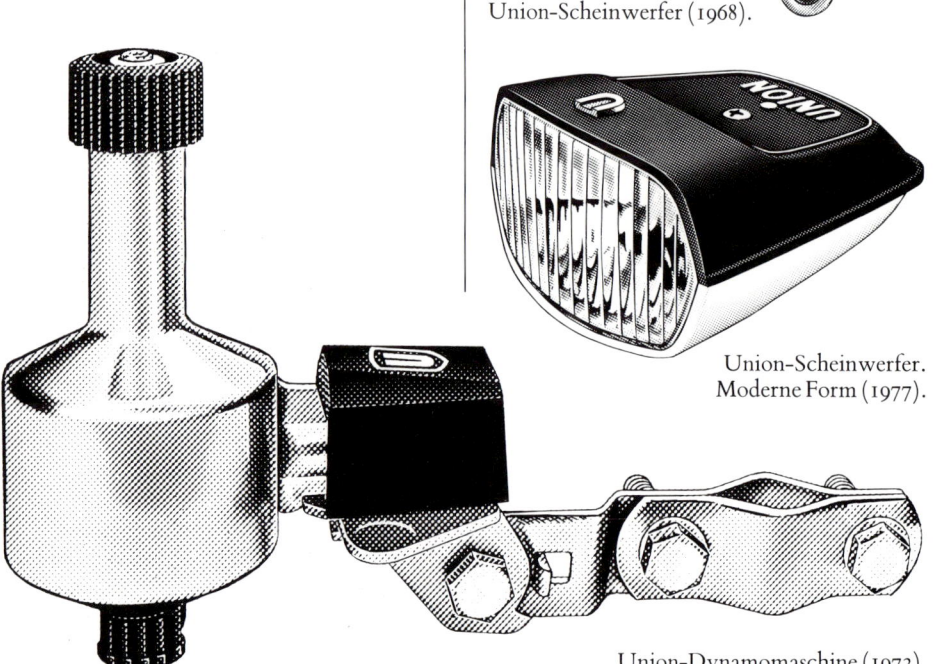

Union-Scheinwerfer (1968).

Union-Scheinwerfer.
Moderne Form (1977).

Union-Dynamomaschine (1972).

All diese Bestimmungen scheinen das Sicherheitsbedürfnis des Radlers im Dunklen aber noch nicht zu befriedigen. Neuerdings bietet der Fahrradhandel nämlich zusätzlich weisse und gelbe Reflektoren an, die, an den Speichen befestigt, den Radfahrer auch von der Seite her von weitem kenntlich machen. Das Neuste sind ausklappbare Distanzreflektoren, die den Radfahrer zusätzlich sichern.

Richard Weber, Leipzig, baute und vertrieb als erster Fahrrad-Dynamos, sogenannte «Elektrische Fahrrad-Laternen ohne Batterie und Akkumulator», schon für Hochräder. Sein englisches Patent stammt aus dem Jahre 1886.

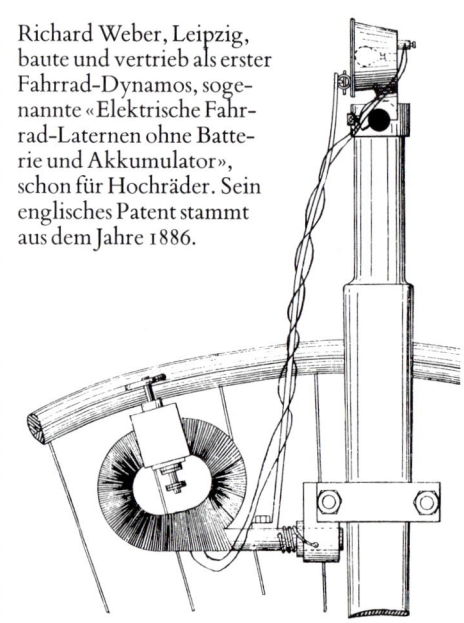

«Terry oder Banane?» –
Die Vielfalt der Fahrradsättel

Ein Zweirad ist kein Reitpferd, und das geflügelte Wort vom «fest im Sattel sitzen» ist hier bedeutungslos, denn Fahrräder scheuen nicht und sind auch sonst weit weniger mutwillig als die temperamentvollen Vierbeiner. Worauf es ankommt, ist, dass ihr Benutzer bequem sitzt, anatomisch richtig, dass die tretenden Beine genügend Bewegungsfreiheit finden und dass die durch den Sattel mitbedingte Sitzhaltung auch auf längeren Fahrten nicht ermüdet. Für moderne Fahrradproduzenten ist das Anlass genug, Sättel in bunter Formenfülle zu offerieren. Die englische Spezialfabrik Brooks, die in ihrer Werbung mit schlichter britischer Bescheidenheit behauptet, die besten Sättel der Welt zu produzieren, bietet nicht weniger als 25 verschiedene Modelle an, 17 davon in jeweils zwei verschiedenen Ausführungen. Hat der Kunde grundsätzlich einmal zwischen ungefedertem Sportsattel, Tourensport- oder Tourensattel gewählt, sich für ein Herren- oder Damenmodell oder einen Kindersattel entschieden, hat er der Ausführung mit schwarz emaillierten oder jener mit verchromten Stahlfedern den Vorzug gegeben, dann beginnt die eigentliche Qual der Wahl. Da ist zunächst einmal die Form: Soll es ein Standardmodell sein oder ein sogenannter Terry? (Terry ist ein Kurzformsattel mit elastischen Federn unter

Sattel eines Peugeot-Rennrades (1888).

Entwicklung der Fahrradsättel, dargestellt nach Katalogen und Prospekten:

Englischer Hochradsattel (Ash's Leader Spring).

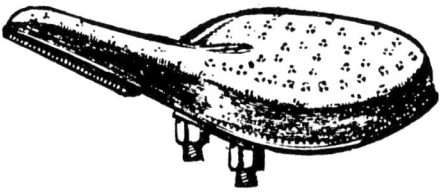

Hochradsattel zum Aufschrauben auf eine Blattfeder.

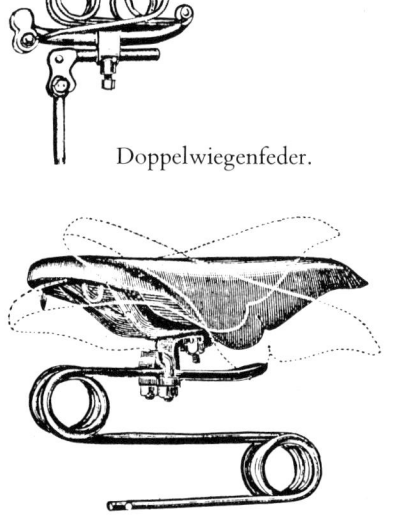

Doppelwiegenfeder.

Arabische Wiegenfeder (Arab cradle spring).

der Satteldecke und zwei Druckfedern; der Name ist von einer englischen Firma geschützt.) Oder sollte man sich nicht doch lieber einen der besonderen Reform- alias Gesundheitssättel zulegen? Und dann die Federung! Genügen zwei kräftige vertikale Schraubenfedern am Sattelhinterteil, oder soll man einem Modell mit einer zusätzlichen Feder am vorderen Ende den Vorzug geben? Schon wieder wird es schwierig; denn die vordere Feder braucht gar keine jener Konstruktionen zu sein, die von den alten Sprungfedermatratzen her sattsam bekannt sind. Nein, hier gibt es auch Ausführungen mit einer einfachen elastischen Stahldrahtschleife, ähnlich wie bei einer Sicherheitsnadel, nur grösser, versteht sich. Und dann ist da noch der sogenannte Hammock-Sattel, den auch hinten zwei derartige federnde Ringschlaufen tragen.

Nun ja, wer weiss, vielleicht haben all die verschiedenen Typen doch eine gewisse Existenzberechtigung, es gibt ja auch sehr unterschiedliche Radfahrer, vom Rennsportler über den agilen Radwanderer bis hin zum behäbigen ... pardon, wie nennt man besonders stattliche Menschen doch gleich?

Die Geschmäcker sind schliesslich auch verschieden, und die Geldbeutel nicht minder. Dem tragen Leder-, Kunstleder-, Filz- und Plastiksatteldecken Rechnung oder solche aus geschäumtem Synthetikmaterial. Und wem das Sportrad mit seinem Alltagssattel zu normal ist, nun gut, der kaufe sich einen Hiriser (das kommt aus dem Englischen und sollte sich eigentlich «Highriser» schreiben; aber welcher progressive Radler nimmt das heute schon so genau) mit einem Bananensattel.

Gibt es eigentlich nur deshalb so viele Satteltypen, weil im Grunde kein einziger ideal ist? Um die Jahrhundertwende war die Formvielfalt noch viel abenteu-

erlicher. Die Bilder sollen einen kleinen Eindruck davon vermitteln.

Wie einfach hatte es da doch vor Zeiten Baron von Drais. Er kannte noch keinen verwöhnten Kunden und konnte sich damit zufriedengeben, auf den Reitbalken seiner Draisine einfach ein Sitzpolster aufzunageln. Oder doch nicht? Nein, die ersten Ausführungen waren wirklich unzumutbar hart. Schon bald bekamen die Laufräder aufgehängte Sitze. Und heute? Stimmt es, dass es keinen Sattelfabrikanten geben soll, der jemals auf seinem eigenen Sattel sass? Sollte er deshalb manchmal an unmöglichen Stellen so schmerzhaft drücken?

Michaux und Lallement montierten ihre Sättel auf langen Blattfedern. Ähnliche, aber viel kürzere Federn in kaum zu übersehender Variantenzahl trugen die Sitzgelegenheiten der Hochräder. Als die Safeties aufkamen, griff Pedersen aus Dursley bei seinem Nobelrad noch einmal auf eine hängende Sattelkonstruktion zurück, seine Hängematte. Andere Konstrukteure erprobten Schwingsättel und Gummielementfederungen. Und langsam aber sicher bahnte sich die ganze Formenfülle an, die heute den Markt beherrscht.

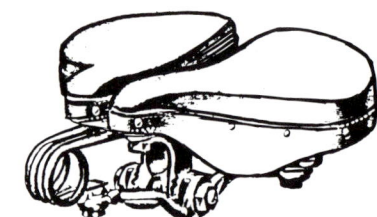

Federkissensattel (1912).

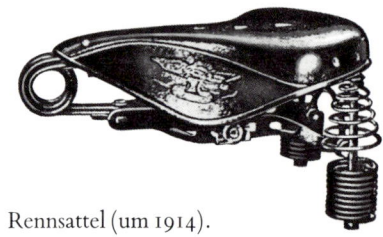

Rennsattel (um 1914).

Tourensattel (1930).

Rennsattel (1945).

Rennsattel (1960).

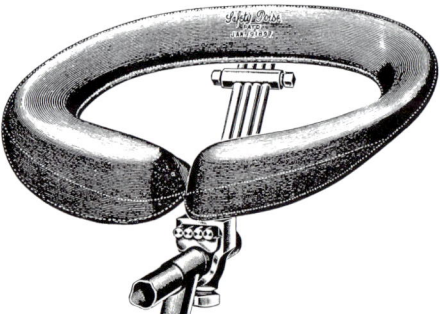

Sicherheitssattel um 1898 (The Safety Poise).

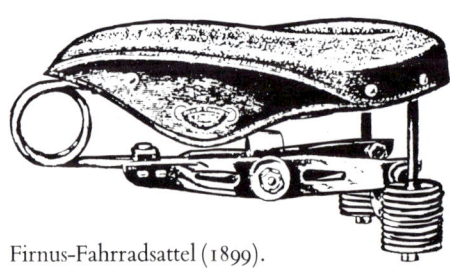

Firnus-Fahrradsattel (1899).

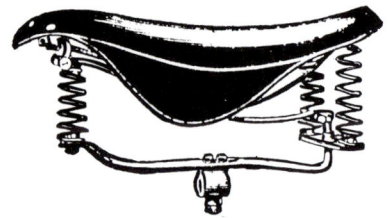

Hammock-Dreifeder-Sattel (1895).

Gepolsterter Hammocksattel (1897).

Gepolsterter Herrensattel.

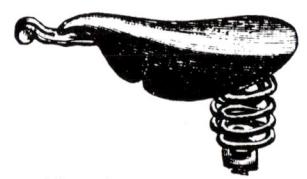

Kindersattel (1896).

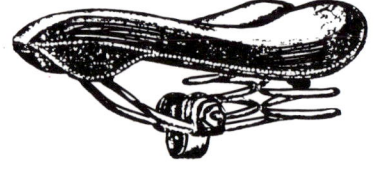

Gepolsterter Rennsattel (1900).

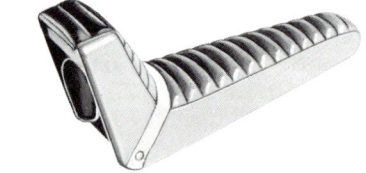

Bananensattel.

142

«etc.» – Sonstiges Fahrradzubehör

Räder, Rahmen, Lenkung, Antrieb, Naben, Sattel, Radlicht; alle sind sie unentbehrlich. Aber diese Teile allein machen nicht immer schon ein komplettes Fahrrad aus. Da ist noch die Klingel und all das Zubehör, das manchem Radler unnütz erscheint, auf das andere aber nicht verzichten wollen: Schutzbleche und elastische Schmutzfänger, Kettenschützer, Kleidernetze, Satteltaschen oder Packtaschen seitlich des Hinterrades, Gepäckträger, Fahrradstützen zum Abstellen des Rades, Baby- und Kindersitze, Kilometerzähler und Tachos, Luftpumpenhalterungen und solche für Trinkflaschen, Werkzeugkästchen und was dergleichen mehr ist, bis hin zur Wimpelstange. Es würde den Rahmen einer Fahrradgeschichte sprengen, all diese mehr oder weniger nützlichen Details und ihre Entwicklung näher zu beschreiben. Ein paar Bilder mögen andeuten, was es alles schon gegeben hat.

Radläuferglocken wurden von manchen Polizeidienststellen wegen ihrer grossen Lautstärke verboten.

Kugelförmige Radglocke, die am linken Teil der Lenkstange angebracht wurde. Die Glocke konnte durch Drehung ein- und abgestellt werden; sie wurde durch die Erschütterung während des Fahrens zum Klingeln gebracht.

Undichte Stellen in den Schläuchen konnten durch diesen Schweizer «Defektsucher» festgestellt werden. Bei Luftaustritt bewegte sich die eingeschlossene Watte.

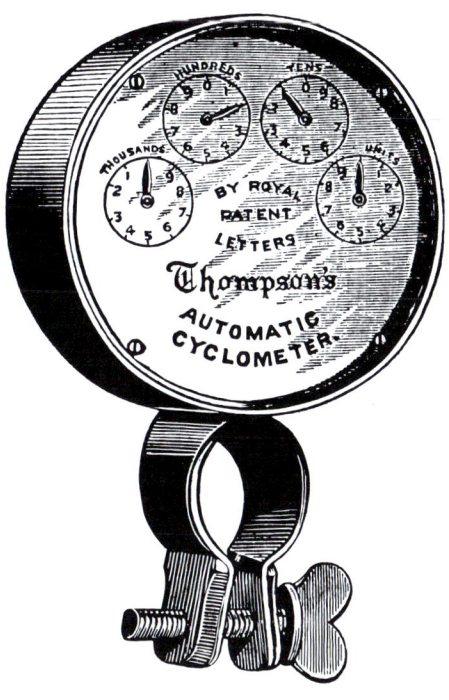

Cyclometer registrieren die zurückgelegten Wegstrecken.

Blumenhalter mit Wasserbehälter.

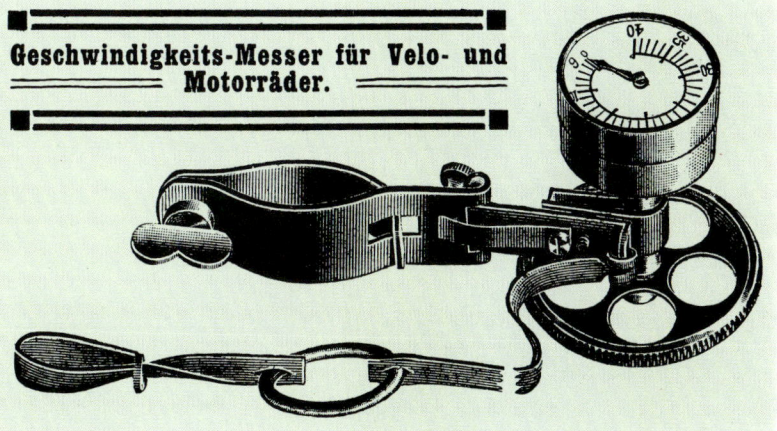
Der Tachometer wurde, wie bei den Radläuferglocken, nur zeitweise eingeschaltet.

«Warum das Stahlross nicht umkippt» – Fahrrad und Physik

Gegenüber anderen technischen Fortbewegungsmitteln wie dem Auto, der Eisenbahn, gar dem Flugzeug scheint das Fahrrad ein denkbar einfacher Mechanismus zu sein. Rein konstruktiv gesehen stimmt das. Aber physikalisch betrachtet, trügt der Schein. Die physikalische Theorie des Radfahrens ist derartig verzwickt, dass sie sich wohl niemals mit letzter wissenschaftlicher Gründlichkeit beschreiben lässt. Das liegt daran, dass hier eine mechanische und eine biologische Kraftmaschine Hand in Hand arbeiten.

Dieser Sonderstellung in der Funktion verdankt das Gefährt seinen einmalig hohen Wirkungsgrad. Um einen Kilometer zurückzulegen, bringt eine Maus pro Gramm ihres Eigengewichts eine Energie von 160 bis 380 Joule auf (ein Joule entspricht rund 0,24 Kalorien); Bienen und Ratten verbrauchen 60, Hasen und Hubschrauber 15, Hunde und Passagierflugzeuge 6, Schiffe 4, Tauben 3,8, Kühe und Pkw 3,3, Fussgänger 3, Pferde 2 bis 3, Transport-Düsenflugzeuge 2,5 und Lachse 1,7 Joule.

An einsamer Spitze in der Wirtschaftlichkeit steht mit 0,6 Joule der Radfahrer.

Wer untersuchen will, ob sich diese phantastische Energiebilanz noch weiter zugunsten des Fahrrads verschieben liesse, muss ins Detail gehen. Die Energie, die ein Radfahrer auf ebener und glatter Strecke aufbringt, hilft zum einen, den Luftwiderstand zu überwinden, zum anderen zehrt Reibung sie auf. Die Reibung wiederum unterteilt sich in die rollende Reibung des Rades auf der Strasse, die innere Reibung in den verschiedenen Radlagern und der Kette und schliesslich in eine anatomische Komponente, von der gleich noch die Rede sein wird. Alle diese Grössen hängen in verzwickter Weise von der Konstruktion des Fahrrads, vom Gewicht und von der Figur des Fahrers, aber auch vom Strassenzustand, vom herrschenden Wind und von der Fahrgeschwindigkeit ab. Es lassen sich also keine ein für allemal verbindlichen Zahlen nennen. So entfallen auf die Überwindung des Luftwiderstands bei

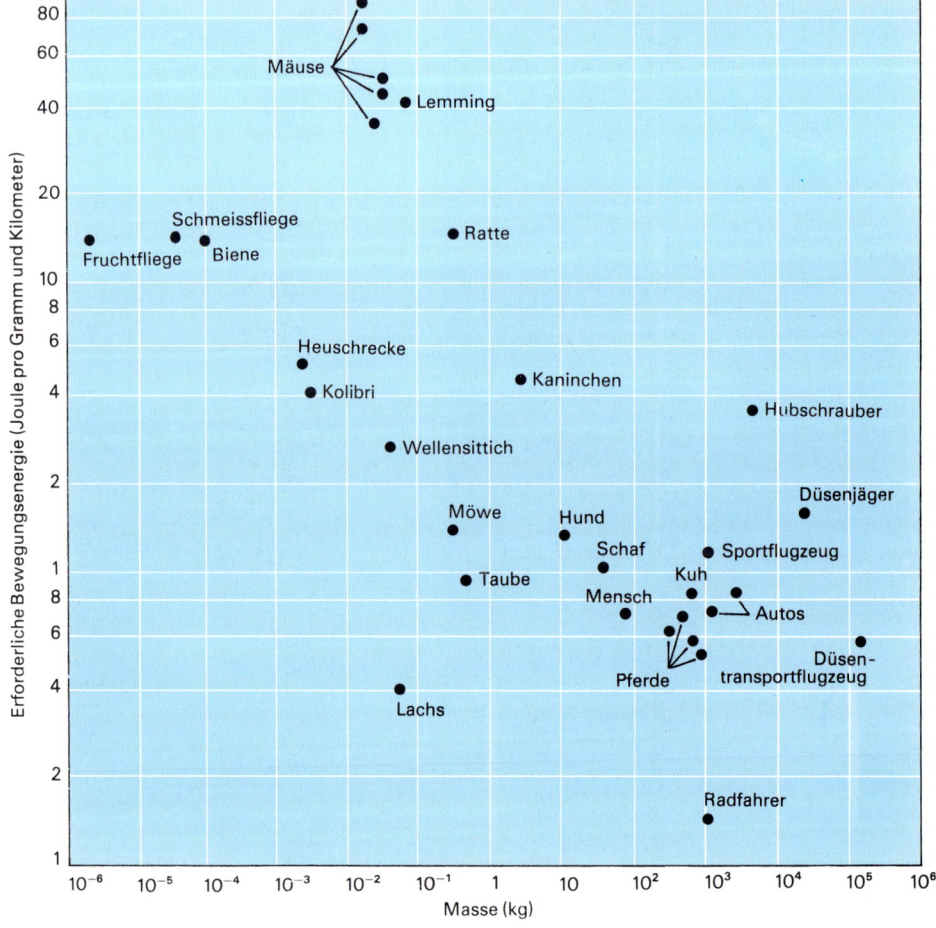

gemütlichem Radeln von 9 km/h rund 6 Prozent, beim sportlichen Treten von 21 km/h bereits 26 Prozent des gesamten Energieverbrauchs. Der hohe Wert ergibt sich aber auch beim langsamen Tempo und einer frischen Brise, die dem Radler mit einer Geschwindigkeit von nur 3,3 m/s entgegenpustet.

Um trotz all dieser Unsicherheit ein ungefähres Gefühl für die gesamte Energiebilanz zu vermitteln, muss man einen Idealfall konstruieren. Angenommen, ein Radfahrer von 70 Kilogramm benutzt ein Zweirad von 15 Kilogramm bei absoluter Windstille auf einer vollkommen ebenen und glatten Asphaltstrasse. Er sitzt leicht nach vorn gebeugt, also in üblicher Fahrhaltung, und legt in der Stunde 15 Kilometer zurück. Die innere Reibung der Radlager und der Kette ist so gering, dass sie praktisch überhaupt nicht ins Gewicht fällt. Die rollende Reibung auf der Strasse macht mit 61 Prozent den Löwenanteil aus. 16 Prozent schluckt der Fahrtwind. Und die verbleibenden 23 Prozent? – Das sind anatomische Verluste, die sich wiederum aus zwei Komponenten zusammensetzen. Einmal haben auch die Muskeln und Gelenke innere Reibungsverluste. Zum anderen aber bewegen sich die Pedale an den Tretkurbeln auf einer exakten Kreisbahn, der die tretenden Füsse in ihrer jeweiligen Antriebsrichtung durchaus nicht genau entsprechen. Für den Physiker: Die Tretkraft ist in den verschiedenen Phasen der Kurbeldrehung nicht immer tangential gerichtet. Dadurch lässt sich nur ein Teil der aufgebrachten Tretenergie in Antriebsenergie umsetzen. Den Rest nimmt das Tretlager auf, das ihn vernichtet, wobei es sich erhitzt und nach längerer Benutzungszeit nicht selten oval ausleiert. Wie wichtig diese Erkenntnis ist, beweist der einfache Kunstgriff des ovalen Kettenrades, von dem schon die Rede war. Hilft es doch, rund acht Prozent der gesamten aufgebrachten Energie zu sparen. Das entspricht mehr als einem Drittel der anatomischen Verluste!

Soweit zur Energiebilanz des Radelns. Physikalisch noch ungleich verzwickter ist die Frage, warum sich das Zweirad überhaupt fahren lässt; warum es nicht einfach umfällt. Glücklicherweise ist die Erklärung simpler als der überaus komplexe Regelmechanismus, der dahintersteckt. Einmal hat jedes rollende Rad das Bestreben, senkrecht stabil zu bleiben; warum, das sagt die Kreisellehre. Wem sie zu kompliziert ist, der möge sich in der Praxis davon überzeugen. Er baue das Vorderrad aus seiner Fahrmaschine aus, halte es an der Achse und versetze es in leichte Drehung. Auf den Versuch, das rotierende Rad zu neigen, wird es mit spürbarer Gegenkraft reagieren.

Diese Kreiselkräfte genügen zwar, ein einzelnes dahinrollendes Rad zu stabilisieren, reichen aber bei weitem nicht aus, ein Fahrrad aufrecht zu halten, auf dem ein Fahrer sitzt, der um ein Vielfaches schwerer ist als das ganze Gefährt. Hier sind noch andere Kräfte im Spiel. Das Rad neigt in der Tat ständig dazu, nach rechts oder links umzufallen. Aber der geschulte Gleichgewichtssinn des Fahrers kompensiert jede noch so minimale Gewichtsverlagerung augenblicklich. Kippt das Vehikel nach rechts, lenkt der Fahrer sofort in die gleiche Richtung. Der beginnenden Kurvenfahrt wirkt aber die Zentrifugalkraft entgegen, die das Gefährt «aus der Kurve tragen» will. Sie richtet das umkippende Rad wieder auf. Es neigt sich zur Gegenseite, und das Spiel beginnt von neuem: Reflexartig lenkt der Fahrer nach links. Kein Radler kann also exakt geradeaus fahren. Wer das nicht glaubt, der blockiere seine Lenkung. Jeder Zweiradfahrer bewegt sich auf einer Schlangenlinie, die sich natürlich um so mehr der geraden Linie annähert, je schneller das Fahrrad dahinrollt.

Beim Kurvenfahren gilt ganz Entsprechendes. Wieder versucht die Zentrifugalkraft, das Rad nach aussen zu tragen und, weil es mit den Rädern an die Fahrbahn gebunden ist, nach aussen umzukippen. Deshalb muss sich der Fahrer «in die Kurve legen».

Umgekehrt kann er natürlich sein Gefährt allein durch Gewichtsverlagerung des Körpers zur Kurvenfahrt bewegen. Legt er sich etwa nach rechts, dann kippt das Vorderrad durch seine eigene Schwerkraft ebenfalls in diese Richtung. Die Kurvenfahrt beginnt. Warum? – Das ist nur möglich, weil die Vorderradgabel leicht nach vorne durchgebogen ist. Die Verlängerung der geraden Lenksäule geht ja nicht durch den Radmittelpunkt, sondern hinter diesem vorbei. Nur deshalb kippt das Rad bei schräg stehender Maschine durch sein Gewicht in die Kurve hinein. Anderenfalls liesse es sich nur durch Zerren oder Drücken an der Lenkstange bewegen. Dieser sogenannte «Nachlauf» des Rades macht sich natürlich auch bei absolut senkrecht stehender Maschine bemerkbar: Automatisch spurt das Vorderrad geradeaus. Bedingt durch die gebogene Gabel, wird es nicht vorwärts gestossen, sondern gezogen. Auch das vereinfacht das Balancehalten.

Theoretisch mag das alles einleuchten. In der Praxis ist es, wie Hunderte von Millionen Radfahrern auf der ganzen Welt beweisen, auch nicht schwer. Was aber noch kein einziger Wissenschaftler mit mathematischer Genauigkeit nachvollziehen konnte, ist die computergleiche Präzisionsarbeit des menschlichen Gleichgewichtsempfindens, das den in Wirklichkeit überaus diffizilen Prozess souverän und wie von selbst steuert. Ein grosser Teil Physik des Fahrrades ist im Grunde Physik des menschlichen Körpers.

«Verschiedenes, sonstiges und anderes» – Allerlei merkwürdige Fahrräder

Ein Traum des Freiherrn von Drais um 1818, der für ihn nie Wirklichkeit wurde.

Mehr als ein Jahrhundert ist es her, als in Buffalo ein Mann namens Mey das Fahrrad ad absurdum führte. Er hielt sich einfach nicht an die Definition, dass ein Fahrrad ein vom Fahrer mit eigener Muskelkraft angetriebenes Gefährt sei, und liess statt seiner Hunde arbeiten. Nun könnte jemand sagen, damit sei das Fahrrad kein Fahrrad, sondern ein von Tieren gezogener Wagen. Mitnichten! Die Hunde zogen das Vehikel eben nicht, sie trieben ein Rad an, in dessen Innerem sie liefen. Und damit ist das ganze doch ein mehrrädriges Fahrrad, wenn auch eines, das sich nicht den Spielregeln üblicher Definitionen unterwirft. – Mey blieb übrigens nicht der einzige, der die vierbeinigen Freunde des Menschen in Laufräder sperrte, wodurch die sprichwörtliche Freundschaft zwischen Mensch und Tier recht einseitig wurde.

Doch selbst ohne Hund lässt sich dem Definitionsversuch «vom Fahrer mit eigener Muskelkraft angetrieben» ein Schnippchen schlagen. Auch fremde Muskelkraft ist schliesslich denkbar, und diese Vorstellung führt direkt zur Fahrrad-Droschke. Auch sie gab es in mehr als einem einzigen Modell. Da existiert doch tatsächlich ein alter Stich, auf dem neben zwei feinen Damen ein ebenso feines Hündchen zu den Fahrgästen des menschlichen Zweispänners gehört. Sieg der Gerechtigkeit! Die Grafik hat den Reiz des Scherzes. Nicht

Nur selten wurden Hundetreträder zum Antrieb von Fahrrädern verwendet. Das Publikum war dagegen.

Karikatur der Londoner Velociped-Droschke Nr. 245 um 1890.

Phantasie einer Velociped-Droschke (um 1875) mit zwei von Ehemännern angetriebenen Michaulinen.

strey & Jungck. Sie hatte Luftkissenreifen, und ihr Fond für zwei Fahrgäste erinnerte lebhaft an eine leichte Pferdekalesche. Das illustre Modell für etablierte Herrschaften hiess Sultan. Für Soloausfahrten mit tretendem Butler bot sich der dreirädrige Coventry-chair (1888) mit Heckantrieb an. Ähnlich im Aussehen, aber wiederum für zwei Fahrgäste geeignet, war die «Ganzwindtsche Droschke» von 1895. Ihr Erfinder baute um die gleiche Zeit auch ein Modell für offenbar miteinander zerstrittene Ehepaare: Ein Fahrgast sass vorne und schaute in Fahrtrichtung, der andere hinten und blickte zurück. Zwischen beiden stand hebeltretend der Chauffeur.

Kurz vor der Jahrhundertwende wurde die Fahrraddroschke Allgemeingut, wenigstens in Berlin. Ein illustriertes Journal berichtete 1898: *«Das Dreirad im Dienste der Personenbeförderung ist die neueste Erscheinung im Strassenbilde Berlins. Auf der Achse der Hinterräder des Dreirads befindet sich, auf Federn ruhend, ein sänftenartiger, mit Leder überzogener Sitz, der mit einem Verdeck verse-*

so das Lieferprogramm der honorigen Fahrradfirma Singer & Co. von 1888. Sie stellte in der Tat vierrädrige Velociped-Droschken her. Ihrem Aussehen nach mochten sie im fernen Ausland weilenden Kolonialbeamten angemessen gewesen sein.

Weniger komfortabel, dafür aber weitaus sportlicher, wirkte das Fünfrad «Fugitive» der Hamburger Firma Lenning von 1885. Es gab fünf Fahrern

Platz und hatte zusätzlich einen Stehplatz für einen nichttretenden Fahrgast.

Eine Nobel-Velociped-Droschke wiederum bauten 1889 in Berlin Dum-

Umgebautes viersitziges «Sociable» mit Hinterradlenkung der englischen Firma Singer & Co. Als Velociped-Droschke in Indien im Verkehr.

Berliner Velociped-Droschke «Sultan» der Firma Dumstrey und Jungck in Berlin, um 1889.

Velociped-Droschke des Emirs von Afghanistan um 1890. Sie wurde von der Londoner Firma Laurie & Marner gebaut.

ser Schnelligkeit in Bewegung. Der Besitzer hat sich das Gefährt, in welchem allerdings jedesmal nur eine Person befördert werden kann, patentamtlich schützen lassen. Als Fahrpreis hat man für je 400 m 10 Pfennig zu zahlen.»

Von der reinrassigen Droschke zur Personenbeförderung im Seitenwagen ist gedanklich kein weiter Weg. Beim Motorrad war er ohnehin gang und gäbe. Warum also sollte der Radfahrer darauf verzichten? Ein holländischer Hersteller baute Beiwagenräder um 1926, und irgendwann vor dem Zweiten Weltkrieg überraschte ein besonders findiger Geist mit einer konstruktiven Lösung, die zumindest jenen Journalisten begeisterte, der darüber in seinem Blatt berichtete:

Berliner Tretmotor-Droschke von Hermann Ganzwindt (1895).

Berliner Velociped-Droschke mit Regenschutz für den Fahrgast. Mehrere Fahrradfabriken stellten sie vor der Jahrhundertwende her.

Tretmotor-Droschke von Hermann Ganzwindt, Berlin (1895). Mehrspurige Muskelkraftwagen der verschiedensten Arten werden immer wieder, vor allem in Notzeiten, auftauchen. Die Erfahrung aber lehrt, dass die Kraft eines Menschen, ohne Überbeanspruchung, nur zum Antrieb einspuriger Fahrzeuge auf längeren Strecken ausreicht. Aus diesem Grunde verschwinden mehrspurige Muskelkraftfahrzeuge stets wieder nach kurzer Zeit.

hen ist. Der Fahrer, der eine gefällige Livree trägt, hat seinen Platz in gewöhnlicher Weise vorn auf dem Sattel und setzt das Gefährt, das einen sehr eleganten Eindruck macht, ohne Schwierigkeit ganz allein und mit gros-

«Jede Erfindung, die dem Radfahrer, der sich ohnehin durchs Leben quälen muss, den Verkehr erleichtert, ist zu begrüssen. Da hat nun ein Hamburger Ingenieur ein ganz neues Verfahren herausgeknobelt und sich patentieren lassen, das alle Radfahrer interessieren dürfte. Beiwagen hat es schon immer gegeben, aber beiklappbare sind neu. Wie das Bild zeigt, genügt ein Handgriff, um das dritte Rad einfach hochzuklappen, und dann ist der Transport des ganzen Fahrzeugs in Wohnungen, selbst vier Treppen hoch, nicht mehr schwierig. Neu ist weiterhin, dass das dritte Rad sich in den Kurven parallel zu den beiden anderen Rädern stellt, so dass man

Neben Personenbeförderung allgemeiner Art wurden diese Fahrräder auch zu Spazierfahrten für Kranke und ältere Leute benützt...

...Hauptlieferant war die Nürnberger Velocipedfabrik «Hercules», vormals Karl Marschütz & Co. Die Geschwindigkeiten lagen um 10 km/h.

Klappbarer Kurvenleger-Beiwagen für Fahrräder eines Hamburger Ingenieurs (1934).

nicht nur schneller, sondern auch sicherer und immer in der Waagerechten um die Ecken flitzen kann. Auf das Gestell setzt man je nach Bedarf eine Limousine für die Kinder oder ein Gestell für Lasten, die bis zu drei Zentnern leicht zu transportieren sind. Die Polizei hat die Sache geprüft und für gut befunden. Der Radfahrer wird also bald für billiges Geld und bequem auf drei Rädern mit Fusskraft fahren können, genau so wie sein Kollege auf dem Motorrad.»

«Warum man dieses musst erfinden? Ich weiss es: Nur um mich zu schinden.»

Gepäck auf Dreirädern billig mit eigener Fusskraft zu transportieren, das war allerdings durchaus nichts Neues. Lastenräder waren schon um 1880 recht verbreitet. Geschäftsleute benutzten sie für Transporte, Zeitungsboten fuhren damit die Gazetten aus, und die Post verwendete sie im Zustelldienst. Auf dem Lande haben sich einzelne Exemplare hier und da bis heute gehalten.

Englisches Transport-Dreirad mit Vorderradantrieb und Hinterradlenkung um 1880.

Nicht nur die Post hatte übrigens ihre eigenen Fahrräder. Von 1901 ist aus Berlin-Grunewald eine Sonderkonstruktion für die Feuerwehr bekannt: ein Löschzug aus einem Dreirad mit an-

Wiener Postbote fährt ein Paket-Transport-Dreirad um 1888.

gehängtem zweirädrigem Spritzenwagen einschliesslich Leiter. Das Gefährt war ein Motordreirad der Firma De Dion-Bouton.

Ebenfalls in Berlin bauten die Stern-Fahrradwerke ein Eisenbahnfahrrad, das auf Normalspurschienen lief und für die Streckenkontrolle durch den Bahnmeister gedacht war. Zum einfachen Transport in Packwagen liess es sich zusammenlegen.

Immer wieder tauchten Sonderkonstruktionen des Fahrrads mit «neuartigen» Antrieben auf, die aber nicht annähernd so revolutionär waren, wie ihre Erfinder sie meistens hinstellten.

Englisches Transport-Dreirad mit Hinterradantrieb und Vorderradlenkung um 1880.

Manche Gedanken wiederholen sich beinahe in regelmässigen Zeitabständen. Dazu gehören Fahrräder, auf denen der Benutzer nicht sitzt, sondern liegt. Das Prinzip hat Vorteile: Die

Ein Gepäck-Dreirad von Dürkopp um 1900.

Zwei gekuppelte Fahrräder für Transportzwecke, 1898. Hersteller war die Stern-Fahrradwerke AG, Berlin.

Um 1895.

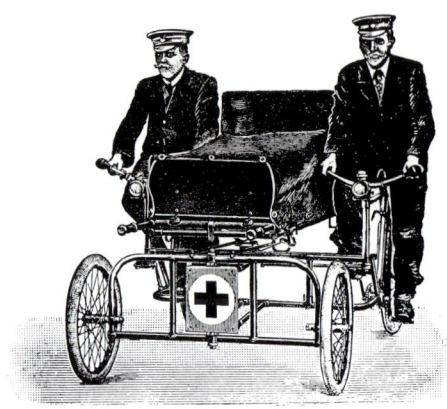

Ambulanzwagen der Nürnberger Velocipedfabrik «Hercules» um 1899.

ging ein französisches Modell für Fahrer in weit zurückgelehnter, fast auf dem Rücken liegender Haltung in Serienfertigung. In noch flacherer Rückenlage versuchten es einige Konstrukteure auf Wettfahrten für Gefährte mit Menschenantrieb in Irwingdale, Kalifornien. Die Brüder Nielsen aus Kopenhagen gingen mit zweirädrigen Lie-

Muskelkraft der Beine lässt sich gut nutzen, und der Windwiderstand des Fahrers reduziert sich auf ein Minimum. Meist sind diese Maschinen deshalb sehr schnell. Aber das Gleichgewichthalten bereitet dabei immer besondere Probleme, sofern die Gefährte nicht zweispurig sind. 1917 schon erreichte der Amerikaner G. A. Phillips aus Chicago, bäuchlings auf einem sehr langgestreckten Zweirad liegend, eine Maximalgeschwindigkeit von fast 50 km/h. 1927

Neuzeitliches Transportrad um 1975.

Gepäck-Dreirad «Adler» um 1900.

Motor-Dreirad der Pariser Firma de Dion-Bouton mit Feuerwehr-Anhänger auf der Fahrt zu einem Einsatz in Berlin-Grunewald. Mit diesem motorisierten Dreirad wurde de Dion-Bouton um 1900 der grösste Kraftfahrzeug-Hersteller der Welt.

Krankentransportwagen aus zwei Fahrrädern der Berliner Stern-Fahrradwerke AG um 1898.

Eisenbahn-Draisine mit Tretkurbelantrieb der Stern-Fahrradwerke um 1897.

gerädern sogar auf Weltreise und legten mehr als 20 000 Kilometer zurück. Sie behaupteten, «60 km/h fahren zu können und keinen lahmen Buckel zu bekommen».

Ein recht flottes und graziles Zweirad für Rückenlieger liess sich 1974 auch der bekannte deutsche Autokonstrukteur Josef Müller schützen.

1975 versuchte es der siebzigjährige Engländer Thomas Patrick wieder bäuchlings. Im Stadtverkehr nahm er es damit durchaus mit Autos auf, heisst es.

Vierrädriges Mannschaftsrad der Aurora-Fahrradwerke J. Dressler & Co., Breslau, um 1899.

Fahrrad mit Hand- und Fussantrieb von Valère. Es war auf dem Pariser Fahrrad-Salon 1896 ausgestellt, erlangte aber keine grössere Bedeutung.

Von Wedells Kaiserrad 1888, auch Gesundheits-Velociped genannt. Kreuzrahmen-Fahrrad mit Hand- und Fussantrieb.

Allerdings: wie schnell fahren heute schon Autos in einer Stadt?

Phänomenale Erfolge erzielten in allerjüngster Zeit die Japaner mit extrem flachen und leichten Renndreirädern, auf denen liegende Fahrer im «Grossen Preis» von Tokio Spitzengeschwindigkeiten von 65 km/h auf ebener und knapp 100 km/h auf leicht abschüssiger Fahrbahn erreichen. Die rasanten Gefährte kosten umgerechnet immerhin rund 1000 Mark.

Eine der ernsthafteren wissenschaftlichen Versuchsgruppen auf dem Gebiet leitet Professor Dr.-Ing. Paul Schöndorf, Chef des Fachbereichs Fahrzeugtechnik der Fachhochschule Köln.

Hohes Fahrradtempo versuchen andere Konstrukteure durch windschnittige Verkleidung ihrer Gefährte zu erzielen. Solche Maschinen starteten in vielerlei Gestalt besonders bei den kalifornischen Wettfahrten von Irwingdale. Weltrekord: 80,2 km/Stunde!

Französisches Dreirad mit Antrieb durch Gewichtsverlagerung des Fahrers um 1879.

Dieses grazile Zweirad für Rückenlieger liess sich 1974 der Autokonstrukteur Josef Müller aus Prien am Chiemsee schützen.

Fahrrad mit Hand- und Fussantrieb von Louis Krause in Leipzig-Gohlis (1890).

Fahrräder mit Karosserie, oft aus Plastik, gibt es aber nicht nur als Superrenner. Auch so mancher Versuch, das Zweirad der Zukunft zu entwickeln, tendiert in diese Richtung.

Zu Experimenten forderte schliesslich immer wieder aufs neue der An-

trieb heraus. Eine Zahl von Konstrukteuren wollte und will sich mit dem Beinantrieb allein nicht zufriedengeben. Schon 1869 gab es beim Dreirad den Antrieb mit Hand- und Tretkurbeln zugleich. Um 1888 trieb Baron von Wedell bei seinem «Kaiserrad» mit den Beinen das Hinter- und mit den Armen das Vorderrad an. Und 1896 setzte Valère in Frankreich ein Zweirad mit allen vieren in Gang.

Andere Erfinder nutzten die Bewegung des ganzen Körpers aus. Eines dieser Räder, ein Dreirad mit Antrieb durch Gewichtsverlagerung, entstand 1879 in Frankreich. Ein brandneues Modell, das «Reitrad hobby-wipp», ist derzeit auf dem Markt.

Dieser «Velocar» wurde 1935 auf dem Pariser Automobil-Salon gezeigt.

Mit dem stromlinienverkleideten Fahrrad erreichte Dr. Allan Abbott 1976 auf der 200 m langen Messstrecke in Kalifornien eine Geschwindigkeit von 78 km/h.

Dieser «Sportmuscar» wurde 1975/76 von den Konstrukteuren Schöndorf, Huxel und Henke der Fachhochschule Köln entwickelt.

Curry Landskiff mit offener Karosserie (1929).

Der Berliner Arthur Stellbrink neben seinem karossierten Göricke-Rad (1914). Da die Flanschnabe noch unbekannt war, suchte man durch einen Drahtring grössere Stabilität des Laufrades zu erreichen.

«Mit dem Fahrrad in die Lüfte» – Fliegende Fahrräder

Eine Kategorie von Maschinen, die sich unmittelbar aus dem Fahrrad entwickelt hat, verdient in den meisten Fällen im Grunde weder die Bezeichnung «Fahr-» noch den Namen «-rad». Gemeint sind fliegende Apparate, angetrieben durch menschliche Muskelkraft. Dass sie oft so erstaunlich fahrradähnlich aussehen, hat einen Grund: Die Pioniere selbst der motorisierten Luftfahrt waren zum grossen Teil Zweiradfabrikanten oder Zweiradhändler. Irgend etwas erinnert an den meisten fliegenden Muskelkraftapparaten an vertraute Fahrradformen, die Tretkurbel, die Kraftübertragung durch eine Kette, der Lenker oder gar die gesamte Konstruktion, die zum Bei-

Der Segelflieger Hans Richter machte mit seinem fliegenden Fahrrad 1932 kurze Luftsprünge. Die Tragfläche hatte eine Länge von 6 Metern.

Das fliegende Fahrrad. Nachdem am 19. November 1912 der deutsche Rennfahrer Sigmar Rettich den «Decimeter Preis» von 500 Goldfranken gewonnen hatte (es mussten zwei 10 cm hohe Marken im Abstand von einem Meter überflogen werden), holte sich am 21. Dezember 1912 der französische Radrennfahrer Léon Didier den Michelin-Preis mit zwei Flügen von 5,05 und 5,32 Metern.

Dem früheren Sprint-Radweltmeister Gabriel Poulain gelang am 9. Juli 1921 auf seinem Doppeldecker mit 15 Quadratmetern Tragfläche ein Sprung von 11,89 Metern in 1,5 Meter Höhe. Damit gewann er den Peugeot-Preis von 10 000 Goldfranken.

spiel beim Franzosen Didier 1912 aussieht wie ein normales Tourenrad mit grossen steifen Käferflügeln.

Der menschliche Traum vom Fliegen aus eigener Kraft ist wenigstens so alt wie die griechische Sage von Ikarus; vielleicht noch viel älter. Bis in unser Jahrhundert ist es ein Traum geblieben. Wieder und wieder versuchten ingeniöse Erfinder, sich mit raffinierten Apparaten selbständig von der Erde abzuheben, aber es glückte erst neun Jahre, nachdem die französische Firma Peugeot 1912 einen Preis von 10 000 Goldfranken für denjenigen ausgesetzt hatte, der aus eigener Kraft zehn Meter weit fliegen könne. Nach Dutzenden erfolgloser Versuche mit den abenteuerlichsten Konstruktionen schaffte am 9. Juli 1921 der Tour-de-France-Meisterfahrer Poulain auf einem extrem leichten Fahrrad mit angebauter Doppeldecker-Konstruktion der Firma Nieuport endlich einen Luftsprung von $1\frac{1}{2}$ Metern Höhe und 11,89 Metern Weite. Er trug den hart umkämpften Preis heim. Ein Flug im eigentlichen Sinne war das allerdings nicht; denn das Gefährt liess sich nur wie ein Fahrrad auf dem Erdboden antreiben, hob bei geeigneter Geschwindigkeit ab und hielt sich vielleicht zwei Sekunden lang im Gleitflug.

Die Industrie setzte weitere Preise für andere Flugleistungen aus. Weltruhm

erlangte 1959 der englische Kremer-Preis von 5 000 Pfund Sterling für den ersten britischen Muskelkraftpiloten, dem es gelingen würde, eine Acht um zwei in einem Abstand von etwa 800 m voneinander aufgestellten Pfosten zu fliegen. Mindesthöhe: 3,3 m. Als sich acht Jahre später noch kein Gewinner gefunden hatte, verdoppelte Kremer den Preis und weitete die Teilnahmeberechtigung auf die ganze Welt aus. Das spornte an, doch die heikle Aufgabe war auch 1973 noch ungelöst. Kremer setzte 50 000 Pfund aus. Das reizte Wissenschaftler, Piloten, Konstrukteure und Bastler in aller Herren Länder. 1976 gelang es schliesslich dem berühmten japanischen Flugzeugbauer Dr. Kimura, ein «Flying Bicycle» zu konstruieren, das sich rund 2000 Meter in der Luft hielt. Den von Kremer geforderten Kurvenflug aber meisterte Kimuras fliegendes Rad nicht.

Der sensationelle Erfolg blieb dem amerikanischen Flugingenieur und Aerodynamiker Dr. Paul MacCready vorbehalten. Er baute einen mit 35 Kilogramm Masse extrem leichten Riesenvogel von 29 Metern Spannweite. Das entspricht den Tragflächen des Touristenjets Douglas DC 9. Als Kettenrad, Tretlagerachse, Kurbeln und Pedale des Antriebs verwendete er die leichtesten und zugleich teuersten Fahrradteile, die der Markt bot. Am 23. Au-

nach dem Start sanft wieder auf. 50 000 Pfund Sterling waren gewonnen! Der historische Flug stellt einen mehrfachen Weltrekord dar. Allen hatte allein mit Muskelkraft die weiteste Strecke in der Luft zurückgelegt, und er hatte sich am längsten über dem Boden gehalten. Der «Gossimer Condor» war das leichteste Flugzeug, das es je gab und – mit 16 km/h Geschwindigkeit – zugleich das langsamste Propellerflugzeug der Welt. Der Pilot war Radfahrer.

Das fliegende Fahrrad «Superia» dreier flämischer Ingenieure. Sie hatten die Unterstützung der Superia, Fahrradfabrik, Zedelgens, Belgien. Ihre Versuche machten sie auf dem Flugplatz von Calais.

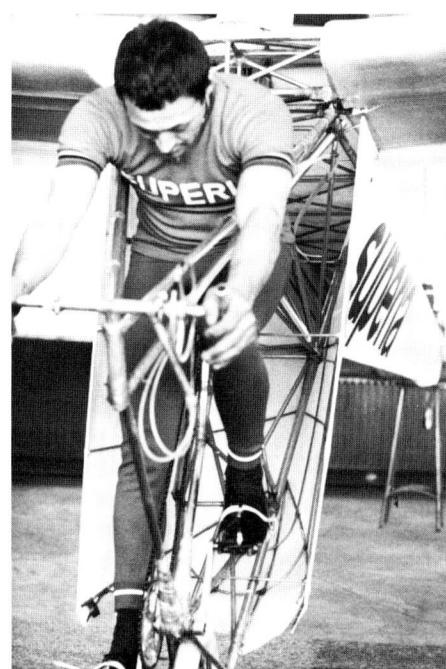

Der Fahrersitz der «Superia».

gust 1977 war es dann soweit: Mit dem vierundzwanzigjährigen Biologen und erfolgreichen amerikanischen Rad-rennfahrer Bryan Allen an Bord hob der «Gossimer Condor» morgens um 7.37 Uhr auf dem Shafter-Airport bei Bakersfield in Kalifornien ab und über-flog sicher die 3,3 m hohe Startbarriere. Sauber umrundete er auf 2002 m langer Achterschleife die beiden vorgeschrie-benen Pfosten, glitt über die 3,3 m hohe Zielbarriere und setzte 7,28 Minuten

Der grosse Erfolg! Der älteste Menschheitstraum ist am 23. August 1977 in Erfüllung gegangen. Der Amerikaner Bryan Allen erhob sich mit eigener Kraft in die Lüfte, und in einem Flug von über sieben Minuten Dauer gelang es ihm auch, die vorgeschriebene Acht zu fliegen. Damit gewann er den mit 200 000 Mark dotierten Preis des englischen Industriellen Henry Kremer. Der 51jährige Flugin-genieur und Aerodynamiker Dr. Paul MacCready konstruierte dieses erfolgreiche «Flying Bicycle». Tragflächen-Spannweite 29 Meter; Luftschraube 110 Umdrehungen in der Minute; Durchschnitts-geschwindigkeit des «Gossimer Condor's» 15,5 km/h. Benötigte Leistung weniger als 300 Watt; bei Geradeflug etwa 0,33 PS, bei Kurvenflug etwa 0,42 PS.

«Räder für Prinzen und andere Kinder» – Eine kurze Geschichte der Kinderfahrzeuge

Kinderlaufrad im Schweizerischen Turn- und Sportmuseum in Basel (um 1820).

Das Lieblings-Dreirad von Susanne wurde schon 1895 gebaut.

«Unsere Knaben-Bicycles werden nach demselben Prinzip wie unsere grossen Maschinen hergestellt, sie sind in allen Theilen nachstellbar und haben bei grosser Dauerhaftigkeit und Leichtigkeit ein elegantes Äusseres. Mit den von anderer Seite auf den Markt gebrachten billigen Knaben-Velocipeden bitten wir unser Fabrikat nicht zu vergleichen.»

Mit diesen Zeilen warb 1889 eine deutsche Zweiradfirma für ihr Kindermodell. Der Text ist in doppelter Hinsicht bezeichnend. Kinderfahrräder «nach demselben Prinzip wie grosse Maschinen» begleiteten beinahe die gesamte geschichtliche Entwicklung des Fahrrads. 1820 war in Basel eine Kinderdraisine gebaut worden. 1868 tauchten Kindermichaulinen auf, allerdings nur in wenigen Exemplaren als Sonderausführungen für europäische Prinzen. Zwei Jahre später nahmen deutsche Fabrikanten wie Büssing und F. W. Schurath Kindermodelle in ihr Programm auf. 1876 erschienen Holz-Eisen-Kinderdreiräder mit Michaux-Antrieb auf dem Markt, 1885 solche à la Macmillan. In den achtziger und An-

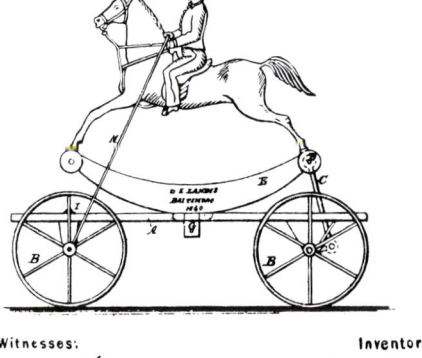

Amerikanische Patentzeichnung eines Kinder-Velocipeds von E. Landis (1860). Der Kurbeltrieb setzt sich durch Schaukelbewegung in Tätigkeit.

fang der neunziger Jahre waren Kinderhochräder Mode, getreue Ebenbilder der Fahrräder für Erwachsene. 1897 setzte sich auch beim Kinderrad der Humber-Rahmen durch. Genauso ging es weiter: Die Jugendräder für Knaben und Mädchen um 1910 und später waren typische Niederräder der Zeit.

Nach 1952 hielten auch beim Kinder-zwei- und -dreirad die besonders dik-ken Roller-Reifen Einzug. Und in den sechziger Jahren unseres Jahrhunderts griff die Mode der kleinen Räder und der kurzen Rahmenformen mit dicken Rohren auf die Jugendfahrzeuge über. 1967 erschienen die sogenannten Hiri-ser mit hochgezogenem Lenker und Bananensattel.

Diese Entwicklung kennzeichnet aber erst eine Hälfte der zitierten Wer-bung. Der Hersteller bittet, seine Kna-ben-Bicycles nicht mit den billigen Ve-locipeden anderer Fabrikate zu verglei-chen. Fast immer nämlich bot der Markt auch einfache Modelle für Kin-der an. Zu Drais' Zeiten waren das die kleinen lenkbaren Celeretten; um 1860 Kinderdreiräder mit einfachem Sitz-brett und Schwinghebelantrieb. 1898 bauten deutsche Hersteller ein billiges Kinderzweirad aus Holzstäben mit Me-tallverbindungen. Die Billigfahrrad-welle aus den USA mit Holz- und Bambusrädern wirkte ansteckend. Während der goldenen Zwanziger un-seres Jahrhunderts belebten einfache hölzerne «Bubidreiräder» und «Mergo-

Kinderdreirad mit Sitzbrett und Schwingpedalantrieb um 1860 aus den Fürstlich Fürstenbergischen Sammlungen in Donaueschingen.

mobile», Kinderräder aus Brettern und Draht, den Markt.

Daneben aber zieht sich wie ein roter Faden noch eine dritte Produktlinie durch die Geschichte der Kinderfahr-zeuge: Spezialkonstruktionen, eigens

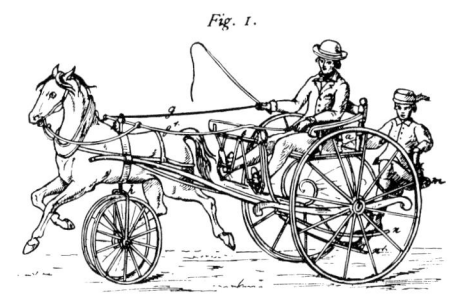

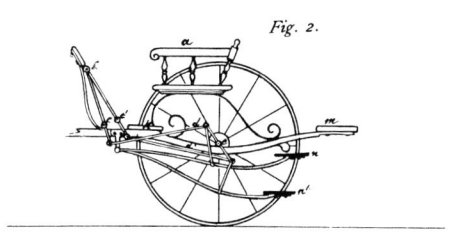

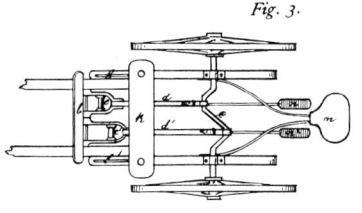

«Fahrrad mit Zugthierkörper und Lenkrad» heisst der Titel des DRP 43609 aus dem Jahre 1887 von Paul Schmahl aus Biberach.

Kinderdreirad aus dem Jahre 1876 der Firma George W. Marble aus Chicago, Ill. Es steht heute in der Smithsonian Cycle Collection, Washington.

erdacht für die lieben Kleinen. Im Grunde beginnt das schon bei Modellen für Babies und Kleinkinder; denn rein konstruktiv hat auch der Kinderwagen (und der Puppenwagen) manches vom Fahrrad übernommen, nämlich die leichten Speichenräder und Radlager.

Dann aber sind da die vielfältigen Drei-räder, die Tretfahrzeuge mit Zugtier-körper, die Kinderautos und last not least die breite Palette der Roller. Einfa-che Holzroller erschienen 1912. Rund zehn Jahre später hatten sie Nadellager, und 1930 kamen Ausführungen aus

Inserat aus der «Leipziger Illustrirten» aus dem Jahre 1870.

Noch um 1910 wurden Kinder-Michaulinen gebaut, wie aus dem Katalog der Elegant-Fahr-räderfabrik C. Bescherer in Zeitz, Provinz Sachsen, ersichtlich ist.

Auch das Knaben-Dreirad mit Pferd hatte Mi-chaux-Antrieb (vor 1914).

Kinderfahrrad der Firma Strobel, München (1895).

Amerikanisches Kindervierrad um 1901. Diese «Holländer» genannten Eisenrahmen-Modelle kamen um 1905 in Deutschland in Mode.

Deutsches Kinderrad aus Holz um 1900. Die Rundholzstäbe sind durch Metallbeschläge miteinander verbunden.

Das vollgummibereifte Jugendrad mit gefeder-tem Leichtmetallrahmen ist ein Schweizer Er-zeugnis (um 1925).

Mergomobil um 1920. Dieses Jugendrad war aus Brettern und Draht. Der Antrieb erfolgte durch Seilzug.

Eva und Thomas mit ihrer «Gouvernante» bei einem Ausflug auf historischen Dreirädern.

Jugendrad mit Reitantrieb aus Solingen (1954).

Erstes Dreirad mit selbsttragender Kunststoff-Karosserie aus Japan (1967).

Hiriser von Riccato, Padua (1968).

Ausziehbares Schieberad aus China (1977).

Ein Pril-Flitzer von heute.

Luftbereifter «Kreuz-Rover».

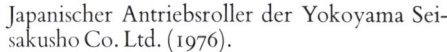
Japanischer Antriebsroller der Yokoyama Sei-sakusho Co. Ltd. (1976).

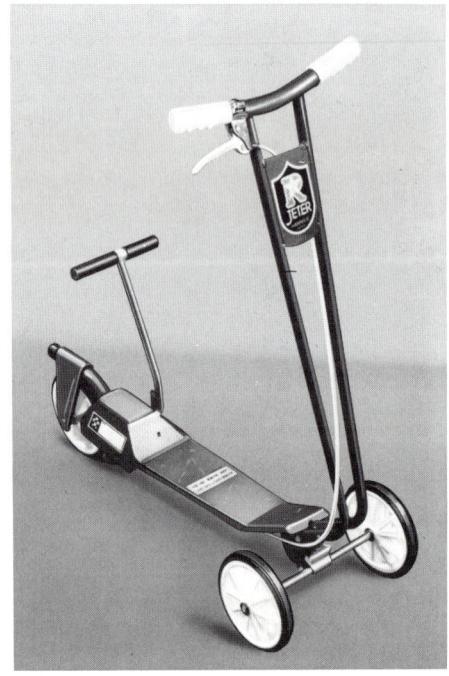

Stahlrohr auf den Markt. Zwei Jahre danach wurden die Wipp- oder Tret-roller Mode, die dann in den fünfziger und sechziger Jahren – zuerst mit Voll-gummi, später durchwegs mit Luft-bereifung – ein grosses Comeback feier-ten.

Was Sammler von Oldtimer-Fahrrä-dern an historischen Kinderfahrzeugen bedauern, ist, dass es kaum noch welche gibt. Sobald unsere Vorfahren sie nicht mehr brauchten, fielen diese Gefährte

aus Ordnungsliebe und Platzmangel dem Sperrmüll zum Opfer. Schöne Puppen, Spielzeugeisenbahnen oder Zinnsoldaten vererbte man. Alte Kin-derroller, Puppenwagen und Knaben-räder warf man fort. – Leider!

Ab 1958 ebneten vierrädrige «Seifen-kisten» manchem heissen Juniorenren-nen den Weg für den Siegeszug der Kinderautos. Schon ein Jahr später wit-

Kettcars im Rennen.

terte der vitale deutsche Industrielle Heinz Kettler hier eine Marktchance und entwarf den rasch weitverbreiteten und berühmten Kettcar.

Mehr und mehr bürgerten sich schliesslich Kunststoffe im Kinderfahr-zeugbau ein, und heute bauen Herstel-ler in allen Industriestaaten Dreiräder für unsere Kleinen mit selbsttragenden Plastikkarosserien.

Italienischer Roller mit exzentrisch gelagerten Rädern, die durch rasche Verlagerung des Körpergewichts bewegt werden (1978).

«Der beste Weg, den Körper zu kräftigen» – Radfahren und Gesundheit

Wenn ein Werbemann zeigen will, dass das Radfahren gesund ist, dann setzt er ein Paar mit seinen Rädern an den Waldrand...

Dass seine Laufmaschine sich nicht nur als schnelles und energiesparendes Verkehrsmittel anbietet, sondern ein ebenso angemessenes wie wirkungsvolles Trainingsgerät ist, darauf machte bereits Herr von Drais seine potentiellen Kunden schriftlich aufmerksam.

Wie gesund ist das Radeln wirklich? Als sich um die Jahrhundertwende mehr und mehr namhafte Mediziner mit dieser Frage beschäftigten, fielen die Antworten teilweise sehr widersprüchlich aus. Eine der typischsten Gesamtdarstellungen aus dieser Zeit gibt der Bonner Arzt und Anatomieprofessor Dr. med. Schiefferdecker 1900 in seinem umfangreichen Werk «Das Radfahren und seine Hygiene». Das folgende, in sich stark gekürzte Zitat soll einen Eindruck vom Wesentlichsten geben:

«Allgemeiner Einfluss des Radfahrens auf den Körper. Das Radfahren stellt eine starke Körperbewegung in frischer Luft dar, bei welcher hauptsächlich die Beinmuskeln, aber auch sonst eine grosse Menge von anderen Muskeln des Körpers in Thätigkeit geraten. Infolge dieser Thätigkeit wird die Atmung vertieft, die Herzthätigkeit verstärkt, es tritt ein sehr reger Stoffwechsel ein und somit eine erhöhte Thätigkeit in wohl fast allen Organen des Körpers. Die Haut wird durch den starken Luftzug gereizt und tritt durch die erhöhte Schweisssekretion in vermehrte Thä-tigkeit. Sie wird infolge des Aufenthalts in der freien Luft und infolge des Luftreizes mehr abgehärtet. Der auf die Hautnerven wirkende Reiz der Luft wirkt ausserdem sicher erregend auf den ganzen Körper ein. Es ist also kein Zweifel, dass das Radfahren eine Übung darstellt, bei welcher der gesamte Körper in eine gewisse Erregung gerät, und zwar auf eine für den Fahrenden sehr angenehme Weise. Sowie nun aber diese Erregung, diese Anstrengung des Körpers einen zu hohen Grad erreicht, wird in dem gleichen Masse eine Schädigung nicht nur der gerade thätigen Muskulatur, sondern eben auch der verschiedensten Organe eintreten können; und das ist eben die grosse Gefahr, die das Radfahren mit sich bringt, eine Gefahr, die um so grösser ist, als sie dem Radfahrer zunächst nur wenig oder gar nicht zum Bewusstsein zu kommen braucht. So können die Muskeln, die Gelenke zu stark angestrengt werden, so das Nervensystem, die Lungen, das Herz, so die Nieren, denn dieselben haben als Hauptausscheidungsorgane eine sehr erhöhte Thätigkeit zu leisten, so die Augen, die Nase, der Kehlkopf. Alle diese Schädigungen können eintreten, auch wenn der Radfahrer ein durchaus passendes Rad fährt und den richtigen Sitz einnimmt. Bei fehlerhaftem Sitze können weiter die Verdauungsorgane geschädigt werden, die äusseren Geschlechtsorgane, die im Damm liegenden Teile, die Wirbelsäule, die Armmuskeln, die Augen etc. Endlich ist noch in

Rücksicht zu ziehen, dass, so nützlich die Bewegung in frischer Luft auch ist, doch der Radfahrer nicht immer in der Lage ist, sich die äusseren Verhältnisse so auszusuchen, wie sie gerade am besten sind. Der Radfahrer kommt oft in die Lage, Sonnenbrand und Hitze, stärkeren und eventuell kalten Wind, Staub und Nässe ertragen zu müssen; dazu kommt das eventuell auf der Chaussee sehr störende, blendende Licht. Die starke Erhitzung beim Radfahren kann mit einer plötzlichen Abkühlung wechseln, und so können Erkältungen herbeigeführt werden. Der Radfahrer kann genötigt sein, längere Zeit in nassen Kleidern zu bleiben etc. Alles dies sind Einwirkungen, an die wir bei unserer üblichen Lebensweise zum grossen Teil nicht gewöhnt sind und die uns daher um so leichter schädigen können. Einem gesunden Menschen in jüngeren Jahren, Mann oder Weib, kann man zweifellos das Radfahren ohne weiteres gestatten, aber man muss ihn

… oder lässt es – noch näher zusammengerückt – über die Heide ins Abenteuer rollen.

von vorne herein sehr eingehend auf die Gefahren desselben aufmerksam machen. Den Damen ist hierbei noch grössere Vorsicht anzuraten als den Herren, da einmal bei ihnen die Muskulatur überhaupt nicht so stark angelegt ist wie beim Manne, da sie zweitens gewöhnlich nicht so gut durch Übung entwickelt ist, da drittens infolge des grösseren Fettpolsters, welches der Frauenkörper besitzt, das Körpergewicht im Verhältnisse zur Muskulatur ein grösseres ist und da viertens die Kleidung der Frau zum Fahren im ganzen ungünstiger ist wie die des Mannes. Endlich ist noch in Betracht zu ziehen, dass

infolge der Eigenart in der Tracht auch die Atmungsorgane weniger entwickelt zu sein pflegen.

Ganz besonders gefährlich ist, wie ich hier noch ausdrücklich hervorheben möchte, das Zusammenfahren mit anderen. Fährt man mit anderen zusammen, so hält die Rücksichtnahme auf die Gefährten, eventuell eine gewisse Eitelkeit den Fahrer oft ab, die nötige Rücksicht auf sich selbst zu nehmen. Dadurch kann sehr leicht eine Überanstrengung herbeigeführt werden.»

Dr. Schiefferdecker stand mit seinem Katalog von Warnungen vor den gesundheitlichen Gefahren des Radelns durchaus nicht allein da. Kein geringerer als Robert Koch hatte schon 1885 «Hygienische Bedenken gegen das Zwei- und Dreiradfahren und den übermässigen Rudersport» zu Papier gebracht. Seine Gefahrenliste reicht vom Katarrh über Gelenkrheumatismus mit Endokarditis und Herzklappenfehlern, Nieren- und Rückenmarkerkrankungen, Lungenemphysem, Herzdilatation und Aortenaneurysma bis zum Sonnenstich, zur Schädigung der Unterleibsorgane und Hydrozele.

Mediziner in aller Welt teilten die ernsten Bedenken gegen das Fahrrad. Es gab kaum ein Organ, das besonders nach Auffassung amerikanischer Ärzte beim Radfahren auf die Dauer keine schweren Schäden davongetragen hätte. Herz, Nieren, Magen und Lungen schienen den Äskulapjüngern am meisten gefährdet; doch auch das Nervensystem, die Blutgefässe (wegen der drohenden Hämorrhoiden!), die Blase, die Prostata, die Sinnesorgane und selbst der Blinddarm galten als akut bedroht. Nach einem deutschen Autor sollte das Radfahren den Geschlechtstrieb ungemein steigern. Ein Arzt aus den USA dagegen befürchtete, Radeln mache impotent.

Doch nicht genug mit alledem, stellte die Stadt Wien 1898 eine drohende Statistik auf, die den Zusammenhang zwischen Radfahren und Schnittwunden, Quetschungen, Verrenkungen, Knochenbrüchen, Gehirnerschütterungen, Schocks, Nasenblutung und Erschöpfung bewies. Interessant waren in dieser Auswertung von 109 konkreten Fällen die Ursachen der Verletzungen: «Stürze vom Rad» (73 Fälle), «Carambolage»

Auf dem Rad lässt sich aber auch auf die schönste Art viel von der Natur zeigen …

(16 Fälle), «Fahren» (4 Fälle), «Gelegentliches Reinigen des Rades» (11 Fälle), «Bruch des Rades» (3 Fälle), «Hundebiss» (2 Fälle).

Wer von all diesen schrecklichen Gefahren liest, in dem mögen ernsthafte Bedenken aufkeimen, ob er sein Stahlross nicht seiner Gesundheit zuliebe sofort pensionieren sollte. Dabei weiss doch heute jedes Kind, wie gesund das Radfahren ist. Dass sich dieses Wissen aber schliesslich durchsetzte, ist das Ergebnis mühevoller Aufklärungsarbeit.

… so dass das Glück und das Fahrrad auf geheimnisvolle Weise sich zusammenfinden.

Hatten die Ärzte unserer Grossväter dem Zweirad die Schuld an so manchem Nervenleiden, an innerer Unruhe und physischer Erschöpfung, in die Schuhe geschoben, so verkündeten Anfang 1958 die Tageszeitungen in aller Welt: «Der amerikanische Präsident Eisenhower fährt jetzt mehrmals in der Woche eine Stunde mit einem Fahrrad. Seine Ärzte empfahlen ihm Radfahren als Mittel gegen die Managerkrankheit.» Der Leibarzt des Präsidenten, Dr. White, erklärte dazu: «Ich möchte jeden aufs Fahrrad setzen, nicht ab und zu einmal, sondern regelmässig; das ist ein gutes Mittel, um Herzkrankheiten vorzubeugen.»

Allenthalben löste das prominente Vorbild nun eine wahre Trimm-dich-Welle per Fahrrad aus. Die Journale

anlässlich des Stiftungsfestes des Radfahrvereins Wörishofen, «dass durch das Radfahren viele frühzeitig gebrechlich fürs ganze Leben werden... Es ist meine vollste Überzeugung, dass das Radfahren nicht bloss nicht nachteilig ist, sondern dass es grosse Vorteile haben kann, und warum? Je mehr unsere Glieder in Bewegung kommen, je mehr vermehren sich die Kräfte, so dass ein Weichling, ein Schwächling, durch gute, richtige Übung seine Kraft ums Doppelte und Vierfache vermehren kann.»

Heute sind die dem gesunden Menschenverstand des berühmten Pfarrers entsprungenen Ahnungen medizinisch bewiesene Tatsachen. Die Triebkraft zur gründlichen wissenschaftlichen Untersuchung des ganzen Themen-

Der Mitautor Max J. B. Rauck hielt sich während der Entstehung dieses Buches auf einer «Cyclette» fit (Baar/Schweiz im Sommer 1978).

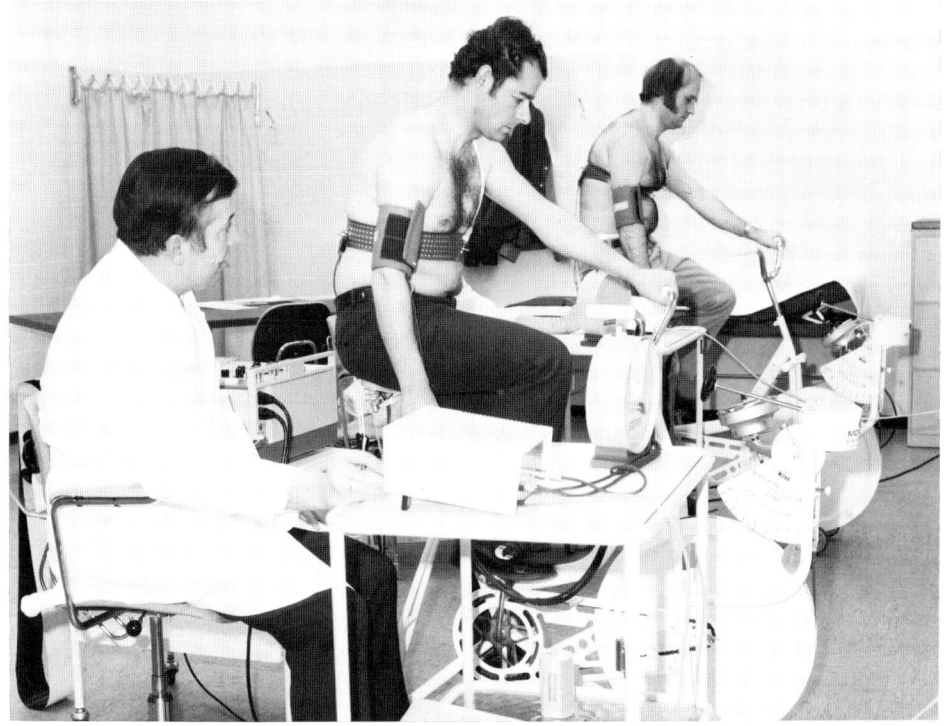

Vor der «Tour de France» müssen sich die Teilnehmer ärztlichen Belastungstests unterziehen.

veröffentlichten Bilder von radelnden Ärzten und Politikern, Monarchen und namhaften Schauspielern. Und die Fahrradindustrie warb mit den Worten eines Sportmediziners: «Wer radelt, rostet nicht...»

So ändern sich die Zeiten. Der Gesundheitspfarrer Kneipp tat sich schwer, 1894 für das Radfahren zu plädieren. Er musste sich auf seine subjektiven Erfahrungen berufen. «Man glaubt», sagte Kneipp in einem Vortrag

kreises Radfahren und Gesundheit waren gerade jene althergebrachten Argumente gegen den Radsport. Zahlreiche Mediziner und Sportwissenschaftler untersuchten besonders in den letzten 10 Jahren, ob gewisse Krankheitsbilder bei Radsportlern häufiger sind als bei Nichtradlern. In erster Linie ging es dabei um die so vielfach zitierten Schäden wie «Rundrücken», «Herzerweiterung», «Gelenk- und Wirbelsäulendefekte». Die Ergebnisse sind ein bered-

Einen Heimtrainer unserer Tage baut die Firma Gold-Rad, Köln.

tes Plädoyer für das Radfahren. Selbst berufliche Rennfahrer leiden nicht häufiger an Rundrücken als andere Menschen. Die Herzerweiterung, das soge-

Heimtrainer gab es schon um 1880. Hier ein englisches Hochradmodell von «Walton & Vaughan»...

nannte Sportlerherz, ist ebenfalls nicht spezifisch für Radfahrer. Hochleistungssportler aller Ausdauerdisziplinen haben es. Der normale Tourenfahrer oder gemässigte Radsportler wird sicher nicht darunter leiden. Aber die Bewegung auf dem Zweirad schützt ihn wirkungsvoll vor Herzverfettung und Herzinfarkt. Bei manchen Hüft- und Kniegelenkschäden empfehlen die Orthopäden heute das Radeln, denn die nicht zu weit ausgreifenden Bewegungen ohne Belastung durch den vom Sattel getragenen Körper beugen weiterem Verschleiss vor. Auch dass der Radsport Wirbelsäulenschäden begünstige, haben sorgfältige Untersuchungen widerlegt. Nur bei Radfahrern, die sich mehr zumuten, als ihrer Kondition entspricht, kann die Gesundheit hin und wieder einen Knacks bekommen, vom Wundsitzen über Hitzestauungen bis zur Muskelzerrung. Aber Übertreibung schadet ja meistens.

Radfahren ist also keineswegs gefährlich. Im Gegenteil, wenige Sportarten verbinden die für den menschlichen Körper dringend notwendige regelmässige Bewegung mit so vielen Vorteilen wie das Radeln. Fahrradgelände findet sich im Gegensatz zur Skipiste, zum Rudergewässer oder zum Handballplatz überall, praktisch direkt vor der Haustüre. An eine bestimmte Saison wie der Wintersport, der Wassersport

oder das Bergsteigen ist das Radeln auch nicht gebunden. Körperlich weniger trainierten, korpulenten, älteren oder nicht ganz gesunden Menschen bietet das Fahrrad die Möglichkeit, sich gesunde Bewegung in frischer Luft ohne grosse Anstrengung zu verschaffen. Radeln ist ein Sport im Sitzen. Trotzdem nimmt es den Kreislauf ganz schön her. Eine Pulsfrequenz von 100 bis 120 Schlägen pro Minute stärkt die Leistungsfähigkeit des Herzens, und beim blossen Spazierengehen oder Wandern lässt sie sich kaum erreichen. Und auf dem Fahrrad macht man dabei längst nicht so schnell schlapp wie etwa im Ruderboot oder beim Skilanglauf.

Die Freude an der Bewegung wird also nicht gar so schnell gedämpft, zumal das Rad, etwa im Vergleich zum

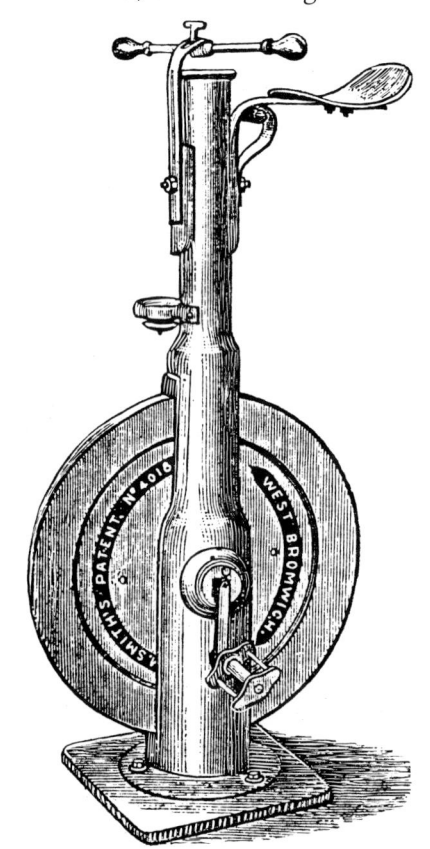

...und hier der englische Säulen-Heimtrainer von J. M. Smith, West Bromwich (1886).

Auto, eine neue Welt im kleinen mit so mancher Naturschönheit erschliesst. Zu guter Letzt spricht noch ein Argument für den Sport auf zwei Rädern: Radfahren ist «Zwangsarbeit». Sobald der Fahrer aufhört zu treten, bleibt das Rad stehen. An Ansporn fehlt es also nie, vorausgesetzt, man ist erst einmal mit dem Stahlross unterwegs.

Wenngleich viele Mediziner vergangener Zeiten vor den Gefahren des Radfahrens warnten, so warb die Industrie eigentlich schon immer für dessen Gesundheits- und Rekreationswert. Auch die Idee des Heimtrainers ist keineswegs ein Kind der modernen Managergeneration. Tretmaschinen fürs Wohnzimmer oder den Balkon boten schon die

Diesen Heimtrainer baute Ernst Strecker, Magdeburg, Anno 1890.

englischen und amerikanischen Hochradfabrikanten an. Über eine deutsche Konstruktion berichtet ein Fachbuch Anfang unseres Jahrhunderts:

«*Das Zimmerfahrrad ist noch mehr als ein Notbehelf zu bezeichnen, da bei der Benutzung desselben ja eigentlich nur die Tretbewegung geübt wird. Immerhin ist auch das nicht unwichtig und ersetzt einen nicht unwesentlichen Teil des Radfahrens. Vorteile vor dem gewöhnlichen Fahrrade bietet das Zimmerfahrrad in solchen Fällen, wo die betr. Person ein Fahrrad noch nicht benutzen könnte, also z.B. bei Leuten, welche ihre Muskeln und ihr Herz erst durch allmähliche Übung zu der Leistungsfähigkeit erziehen wollen, welche für das Fahrrad notwendig ist, ferner für solche Leute, welche entweder nur ein Bein zum treten benutzen können (auch solche können allerdings unter Umständen radfahren) oder welche eine übermässige Fettleibigkeit durch die Übung erst soweit verringern wollen, dass sie nachher ein Fahrrad zu benutzen vermögen. Auch bei leichten Herzfehlern, Lungenaffektionen, Nervenaffektionen (z.B. Ischias) würde diese Art der Übung evtl. zu empfehlen sein. Ein weiterer Vorteil ist der, dass man ein Zimmerfahrrad in jedem beliebigen Costüm besteigen und zu jeder beliebigen Tageszeit benutzen kann. Alles das sind Vorteile, welche mitunter ziemlich schwerwiegend sind. Ein solches Zimmerfahrrad wird von der Holzwarenfabrik Hildburghausen in den Handel gebracht. Der Apparat kostet für Herren 50 Mark, für Herren und Damen passend 55 Mark.»*

Mittlerweile sind die Konstruktionen raffinierter geworden. Das Nonplusultra: ein Trainer mit eingebautem Computer, der dem Benutzer in jedem Augenblick anzeigt, ob er sich zu wenig anstrengt oder ob er seinen Organismus überfordert, wie viele Kalorien er abtrainiert hat, welche Leistung er gerade erbringt, wie sich sein Puls verhält, wie lange er schon strampelt und welchen Fitnessgrad er überhaupt erreicht hat.

Ein spezielles Trainingsdreirad für den Gebrauch ausser Hause hat schon die Rudge Cycle Co. in Coventry aus ihren Hochrädern entwickelt: den Road-Skuller. Das war eine Rudermaschine, konstruiert für die möglichst umfassende Bewegung des ganzen Kör-

Der Heimtrainer «Ergometer» wird von der Firma Kettler hergestellt.

Einen «Zimmerfahrradapparat für Damen und Herren» stellte um 1908 die Holzwarenfabrik Hildburghausen her.

pers. Ähnliche Gefährte mit vier Rädern liess sich 1929/30 der deutsch-amerikanische Arzt Dr. Manfred Curry patentieren. Das Ehepaar Hevesy ging mit zwei seiner «Landskiffs» auf Weltreise und warb unterwegs für das konditionsfördernde «Rennboot auf der Strasse»: «Erhalte Deine Gesundheit durch gleichmässiges Trainieren sämtlicher Muskeln!»

Ob in Deutschland, in Österreich oder in der Schweiz der Familienausflug mit dem Fahrrad, dem «Radl» oder mit dem «Velo» gemacht wird, ein Vergnügen ist es immer.

Wettkämpfe auf zwei Rädern – Die Geschichte des Radrennsports

Der berühmte amerikanische Sprinter Major Tylor.

Ankunft der ersten Tour de France im Jahre 1903. Sieger wurde der Franzose Maurice Garin.

Aus der Gründerzeit der Radrennen

Der Wunsch, seine Kraft im Spiel mit anderen zu messen, ist eine der Grundausdrucksformen des Lebens. Der Mensch hat sie von Anbeginn seiner Geschichte im sportlichen Wettkampf kultiviert. Nicht selten verwendete er dabei auch technische Hilfsmittel, Sportgeräte.

Als die Wende zum 19. Jahrhundert dem Menschen das Zweirad bescherte, zuerst als nicht lenkbare Célérifère, bald als weitaus beweglichere Draisine, lag natürlich der Gedanke nahe, dieses neue Gerät für Wettkämpfe zu benutzen. Die ersten Draisinenfahrten gegen die Uhr – im Jardin du Luxembourg – gehen schon auf das Jahr 1818 zurück. Ein Jahr später wetteiferten in London Laufradfahrer mit Reitern. Auf kurzen Strecken waren sie den Berittenen zwar unterlegen, aber wenn Entfernungen von über 10 km mehr Ausdauer erforderten, siegten meistens die Reiter zu Rade.

Die erste registrierte Rekordfahrt liess ein Jahrzehnt auf sich warten. Sie führte 1828 über 38 km von Beaune nach Dijon. Das Durchschnittstempo war für die damalige Zeit mit ihren technisch noch völlig in den Kinderschuhen steckenden Zweirädern beachtlich: 14 km/h! Zwei Jahre darauf starten in München 26 Teilnehmer zu einem – allerdings sehr kurzen – Draisinenrennen. Hier liessen die Leistungen vergleichsweise zu wünschen übrig. Der Sieger, ein gewisser H. von N., brauchte für die 4,5 km vom Karolingerplatz bis zum Schloss Nymphenburg ganze 31½ Minuten. Er schaffte also nur ein Stundenmittel von 8,6 km. Allerdings genügte selbst dieser bescheidene Rekord dem Lieferanten des Siegerfahrzeugs und anderer an der Wettfahrt beteiligter Räder, sich einen Namen in den Annalen des Radsports zu sichern. Der erfolgreiche Hersteller war der Münchner Stellmacher Semmler. Neben Anerkennungspreisen winkte schon damals Bargeld für die drei besten Fahrer. Reine Amateure waren sie also nicht. Und noch in anderer Hinsicht lassen sich diese frühen Rennen durchaus als kommerziell bezeichnen: Sie warben für die Hersteller der Velocipedes. Trotzdem fanden die unhandlichen, rund 40 kg schweren Zweiräder wenig Zuspruch bei den breiten Bevölkerungsschichten und verschwanden allmählich von der Bildfläche. Fast vier Jahrzehnte später änderte sich das schlagartig. Ernst Michaux jun. hatte die Draisinen mit Tretkurbeln ausgerüstet, sie auch sonst technisch verbessert und vor allem leichtere Zweiräder auf den Markt gebracht. Jetzt gewannen Wettkämpfe mit Tretkurbel-Fahrrädern rasch das Interesse weiterer Kreise. Die Fahrer traten vor erstauntem und begeistertem Publikum in Parks und auf öffentlichen Strassen gegeneinander an. Als Weltpremiere-Rennen für Michaulinen ging 1865 der Grand Prix de la Ville d'Amiens in die Radsportgeschichte ein. Dieses erste Rundrennen durch die Strassen der Stadt Amiens, das übrigens noch heute ausgetragen wird, gewann der Franzose Savoyard Cavigneaux.

Bald kamen auch Bahnrennen auf. Der «Veloce-Club de Paris» rief sie am 31. Mai 1868 im Parc de St-Cloud in Paris ins Leben. Erster wurde James Moore aus England, der die 1200 m lange Strecke in 3 Min. 50 Sek. absolvierte, also einen Schnitt von 18,7 km/h fuhr. Im folgenden Jahr profilierte sich Moore wieder als Sieger in einer Reihe weiterer kleiner Rennen, die derselbe Club in der Umgebung von Paris organisierte. Natürlich wollten die französischen Radsportler die Siegesserie des Briten nicht widerspruchslos hinnehmen, weshalb sie bald auch in den Gebieten von Angers, Lyon, Lille, Marseille usw. konkurrierende Veranstaltungen austrugen. Rasch wuchsen auch die Ansprüche. Man gab sich mit Kurzstrecken nicht mehr zufrieden, und Strassenrennen wurden organisiert. Das erste längere Rennen war 1869 Toulouse–Caraman. Der Sieger Léotard brauchte für die 34 km damals noch 3 Std. 9 Min. Schon im Spätherbst desselben Jahres steckten die Franzosen ihre Ziele weiter und luden zum ersten klassischen internationalen Städterennen Paris–Rouen ein. Am 7. November starteten 198 Teilnehmer, darunter fünf Frauen, zu dieser Prüfung. Sieger wurde wieder der englische Spitzenfahrer Moore, der die 123 km lange Strecke in 10 Std. 45 Min. bewältigte.

1870 beginnt die Rennsaison bereits im Januar mit dem Strassenrennen Toulouse-Villefranche-Toulouse. Léotard als Sieger brauchte für die 63 km 3 Std. 41 Min., sein Durchschnitt: 17 km/h. Wenig später wartete die Stadt Vésinet mit etwas Besonderem auf. Der «Veloce-Club de Paris» legte hier eine eigene Radrennbahn an und führte auf ihr regelmässig Veranstaltungen durch. Die meisten gewann James Moore. Doch der sieggewohnte Engländer konnte nicht nur Erfolge verzeichnen. Im Juli 1870 entging ihm der Titel des nationalen Meisters in seinem Heimatland nach einem Sturz im Finale.

In Frankreich überschlugen sich indes die Ereignisse: Laumaillé von Château-Gontier gewinnt das 95 km lange Strassenrennen Dijon-Besançon in 5 Std. 20 Min. Am 25. August siegt Léotard in Toulouse-Villefranche de Lauraguais. 1871 gewinnt Charles Thuillet in glanzvollen 44 Minuten Paris-Versailles. Ein Jahr später teilen sich die Franzosen Viennet und Charlet beim 150-km-Strassenrennen Lyon-Macon retour mit 7 Std. 50 Min. in den ersten Preis. Im Jahr darauf gewinnt Viennet bei strömendem Regen die 272 km lange Monsterfahrt Lyon-Chalon sur Saône retour in 19 Stunden. Inzwischen ist auch James Moore aus England zurückgekommen. Er und Viennet beherrschen in der Radsporthochburg Lyon eindeutig die Szene.

Schon 1869 hatte das Rennfieber auch nach Deutschland übergegriffen. Hier organisierten am 10. September der Altonaer und der St-Georg-Velocipedenclub gemeinsam die ersten öffentlichen Wettfahrten über 750, 1000 und 1500 Meter. Teilnehmer waren neben einheimischen Fahrern Radsportler aus Frankreich, Dänemark und England. Den Termin hatten die Veranstalter geschickt gewählt, denn er fiel mit der Altonaer Industrieausstellung zusammen. Dementsprechend gross war die Besucherzahl.

Die zunehmende Popularität in Deutschland und Frankreich verhalf dem Radrennsport auch in anderen Ländern, vor allem in England und Italien, zum Durchbruch. In England veranstalteten die Vereine in erster Linie Wettfahrten auf Zeit, von der Viertelmeile über den Stundenrekord bis zum 24-Stunden-Rennen und zur Radfernfahrt. Berühmt wurde 1869 die Städtefahrt von London nach Brighton.

In Italien gaben sich die Radsportler anfangs mit weniger zufrieden. Den Auftakt machten hier am 25. und 26. Juli 1869 zwei kleine Rennen auf der Piazza Vittorio Emanuele in Padua. Sieger wurden Antonio Pozzi und Testi Gaetano. Am 2. Februar 1870 folgt das erste bedeutende Strassenrennen Florenz-Pistoia. Bei internationaler Beteiligung siegte der erst siebzehnjährige Amerikaner Rynner van Neste auf der 33 km langen Strecke mit einem Durchschnittstempo von 15 km/h. In mehreren Rennen um Mailand brillierten besonders zwei Fahrer: die Italiener Basta und Giuseppe Bagatti-Valsecchi. Sie brachten u. a. Siege auf dem 11 km langen Giro dei Bastioni und auf den Strecken Milano-Novara (46 km), Mailand-Piacenza (65 km) und Mailand-Cremona (85 km) heim.

Das Jahr 1869 bescherte auch Belgien die ersten Radrennen: am 17. Juni in Uccle, am 5. Juli in Charleroi, am 11. Juli in Gent, am 18. Juli in Hyon und schliesslich am 25. Juli ein internationales Rennen mit 87 Teilnehmern auf dem Boulevard d'Anvers in Brüssel.

Holland zog 1870 nach. Hier lag der Radrennsport fast völlig in den Händen von Vereinen. Überhaupt liessen sich Radrennen ohne ein Vereinswesen in Europa in den Anfangsjahren 1868–1870 kaum vorstellen. Kein Wunder, dass die Gründungen der bedeutenden Clubs in diese Zeit fallen. Während der wegweisenden 24 Monate etablierten sich u. a.:

Altonaer Bicycle-Club
Münchner Velocipedenclub
Veloce-Club di Milano
Veloce-Club Fiorentino
Berliner Velocipeden-Club
Véloce-Club de Paris
Londoner Amateur Bicycle-Club
Vélo-Club de Genève
Vélo-Club Bordelais

Rennen mit Hochrädern

Durch den Deutsch-Französischen Krieg (1870/71) kam der Radrennsport in den beteiligten Ländern praktisch zum Erliegen. Besonders die französische Fahrradindustrie erlitt einen schweren Rückschlag. In England nutzte man diese Situation geschickt aus und arbeitete fieberhaft an Neuentwicklungen. Ab etwa 1873 löste das so entstandene Hochrad die Michauline ab. Es setzte neue Geschwindigkeitsmassstäbe und wurde rasch auch im Radrennsport wegweisend. Schon 1872 fand in England die erste nationale Hochradmeisterschaft statt. Das folgende Jahr brachte eine 690 Meilen (ca. 1500 km) lange Fernfahrt, deren Sieger immerhin 15 Tage lang die Pedale trat. Nach dem Krieg zwischen Deutschland und Frankreich fassten die Hochräder auch in diesen Ländern Fuss. Der Münchner Velocipedenclub begann 1873 mit einer bescheidenen Wettfahrt über 9 km, an der sich nur 13 Fahrer beteiligten. Sieger wurde mit 42 Minuten Fahrzeit Ernst Enter, gefolgt von Theodor Haf und Oscar Findl. Weitere Rennen folgten, brachten den erfolgreichen Fahrern aber keine materiellen Gewinne. Meist ehrte sie nur ein geflochtener Eichenkranz.

Nach Frankreich brachte der Rennfahrer Camille Thuillet das Hochrad 1874 von einer Englandreise mit und stellte es den einheimischen Konstrukteuren vor: u. a. Meyer in Paris, Truffault in Tours und Lagrange in Autun. Eine Renaissance des Radsports setzte ein, und was die Franzosen besonders anspornte, war die Meldung, dass der englische Rennfahrer Keen eine Meile in nur 3 Min. 45 Sek. zurückgelegt hatte. Italien zog 1875 mit dem ersten Hochradrennen Mailand-Lodi-Mailand nach, das Eumene Maurelli gewann. In Belgien brach das Rennfieber so heftig aus, dass sich die Starttermine nicht nur jagten, sondern überschnitten.

1876 brachte eine Internationalisierung des Renngeschehens. Englische Meisterfahrer siedelten nach Brüssel und Paris um und massen sich mit einheimischen Renn-Assen. Besonders in den Franzosen Terront, Thuillet, Médinger, Laumaillé und Cavigneaux, den Belgiern Wauthier und Durand und den Deutschen Müller, Pundt, Lehr und Fischer erwuchsen den sieggewohnten Briten Moore, Keen, Howell, Cortis, Waller und Duncan harte Konkurrenten.

Besondere Bedeutung erlangte bald nach ihrer Gründung (1876) die Union Velocipédique Parisienne, die zahlreiche grosse Rennen veranstaltete. Paris–Pontoise (1876, Sieger: Thuillet), Angers–Tours (1877, 224 km, Sieger: Tissier), Angers–Le Mans (1875, Sieger: Charles Terront).

Das erste klassische Strassenrennen in Italien, Mailand–Turin, arrangierten 1875 der Véloce-Club Milano und der Véloce-Club Turin. Auf der 150 km langen Strecke zwischen den beiden Städten siegte Paolo Magretti in 10 Std. 9 Min. Die berühmte Classique wurde zur Dauereinrichtung und wird noch heute ausgetragen. Doch die begeisterten Mailänder Radsportler organisierten noch andere Wettfahrten, so u. a. Mailand–Lecco und Mailand–Vercelli.

Zu einer Hochburg des Radrennsportes entwickelte sich auch die Westschweiz. Der schon 1869 gegründete Vélo-Club de Genève führte 1878 das Rennen Genf–Rolle (Sieger wurde im ersten Jahr Grandjean) und ein Jahr später die berühmte Genfersee-Rundfahrt (Sieger: E. Metral mit 164 km in 10 Std. 41 Min.) durch. Das Rennen um den grossen See gilt als eines der ältesten Strassenrennen, das auch heute noch ausgetragen wird.

Eine besondere Entwicklung nahm der Radrennsport in Deutschland. Die Behörden machten Schwierigkeiten, denn sie erlaubten Wettfahrten auf öffentlichen Strassen nur frühmorgens oder in den Abendstunden. Das nahm der Velocipedenclub München zum Anlass, sich einen Wunsch zu seinem zehnten Geburtstag zu erfüllen: 1879 begann er mit dem Bau einer eigenen Rennbahn, wie sie damals nur in England und den USA existierten. Als Gelände bot sich die Lautnersche Eisbahn in der Auenstrasse an. Ein Jahr später, am 26. Juni 1880, weihte der Club die 333 m lange Bahn mit einem spektakulären Rennen ein und dekorierte den Sieger, den Münchner L. Schäfer, mit einer goldenen Clubmedaille und einem Goldpokal. Ausserdem erhielt er einen Geldpreis von 300 Mark. Erwähnenswert bei diesem Bahnrennen ist, dass vom Mal gestartet wurde, d. h. die Maschine mit dem grössten Vorderraddurchmesser startete auf der Start-Ziel-Linie; alle anderen Fahrzeuge erhielten pro Zentimeter geringeren Raddurchmessers vier Sekunden Vorgabe. 13 Monate nach der Premiere, am 31. Juli 1881, fanden wiederum zwei Rennen – in vier Läufen – statt. 24 Fahrer waren am Start, Sieger wurde diesmal der Engländer T. H. S. Walker auf einem 56″-Howe-Bicycle.

Andere deutsche Städte folgten dem Beispiel Münchens. Am 7. August 1881 fand auf dem 628 m langen Rund-Parkweg im Flora-Etablissement Charlottenburg das erste Berliner Bahnrennen statt. Hannover gab sein Bahnrenndebüt am 7. Mai 1882, Leipzig am 15. September 1882. Vom 12. bis 14. Mai 1883 fand in Hannover die erste deutsche Bahnmeisterschaft von Norddeutschland statt. Über die englische Meile (1609 m = 6½ Runden) siegte Koch aus Berlin, über 5 englische Meilen gewann in 18 Min. 49²/₅ Sek. der Engländer Walker, der sich auch als Herausgeber der deutschen Fachzeitschrift «Das Velociped» einen Namen machte. Bei diesen Meisterschaften starteten die Fahrer mit Startnummern.

Frühe Fotografie eines Hochradfahrers mit der Kodak Box Nr. 1 aufgenommen, die noch kreisrunde Bilder erzeugte.

Frankreich erlebte sein erstes Bahnrennen 1881. Die «Union Vélocipédique de France» etablierte sich in diesem Jahr und veranstaltete erstmals nationale Meisterschaften für Amateure und Berufsfahrer. Auf der Place du Carrousel in Paris wetteiferten Zwei- und Dreiradfahrer auf einer Erdpiste. Jahr für Jahr wiederholte sich dieses sportliche Ereignis, ab 1885 ergänzt durch eine 100-km-Ausdauerprüfung. Später starteten die Fahrer auf diesen Wettfahrten auch mit Schrittmachern: Zwei- und Mehrsitzer übernahmen die Führung, zuerst als reine Tandems, danach als motorisierte Gefährte.

Aus dem Radrennsport wurde eine professionelle Einrichtung. Bald entwickelte sich so etwas wie eine typische Rennfahrerbekleidung, die aus einem weissen Flanellhemd, einer weissen Hose sowie einer farbigen Schärpe bestand und auf den Verein «Le Sport Vélocipédique Parisienne» zurückging. Trotzdem: als Radmetropole verlor die französische Hauptstadt bald an Bedeutung. Der französische Süden, der «Midi», übernahm die Führung. Berühmt wurden die Prüfungen Rennes–Dinan retour (1880 siegte Ch. Hommey in 4 Std. 35 Min.), Tour–Blois retour (1881 über 120 km) und Angers–Jarzé (1883 über 52 km).

Die Jahre 1881 und 1884 bringen nicht nur laufend neue Rennen, das Radsportfieber spiegelt sich auch in immer ausgefeilteren technischen Konstruktionen wider. Die Räder werden besser und zugleich leichter: Strassenmaschinen kommen mit 15 bis 16 kg Material aus, Bahnmaschinen sogar mit 10 bis 11 kg. Die Lieblinge der Nation sind in diesen Jahren die Fahrer Frédéric de Civry, der bis 1888 jährlich in mindestens einer Disziplin die Meisterschaft errang, darunter 1883 in England die «Weltmeisterschaft der 50 Städte», Terront, der besonders auch bei den Sechstagerennen in London, Edinburgh und Hull glänzte, und Paul Médinger, der ebenfalls viele Siege in bedeutenden Rennen heimtrug.

Fachzeitschriften berichteten regelmässig über neue Rennerfolge und gaben wertvolle Tips für das Training. Zu den berühmtesten Blättern gehörte das 1880 in Frankreich gegründete Journal «Le Vélo». Im selben Jahr konstituierte sich in den USA die League of America Wheelmen. In Belgien veranstaltete die neugegründete Ligue Vélocipédique Belge (LVB) 1882 zum erstenmal die berühmte klassische Fahrt Liège–Bastogne–Liège (250 km), die in 10 Std. 48 Min. Léon Houa gewann. Um die gleiche Zeit springt der Funke nach Dänemark über. Die ersten Rennen begeistern ein grosses Publikum im Kopenhagener Tivoli.

1884 rufen die verschiedenen deutschen Vereine nach einer Dachorganisation. Auf dem Velocipedisten-Kongress in Leipzig heben sie am 17. August den Deutschen Radfahrerbund (DRB) aus der Taufe, der – quasi als Gründungsgeschenk – sofort die erste DRB-Meisterschaft über 10 000 m austrägt. Den ersten Platz belegt Julius Huber vom Bicycle-Club München in 19 Min. 58²/₅ Sek. In einer Parallelveranstaltung wird Wolfgang Beissbarth deutscher Dreiradmeister. In den folgenden Jahren wiederholten sich die Meisterschaftsrennen und verhalfen einem Berliner Fahrer zum Durchbruch: J. Pundt.

Die nationale Dachorganisation für die deutschen Radfahrer-Clubs machte in Italien Schule. 1885 etablierte sich der italienische Radfahrerbund und veranstaltete sogleich die ersten nationalen Strassenmeisterschaften in seinem Land. Sieger wurde auf der 160 km langen Strecke Mailand–Cremona–Mailand in 8 Std. 28 Min. 15 Sek. der Meisterfahrer Lorenz. Nationale Meisterschaften brachte dasselbe Jahr auch den französischen und belgischen Radsportlern. Über jeweils 100 km siegten in Frankreich Dubois, in Belgien Gerlach.

Bestanden in den achtziger Jahren keine grundsätzlichen Unterschiede zwischen Bahn- und Strassenrennen, so leitete der luftgefüllte Reifen Anfang der neunziger Jahre eine neue Entwicklung ein. Die Räder wurden schneller und die Rennbahnbauer trugen dem mit stark überhöhten Kurven Rechnung. Strassen- und Bahnrennsport gingen ab 1890 getrennte Wege. Eine der ersten neuen ellipsenförmigen Bahnen hatte die Stadt München bereits am 16. Mai 1886 am Schyrenplatz eingeweiht. Am Eröffnungsrennen beteiligten sich, zum erstenmal in Deutschland, auch ausländische Berufsfahrer, darunter der Engländer Duncan und die Franzosen Dubois und de Civry, die den einheimischen Fahrern stark überlegen waren. Das Publikum raste vor Begeisterung.

Wie populär der Radrennsport damals in Deutschland war, belegt die Tatsache, dass Kaiser Wilhelm I. einen Wanderpokal für Hochradfahrer stiftete: den Kaiserpreis. Als erster errang ihn 1886 der deutsche Rekordfahrer Pundt, der ihn aber ein Jahr später an seinen Landsmann August Lehr, den späteren Sprinterweltmeister, abtreten musste. Deutscher Hochradmeister wurde der Kaiserpreis-Gewinner von 1887 allerdings nicht. Diesen Titel machte ihm der Schweizer Albert Eichele streitig, der zugleich Meister der ARU (Allgemeine Deutsche Radfahrerunion) wurde.

Leicht waren solche Meistertitel nicht zu erringen. Die Anforderungen stiegen beinahe mit jeder neuen grossen Veranstaltung. So fand 1888 auf der Radrennbahn Brückenallee in Berlin das erste Bahn-Hochradrennen über 100 km statt, einer der letzten glanzvollen Höhepunkte der Gefährte mit den riesigen Vorderrädern. Denn bald schon mussten sie mehr und mehr den neuen Sicherheits- oder Niederrädern weichen, mit denen englische (Rudge und Humber) und bald auch französische Hersteller (Peugeot, Clément, Rochet, la Société Parisienne) den Markt eroberten.

Die grossen Strassenrennen

Die internationale Radsportszene in den Jahren 1889 und 1890 erscheint in gewisser Weise wie die Ruhe vor dem Sturm. Ausser den ersten holländischen Strassenmeisterschaften 1889 gibt es keine bedeutenden Rennveranstaltungen. Ab 1891 aber überstürzen sich die Ereignisse: Der Luftreifen eröffnet dem Rennsport völlig neue Perspektiven. Die Zeit der grossen Fernfahrten bricht an. Schon das erste Langstrecken-Strassenrennen, Bordeaux–Paris, setzt neue Massstäbe. Am 23. Mai 1891 starten 28 Fahrer früh um 5 Uhr von Bordeaux in Richtung Paris. Vor ihnen liegen 572 km Strasse. Eine kleine Hilfe sind die Schrittmacher, die den Rennfahrern zur Verfügung stehen. Genau 26 Std. 34 Min. 57 Sek. später steht das Ergebnis fest: Nach einer überlegenen Fahrt überfährt der Engländer Mills als Erster das Zielband. Erst eine Stunde später trifft sein Landsmann Holbeim als Zweiter im Ziel ein. Auch den dritten und vierten Platz belegen die Briten, ein eindrücklicher Beweis für das souveräne Können der englischen Fahrer, denn nur fünf Engländer waren überhaupt gestartet. Diese klassische Prüfung schlug im internationalen Radsport ein wie ein Paukenschlag. Wie viele der grossen Fernfahrten der neunziger Jahre des vorigen Jahrhunderts wird sie auch heute noch ausgetragen.

Sensationelle Veranstaltungen finden fast immer Nachahmer, so auch Bordeaux–Paris. Ihr grosser Erfolg regte die Redaktoren des «Petit-Journal» zur Austragung eines noch spektakuläreren Rennens für Amateure und Profis an: 1200 km von Paris nach Brest und zurück sollten von den Fahrern bewältigt werden! Diese ungewöhnliche Herausforderung schreckte jedoch die Fahrer keineswegs ab. Im Gegenteil: Hatten sich für Bordeaux–Paris nur 28 Fahrer am Start eingefunden, so bewarben sich diesmal gleich 575 Rennfahrer, unter ihnen Grössen wie Jiel-Laval, der auf Dunlopreifen für die Marke Clément antrat, Charles Terront auf einem Michelin-bereiften Humberrad sowie die bekannten Strassenfahrer Médinger und Tissier. An den Start gingen indes «nur» 206 Konkurrenten. Aber nicht einmal die Hälfte von ihnen meisterte die mörderische Strecke. Die anderen warfen die unsäglichen Strapazen und technischen Defekte vorzeitig aus dem Rennen. Schon kurz nach dem Start zeichnete sich zwischen den Favoriten Terront und Laval ein Duell ab, das je nach Situation den einen oder anderen in Front sah und schliesslich nach einer unglaublich dramatischen Schlacht mit Reifendefekten, verschlafenen Kontrollposten, längeren Ruhe- und Esspausen sowie Kettenbrüchen Terront für sich entscheiden konnte. Sein Vorsprung auf den total erschöpften Laval betrug volle 7 Stunden; Terront hatte für die Mammutstrecke 71 Std. 22 Min. gebraucht, was einen Schnitt von 16,014 km/h ergab. Innerhalb der vorgeschriebenen 10-Tage-Frist trafen weitere 97 Fahrer am Ziel ein. Paris-Brest-Paris wurde in der Folge bis 1951, allerdings nur alle 10 Jahre, ausgetragen. Das 1941 ausgefallene Rennen holten die Veranstalter 1948 nach. In den letzten Jahren erlebte die berühmte Fernfahrt ein Comeback für Hobbyrennfahrer.

Noch andere grosse Rennen der neunziger Jahre haben sich bis heute im internationalen Rennkalender gehalten. Das berühmteste ist zweifellos die berüchtigte «Hölle des Nordens», die Fernfahrt Paris–Roubaix, die 1896 als erster der wohl beste deutsche Radrennfahrer aller Zeiten mit einem Durchschnitt von 30,1 km/h souverän gewann: Josef Fischer. Schon 1893 war er Schnellster auf der Strecke Wien–Berlin gewesen. Und 1900 belegte er dann den ersten Platz im Rennen Bordeaux–Paris. Fischers schärfste Konkurrenten in den grossen Strassenwettkämpfen erlangten nicht geringere Popularität: der Franzose Lucien Lesna (gebürtiger Schweizer und Sieger von Bordeaux–Paris 1896 und 1901 und Paris–Roubaix 1901 und 1902), der Franzose G. Rivierre (Bordeaux–Paris 1896/97/98), der Franzose Maurice Garin (Paris–Brest–Paris 1901), der Däne Ch. Meyer (Sieger von Bordeaux–Paris 1895 und Zweiter im ersten Rennen Paris–Roubaix), der Belgier Léon Houa (Lüttich–Bastogne–Lüttich 1892, 1893 und 1894).

Zu den schon erwähnten Langstreckenfahrten der neunziger Jahre gesellten sich noch zwei weitere bedeutende Rennen: Paris–Brüssel ab 1893 – gewonnen vom Franzosen André, 407 km (heute nur noch 286 km) mit einem Durchschnitt von 20,7 km/h – und Paris–Tours ab 1896 (Sieger E. Prevost).

Nicht nur in Frankreich traten damals Radsportler zu Kämpfen über lange Distanzen an. Auch in Deutschland massen die Koryphäen auf Langstrecken ihre Kraft und Ausdauer. Die erste und zugleich eine der bedeutendsten Monstertouren führte von Leipzig nach Berlin und zurück. Ihre Geburtsstunde schlug am 12. September 1891. Den Sieg und 600 Mark in bar errang auf der 500 km langen Strecke in 27 Std. 52 Min. der Deutsche Blank. Der Geldpreis war für die damalige Zeit eine Ausnahme, denn die meisten deutschen Fernfahrten standen nur Amateuren, sogenannten Herrenfahrern, offen.

Das Jahr 1892 brachte die Fernfahrt Wien–Triest, die der Russe Sobotka für sich entschied. 1893 folgte Wien–Berlin, eine beinahe legendäre 582-km-Fahrt, die in 31 Std. 22 Sek. der Strassengigant Fischer gewann. Und ein Jahr später riefen die deutschen Radsportler zur längsten Fernfahrt der Nation, zum 620 km langen Rennen von Basel nach

Cleve. Sieger wurde der Deutsche Fritz von Opel. Im selben Jahr bezwang wiederum Fischer seine Gegner in der Alpenfernfahrt Mailand–München, während der Holländer Emile Meyer die schweizerische Distanzfahrt Romanshorn–Genf (360 km) für sich buchte. 1895 brachte erneut einen glänzenden Sieg für Fischer, als er Erster im Rennen Triest–Wien wurde.

Und noch zwei Langstrecken besonderer Art bewältigten die Radsportler 1895: Die 700 km von Petersburg nach Moskau durchfuhr als Erster der Russe Dsevotschko vor dem Grazer Gerger, und auf der 535 km langen Strecke von Sebastian nach Madrid wurde der Spanier Pedros Sieger.

Für den deutschen Radsport trat nach den ersten grossen Ereignissen eine unliebsame Zwangspause ein. Für den bitteren Rückschlag zeichneten die Behörden verantwortlich: Sie verboten organisierte Strassenfahrten, gaben sie aber nach zähem Kampf 1902 wieder frei, was dann auch prompt zu einer Renaissance der deutschen Fernfahrten führte.

Die Geschichte der grossen Strassenrennen wäre nicht vollständig ohne das bedeutendste Ereignis im internationalen Radsportgeschehen um die Jahrhundertwende: die Tour de France, die heute noch zu den grössten Sportveranstaltungen zählt, die es überhaupt gibt. Henri Desrange hat sie 1903 ins Leben gerufen und mit ihr den internationalen Radchampions, den «Giganten der Landstrasse», zu ungeahnter Popularität und beträchtlichen Einnahmen verholfen. Der erste Spitzenfahrer dieses spektakulärsten aller Radrennen war der Franzose Maurice Garin, der die 2428 km lange Tour in sechs Etappen mit einem Stundenmittel von 25,3 km/h bewältigte. Garin fuhr auch im zweiten Rennen als Erster durchs Ziel, wurde aber zusammen mit den drei nächstplazierten Fahrern wegen verschiedener Verstösse gegen das Reglement disqualifiziert, so dass der fünftplazierte Henri Cornet als jüngster Tour-de-France-Sieger (er war erst 20 Jahre alt) in die Radsportgeschichte einging. Aber nicht nur in der Tour de France, sondern auch in Paris–Roubaix (1897 und 1898) und Bordeaux–Paris (1902) triumphierte Maurice Garin, womit er

die drei wichtigsten Rennen jener Epoche gewonnen hatte.

Auch andere Tour-de-France-Sieger profilierten sich in weiteren bedeutenden Rennen jener Zeit. Der Franzose Lucien Petit-Breton, der bei der Tour zweimal Erster wurde, gewann zur herben Enttäuschung der Italiener 1907 auch die erste Auflage von Mailand–San Remo. Das erste klassische italienische Eintagerennen, die Lombardei-Rundfahrt, hatte zwei Jahre zuvor der Einheimische Giovanni Gerbi gewonnen. Noch aber fehlte den Italienern eine eigene Landesrundfahrt à la Tour de France. Was lag also näher, als eine solche zu organisieren. 1909 erlebten die italienischen Radsportler dann auch den ersten Giro d'Italia. Viel stärker noch als bei der grossen französischen Tour profilierten sich hier die einheimischen Fahrer. Erst 1950 gelang es einem Ausländer, den Giro zu gewinnen, dem Schweizer Hugo Koblet. In der Tour de France waren Nichtfranzosen schon viel eher zum Zug gekommen, etwa der Luxemburger François Faber (1909) und der Belgier Philippe Thys (1913/14/20).

Faber gehörte noch jener «heroischen Epoche an», um die sich unzählige Legenden ranken. Verständlich, wenn man bedenkt, dass die Fahrer jener Zeit auf staubbedeckten oder auch schlammigen Naturstrassen und schweren Fahrrädern gewaltige Distanzen zurücklegten. Oft sogar in bissiger Kälte und im Schnee, wie in in jenem legendären Rennen Mailand–San Remo von 1910, das bei 71 Gestarteten von nur vier Fahrern beendet wurde (Sieger: Eugène Christophe). Übersetzungswechsel kannte man noch nicht. Für die französischen Classiques war sogar der Starrlauf vorgeschrieben. Bei den deutschen Fernfahrten wurde der Torpedo-Freilauf gefahren, und Reparaturen mussten von den Fahrern selbst ausgeführt werden. So trug jeder mehrere Collées oder Schläuche mit sich, um die tückischen Reifenschäden möglichst schnell beheben zu können! Später kam man auf die Idee, auf jeder Seite des Rades einen oder zwei Zahnkränze zu montieren, so dass durch Drehen des Hinterrades, wozu man freilich vom Rad steigen musste – meist «en masse» –, die Übersetzung geändert werden

konnte. Erst die Einführung der Über-
setzungswechsel Anfang der dreissiger
Jahre brachte hier eine entscheidende
Wende.

Doch zurück nach Deutschland.
Nach der Zwangsunterbrechung bis
1902 erlangten die Fernfahrten sofort
wieder grosse Bedeutung. Die Rennfahrer fuhren von Basel nach Cleve,
rund um Berlin, starteten zur Harz-
rundfahrt und erlebten 1908 eine Neu-
auflage des berühmten Strassenrennens
Wien–Berlin über 598 km. 1911 kam es
auch in Deutschland erstmals zu einer
Landesrundfahrt für Profis. Sieger wurde der Deutsche Hans Ludwig. Im Gegensatz zu Rundfahrten anderer Länder
ist die deutsche allerdings inzwischen
vom internationalen Rennkalender
verschwunden. Nicht so die 1908 gegründete Belgien-Rundfahrt, die im
Premierenjahr Petit-Breton gewann.
Zwar wird sie auch heute noch ausgetragen, doch geriet sie in den Schatten
dreier weit bedeutenderer belgischer
Rennen: des grossen Eintagerennens
Lüttich–Bastogne–Lüttich (seit 1892),
der Flandern-Rundfahrt (seit 1913) und
der Flèche Wallone (seit 1936). Diese
Fahrten gehören heute zusammen mit
Paris–Roubaix (seit 1896), dem «Grossen Herbstpreis» Tours–Versailles
(1896, 1901 und ab 1906 bis 1973 in um-
gekehrter Richtung als Paris–Tours),
Paris–Brüssel (1893, 1906 bis 1966 und
ab 1973), Mailand–San Remo und der
Lombardei-Rundfahrt zu den sogenannten «Classiques».

Wie die neunziger Jahre des vergangenen Jahrhunderts wies auch das erste
Jahrzehnt des zwanzigsten grosse Namen des Strassenrennsports auf. In Belgien dominierte Cyrille van Houwaert,
der «Löwe von Flandern», zweimaliger
Sieger von Bordeaux–Paris (1907 und
1909) und Gewinner von Paris–Roubaix (1908). Frankreich konnte den erfolgreichsten Fahrer vor dem Ersten
Weltkrieg für sich in Anspruch nehmen: Octave Lapize, dreifacher Sieger
von Paris–Roubaix (1909, 1910, 1911)
und Paris–Brüssel (1911, 1912, 1913),
Sieger von Paris–Tours und Gewinner
der Tour de France (1910).

Als der Erste Weltkrieg begann,
zeichnete sich bereits eine neue glanz-
volle Rennfahrergeneration ab, angeführt von den Franzosen Henri und

Francis Pélissier, dem Belgier Philippe
Thys, dem Italiener Constante Girardengo und dem Schweizer Oscar Egg.

Der Krieg unterbrach die internationale Renntätigkeit für mehrere Jahre.
Und als 1918 die Waffen endlich ver-
stummten, waren viele der Grossen
nicht mehr am Start. Besonders ein neuer Name zierte die Siegerlisten: der des
Schweizers Heiri Suter, Sieger in un-

Das Freundespaar Heiri Suter (links) und Ca-
stor Notter nach dem glänzenden Doppelsieg
Paris-Tours im Jahre 1926.

zähligen nationalen und internationalen Rennen und zweimaliger Gewinner
des Grand-Prix Wolber, der damals als
eine Art inoffizielle Weltmeisterschaft
galt. Ab 1927 wurden auch Strassen-
weltmeisterschaften für Berufsfahrer
durchgeführt, nachdem die Amateure
bereits seit 1921 um Weltmeisterehren
kämpften (anstelle des üblichen Mas-
senstartrennens wurde 1921 ein Einzel-
zeitfahren über 190 km ausgetragen).

Andere Fahrer konnten an ihre Vor-
kriegserfolge anknüpfen: Henri Pélissier gewann Bordeaux–Paris, Paris–
Tours, die Lombardei-Rundfahrt, Paris–Brüssel und Paris–Roubaix sowie
die Tour de France, während sein Bruder Francis Bordeaux–Paris und Paris–
Tours siegreich beendete. Auch Eugène
Christophe gelangen noch einige grosse
Erfolge nach dem Krieg, ebenso Philippe Thys.

Die deutschen Rennorganisatoren

gingen nach dem Krieg einen Schritt
weiter. Ab 1925 engagierte die deutsche
Industrie (organisiert im Industrie-
berufsstrassenfahrring «Ibus») die besten Fahrer der Welt zu sensationellen
Wettkämpfen. Rennen wie Berlin–
Cottbus–Berlin sahen die Weltelite am
Start, und neben Heiri Suter zeichneten
sich vor allem der Italiener Belloni und
der Belgier van Hevel – unter anderem
Sieger von Paris–Roubaix – aus.
Deutschland war es auch, dem 1927 die
erste Weltmeisterschaft für Berufsfahrer zugesprochen wurde. Das auf dem
Nürburgring durchgeführte Rennen
endete mit einem dreifachen italienischen Triumph: Binda vor Girardengo
und Piemontesi. Wenn auch dem al-
ternden Girardengo in diesem Rennen
der Sieg versagt blieb, so hatte er doch
während rund 15 Jahren den italienischen Strassenrennsport geprägt und
unter anderem sechsmal als Sieger das
Zielband in San Remo gekreuzt. Sein
Nachfolger Alfredo Binda gewann
seinerseits noch zweimal die Weltmeisterschaft, viermal die Lombardei-
Rundfahrt und gar fünfmal den Giro.

Doch die Konkurrenz schlief nicht.
Die dreissiger Jahre brachten neben
technischen Neuerungen wie dem
Übersetzungswechsel eine eklatante
Überlegenheit der Belgier in den klassischen Eintagerennen, nachdem sie in
den zwanziger Jahren schon fünf Tour-
de-France-Sieger gestellt hatten. Im
übrigen aber mussten sie ihre Erfolge
mit den Franzosen und dem talentierten
Luxemburger Nicolas Frantz teilen.
Trotzdem: Die Überlegenheit der Belgier hat sich bis auf den heutigen Tag erhalten, auch wenn immer wieder einzelne Fahrer anderer Nationalität in
ihre Phalanx einbrechen und bedeutende Erfolge verzeichnen konnten. In den
dreissiger Jahren waren dies vor allem
der Italiener Learco Guerra, der im
mörderischen 170-km-Einzelzeitfahren
von Kopenhagen 1931 Weltmeister
wurde, und die Franzosen, die in der
Tour de France dominierten. Zu ihnen
zählten auch Georges Speicher und An-
tonin Magne, die 1933 bzw. 1936 Weltmeister wurden. Zusammen mit André
Leduc zeichneten sie für die französischen Tour-de-France-Erfolge jener
Zeit verantwortlich, die Ende der dreissiger Jahre allerdings, bedingt durch die

Siege der Belgier Romain und Sylvère Maës und des Italieners Gino Bartali, seltener wurden. 1933 gesellte sich eine weitere Landesrundfahrt zu den bereits bestehenden, die Tour de Suisse, deren erste Austragung der Österreicher Max Bulla gewann.

Schon rüsteten sich die Fahrer für die Weltmeisterschaft 1939, als erneut ein Weltkrieg die Radsportaktivitäten lahmlegte. Zwar veranstalteten einzelne Länder noch Rennen, doch der internationale Vergleich fehlte, und so sah man gespannt der ersten Nachkriegstour entgegen, die 1947 stattfand und die der kleine Jean Robic gewann, nachdem er in der letzten Etappe den führenden Brambilla noch überholt hatte. In den Jahren zuvor waren nur 1942 und 1946 zwei Rundfahrten mit reduziertem Pensum ausgetragen worden.

Die erste Weltmeisterschaft nach dem Krieg aber brachte eine grosse Überraschung: Dem Schweizer Hans Knecht gelang es, die favorisierten Belgier Kint – Weltmeister von 1938 – und Rik van Steenbergen im Spurt zu schlagen und sich in die Liste jener wenigen Fahrer einzureihen, die sowohl die Amateur- wie die Profi-Weltmeisterschaft gewannen (Jean Aerts, Eddy Merckx, Henni Kuiper). Van Steenbergen holte allerdings den entgangenen Triumph gleich dreimal nach und sicherte sich das Weisse Trikot mit den fünf Streifen in den Farben des Regenbogens 1949, 1956 und 1959. Dazwischen startete er erfolgreich als Classiquejäger, wurde aber in dieser Hinsicht von seinem Namensvetter Rik van Looy klar übertroffen, gewann doch «Rik II.» sämtliche klassischen Rennen ein oder mehrere Male. Ausser ihm ist das niemandem gelungen, nicht einmal Eddy Merckx, der zwar insgesamt mehr klassische Siege heimtrug, dem aber der Sieg in der Sprinterclassique par excellence – Paris–Tours bzw. heute Tours–Versailles – fehlt.

Eines allerdings blieb auch Rik van Looy neben dem Erfolg in einer grossen Rundfahrt versagt: dreimal Weltmeister zu werden. Trotz verzweifelter Bemühungen scheiterte er nach seinen Siegen von 1960 und 1961 in den folgenden Jahren – 1963 nur um wenige Zentimeter. Es sollte nicht sein!

Doch die späten vierziger und die fünfziger Jahre standen nicht im Zeichen der Belgier, sondern in dem der grossen italienischen, französischen und schweizerischen Rundfahrtensieger. So mancher Name dieser Ära zählt zu den grössten im Radsport überhaupt, und wer eine Epoche als die glorreichste des Rennsportes bezeichnen sollte, dem würde die Entscheidung zwischen den zwanziger und den fünfziger Jahren schwerfallen. Vor allem der unvergessliche Italiener Fausto Coppi erlangte eine Popularität, die sich nur mit jener von Eddy Merckx vergleichen lässt. Doch auch die anderen grossen Fahrer dieser Zeit machten Radsportgeschichte. Da ist der grossartige Tour-de-France-Triumph des Italieners Gino Bartali von 1948, als er einen zwanzigminütigen Rückstand in den Alpen in einen soliden Vorsprung verwandelte und zum zweitenmal – nach einer Pause von zehn Jahren – den Parc des Princes in Paris als Sieger erreichte. Und da ist die Tour de France 1951, in der Hugo Koblet seine gesamte Gegnerschaft – den berühmten Coppi mit eingeschlossen – in bestechender Manier in Grund und Boden fuhr und dafür vom französischen Publikum den Beinamen «pédaleur de charme» erhielt.

Die beiden grossen «K», Hugo Koblet (links, Giro-Sieger) und Ferdi Kübler (rechts, Tour-de-France-Sieger) in der Tour de Suisse 1950.

Noch ein anderer Schweizer machte in jenen Jahren von sich reden: Ferdi Kübler. Er gewann die Tour de France, die Weltmeisterschaft und in den Jahren 1951 und 1952 verschiedene klassische Rennen. 1950, 1952 und 1954 wurde er auch Erster in der inoffiziellen Punkteweltmeisterschaft, dem Challenge Des-

range-Colombo, den später der Super-Prestige-Pernod-Jahreswettbewerb ersetzte.

In Frankreich glänzte Louison Bobet, einer der erfolgreichsten Rennfahrer aller Zeiten und wie Coppi mehrfacher Tour-de-France-Sieger, nämlich von 1953 bis 1955 dreimal hintereinander! Coppi, der die Tour 1949 und 1952 gewann, errang den Weltmeistertitel 1953 und siegte in etlichen klassischen Strassenrennen; daneben gewann er nicht weniger als fünfmal den Giro d'Italia.

14. Etappe beim Giro d'Italia 1958.

Doch mit der Zeit änderten die Namen der erfolgreichen Fahrer, und mit ihnen wandelte sich der Radsport selbst. Ende der fünfziger Jahre unterschied er sich deutlich von jenen heroischen Zeiten unmittelbar vor und nach dem Ersten Weltkrieg: Die Begleitkolonnen wurden länger und länger, die Betreuung der Fahrer verbesserte sich, und auch die Werbebudgets der Sponsorfirmen waren gewachsen, denn die ersten Fernsehdirektübertragungen lieferten einem Millionenpublikum die unerbittlichen Duelle am Tourmalet oder am Galibier frei Haus direkt vor den Lehnstuhl.

Die logische Folge der Kommerzialisierung: Nicht mehr Nationalmannschaften traten zur Tour de France an, sondern Fabrikteams. Heute kennen nur noch die Weltmeisterschaften Nationalmannschaften. Die taktischen Probleme sind dabei gross, denn die Fahrer, die das ganze Jahr in verschiedenen Teams an den Start gehen, können sich oft nicht auf eine gemeinsame Taktik innerhalb ihrer Landesauswahl einigen. Nicht selten fährt dann z. B. ein Franzose nicht für seine Landsleute, sondern für einen belgischen Captain.

Bergetappe bei der Tour de France 1964: Anquetil (links) und Poulidor auf dem Puy de Dôme.

Der Radsport hatte sich der Zeit angepasst. Doch grosse Siege und Sieger gab es auch noch Ende der fünfziger Jahre, wenngleich nicht mehr so überzeugend und zahlreich wie früher. Durch die Verbesserung des Materials – die Rennvelos brachten es mittlerweile auf weniger als 10 kg! – und moderne Trainingsmethoden wurden die Rennen immer schneller. Durchschnitte von 40 km/h gehörten zur Tagesordnung. Die Unterschiede zwischen den besten und den nachfolgenden Fahrern wurden immer geringer. Nicht mehr Minuten oder gar Stunden zählten jetzt, sondern die Sekunden. Prototyp der neuen Rennfahrergeneration war der Franzose Jacques Anquetil, der die Tour

de France fünfmal (1957 und 1961 bis 1964) gleichsam mit dem Rechenschieber gewann, dazu neunmal den berühmten Grand Prix des Nations, das grösste Zeitfahren der Welt. Seinen knappsten Sieg errang er in der Tour von 1964; sein Vorsprung vor Poulidor: ganze 55 Sekunden! Das Duell der beiden am Puy de Dôme wurde zur Legende und verhalf dem ewigen Zweiten, Poulidor, zu einer Popularität, die ihresgleichen sucht. Erst mit fast 40 Jahren fuhr der unermüdliche «Poupou» seine letzte Tour.

Noch knapper endete die Tour 1968, als Jan Janssen – Weltmeister von 1964 – van Springel im allerletzten Moment – im Schlusszeitfahren nämlich – überholte und mit 38 Sekunden Vorsprung das Goldtrikot des Gesamtsiegers, das «maillot jaune», eroberte. Nie zuvor war die Differenz zwischen den beiden Erstplazierten geringer ausgefallen. Trotz des spannenden Finales hatte jene Tour das Publikum kaum begeistert. Das allgemeine Interesse konzentrierte sich rasch auf die nächste Tour, in der erstmals auch der junge Belgier Eddy Merckx an den Start ging. Nach seiner Disqualifikation im Giro d'Italia, den er überlegen angeführt hatte, wollte er sich revanchieren. Und er enttäuschte seine Anhänger nicht. Nachdem er bereits in den vorhergehenden Jahren so manches grosse Rennen gewonnen hatte, setzte er in der Tour neue Massstäbe,

triumphierte in sämtlichen Spezialwertungen und im Gesamtklassement schliesslich mit 17 Min. 54 Sek. Vorsprung.

Der Vierte, Felice Gimondi, einer der besten Fahrer der sechziger und siebziger Jahre, lag bereits fast eine halbe Stunde zurück! Erstmals seit Koblets und Coppis Zeiten sorgte der junge Merckx wieder für Sensationen im Radsport. In idealer Weise erfüllte er alle Anforderungen an einen grossen Champion: unwiderstehlich auf der Ebene (1970 durchfuhr er die «Hölle des Nordens» von Paris–Roubaix mit ihrem berüchtigten Kopfsteinpflaster, den Pavés, mit 41,6 km/h und traf mit mehr als 5 Minuten Vorsprung am Ziel ein; den schnellsten Sprintern ebenbürtig), brillierte er auch als überdurchschnittlicher Bergfahrer. Merckx beherrschte die Radsportszene zehn Jahre

Paris–Roubaix 1975. Nicht nur die Gegner, auch die schlechten Strassen gilt es in der «Hölle des Nordens» zu überwinden: Merckx, Godefroot, W. Planckaert, Maertens, de Vlaeminck (v. l.).

lang, bis sich bei ihm die Folgen der strapaziösen Renntätigkeit bemerkbar machten und sich sein Leistungsvermögen infolge von Krankheiten reduzierte. Merckx' schärfste Rivalen, Roger de Vlaeminck, Freddy Maertens, Francesco Moser, Lucien van Impe und all die anderen, die die Nach-Merckx-Ära bestimmten und bestimmen, hatten schon lange auf diesen Moment gewartet.

Damit ist ein eher düsteres Kapitel in der Geschichte des Radsportes angesprochen, ein Kapitel, in dem Krankheiten, verbotene Mittel, Ärzte, Tod und Disqualifikation eine Rolle spielen. Noch in jüngster Erinnerung sind die schweren Vorwürfe, die der zweifache

Der Serien-Sieger Anquetil (vorne rechts) und der ewige Zweite Poulidor bei der Tour de France 1964.

Tour-de-France-Sieger Bernard Thévenet gegen seine Ärzte erhob, nachdem er den Radsport aus gesundheitlichen Gründen vorläufig hatte aufgeben müssen. Aus seinem Fall spricht die ganze Tragik falsch verstandener Sportmedizin. Trauriger Höhepunkt dieses Kapitels war aber zweifellos der Erschöpfungstod des britischen Ex-Weltmeisters Tom Simpson 1967 in der Steinwüste des Mont Ventoux. Aufputschmittel und die drückende Hitze hatten eine tödliche Wirkung ergeben. Der Vorfall, der die gesamte Sportwelt erschütterte, zog eine rigorose Verschärfung der Dopingreglemente nach sich, die aber, rückblickend betrachtet, nur vorübergehend Erfolg hatte.

Erfolgszwang und Leistungsdruck verleiten die Fahrer allzuoft zum Gebrauch von stimulierenden, leistungssteigernden Mitteln, in gewisser Weise eine verständliche Reaktion, ruht doch die Verantwortung für eine Mannschaft hauptsächlich auf den Schultern des Captains, dem zwar eine ganze Reihe von Domestiken hilfreich zur Seite steht, der aber das Siegen immer noch selbst besorgen muss. Und siegen muss er, denn ein Grossteil seines Gehaltes und desjenigen seiner Helfer entstammt den gewonnenen Prämien. So hat die totale Kommerzialisierung dem Radsport ausser finanziellen Profiten – der Stars und der Manager vor allem – auch viel Schatten eingebracht. Neben den erwähnten Erscheinungen ist auch die streng hierarchische Struktur des Radrennsportes, die oftmals zur Blockierung von Rennen und damit zu Langeweile für die Zuschauer führt, eine Folge der Kommerzialisierung. Und die Vermarktung der Sportler schreitet munter voran: Seit einigen Jahren wird ein Weltcup für Fabrikmannschaften ausgetragen. Werbung heisst die Parole. Spektakuläre Ereignisse wie die Tour de France oder der Giro d'Italia ziehen jährlich ausser dem Publikum längs der Strassen einige hundert Millionen Fernsehzuschauer in ihren Bann. Die Trikotaufschriften der Stars flimmern dabei weitaus wirksamer und billiger in Europas Stuben als der teuerste TV-Spot. Der bilanzierte Umsatz der Tour 1977 lag denn auch bei 50 Millionen DM! Doch nicht nur die Manager, auch die Sieger der grossen Rennen kas-

sieren beträchtliche Summen, da die intensive Werbung ihren Marktwert enorm erhöht.

Die relativ starke Position der Fahrer gegenüber den Organisatoren zeigt sich aber nicht nur im finanziellen Bereich. In Frankreich besteht seit einigen Jahren eine Art Rennfahrergewerkschaft, und 1978 protestierten die Fahrer der Tour de France unter Führung Bernard Hinaults am Ziel der Etappe Tarbes–Valence d'Agens mit einem Streik gegen die ihrer Ansicht nach zu hohen Anforderungen: Sie verzichteten auf den Endspurt und liefen ins Ziel.

Trotz all den Schattenseiten des Radrennsports, zu denen auch gefährliche Stürze zählen, vor allem in Abfahrten mit 100 km/h oder in den Massensprints an den Etappenzielen der grossen Rundfahrten, überwiegt die Faszination, die diese Sportart auf Beteiligte wie auf Zuschauer ausübt.

Noch immer haftet den Radrennfahrern der auf den staubbedeckten Naturstrassen zu Beginn des Jahrhunderts entstandene Mythos der Giganten der Landstrasse an. Und in der Tat werden Rennen wie die Tour de France und Paris–Roubaix diesem Mythos auch heute noch gerecht, zählt doch der Radrennsport zu den härtesten Sportarten überhaupt. Eisernes Training, Selbstdisziplin, Härte bis an die Grenze des Menschenmöglichen und eine geballte Portion Risikobereitschaft waren und sind die Voraussetzungen für eine erfolgreiche Rennfahrerkarriere. Ihre Früchte, Ruhm, Reichtum und sozialer Aufstieg, werden aber nur wenigen zuteil.

Strassenrennen Tours–Paris 1974. Die besten belgischen Strassensprinter vereint im Kampf um den vierten Platz: Maertens, Léman, Verbeeck, Dierickx, de Vlaeminck, van Linden (v.r.).

Der Stundenweltrekord
Chronologisches Verzeichnis

Nichtoffizielle Rekorde

Jahr	Fahrer	Bahn	Resultat (m)
1876	Doods (GB)	Cambridge	25 598
1877	Shopee (GB)	Cambridge	26 960
1878	Weir (GB)	Oxford	28 542
1879	Christie (GB)	Oxford	30 374
1887	Dubois (F)	London	34 217

Offizielle Rekorde vor der Gründung der U.C.I.
(Union Cycliste Internationale)

11.5.1893	Desgrange (F)	Paris-Buffalo	35 325
31.10.1894	Dubois (F)	Paris-Buffalo	38 220 +2995
30.7.1897	Van den Eynden (B)	Paris-Municipale	39 240 +1020
9.7.1898	Hamilton (USA)	Denver-Colorado	40 781 +1541

Rekorde von der U.C.I. bestätigt
(ohne Doping-Kontrolle)

24.8.1905	Petit-Breton (F)	Paris-Buffalo	41 110 +329
20.6.1907	Berthet (F)	Paris-Buffalo	41 520 +410
22.8.1912	Egg (CH)	Paris-Buffalo	42 122 +602
22.7.1913	Weise (D)	Berlin	42 306 +184
7.8.1913	Berthet (F)	Paris-Buffalo	42 741 +435
21.8.1913	Egg (CH)	Paris-Buffalo	43 525 +784
20.9.1913	Berthet (F)	Paris-Buffalo	43 775 +250
18.6.1914	Egg (CH)	Paris-Buffalo	44 247 +472
28.9.1933	Richard (F)	Saint-Trond	44 777 +530
31.10.1935	Olmo (I)	Mailand-Vigorelli	45 090 +313
14.10.1936	Richard (F)	Mailand-Vigorelli	45 325 +235
29.9.1937	Slaats (NL)	Mailand-Vigorelli	45 485 +160
3.11.1937	Archambaud (F)	Mailand-Vigorelli	45 767 +282
7.11.1942	Coppi (I)	Mailand-Vigorelli	45 798 + 31
29.6.1956	Anquetil (F)	Mailand-Vigorelli	46 159 +361
19.9.1956	Baldini (I)	Mailand-Vigorelli	46 394 +235
18.9.1957	Rivière (F)	Mailand-Vigorelli	46 923 +529
23.9.1958	Rivière (F)	Mailand-Vigorelli	47 347 +424

Rekorde von der U.C.I. bestätigt
(mit Doping-Kontroll-Obligatorium)

27.9.1967	Anquetil (F)*	Mailand-Vigorelli	47 493 +146
30.10.1967	Bracke (B)	Rom	48 093 +600
10.10.1968	Ritter (D)	Mexico	48 666 +573
27.10.1972	Merckx (B)	Mexico	49 408 +755

* Nicht homologiert, da Anquetil nicht zur Dopingkontrolle erschien.

Das Rennrad im Vergleich

1914 Oscar Egg (CH)	1972 Eddy Merckx (B)
Stahlrohrrahmen aus 6/10-Rohr. Tretlager, Tretlager-Nabe, Pedalen, Sattelrohr, Lenkung, Lenker und Gabel aus Stahl.	Stahlrohrrahmen aus 4/10-Rohr. Tretlager, Tretlager-Nabe, Pedalen, Sattelrohr und Lenker aus einer Leichtmetallegierung. Lenkung und Tretlagerachse aus Titan.
Vorderrad 32 Speichen. Hinterrad 40 Speichen. Holzfelgen (40% schwerer als Alu-Felgen). Schläuche vorn und hinten je 160 g. Abwicklung 24 × 7 (7,32 m). Kurbel 165 mm. Anzahl Tretstösse 6044. Gesamtgewicht des Fahrrades 10 kg.	Vorderrad 32 Speichen. Hinterrad 28 Speichen. Felgen aus Leichtmetallegierung (Alu-Felgen). Schläuche vorn und hinten je 100 g. Abwicklung 52 × 14 (7,93 m). Kurbel 177,5 mm. Anzahl Tretstösse 6222. Gesamtgewicht des Fahrrades 5,900 kg.

Aus dem französischen Radsportmagazin «L'Equipe».

Die Rennen auf der Bahn

Von einer erstaunlichen Renaissance in jüngster Zeit abgesehen, die wieder Zehntausende von Zuschauern vor allem in die Hallen der deutschen Sechstagerennen mit ihrer perfekten Mischung aus Sport und Show lockt, hat der Bahnrennsport in den vergangenen Jahrzehnten seine einstige Faszination verloren. Seine Blütezeit lag im ersten Drittel unseres Jahrhunderts, als der Ruhm der grossen Sprinter dem ihrer Berufskollegen von der Landstrasse nicht nachstand.

Dabei war es damals noch gar nicht lange her, dass die ersten eigentlichen Radrennbahnen – jene mit überhöhten Kurven – aufgekommen waren. Erst der Luftreifen hatte ihnen ja in den neunziger Jahren des vorigen Jahrhunderts den Weg geebnet und aus den flachen und meist kreisrunden Bahnen die ovalen gemacht, deren steile Kurven höchste Geschwindigkeiten erlauben. Vorreiter dieser Entwicklung war die Radsportbewegung in Amerika und Kanada. Die erste «richtige» Radrennbahn Europas entstand 1890 in Paris als Hallenbahn in der ehemaligen Weltausstellungshalle. Ein Jahr später, am 28. August 1891, weihte dann die Stadt Zürich die «Hardau»-Bahn ein.

Die neuen, stark überhöhten Bahnen revolutionierten auch den Stehersport, das Fahren hinter Schrittmachern, liessen sich doch jetzt erheblich höhere Geschwindigkeiten erreichen. Rasch ersetzten denn auch Motorräder die alten muskelkraftgetriebenen Mehrsitzermaschinen. Das neue Tempo auf den neuen Bahnen faszinierte die Zuschauer.

Bei der ersten Steherweltmeisterschaft 1893 in Chicago – gewonnen vom Südafrikaner Meintjens – standen allerdings noch normale Tandems als Schrittmacher am Start. Nicht nur Steher kämpften um die Gunst des Publikums. Auch die Sprinter, die um Siege über eine Meile und über 10 km rangen, erfreuten sich grosser Beliebtheit. In beiden Disziplinen glänzte der Amerikaner A.A. Zimmermann, einer der besten Bahnfahrer aller Zeiten. Diese ersten Weltmeisterschaften waren übrigens reine Amateurrennen.

Eröffnung des Vélodrome Buffalo, Paris, im Jahre 1891: Endspurt der Sprinter, in Front liegt Médinger.

Bald errang der Bahnrennsport internationale Bedeutung und wurde für olympiawürdig befunden. 1896 vergaben die Preisrichter in Athen neben den Preisen für das Strassenrennen in nicht weniger als fünf Disziplinen Medaillen auf der Bahn. Am erfolgreichsten war der Franzose P. Masson, der das Rundenzeitfahren über 333 m und die Rennen über 2 km und 10 km gewann. Sein Landsmann L. Flameng siegte im Steherrennen über 100 km, der Österreicher Adolf Schmal in der 12-Stunden-Ausdauerprüfung (315 km) und der Einheimische Konstantinidis im Strassenrennen über 87 km.

Selbstverständlich waren hier nur Amateure am Start. Seitdem aber die grossen Rennbahnen mit beachtlichen Geldpreisen dotierte Rennen ausschrieben, wechselten die meisten der guten Fahrer möglichst schnell ins Berufsfahrerlager. So verloren die Amateurrennen zusehends an Bedeutung.

Das führte schon 1895 in Köln zu den ersten Weltmeisterschaften für Berufsfahrer. Sie sollten durch einen Skandal Aufsehen erregen: Im Profisprint hielt der Amerikaner Banker einen Schatten für den Zielstrich. Der Belgier Protin überspurtete ihn, und die Folge waren endlose Diskussionen über eine Wiederholung des Rennens.

Ähnlich spektakulär verliefen die Weltmeisterschaften 1898 in Wien, als der Engländer Palmer allein zum Steherrennen startete. Er absolvierte die vorgeschriebenen 100 km, und der Titel war ihm gewiss. Diese kuriose Situation hatte sich durch das Verbot mechanischer Schrittmachermaschinen ergeben. Nur Palmer hatte menschliche Schrittmacher mitgebracht – nicht weniger als 40! Ungewöhnliches Pech brachte bei denselben Weltmeisterschaften den Deutschen Willi Arend, Sprinterweltmeister der Berufsfahrer 1897 und mehrfachen Europameister, um den Sieg. Im Finale stürzte er in der letzten Kurve, was Banker, dem Pechvogel von 1895, den Weg zum Meistertitel ebnete. Und noch ein Kuriosum zeichnete diese Weltmeisterschaft aus: Das Komitee vergab einen Titel für Schrittmacher. Doch ab 1899 setzten sich die Rennen mit motorisierten Schrittmachern durch.

Neben den Steherrennen entwickelten sich vor allem die Sechstagerennen zu Publikumsschlagern und zogen beidseits des Atlantiks riesige Zuschauermassen in ihren Bann. Schon 1875 hatte eine englische Hochradfabrik in Birmingham ein erstes Rennen dieser Art veranstaltet. Weitere Rennen folgten in London und ab 1887 auch in

Amerika, speziell in New York. Die Fahrer starteten damals einzeln; Zweierteams kamen erst später in Mode. Als wahrer Star dieser ersten Sechstagerennen entpuppte sich der Deutschamerikaner Charly Miller: 1898 legte er in einem Rennen ohne Zeitbeschränkung in sechs Tagen 3300 km zurück. Doch nicht genug mit dieser an sich schon beachtlichen Leistung. Sein Zeitvorsprung war so gewaltig, dass er es sich leistete, «zwischendurch» zu heiraten!

Das Jahr 1899 brachte das erste Mannschafts-Sechstagerennen. Der Schauplatz war New York. Sieger wurden Miller/Waller mit 4398,037 km. Die neue Formel wurde zu einem sensationellen Publikumserfolg, Grund genug, sie bis heute beizubehalten. Gelegentlich starteten auch Sechstagerennen mit Dreiermannschaften gefahren. Natürlich weckte das gute Geschäft bald das Interesse europäischer Veranstalter. Trotzdem kam es nicht vor 1909 zum ersten offiziellen Sechstagerennen in der Alten Welt. Austragungsort war Berlin; Sieger wurde das amerikanische Paar MacFarland-Moran. In der Folge verbreiteten sich diese Prüfungen sehr schnell in Europa und erfreuten sich auch grosser Beliebtheit unter den Aktiven.

Die erfolgreichsten Sechstagefahrer der Vorkriegsepoche waren die Amerikaner Bobby Walthour und Jim Moran und Eddie Root-Joe Fogler sowie das deutsch-holländische Paar Walter Rütt-John Stol.

Auch Paris erhielt sein Sechstagerennen. Doch was die Seine-Metropole zum eigentlichen Mekka des Bahnrennsports machte, war der Bol d'Or, eine erstmals 1894 ausgetragene 24-Stunden-Meisterschaft für Steher und im Grunde nichts anderes als die Nachahmung eines erstmals 1892 in England veranstalteten Rennens. Eine bekannte Schokoladenfabrik und die Sportzeitung «Paris-Pédale» standen Pate. Nur eingeladene Fahrer durften starten. Sieger in den ersten zwei Jahren wurde der Franzose Constant Huret.

Zwei weitere Veranstaltungen machten ebenfalls Radsportgeschichte: der Kampf um den Grand Prix de Paris für Sprinter und jener um die sogenannte «Armbinde» der Buffalo-Rennbahn,

eine Trophäe, für die der jeweilige Inhaber eine Prämie von 20 Francs pro Tag erhielt. Dafür musste er alle Herausforderungen annehmen und im Falle einer Niederlage die Armbinde an den Sieger abtreten. Erster Besitzer war der exzellente Bahn- und Strassenfahrer Emile Bouhours. Später musste er die Binde an Constant Huret weitergeben.

War nun die «Armbinde» eine Art Dauereinrichtung, so trug man den Grand Prix de Paris ab 1893 nur einmal im Jahr aus und lockte dabei jeweils bis zu 30000 Zuschauer auf die städtische Rennbahn in Vincennes. Kein Wunder, galt doch das Vélodrome municipal damals als die schnellste Bahn der Welt. Noch zwei weitere Rennbahnen legten Zeugnis von der Bedeutung der französischen Hauptstadt als Radsportmetropole ab: die berühmte Winterbahn in Vel d'Hiv und der Parc des Princes.

Dem grossen Publikumsandrang beim Grand Prix de Paris entsprachen die Preise: Dem Sieger winkten 6000 Francs. 14000 Francs verteilten sich auf weitere Plätze. Das lockte Stars aus aller Welt an. Beinahe die komplette internationale Sprinterelite findet sich in der Siegerliste dieses Rennens wieder. Darunter der Holländer Jaap Eden, der Franzose Jacquelin – Weltmeister von 1900 –, der sechsfache dänische Weltmeister Th. Ellegaard, der legendäre farbige Amerikaner Major Taylor – Weltmeister von 1899 – und die Einheimischen G. Poulain und Michard –

mehrmaliger Weltmeister in den zwanziger Jahren –, alles Namen, die der grossen Zeit der Sprinterrennen den Glanz verliehen, der dieser Disziplin zu jenem Ansehen und jenem Ruf verhalf, die ihr heute fehlen. Auch deutsche Fahrer gewannen grosse Sprinterpreise. Vor allem der erstaunliche Walter Rütt machte von sich reden: 1901 im Alter von 18 Jahren im Grossen Preis von Paris nur knapp durch Weltmeister Thorward Ellegaard besiegt, etablierte er sich in den folgenden Jahren als einer der besten Sprinter – oder besser «Flieger», wie sie damals genannt wurden – der Welt. Nacheinander schlug er Major Taylor, Ellegaard und den amerikanischen Sprinterstar Frank Kramer. Bei internationalen Meisterschaften blieb ihm zunächst der Erfolg versagt, bis er 1903 in Leipzig endlich doch den Weltmeistertitel errang. Erst in den dreissiger Jahren sollte wieder ein Deutscher ähnliche Triumphe erringen wie Rütt: Albert Richter, Amateurweltmeister von 1932 und im gleichen Jahr Sieger des Grand Prix de Paris. Nach seinem Übertritt zu den Berufsfahrern wurde er einer der stärksten Gegner des Belgiers Jeff Scherens, der in den dreissiger Jahren grosse Triumphe feierte. Er gewann damals sechs Weltmeisterschaften und errang später, im Jahre 1947, diesen Titel noch einmal. Rund 20 Jahre früher hatte der Schweizer Ernst Kaufmann die Weltelite das Fürchten gelehrt. Neben dem Grossen Preis von Paris und

Der Zweikampf Linton-Robl im Vélodrome Buffalo im Jahre 1902. Robl (Deutschland) war schon 1901 Weltmeister der Steher.

dem Weltmeistertitel des Jahres 1925 hatte er grosse Siege auf fast allen Bahnen errungen.

Namen wie Ellegaard, Michard und Scherens sind typisch für die Geschichte der Weltmeisterschaften der Berufssprinter. Was sie kennzeichnet, sind Seriensiege überragender Könner. Neben den bereits erwähnten Grössen reihten sich der Holländer Piet Moeskops (Anfang der zwanziger Jahre), der Brite Reg Harris (Anfang der fünfziger Jahre und noch mit 50 Jahren englischer Sprintermeister!) und der wie Scherens siebenfache italienische Weltmeister Maspès (fünfziger und sechziger Jahre) würdig in die Liste der grossen Könner ein.

Mit Oscar Plattner, heute erfolgreicher Coach der schweizerischen Nationalmannschaft, stellte die Schweiz 1952 nochmals einen Sprinterweltmeister. Ansonsten waren die Schweizer ebenso wie die Deutschen bei den Stehern erfolgreicher: 1923 wurde Paul Suter, ein Bruder von Heiri Suter, als zweiter Schweizer Steherweltmeister und drängte sich damit zu einer Zeit in den Vordergrund, in der der Belgier Victor Linart die Steherrennen beherrschte.

Einer der besten Dauerfahrer aller Zeiten war der Deutsche Erich Metze. Zweimal wurde er Steherweltmeister, und auf der Strasse war er nicht weniger erfolgreich als auf der Bahn. Nach dem Krieg knüpfte er an seine alten Erfolge an, aber mit 43 Jahren ereilte ihn 1952 auf der Erfurter Bahn der Rennfahrertod. Wie ihn brachte der Krieg auch den Weltmeister von 1937, den Deutschen Walter Lohmann, um mögliche Erfolge. Noch zwei weitere deutsche Fahrer kamen zu Weltmeisterehren: Thaddy Robl (1901 und 1902) und Walter Sawall (1928 und 1931).

Heute, in den siebziger Jahren, ist der Stehersport in eine ernsthafte Krise geraten, und sein endgültiger Niedergang scheint nur noch eine Frage der Zeit zu sein.

Doch zurück zu den Sechstagerennen. Nach einer Blütezeit in Amerika und Europa brachte der Erste Weltkrieg diese vorübergehend zum Erliegen. Danach ging es rasch wieder bergauf. In vielen deutschen Grossstädten fanden regelmässig Sechstagerennen statt: in Berlin, Bremen und Kiel, in

Dresden, Frankfurt a. M., Hamburg, Mainz und Würzburg. In Amerika waren vor allem die Rennen von New York, Chicago, Indianapolis, Cleveland, Buffalo und Montreal berühmt. Auch viele europäische Fahrer starteten jenseits des Atlantiks. Meist fuhren die Teilnehmer damals rund um die Uhr.

Bis vor dem Ersten Weltkrieg zählten in den Sechstagerennen allein die gefahrenen Kilometer. Dann hatte ein gewisser Fredy Budzinski einen genialen Einfall: die Punktewertung. Das neue System fand in Amerika sofort Anklang, konnte sich aber in Deutschland erst 1924 durchsetzen. Heute lässt sich diese Art der Wertung nicht mehr wegdenken.

Nach dem Ersten Weltkrieg organisierten weitere Städte Sechstagerennen: Köln, Dortmund, Leipzig und Breslau. Damals fuhr das Team Krupat/Huschke den bis heute absoluten Sechstage-Weltrekord von 5544,2 km. Diese Berliner Leistung aus dem Jahre 1924 wird sicher niemand mehr brechen, denn heute dürfen nicht mehr 24 Stunden pro Tag gefahren werden. 60 Stunden in sechs Tagen sind die Grenze. Stars in der «Elliptischen Tretmühle», wie Egon Erwin Kisch die Sechstagerennen in einer berühmt gewordenen Reportage einmal nannte, waren in der Zwischenkriegszeit der Holländer Piet van Kempen, der Italiener Franco Giorgetti, der Belgier Gerard Debaets, der Franzose Alfred Letourneur, der Australier Reg MacNamara und der Kanadier Willy Peden, die sich vor allem im Madison Square Garden in New York unerbittliche Kämpfe lieferten. Nur selten konnten Aussenseiter die Phalanx dieser Fahrer durchbrechen und sich in die Siegerliste eintragen.

In den dreissiger Jahren machte dann eine deutsche Paarung von sich reden, die zur erfolgreichsten in der ganzen Geschichte der Sechstagerennen werden sollte: Kilian/Vopel, die Wundermannschaft aus Dortmund. 1934 errangen die beiden zusammen mit Werner Miethe – es wurde in Dreiermannschaften gefahren – in Cleveland ihren ersten Sieg. Diesem liess das unzertrennliche Paar weitere 28 folgen! Daneben errangen beide mit anderen Partnern zusätzliche Siege. Als 1937 die Nationalsozialisten den Sechstagerennen ein Ende

setzten, verlegten sie ihre Renntätigkeit ganz nach Amerika und wurden dort die begehrteste Mannschaft. Zeitweilig galten sie als unschlagbar. Aber 1942 mussten sie nach Deutschland zurück-

Die Dortmunder Sechstagefahrer Kilian (rechts) und Vopel waren in den dreissiger Jahren mit 29 Siegen die erfolgreichste Mannschaft der Welt. Hier bei der Ablösung.

kehren, und nach dem Zweiten Weltkrieg gewannen sie nur noch in Hannover (1950) und Berlin (1951). Andere Fahrerpaare begannen die Siege an sich zu reissen: Schulte/Peters, Carrara/Lapébie, aber auch die beiden Schweizer Paare Roth/Bucher und Koblet/von Büren, deren Erfolge 1954 zum ersten Sechstagerennen auf Schweizer Boden führten: in dem seit 1939 bestehenden Zürcher Hallenstadion, dessen Holzpiste als eine der schönsten der Welt gilt. Die Formel von Zürich – totale Fahrpause von 5 bis 13 Uhr – fand bald auf allen Bahnen Eingang, bis sich die Idee durchsetzte, die Rennzeiten nur auf die vom Publikum bevorzugten Abend- und Nachtstunden zu beschränken. Schnellere, attraktivere Jagden waren das Ergebnis. Und weitere Neuerungen, wie der Autosprint, das 100-Minuten-Américaine und andere gut dotierte Spezialprüfungen, sorgten für abwechslungsreichere und spannendere Rennen. So erlebten die Sechstagerennen in den fünfziger und Anfang der sechziger Jahre eine erneute Blüte. Zudem drängte eine neue aufstrebende Fahrergeneration nach vorn, darunter der erfolgreichste Sechstagefahrer aller Zeiten, der Holländer Peter Post mit 65 Siegen, der zudem auf der Strasse 1964 Paris–Roubaix gewann, mit dem schnellsten Durchschnitt, der je in einem klassischen Rennen erreicht wurde. Zusammen mit dem Schweizer Fritz Pfenninger war Post in Zürich viermal siegreich. Zur Weltelite zählten ausserdem die Deutschen Klaus Bugdahl, Sigi

Renz und Rudi Altig sowie die Belgier van Steenbergen/Severeyns. In den letzten zehn Jahren dominierte besonders der Belgier Patrick Sercu auf den Winterbahnen. Daneben gewann er noch zwei Weltmeistertitel im Sprint. Bis jetzt brachte es Sercu auf 63 Siege, und es ist abzusehen, wann er den Rekord von Post brechen wird.

Trotz dieser grossen Leistungen geriet der Sechstagesport in den letzten Jahren in eine Krise, von der er sich nur scheinbar erholt hat: Es fehlt an Nachwuchs, denn die höchsten Gagen kassieren heute die Strassenfahrer, die im Winter nur Gastspiele in den Hallenbahnen geben. So bestritt auch Eddy Merckx an der Seite Sercus manche Sechstagerennen. In allerneuster Zeit versuchen die Veranstalter, Zuschauer mit einer wohlabgewogenen Mischung aus Sport und Show anzuziehen. Der Erfolg bleibt abzuwarten.

Auch der Profisprint fristet, ausser in Japan, wo jährlich Zehntausende von Zuschauern Dutzende von Meetings besuchen, ein bescheidenes Dasein. Dasselbe gilt für die Europameisterschaft im Omnium, wo man mehrere Disziplinen wertet, und für die Américaine-Europameisterschaft, ganz zu schweigen von der Profiverfolgung, die in ihrer Anfangszeit nach dem Zweiten Weltkrieg Stars wie Coppi und später Rivière und Altig Weltmeisterehren eintrug, heute aber nur noch wenige Fahrer an den Start lockt.

Etwas erfolgreicher sind Amateurrennen. Neue, für das Publikum attraktive Disziplinen wie das Punktefahren belebten den Bahnrennsport ein wenig. Aber die permanenten Siege der Ostblockstaaten dämpfen das Interesse wieder, ja sie erzeugen fast so etwas wie Monotonie. Auch die Austragung von Damenrennen vermag hier kaum etwas zu ändern.

Im Zusammenhang mit den Bahnrennen ist auch immer wieder von Rekorden die Rede. Mit Ausnahme des Stundenweltrekords kommt ihnen aber im Radrennsport kaum irgendeine Bedeutung zu. Allein die absoluten Bestleistungen über 60 Minuten haben Gewicht. In dieser «Stunde der Wahrheit» offenbaren sich nämlich schonungslos die wahren Qualitäten eines Fahrers, und es erstaunt nicht, dass einige der ganz Grossen des Radsports dieser Rekordliste Glanzlichter aufgesetzt haben. Noch in bester Erinnerung ist der 17. Oktober 1972, als Eddy Merckx den Rekord auf seither unerreicht gebliebene 49,431 km schraubte und damit zweifellos den Höhepunkt seiner Karriere erreichte. Unvergessen bleiben auch der 14 Jahre bestehende Rekord von Fausto Coppi, die beiden Rekordfahrten Anquetils und das Duell zwischen dem Schweizer Oscar Egg und dem Franzosen Marcel Berthet, die ihre Rekordversuche noch auf der Pariser Buffalo-Bahn fuhren. Später war vorwiegend die Mailänder Vigorelli-Bahn

en vogue, bis Ole Ritter die Ära der Rekordversuche in der Höhenluft von Mexiko einleitete. Verwirrung in den Rekordlisten stifteten im zwanzigsten Jahrhundert Versuche, bei denen die Fahrer mit Schrittmachern arbeiteten.

Albert Zweifel wurde viermal Querfeldein-Weltmeister (1976, 1977, 1978, 1979).

Eine Geschichte des Radsports wäre nicht komplett, ohne wenigstens kurz eine noch sehr junge Disziplin zu erwähnen: die Querfeldeinrennen, die in den letzten Jahren besonders in der Schweiz erstaunliche Zuschauerzahlen verzeichnen. Erst 1950 für weltmeisterschaftswürdig befunden, verlangt diese Radsportart von den Fahrern neben fahrtechnischem Können auch gute läuferische Fähigkeiten. Spitzenplätze im Querfeldeinrennen belegte lange Zeit der Franzose Dufraisse, bis Ende der sechziger und Anfang der siebziger Jahre der Belgier Eric de Vlaeminck eine überragende Stellung einnahm und insgesamt sieben Weltmeistertrikots gewann. Neben ihm errangen auch der Italiener Renato Longo und der Deutsche Rolf Wolfshohl mehrere Titel, und in den letzten Jahren verzeichneten die Schweizer unter Führung Albert Zweifels die meisten Erfolge: viermal errang er zwischen 1976 und 1979 den Weltmeistertitel.

Zur Illustrierung des Kapitels über den Radsport blieb nur Raum für einige historische und charakteristische Aufnahmen. Ausführlich in Wort und Bild berichten die beiden Bände «Géants de la route» (1973) und «Geschichte des Radsports» (1978).

Stimmungsbild vom Münchner Sechstagerennen 1978 in der Olympiahalle. Sieger wurde die Mannschaft Sercu-Braun.

«Von Einknüpf-beinkleidern und Rennsocken» – Ein Kapitel Radfahrmode

Als es noch keine Damenräder gab, waren Hosenkostüme eine Notwendigkeit.

Im Jahre 1978 auf vollgummibereiftem Velo (um 1890) unterwegs.

«An dem an der Innenseite des Rockvorderteils sitzenden Doppelring ist das Zugseil befestigt; es läuft zwischen den Beinen der Trägerin hindurch zu dem am hinteren Rockteil etwas tiefer sitzenden einfachen Ring, von dort zurück zum zweiten Auge des Ringes und endlich durch ein Loch im Rock nach aussen. Bevor die Dame das Rad besteigt, zieht sie an der Schnur oder dem Band; dadurch wird sofort der hintere Teil des Rockes eingezogen, während die beiden Rockseiten in gleichmässiger Weise nach den Seiten verteilt werden. Die Dame kann nun ihren Sitz im Sattel einnehmen, ohne sich später noch einmal in den Pedalen erheben und das Kleid ordnen zu müssen.»

Es heisst, dass es die Männer sind, die die Mode machen. Wer diese Zeilen aus der Zeitschrift «Radlerin und Radler» vom 28. Februar 1900 liest, kann sich des Gedankens nicht erwehren, dass hier in der Tat ein Techniker am Werk war, das Geschlecht einzukleiden, das man das zarte nennt.

So zart allerdings sind die Damen auch wieder nicht, dass sie nicht schon früh zum harten Radsport gedrängt und damit die Modefrage in eigener Regie entschieden hätten. Während die Herren der Schöpfung noch bis vor kurzem davon überzeugt waren, dass die Frau hinter den Herd gehört, schwangen sich die ersten Amazonen bereits mit dem Aufkommen der Michaulinen, also 1867, aufs Rad und... erregten prompt Ärger. Weil die Damengarderobe der Zeit für das Zweiradfahren denkbar ungeeignet war, hüllten sich die extravaganten radelnden Pariserinnen kurzerhand in Knabenkleidung. Das war provokant. Die Fahrradbauer allerdings bewegte es schon damals dazu, besondere Damenräder zu konstruieren. Hinfort konnte die Weiblichkeit ihre Röcke anbehalten. Doch Madames Freude am Zweirad war trotzdem noch nicht ungeteilt. Die eigens für sie konstruierten Vehikel waren viel zu schwer, als dass sie ihr Spass gemacht hätten. So gingen noch ein paar Dutzend Jahre ins Land, bis das Radfahren auch beim schöneren Geschlecht Mode

Reform-Beinkleid für Damen mit Einknöpfvorrichtung für Unterbeinkleider.

wurde und damit wiederum unweigerlich die Mode aufs Fahrrad stieg. Denn was nähme eine Frau nicht zum Anlass, ihre Garderobe zu zeigen? Natürlich muss das Zurschaugestellte der Situation angemessen sein. So entstand die Fahrradmode. Alte Velocipedbücher beteuerten zwar fortwährend, dass sie nur eines sein müsse: zweckmässig. Aber welche wirkliche Dame nimmt schon solche Trivialitäten ernst? Als vom 11. bis 17. Februar 1898 in New York eines der ersten Damen-Radrennen stattfand, trugen die acht Teilneh-

merinnen knielange Hosen, darüber Postillionsröcke und... Hüte mit Federschmuck!

Drei Jahre später, bei einer Damenwettfahrt in Halensee, Deutschland, gab man sich konventioneller. Sieben Teilnehmerinnen trugen ganz normale schlichte Damenbekleidung in Blaugrau mit hellen Blusen, die achte fiel aus der Reihe. Die trug einen blauen Beinschutz, ein schwarzes Trikot, weisse Strümpfe und weisse Ärmel. Das muss wichtig gewesen sein; sonst wäre es der Nachwelt nicht überliefert. Ob die Dame siegte oder nicht, schien den Chronisten indes weniger zu bewegen.

Damit machte er keine Ausnahme. Auch ein Bericht vom Damenrennen am 9. August 1896 in Brüssel sieht das Erwähnenswerteste in der Mode der Amazonen. Die meisten Konkurrentinnen hatten sich in nicht sehr praktische Kostüme gehüllt, in weisse Seidenroben mit langen Schleiern und bunten

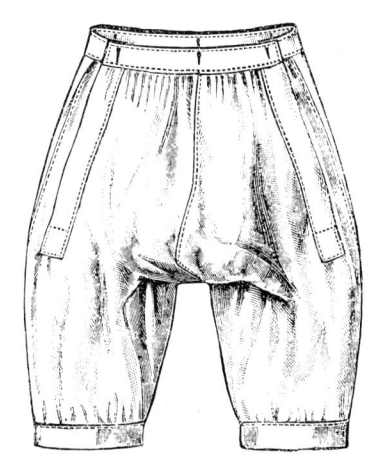

Einknöpfbeinkleid.

Bändern. Die Nordafrikanerin Aboukaia, die mit von der Partie war, trug eine schwarze Hose mit einer gelbroten Bluse und, wie der zeitgenössische Sportreporter ausdrücklich erwähnt, langes Haar.

Nun, so konnte das nicht weitergehen. Dass hier logisches männliches Denken der blossen femininen Putzsucht ein Ende setzen musste, lag auf der Hand. Die Damenfahrradmode musste zweckmässig und sachbezogen werden. Was dabei herauskam, war der bereits eingehend beschriebene Damenfahr-

radrock mit Doppelring und Zugseil; letzteres zwischen den Beinen der Trägerin, versteht sich.

Den wirklichen Fachmann allerdings wollte diese spitzfindige Konstruktion schon damals nicht so recht überzeugen: «Eine derartige Tracht ist indessen nicht zu empfehlen, da ein so geschürzter Rock meistens weniger gut aussieht und auch noch mehr Möglichkeiten des Hängenbleibens durch die zum Schürzen dienenden Bänder darbietet als ein anderer.» – Der solche Zeilen im Jahre 1900 schrieb, war der schon öfter zitierte Arzt und Fahrradspezialist Doktor med. Schiefferdecker, der übrigens noch eine ganze Menge zur zweckmässigen Kleidung der Radfahrerin zu sagen hatte:

«Die Dame der höheren Stände, welche nur wenig oder gar keine körperliche Arbeit zu verrichten hat, empfindet die Mängel ihrer gewöhnlichen Kleidung nicht oder kaum, da es sich eben bei ihr um eine ‹Ruhekleidung› handelt, zu der, wie wir oben schon gesehen haben, beliebige Stoffe verwendet werden können. Sowie diese Dame sich aber Sportsübungen widmet, welche körperliche Anstrengung erfordern, treten die Nachteile dieser gewöhnlichen Kleidung deutlich hervor, und es empfiehlt sich durchaus, die oben genannten besseren Stoffe, also Trikotstoffe aus Wolle, Seide oder Baumwolle, zu benutzen.

Ausser den Stoffen ist aber bei der weiblichen Bekleidung auch die Form der einzelnen Kleidungsstücke von sehr wesentlicher Bedeutung. Beim Manne wird die Last der ganzen Gewandung von den Schultern getragen; auch die Last der Beinkleider wird durch die Hosenträger auf die Schultern übertragen. Bei der Frau finden wir zwei Stellen, welche zum Tragen der Kleidung geeignet sind, es sind dies die Schultern und die Hüften. Während die Hüftbreite beim Manne im Verhältnis zu der Schulterbreite zurücktritt, ist dieses Verhältnis beim Weibe umgekehrt: die Hüftbreite tritt stärker hervor als die Schulterbreite. So bieten die Schultern einmal weniger Raum zum Tragen der Kleidung, zweitens ist die dort liegende Muskulatur gewöhnlich bei der Frau weniger stark entwickelt, so dass eher ein Druck auf den Knochen stattfindet und eine Ermüdung der die Schultern haltenden Muskeln eintritt, und drittens bildet die vorspringende Brust ein Hindernis für etwaige Bänder, welche

Englische Hochradfahrer um 1880.

sich nicht ordentlich entwickeln, resp. wenn sie beim Kinde gut entwickelt waren, degenerieren, und hiervon ist dann wieder die Folge, dass die Frau, wenn sie ihr Korsett ablegt, nicht imstande ist, sich längere Zeit ohne Ermüdung aufrecht zu halten.

Bei jeder Thätigkeit, welche Muskelanstrengung erfordert, speziell also auch beim Radfahren, wird ein Körper, welcher in dieser Weise durch ein Korsett geschädigt ist, weit weniger in der Lage sein, die für diese Anstrengung nötige Kraftleistung hervorzubringen als ein normaler Körper. Ein so durch das Korsett geschädigter Körper wird infolgedessen durch das Radfahren auch nicht wohlthätig beeinflusst werden, sondern, da die Anstrengung für ihn zu gross ist, direkt

Beim eleganten Radkostüm war der Rock schon recht kurz. Der Schleier sollte Fliegen abhalten.

von den Schultern nach unten herunter laufen sollen. Dazu kommt, dass die Bekleidung des Unterkörpers der Frau im Verhältnis sehr viel schwerer ist als die des Mannes. Es folgt aus dem eben Gesagten, dass es nicht richtig sein wird, die gesamte Kleidung der Frau wie beim Manne auf den Schultern ruhen zu lassen; da bietet sich dann als sehr bequemer, zweiter Stützpunkt die Hüftgegend dar. Die Hüften der gut entwickelten Frau springen so stark vor, dass es keine Schwierigkeiten hat, Kleidungsstücke auf ihnen derartig zu befestigen, dass ein Heruntergleiten ausgeschlossen ist. Auch kann die Form der Kleidung so eingerichtet werden, dass ein Druck auf die Organe des Unterleibes dabei verhütet wird. Es wird also bei einer vernünftigen Frauenkleidung nötig sein, das Gewicht derselben auf Schultern und Hüften zu verteilen.

Nun tragen die Frauen in unseren Kulturländern, wenigstens soweit sie, wenn auch nur wenig, der Mode folgen, d.h. also ein bedeutender Teil derselben, ein Kleidungsstück, welches schon seit Jahrhunderten von den Ärzten bekämpft wird, das Korsett. Das Korsett umschliesst, wie bekannt, den unteren Teil des Brustkorbes und den oberen Teil des Unterleibes, mitunter bis sehr weit nach unten hin, und dient verschiedenen Zwekken. Einmal stützt es von unten her die Brust, verhindert so, dass dieselbe durch ihr Gewicht allmählich herabsinkt und zu einer Hängebrust wird, zweitens giebt es den auf den Hüften befestigten Röcken einen gewissen Halt und verhindert, dass die Bänder, mit welchen die Röcke zusammengebunden werden, in den Unterleib einschneiden, drittens verleiht es dem mittleren Teil des Rumpfes, um den es herumgelegt ist, eine bestimmte, von der Mode geforderte Form und bewirkt zugleich, dass die Taillen der Kleider einen glatten und gleichmässigen Sitz haben, viertens endlich dient es als Stütze für den Oberkörper, so dass beim Sitzen, Stehen und Gehen derselbe leichter in der senkrechten Haltung erhalten werden kann. Dadurch wird den Muskeln, namentlich den Streckmuskeln der Wirbelsäule, welche eigentlich diese Stellung erhalten sollen, ein Teil ihrer Arbeit abgenommen (meist ein sehr grosser Teil), und so kommt es, dass diese Muskeln

geschädigt werden. Wenn unsere Damen also das Radfahren üben wollen, und, wie ich oben schon hervorgehoben habe, ist diese Körperübung aus verschiedenen Gründen gerade für das weibliche Geschlecht sehr empfehlenswert, so handelt es sich um die Frage, was hat eine Frau, welche bisher ein Korsett getragen hat, zu thun, um trotzdem gesundheitsgemäss Radfahren zu können. Es ist selbstverständlich, dass man einer Frau, welche bisher ihr Leben lang ein Kor-

Die Damen entschieden sich gern für den Kreuz-Rover, solange es noch keine Damenräder gab (um 1890).

sett getragen hat, dieses nicht auf einmal ohne jeden Ersatz dafür nehmen kann, wenn man ihr das Radfahren erlauben will. Die geschwächten Rumpfmuskeln würden die Last des Körpers nicht zu tragen imstande sein, die Frau würde sehr rasch ermüden, würde über Rückenschmerzen klagen und würde zusammensinken.»

Nun, Dr. Schiefferdecker empfiehlt der Radlerin Reformkorsetts, die er sogleich seitenlang genauestens beschreibt. Wichtig ist: ja keine Eisenstäbe – wenn überhaupt – das elastische Fischbein.

«Mit einem gewöhnlichen, eng anschliessenden Korsett sich aufs Rad zu setzen, würde direkt als eine Art von langsamem Selbstmord anzusehen sein; man kann davor nur eindringlich warnen. So wird dem Fahrrade vielleicht das gelingen, was Jahrhunderte hindurch den Ermahnungen der Ärzte nicht gelungen ist: das schädlich wirkende Korsett zu verdrängen und statt dessen eine vernünftige Körperbekleidung einzuführen.»

Ja, so beeinflusst das Radfahren die Mode! Aber, «Korsett oder kein Korsett», das ist schliesslich nicht allein die Frage. Dr. Schiefferdecker rät weiter:

«Nicht minder wichtig als das Korsett sind auch die Kleidungsstücke, welche den Unterkörper der Frau bedecken, und ihre Befestigungsweise. Bekanntlich werden gewöhnlich ausser den Beinkleidern zwei Unterröcke und der Kleiderrock übereinander getragen und über den Hüften durch Bänder befestigt. Diese Befestigungsart kann nun bei der Schwere der hier in Frage kommenden Kleidungsstücke nicht unerhebliche Nachteile für die Unterleibsorgane haben. Wenn die Befestigungsart eine unrichtige ist, so können tiefe Schnürfurchen im Unterleibe entstehen, welche selbstverständlich die im Unterleibe befindlichen Organe zu schädigen geeignet sind. Es ist eine derartige Befestigungsweise also durchaus zu vermeiden. Man hat, um diesem Übelstande zu begegnen, in neuerer Zeit Beinkleider für Damen hergestellt, welche geeignet sind, die Unterröcke zu einem Teil oder ganz zu ersetzen. Diese sogenannten Reformbeinkleider werden auch derartig befestigt, dass ein Druck auf die Unterleibsorgane ausgeschlossen ist. Sie bestehen gewöhnlich aus dickeren, porösen Wollstoffen und genügen daher zu der nötigen Erwärmung. Selbstverständlich wird das Ge-

Wer kann da widerstehen?

hen durch diese Tracht ein freieres. Es ist eine Art von Pumphose, welche unterhalb des Kniees geschlossen wird. Oben ist dieselbe mit einem runden Quäder versehen, dessen Form so gewählt ist, dass es sich der Rundung der Hüfte anschmiegt. Das Gewicht des Kleidungsstückes verteilt sich so auf eine grössere Fläche und eine Einschnürung wird vermieden. Will man unter dieser Wollhose noch Weisszeug tragen, so kann man dazu ein Einknöpfbeinkleid wählen, welches in das Reformbeinkleid hineinpasst. Ist diese

Reformhose auch zunächst speziell für das Radfahren eingeführt worden, so eignet sie sich doch auch durchaus für den gewöhnlichen, täglichen Gebrauch.

Ein sehr praktisches Kleidungsstück für eine jede Dame, namentlich aber auch für solche, welche radfahren oder sonst einen Sport betreiben wollen, ist die sog. Trikot-Damenhemdhose.

Hier wären endlich auch noch die Gamaschen zu erwähnen, welche teils aus Tuch, teils aus feinem Segeltuch, teils aus Trikotgewebe hergestellt und mit verschiedenen Verschlüssen geliefert werden. Dieselben sind namentlich bei feuchtem und kühlem Wetter sehr empfehlenswert.

Was nun die Oberbekleidung anlangt, so kann man dieselbe nach ihrer Form einteilen in:

1. Die Rockkostüme.

2. Die Kombinationskostüme, d.h. aus Rock und Hose bestehend:

a) der geteilte Rock oder die Rockhose;

b) der geteilte Rock mit eingesetztem Vorderteil.

3. Hosenkostüme
(Bloomers, Knickerbockers).

Was nun diese verschiedenen Kostüme anlangt, so sind bei uns in Deutschland die Rockkostüme am meisten verbreitet; in Frankreich dagegen scheinen, wenigstens soweit man nach Schriften darüber urteilen kann, die Hosenkostüme zu überwiegen. Die Kombinationskostüme bilden eine Art von Kompromiss zwischen diesen beiden Systemen.»

Noblesse auf dem Tandem (1897).

Aber, aber! Wie kann man im Zusammenhang mit Damengarderobe von Systemen sprechen! Das sollte besser der einfachen, rein funktionellen Männerkleidung vorbehalten bleiben. Auch sie hat Schiefferdecker unter die Lupe genommen:

«Die gewöhnlichen gestreiften Manschetten sind beim Radfahrer nicht praktisch, man lässt sie besser zu Hause... Was die Bekleidung des Unterkörpers anlangt, so würde als Unterkleidung ein Trikotstoff zu wählen sein. Ob man als Oberkleidung die lange Hose oder die Kniehose und den Strumpf wählt, scheint mir wenig wichtig zu sein. Wesentlich ist, dass das Knie in seiner Bewegungsfreiheit nicht gehemmt wird. Um die Hose vor dem Einklemmen zwischen Kette und Kettenrad zu behüten, verwendet man die bekannten, in allen Sporthandlungen käuflichen, kurzen Gamaschen. Man wählt

Das Kombinationskostüm und der verkleinerte Tropenhelm wurden sehr empfohlen.

dieselben am besten aus einem durchlässigen Zeuge, nicht aus Pegamoid, Leder oder Gummi.»

Gegen Gummi im Zusammenhang mit der Kleidung des Radlers hat Dr. Schiefferdecker ganz generell eine Abneigung, selbst wenn es sich nur um einen Regenschutz handelt:

«Ein Gummimantel erzeugt leicht jene eigentümlichen Beängstigungszustände, wie sie auch durch sonstige undurchlässige Kleidung herbeigeführt werden.»

So zieht denn der Arzt imprägnierten Stoff vor. Die Haut muss schliesslich atmen können; auch die Kopfhaut. Das ist bei der Wahl des geeigneten Radfahrerhutes wichtig:

Die Fahrstunde (1897).

«Bei grösseren Touren im heissen Sommer ist zweifellos der richtige Tropenhelm die empfehlenswerteste Kopfbedeckung. Er hält bei weitem am kühlsten, besitzt eine ausreichende Ventilation, verträgt Staub und Nässe und sitzt fest genug auf dem Kopf, um auch dem Winde Widerstand zu leisten. Diese Tropenhelme sind bei uns noch eine etwas ungewöhnliche Tracht, doch werden sie sich bei weiterer Ausdehnung des Radsports wohl mehr und mehr einführen.»

Dem Radler von heute mögen die guten Ratschläge des Arztes um die Jahrhundertwende ein Lächeln entlocken, aber genauso, wie der Doktor die zweckmässige Radfahrerbekleidung beschreibt, trugen unsere Vorfahren sie vor einem dreiviertel Jahrhundert.

Wer weiss, vielleicht schmunzelt gegen Mitte des einundzwanzigsten Jahrhunderts ein Leser, der die heute höchst aktuelle Beschreibung der Rennsport-

kleidung liest. Die Union Cycliste Internationale befiehlt: «schwarze, eng anliegende Rennhosen; weisse Socken; Trikot mit geschlossenen Ärmeln; vorschriftsgemässer Sturzhelm.» Dazu einige Empfehlungen aus dem 1978 erschienenen Schweizer Büchlein «Rund ums Velo»:

«Ohne Rennhose mit Ledereinsatz ist längeres Velofahren eine Qual. Dies gilt für alle Velofahrer, also auch für Tourenfahrer, Frauen und Kinder. Rennhosen sind aus reiner Wolle. Der Einsatz ist aus feinstem Hirschleder. Sie muss eng anliegen und die obere Hälfte des Oberschenkels bedecken, damit er nicht am Sattel scheuert. – Rennsocken sind aus Wolle oder Baumwolle, eng anliegend und von weisser Farbe, allenfalls mit farbigen Streifen dekoriert. Schwarze oder andersfarbige Socken wirken ungepflegt. – Beim Renntrikot unterscheidet man zwischen Strassen- und Bahntrikots. Strassentrikots sind aus reiner Wolle oder Mischgarnen mit Wolle. Sie haben einen Reissverschluss und drei oder fünf Taschen. Bahntrikots sind aus Seide und haben keine Taschen. Beim Kauf eines Trikots setzt man sich am besten auf ein Rennvelo oder simuliert die Rennposition. – Der Sturzhelm besteht aus gepolsterten Lederstreifen und wird mit einem Riemen unter dem Kinn fixiert. – Rennfahrer führen bei kaltem regnerischem Wetter einen kurzen Regenschutz mit, den

Wie lange muss ich denn noch warten?

Paris bleibt Paris (1898).

sie, *freihändig fahrend, während der Fahrt
an- und ausziehen. Bei warmem Regen be-
nötigt man keinen Regenschutz.»*

So haben sich für die Radmode die
Zeiten geändert; denn von Mode muss
man auch bei der aktuellen Rennbe-
kleidung sprechen, schon wegen der
gepflegt wirkenden weissen Socken.

Der Rock ist immer zu lang (1899).

Radfahrerin, nach einem Gemälde von F. Simm (aus der «Gartenlaube» 1897).

Kontraste 1900.

In Holland konnte die Radlerin die dortige Männerhosentracht übernehmen.

Erschöpfend abgehandelt ist das Kapitel Mode und Fahrrad mit den Betrachtungen zweier, wenngleich massgebender Epochen, natürlich nicht. Aber wer könnte schon in Dingen Mode jemals erschöpfend sein. Und schliesslich ist dies hier ja ein Fahrradbuch und kein Modebrevier.

Ein frühes Damenrad. Die Radlerin in einem Rockkostüm.

Rendez-vous im Bois de Boulogne, Paris, vor der Jahrhundertwende.

Tourenkostüm aus München (um 1890).

Das Fahrrad und die Kunst

Salvador Dali: Radfahrer (1932). New York, Perles Galleries.

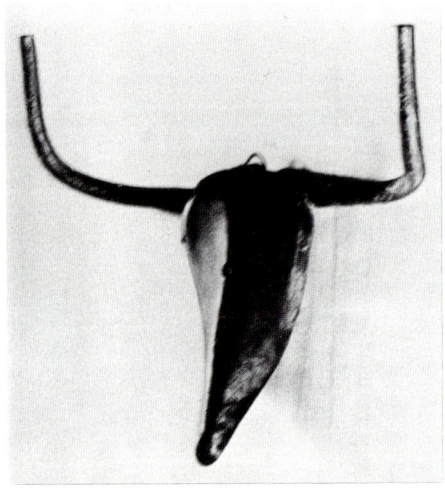

Aus Sattel und Lenker montierte Pablo Picasso diesen gehörnten Tierschädel (1943).

«Die Entstehung der Welt fing für mich in dem Augenblick an, wo ich ein Fahrrad mein eigen nannte. Ihm verdanke ich meine ersten Erlebnisse unter dem weiten Himmel, die ich staunenden Herzens genoss, meine ersten Entdeckungen; die Sinne erfassten miteinander das Wesen von Raum und Freiheit.»

Der Maler Vlaminck brachte dem Fahrrad diese Huldigung. Es hat ihm die Welt gezeigt, das Leben in seiner ganzen bunten Vielfalt. Trotzdem: gemalt hat er sein Stahlross nie. Das haben andere besorgt, seit es Zweiräder gibt. Alles hat die Kunst an dieser Maschine fasziniert: die Draissche Erfindung selbst, die sie oft genug karikierte; die geometrischen Formen des Vehikels und seiner Einzelteile, die Möglichkeit, diese Formen abstrakt zu zerlegen; die Dynamik des Gefährts vom gemütlichen Radwandern bis zum rasanten Rennen; das Spielerische, dessen das Rad fähig ist; sein Charakter als Verbindungselement zwischen Ort und Ort, zwischen Mensch und Mensch; und nicht zuletzt sein Herr und Meister, der Radfahrer selbst.

Karikaturisten aller Epochen und Stilarten haben sich des Zweirads ebenso liebevoll angenommen wie Naturalisten, Impressionisten, Expressionisten, Fauvisten, Surrealisten und andere «-isten» mehr. Ohne die für Kunstrichtungen des Fahrradzeitalters übliche Wortendung kommen praktisch nur die Naiven aus, ohne Zweirad allerdings auch sie nicht.

Im Museum Boymans-van Beuningen in Rotterdam fand 1977 die Ausstellung «De Fiets» statt, deren Katalog die Beziehungen zwischen Fahrrad und Kunst einmalig wiedergibt.

Claude Monet malte 1872 seinen fünfjähri-
gen Sohn Jean auf dessen Kinderrad, einem
«mechanischen Pferd».

Aquarell von Heinz-Peter Kohler, Biel:
Steher (1971).

Glasmalerei von Max Bossard, Sitzberg-Zürich:
Drei Radrennfahrer (1976).

Bronze-Skulptur von Remo Rossi, Locarno: Radrennfahrer (1973).

Plakatentwurf (1896) von Toulouse-Lautrec im Auftrag von L.B. Spoke, Generalvertreter der englischen Firma Simpson. Er zeigt den englischen Fahrer Michael mit dem Zahnstocher im Mund; rechts nimmt der Sportjournalist Franz Reichel die Zeit, während sich der Trainer Choppy Waburton an einer Tasche zu schaffen macht. Als Spoke diesen einfarbigen Entwurf wegen der fehlerhaften Wiedergabe der Pedale zurückweist, lässt ihn Lautrec auf eigene Rechnung drucken...

...Ein zweiter Vorschlag mit dem Meisterfahrer Constant Huret, seinen Trainern auf dem Tandem und den beiden Auftraggebern im Hintergrund wird als Werbung für die Pariser Niederlassung akzeptiert. Beide Plakate stammen aus dem Kunstgewerbemuseum in Zürich.

La Chaîne Simpson

IMPRIMERIE CHAIX, — 20, Rue Bergère, Paris — 1896

L.B. SPOKE
DIRECTEUR POUR LA FRANCE
25, Boulevard Haussmann.

Das Fahrrad in der Karikatur

So sah ein französischer Karikaturist 1818 den Baron von Drais und dessen Erfindung.

«Die zarte Fahrradbande» aus: Edward Gorey «Die weiche Speiche» (©) by Diogenes Verlag Zürich 1978.

«Mieux vaut en rire», philosophiert der Franzose, wenn ihm etwas nicht gefällt – «besser ist's, darüber zu lachen». Und das praktiziert er denn auch ausgiebig; denn an Dingen, die seinen Spott auf sich ziehen, fehlt es nicht. Kaum waren die Celeriferen aufgekommen, als er sich auch schon prompt über sie belustigte. Nicht nur in humorigen Bühnenwerken, auch in heiteren Scherzbildern nahm er die hölzernen Räderpferde aufs Korn. Als dann der badische Baron von Drais sein lenkbares Laufrad vorstellte, schlug die blosse Spöttelei mit der Zeichenfeder in beissenden Hohn um. Wer heute die Zerrbilder sieht, mit denen seine karikierenden Zeitgenossen den adligen Erfinder in Frankreich – aber auch in England und Deutschland – schmähten, ist geneigt, an einen regelrechten Verleumdungsfeldzug zu glauben. Weit gefehlt. Nicht Drais allein war im frühen 19. Jahrhundert Zielscheibe der zeichnenden Spötter. Ätzende Gehässigkeit und überheblicher Verriss waren die typischen Ausdrucksmittel der Karikatur jener Zeit. Schmunzelndes Verständnis für das Absurde war ebenso wenig gefragt wie die auf reine Lacherfolge zielende Verfremdung gewohnter Alltagsszenen, die etwa die Cartoons unserer Tage prägt.

Wann und wo immer das Zweirad im Scherzbild auftaucht, den Schlüssel zum Verständnis liefert jedesmal die Zeitströmung, der wie jede andere Kunstgattung auch die Karikatur unterworfen war. Als das Reitrad auftauchte, war die Karikatur schon anderthalb Jahrhunderte alt. Lange hatte sie als reine Portraitkarikatur, als Bildpamphlet oder billiges Scherzbildchen im Hintergrund vegetiert. Im 19. Jahrhundert mauserte sie sich zur erwachsenen kunsthistorisch akzeptierten Ausdrucksform. Sie wurde selbstbewusst und nach einer kurzen schwärmerischen Phase im jungen Mannesalter prompt auch überheblich. Selbstherrlich sah sie auf alles herab, womit sie sich befasste. Sie empfand sich als Formulierung des «Ideal-Hässlichen»; denn sie hatte den Jahrhunderte alten Alleinherrschaftsanspruch des «Ideal-Schönen» in der Kunst erfolgreich entkräftet. Sie beschimpfte satirisch Ärzte, Richter, Rentner, Blaustrümpfe und – natürlich – die Radfahrer. Das Alter verzeihender Reife und verstehenden Lächelns kündigte sich erst gegen Ende des 19. Jahrhunderts an. Der blanke Spott wandelte sich mehr und mehr zur sozialkritisch ironischen Philosophie. Aggressive Schmähungen wichen leichtem, heiterem Zeichner-Feuilleton. Aus dieser Zeit stammen wohl die sympathischsten Fahrrad-Karikaturen, jene Schmunzelbilder vom radelnden Postamt, dem Velo-Nachtwächter, dem ballongezogenen Gebirgsvelocipede oder vom Nordpolvelocipede.

Draifine von 1817.

Velocipède von 1869.

Poftvelocipède.

Landwirthschaftsvelocipède vulgo Schubkarrocipède.

Nachtwächterocipède.

Milchkarrocipède.

Segelvelocipède im Flachland.

Gebirgsvelocipède.

Nordpolvelocipède.

Wasservelocipède mit Schwimm= und Proviantapparat.

Zweispänniges Volontärvelocipède.

Begräbnißvelocipède.

Das Fahrrad und die Philatelie

Es gibt Fahrradsammler. Es gibt Briefmarkensammler. Und es gibt Fahrradbriefmarkensammler.

Was fasziniert diese Hobbyisten an den kleinen bunten Bildchen, die Postanstalten dem Zweirad widmen? Lohnt es sich überhaupt, Marken zu einem so speziellen Thema zu sammeln? – Und ob! Über 600 Postwertzeichen mit Radmotiven waren und sind weltweit im Umlauf; ein Beweis für den Siegeszug des Stahlrosses rund um den Globus. Auf den Marken von mehr als 120 Staaten ist es verewigt. Neben den amtlichen Briefmarken sind dabei auch einige sogenannte «Lokalpostmarken», die private Postzustellungsgesellschaften herausgegeben haben.

Die erste Fahrrad-Briefmarke der Welt stammt aus Deutschland. Sie zeigt ein Hochrad und erschien zum vierten Bundestag des Deutschen Radfahrer-Bundes 1887 in Frankfurt. Gleich im selben Jahr druckte Bochum eine Lokalpostmarke mit einem Fahrradmotiv, die 1888 und 1889 Hamburg übernahm. Seitdem war die technische Entwicklung des Zweirads wieder und wieder

Gegenstand von einzelnen Postwertzeichen und ganzen Serien.

Aber auch vom Radsport erfahren die Philatelisten aus ihrem Hobby. Die erste Marke mit einem Rennrad verkaufte 1931 die bulgarische Post. Anlass waren die ersten Balkan-Festspiele. Briefmarken mit Motiven aus Weltmeisterschaftsfahrten, aus den klassischen grossen Fernfahrten und von den Olympischen Spielen liessen nicht lange auf sich warten. Portraits und Stilaufnahmen berühmter Rennfahrer runden die Welt des Radsports im Sammleralbum ab.

Die Motive Fahrradverkehr und Radwandern fehlen auf den kleinen Kunstwerken ebensowenig wie Spezialthemen, etwa Radballspiele oder der Briefzustelldienst per Postrad.

Und dann sind da noch die Sonderstempel und die Ersttagsbriefe von Landes- und Weltmeisterschaften und von den Olympischen Spielen, die mit dem Thema Fahrrad die Herzen der Spezialsammler höher schlagen lassen. – Fürwahr eine komplette Radwelt im kleinen!

Es gibt Fahrradsammler
Es gibt Briefmarkensammler

Und es gibt Fahrradbriefmarkensammler

Prominenz auf Rädern

Der Kaiserliche Prinz Louis-Napoléon auf seinem Michaux-Rad im Park von Compiègne, gefolgt von seinem Vetter, dem Sohn des Herzogs von Alba (aus «Le Monde illustré» vom 28. November 1868).

Jedes Hobby, jeder Sport hat neben dem namenlosen Fan auch seine prominenten Anhänger. Es gab Könige, die strickten, und solche, die Flöten spielten, Monarchen, die der Archäologie frönten, Staatsmänner, die Rosen züchteten, und Filmstars, die leidenschaftliche Hochseesegler waren. Aber es gab und gibt nur wenige Prominente, die nicht irgendwann einmal das Radeln gelernt hätten. Hier soll von solchen die Rede sein, die das Stahlross besonders begeisterte.

Einer der ersten historisch grossen Radfahrer war Napoleon III. (1808 bis 1873), der 1867 auf der Weltausstellung in Paris eine Michauline bestellte. Die Hersteller fertigten sie eigens für ihn aus dem teuren, damals soeben entdeckten Aluminium an. Sein Sohn, der Kronprinz Eugène Louis Jean Joseph, kurz Lulu genannt, teilte die väterliche Leidenschaft. Er radelte voll Ausdauer auf einem Zweirad durch die Gartenanlagen der Tuilerien.

Ein anderes gekröntes Haupt auf dem Fahrrad machte in England Geschichte: Queen Victoria (1819 bis 1901). Sie vergnügte sich mit einem Dreirad, dem Royal Salvo, auf den Gartenwegen des Buckingham-Palasts. Sie war eine der ersten Damen von Rang und Namen, die sich auf das Stahlross wagten, womit sie unter den Herren der Schöpfung

natürlich Kritik erntete, unter ihren Geschlechtsgenossinnen aber bald begeisterte Nachahmerinnen fand.

Kaum radelte die Königin, als sich auch schon ihr Premier, Sir William Gladstone (1809 bis 1893), in den Sattel schwang – oder besser gesagt setzte –, denn Sir William hatte damals bereits die Achtzig überschritten.

Vielleicht waren die sportliche Queen und ihr Premierminister nicht unverantwortlich dafür, dass sich wenig später so etwas wie ein Radlerverein der Monarchensöhne konstituierte. Die Idee für diesen illustren Radfahrtouristenklub hatte der russische Zarewitsch und spätere Zar Nikolaus II (1868 bis 1918). Zu seinen Sportsfreunden zählte er die Königskinder aus Dänemark, Holland und Griechenland.

Die Herren (und Herrinnen) dieser Welt hatten in puncto Fahrrad offenbar verschiedene Ansichten. Während die lyrisch veranlagte Kaiserin der Japaner in Hofrobe ausfuhr, radelte die niederländische Königin Wilhelmine zusammen mit ihrer Tochter Juliana nicht selten inkognito durch die Lande. Solches Monarchenversteckspiel konnte natürlich leicht dazu führen, dass die anderen einen für den ansahen, als den man sich ausgab. Und wenn die anderen die Polizei waren und man zudem gerade auf verbotenen Wegen fuhr, dann gab es

Das radelnde holländische Königspaar.

energische Anpfiffe. Genau das mussten eines Tages Prinz und Prinzessin von Preussen in Begleitung des Grossherzogs von Hessen erleben. Gleiches Verkehrsrecht für alle!

Dass nicht nur Monarchen, sondern auch bürgerliche Staatsmänner auf dem Fahrrad Entspannung und Körpertraining suchten, das bewiesen – stellvertretend für viele – zwei amerikanische Spitzenpolitiker: Präsident Eisenhower und New Yorks Oberbürgermeister Lindsay.

Es heisst, dass kreative Menschen Ausdauersportarten wie Rudern, Wandern oder Radfahren besonders lieben. Das scheint zu stimmen; denn Künstler und Schriftsteller stellten und stellen ein hohes Kontingent an prominenten Pedalrittern.

Richard Lesclide (1825 bis 1892), französischer Literat und Sekretär Victor Hugos, liebte seine Michauline derart, dass er alsbald die erste illustrierte Radfahrerzeitschrift herausgab.

In seiner schriftstellerischen Arbeit verwertete auch ein anderer begeisterter Anhänger des Radtourismus das

Als einfacher Priester war Papst Johannes Paul II. ein begeisterter Radfahrer.

Sultan Khalifa Ben Harub von Sansibar im Jahre 1911.

Zweirad: Emile Zola (1840 bis 1902), der sich und seiner Frau Räder kaufte, als er 53 Jahre alt war.

Mark Twain gab sich nicht damit zufrieden, dass er selbst vom Segen des Bicycles profitierte. In seinem satirischen Roman «Ein Yankee aus Connecticut an König Artus' Hof» lässt er sogar die

Emil Jellineck, Generalvertreter der Daimlerwagen aus Cannstatt, war auch ein begeisterter Radfahrer. 1901 gab er dem schnellen Daimlerwagen den Namen Mercedes.

Der Volksdichter Ludwig Ganghofer.

Jesse Owens und Manfred Germar vor dem Olympiagelände in München (1972).

ehrwürdigen Ritter der berühmten Tafelrunde völlig anachronistisch auf Zweirädern ausschwärmen, um den Heiligen Gral zu suchen.

Der russische Graf Leo Tolstoi (1828 bis 1910) gehörte wie Zola zu jenen Meistern der Feder, die erst in fortgeschrittenen Jahren dem Zauber der zwei rollenden Räder erlagen. Er lernte mit 62 Jahren radeln. In noch reiferem Alter setzte sich der Altmeister der italienischen Oper, Giuseppe Verdi (1813 bis 1901), zum ersten Mal aufs Zweirad: mit achtzig!

Sir Arthur Conan Doyle (1859 bis 1930) lernte die Nützlichkeit des eisernen Pferdes im Burenkrieg kennen, den er als Kriegsberichterstatter erlebte. Ins heimatliche England zurückgekehrt, kaufte er sich bald ein eigenes Gefährt und liess sich bei seinen Ausfahrten neue Abenteuer seines Meisterdetektivs Sherlock Holmes einfallen.

Einer der prominenten radelnden Autoren unseres Jahrhunderts ist Jean Paul Sartre.

Besondere Freunde des Radfahrens waren und sind begreiflicherweise auch die bildenden Künstler. Als Augenmenschen wie keinem anderen eröffnet es ihnen einen Erlebensradius, der dem blossen Fussgänger zu weit gesteckt ist und den der Autofahrer nur zu oberflächlich sieht. Georges Braque reiste

Der amerikanische Präsident Jimmy Carter im Gespräch mit dem ägyptischen Aussenminister Kamil (links) in Camp David (1978).

sen. Marie Sklodowska heiratete Pierre Curie und ging mit ihm per Fahrrad auf Hochzeitsreise in die Wälder der Isle de France. Soraya radelte, Brigitte Bardot nebst Gunther Sachs (kein Wunder bei seiner Branche) radelten. Und selbst die russische Kosmonautin Walentina Tereschkowa wählte als terrestrisches Fortbewegungsmittel ebenfalls das gute alte Zweirad. Die Raumfahrt hat es also nicht verdrängt.

Einmannvarieté per Rad: In den vierziger und fünfziger Jahren besuchte der ehemalige Weltstadtartist Rico Peter («Alex and Rico») rund 3300 Schweizer Dörfer und Städte und legte dabei über 20 000 km per Velo zurück. Für sein dreistündiges Varietéprogramm als Zauberer, Parterre-Akrobat und Witzbold transportierte er vier Koffer mit 100 Kilo Requisiten.

Der schweizerische Verkehrs- und Energieminister, Bundesrat Willi Ritschard, hier mit seinem Enkel Daniel, ist ein passionierter Radfahrer.

radfahrend und malend schon als Achtzehnjähriger von Le Havre nach Paris. Später, als alter Mann, widmete er seinem stählernen Kameraden selbst drei Bilder: «mon vélo». Toulouse Lautrec liebte das Fahrrad und entwarf Rennsportplakate. Pablo Picasso radelte ebenfalls und brachte in seinem künstlerischen Schaffen in der ihm eigenen, auf das Wesentliche reduzierenden Art Tier und Stahlross auf einen Nenner: Aus Sattel und Lenkstange montierte er einen grossartigen gehörnten Schädel.

Doch über all den Künstlern – es liessen sich noch zahlreiche Grössen von jenen Brettern nennen, die die Welt bedeuten (zum Beispiel die Naturfreundin Sarah Bernhardt) – seien die Prominenten anderer Sparten nicht vergessen.

Dieses Bild ist dem 1897 erschienenen Band «Der Radfahr-Sport in Bild und Wort», herausgegeben von Paul von Salvisberg, entnommen. Im Vorwort heisst es dazu: «In altbekannter Liebenswürdigkeit haben sich Ihre Königlichen Hoheiten Prinz Ludwig Ferdinand und Prinz Alfons von Bayern für das vorliegende Werk als Radler eigens aufnehmen lassen.»

Fahrrad und Plakat

Der bedeutende Plakatkünstler und Historiker W. S. Rogers stellte 1914 im «London Journal of the Royal Society of Arts» einen Katalog von Forderungen auf, denen ein Plakat entsprechen muss, um ein gutes Plakat zu sein:

«1. Dem illustrierten Plakat muss eine gute Idee, originell oder originell ausgeführt, zugrunde liegen.

2. Das Plakat muss einfach sein, grosszügig in der Ausführung.

3. Es muss den Vorschriften der illustrativen Komposition entsprechen.

4. Es muss gut entworfen und gut reproduziert sein.

5. Es sollte ohne erklärende Worte, oder nur mit wenigen, eine klar verständliche Aussage enthalten.

6. Die Farbkomposition muss wirkungsvoll sein.»

Darüber hinaus fordert Rogers einen besonderen Ausdruck, etwa Humor, Schönheit, Groteskerie oder andere Feinheiten, damit das Plakat die Masse anspricht und nicht seinen Zweck verfehlt. Es muss eine «tragende Kraft» vorhanden sein, «die Fähigkeit, die jemanden dazu zwingt, eine Strasse zu überqueren, um sich die Sache näher zu betrachten». Zugleich aber soll das Plakat zurückhaltend sein. Die Zurückhal-

tung «besteht darin, dem Beschauer Material für seine Einbildungskraft zur Verfügung zu stellen. Das Publikum liebt lückenhafte Geschehnisse und ist

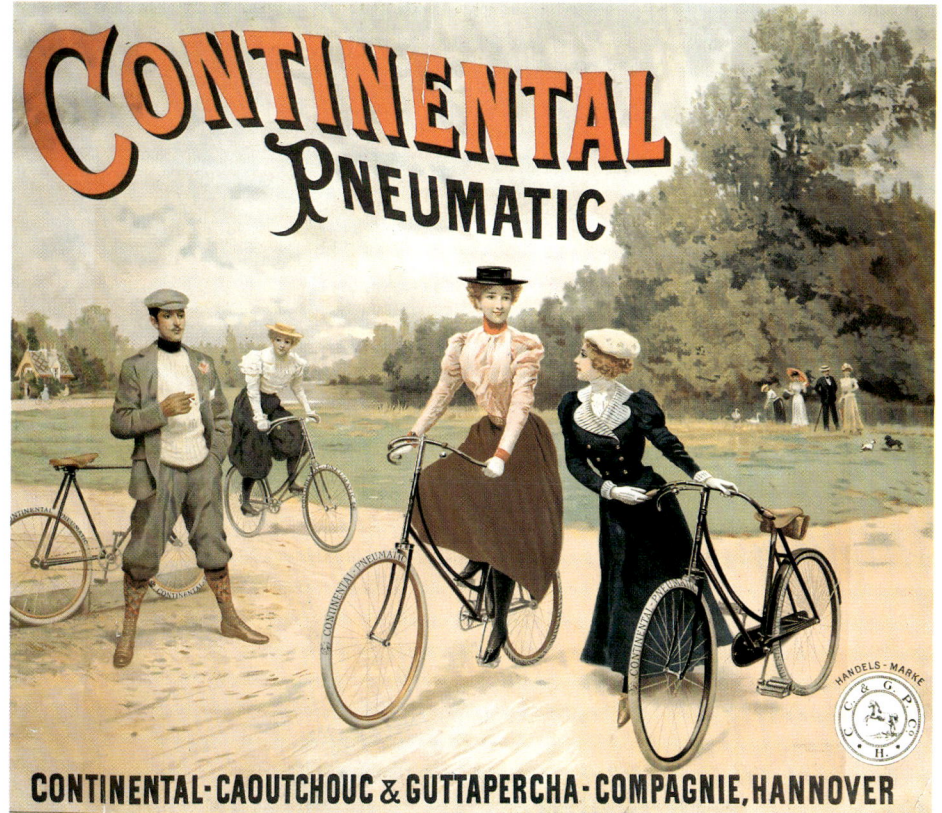

gerne bereit, die fehlenden Glieder einer Geschichte durch seine Erfindungskraft zu ergänzen».

Das sind harte Forderungen. Ob das einzelne Plakat sie erfüllt oder nicht, der Künstler wird auf jeden Fall versucht haben, Rogers' Ansprüchen gerecht zu werden, auch bevor dieser sie schon zusammenfassend formulierte. Dass gerade das Fahrrad in der Gründerzeit des Plakats von allen Themen am häufigsten vertreten war, gibt zu denken. Kam es den Forderungen dieses Kunstzweigs am meisten entgegen? Die Antwort ist ein uneingeschränktes Ja.

Als Geburtsjahr des modernen Plakats gilt 1872. Durch die Arbeiten des französischen Künstlers Chéret war die Farblithographie wirtschaftlich geworden. Von nun an entwickelte sich das Plakat rapide zum eigenständigen Vehikel künstlerischen Ausdrucks. Wer selbst neue Wege beschreitet, ist von Hause aus für alles Neue offen. In gewissem Sinne war 1872 auch das Fahrrad neu. James Starley begründete soeben mit seinem Ariel die Fahrradindustrie. Das Zweirad eröffnete neue Horizonte – nicht nur industriell, auch gesellschaftlich, auch geographisch. Es

Frühe Werbung für das Fahrrad in Schanghai im Jahre 1900.

Nähmaschinen

A. SAURWEIN, Maschinen-Handlung, WEINFELDEN.
Strickmaschinen mit pat. Schlauch- und Randschloss von Fr. 150 bis Fr. 800, worauf dauernde und gutbezahlte Arbeit garantiere.

Motorwagen

befreite den Bürger aus dem engen Bannkreis der Städte und führte ihn hinaus in eine ihm damals oft unbekannte Umgebung. Das faszinierte die Plakatmaler. Hier fanden sie kreative Anregungen für ihre Arbeit, die Mensch und Technik, Mensch und Bewegung, Mensch und Geschwindigkeit, Mensch und Freiheit miteinander verbanden. Deshalb verlieren sich die frühen Fahrradplakate auch kaum in konstruktiven Details. Sie sind phantasievoll, oft fast allegorisch.

Diese Elemente steigerten sich noch, als mit den Niederrädern um die Jahr-hundertwende immer mehr Frauen in die Pedale traten. Freiheit und Emanzipation auch hier. Die meisten Fahrradplakate dieser Ära zeigen junge, attraktive Weiblichkeit. Sie wollen beweisen, dass Sportlichkeit und Femininsein einander nicht widersprechen; zugleich auch, dass das elegante leichte Gefährt fast spielerisch selbst zarter Damenhand gehorcht.

Überhaupt ist es immer wieder die Leistung des Zweirads, die den Plakat-künstler begeistert. Die unbeschwerte, befreiende Kraft, die diesen Maschinen innewohnt. Er verliert sich nicht darin, mit sklavischer Sorgfalt Speichen und Antriebsmechanismen zu zeichnen. Er skizziert das Wesentliche: die Dynamik, das Tempo, das dank des Rades entstandene neue Genre.

Anders wird es erst nach 1910. Der prickelnde Reiz des Neuen ist dahin. Das Ganze allein trägt nicht mehr. Der von der Fahrradindustrie beauftragte Künstler muss sich ans Detail erinnern, muss jetzt technisch begründen, warum die Räder der Firma X besser sind als die der Firma Y. Doch das behagt dem kreativen Geist wenig. Er sucht einen Ausweg und findet ihn im Radsport. Hier kann er wieder Tempo illustrieren, Überwinden von Zeit und Raum; aufregende abstrakte Begriffe, für die es eine faszinierende Aufgabe ist, plakativen Ausdruck zu finden.

Als sie schliesslich auch dieses zündende Pulver verschossen hatten, wurden die Fahrradplakatmaler müde. Zugleich nahmen die Industrieaufträge an die Künstler in dem Masse ab, wie die Kundenaufträge an die Industrie zunahmen. Werbung war überflüssig.

Und heute sind die wenigen Fahrradplakate, die noch erscheinen, statt auf die Räder des Velos unter die Räder der

Poster-Manie mit ihrem Massenkonsum-Klischeedenken geraten. Kaum ein Zweiradposter unserer Tage zeigt etwas anderes als ein Sexgirl oder ein amouröses junges Paar auf dem jeweils neusten Modell des auftraggebenden Herstellers. – Schade.

Decortafel für geprägte und mit Photographien versehene Dessinglocken

Modell 1028

Modell 1031

Modell 1027

Geprägte Dessinglocken
Preise für diese Glocken auf Seite 46

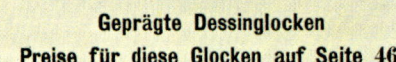

Modell 1041

Dessinglocke mit Photographie
Preis für diese Glocke auf Seite 48

Modell 1026

Geprägte Dessinglocke
Preis für diese Glocke auf Seite 46

Modell 1041

Dessinglocke mit Photographie
Preis für diese Glocke auf Seite 48

Modell 1041

Dessinglocke mit Photographie
Preis für diese Glocke auf Seite 48

Modell 1032

Geprägte Dessinglocke
Preis für diese Glocke auf Seite 46

Modell 1041

Dessinglocke mit Photographie
Preis für diese Glocke auf Seite 48

Nippes, Miniaturen und anderes

Fahrradnarren sind besondere Menschen. Es soll da einmal einen leidenschaftlichen Sammler alter Räder gegeben haben, dessen komplette Wohnungseinrichtung aus ausgedienten Fahrradteilen bestand. Sättel auf jeweils zwei Gabeln dienten als Hocker, von der Decke baumelte an einer Blockkette eine nicht mehr ganz neue Fahrradleuchte, das Bettgestell baute sich aus mehreren Zweiradrahmen auf, und die Gardinenschnüre (Ketten versteht sich) liefen über Zahnräder.

Der komische Kauz lebte in den neunziger Jahren des vergangenen Jahrhunderts – allerdings nur in der Phantasie des Karikaturenzeichners Rummel. Die Holländer van de Put und van Dyck aber gibt es wirklich, und sie haben dem Hobby Fahrrad weit mehr Zeit geopfert als Rummels eigenwilliger Steckenpferdreiter. In Tausenden von Stunden bastelten sie mit schier grenzenloser Geduld und Präzision originalgetreue Miniaturen historischer Zweiräder.

Ein neues Hobby: Fahrrad-Modellbau. Diese kleinen Zweiräder entstanden in der Freizeitwerkstatt des Holländers van Dyck. Sie demonstrieren die komplette Fahrradgeschichte.

Neben solchen technischen Präziosen haben die Liebhaberei und vor allem das Radfahr-Vereinswesen dieser Welt ein ganzes Arsenal von Fahrradnippes beschert: Kerzenhalter mit Fahrradmotiven, Schreibgarnituren mit Fahrradmotiven, Pokale mit Fahrradmotiven, ja sogar Bierkrüge mit Fahrradmotiven. Wozu würde das Stahlross eigentlich nicht passen? Sogar die Schallplattenindustrie hat davon profitiert, als ihre engagierten Interpreten die tantiementrächtige Weise sangen: «Jo, mir sind mit em Velo do».

Auch die Freiwillige Feuerwehr stieg auf das Rad: «Früh und spat, hoch zu Rad. Schnell wie ein Pfeil! All Heil!» Sie vergass auch nicht, ihr Konterfei auf einen Masskrug (auch ein Löschgerät) zu prägen.

Eine meisterhafte Miniatur von van Dyck: das französische Sicherheitsrad «Hirondelle» (1889).

Zierkrug mit Hochrad (um 1885).

Mit dem Velo da sind auch Jahr für Jahr jene Veteranenfreunde, die sich zu Fahrrad-Oldtimer-Meetings treffen. Überhaupt erfreut sich das historische Fahrrad als Liebhaberobjekt steigender Begeisterung. Leidenschaftliche Hobbyisten in vielen Ländern Europas und Amerikas jagen auf Antiquitätenmärkten oder in abgelegenen Dörfern oft mit zähester Ausdauer seltenen Stücken

VELOCIPÉDISTES

Blechbüchse mit Schweizer Radfahrergruppe im Ersten Weltkrieg.

nach. Weil die alten Maschinen sich nicht beliebig vermehren lassen, entsteht natürlich zwangsläufig unter den Gleichgesinnten harte Konkurrenz. Trotzdem fühlen sie sich alle irgendwie als eine einzige grosse Familie, tauschen Erfahrungen und Einzelteile aus, schliessen sich in Veteranenvereinen zusammen, zum Beispiel im VFV (Veteranen-Fahrzeug-Verband e. V.), oder veranstalten Rallies, manchmal zusammen mit Sammlern historischer Motorräder und Autos.

Der Akrobat Blondin überquerte die Niagara-Fälle per Fahrrad auf einem Drahtseil (1869). Die dänische Spielzeugindustrie profitierte von dieser spektakulären Schau und fabrizierte das Spielzeug in grossen Stückzahlen.

So ernst die Fahrrad-Hobbyisten ihr Steckenpferd nehmen, an Humor fehlt es ihnen keineswegs. Wie kämen sonst heute noch Draisinen-Rennen – natürlich auf nachgebauten Laufrädern – zustande? Woher kämen die historischen Räder auf Karnevalsumzügen und Radfahrkorsos? Aber Vorsicht! Dem Laien muss verraten werden, dass nicht jedes kuriose Zweirad, das er auf einem Rosenmontagszug entdeckt, ein reinrassiges historisches Modell mit Stammbaum ist. So mancher radelnde Schelm hat schon aus lauter Jux alte Teile zu einer völlig neuartigen, eigenwilligen Konstruktion zusammengeflickt, zu einem Promenadenmischrad sozusagen.

Eine Stroboskopscheibe für lebende Bilder aus dem Deutschen Museum in München.

Ausfahrt von Mitgliedern des Veteranen-Fahrzeug-Verbandes in Coburg (1969).

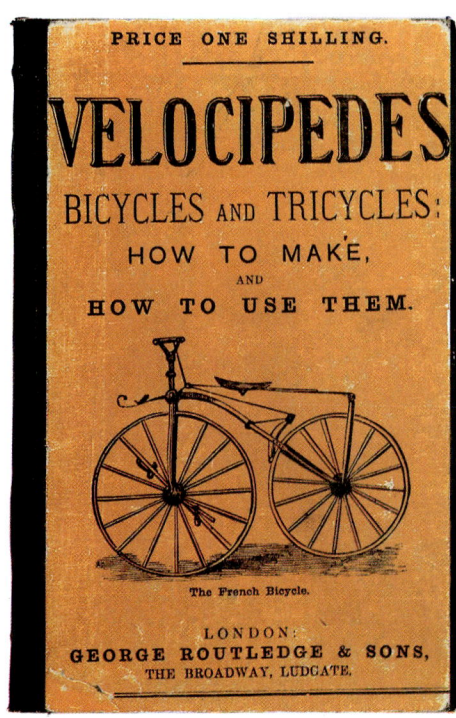

Eines der ältesten Fahrradbücher (1869).

84   VELOCIPEDES.

descends a hill, so that it may run free. The preliminary position of doing this is shown in Fig. 21.

The right leg is raised on to the cross rest beneath the angle, whilst the hands firmly grasp the handle. A slight effort will raise the left leg to the other side of the rest (Fig. 22). The velocipede will run now down hill by its own gravitation, whilst the rider controls its movements by the aid of the brake. It requires but little practice to perform this feat adroitly. In fact, the greater the speed the more perfect the balance.

In all early efforts the ascent of a hill should be avoided. It is very discouraging to the learner, and causes him to lose confidence in himself and his vehicle. When perfect command is obtained over the velocipede, comparatively steep hills may be ascended without much difficulty. Old velocipedists all affirm that it is better and wiser on long journeys to walk up the hills, for there is a much less

THE ART OF VELOCIPEDE MANAGEMENT.   85

expenditure of power in walking up the hills and leading the bicycle, or even pushing a four-

Fig. 22.—OFF DOWN HILL.

wheeler, than in attempting to force it along by means of the treadles.

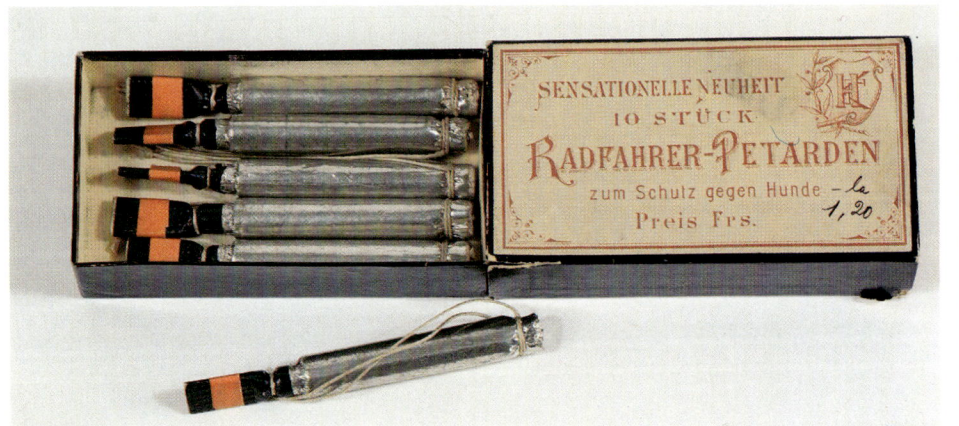

«Sensationelle Neuheit» um 1898. Radfahrer-Petarden (Sprengkörper) zum Schutz gegen Hunde (aus den Sammlungen des Verkehrshauses der Schweiz in Luzern).

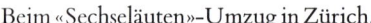

Beim «Sechseläuten»-Umzug in Zürich.

Schmuck des Fahrrads aus: England (o.), Deutschland (l.), Frankreich (r.), Italien (u.).

Rosenmontagszug in Düsseldorf. Dreisitzer und Rikscha mit närrischer Besatzung.

Karneval in Belgien.

Die Visitenkarte des Fahrrads.

«Miniatur-Standuhr, vergoldetes Fahrradmodell» (Museen der Stadt Wien – Uhrenmuseum) von Josef Nicolaus, Wien (um 1890). Das Vorbild zu dieser Uhr bildete das 1889 in Paris von Maqueire gezeigte Securitas-Fahrrad.

«Velocipedraisiavaporianna» – Die ersten Motor-Fahrräder

Der französische Karikaturist nahm 1818 das Motorrad vorweg. Er wollte ein Draissches Laufrad durch Dampfkraft antreiben.

Kaum hatte der Baron von Drais das Laufrad erfunden, als auch schon ein zeichnender Pariser Schelm die Maschine in einer Karikatur (1818) mit einem gewaltigen Dampfkessel belud. Der Dampf sollte einen Motor antreiben und dieser das Gefährt. Dass es den Erfinder allerdings selbst etwas kompliziert deuchte, drückte er im Namen seiner Schöpfung aus: «Velocipedraisiavaporianna».

Was der frühe Witzbold nicht wissen konnte ist, dass ein geschickter amerikanischer Mechaniker namens Sylvester H. Roper aus Roxbury, Massachusetts, 1869 in der Tat eine komplette Dampfmaschine zwischen den Rädern eines Hanlon-Fahrrads montierte. Die Maschine hatte zwei Zylinder und trieb über Kurbeln das Hinterrad an. Das Wunderbare war: Das Dampfrad fuhr! Allerdings, und das war weniger schön,

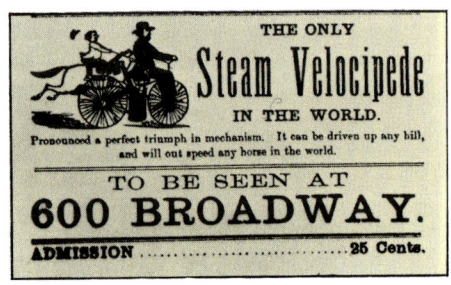

Erste Werbung für ein Dampfmotorrad (1869): Sylvester H. Roper führte sein Gefährt auf Jahrmärkten und im Zirkus vor ...

... Das ist sein Fahrzeug: ein durch eine Dampfmaschine angetriebenes Hanlon-Zweirad.

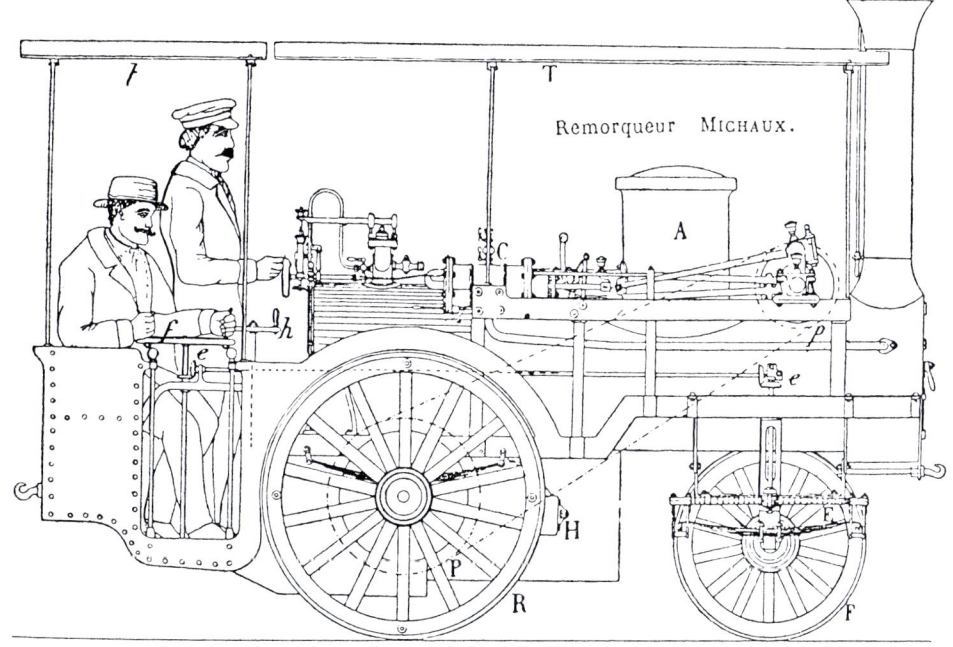

Nachdem die Familie Michaux ihre Fahrradfabrik an die Gebrüder Olivier verkauft hatte, baute sie 1870 diesen Dampfzugwagen, der sich gut bewährte. 1871 verkauften sie ihn an René Olivier für 12 500 Franken.

Der Ingenieur Guillaume Perreaux konstruierte 1869 ein Michaux-Dampfmotorrad.

weit fuhr es nicht; denn die kleine Maschine hatte einen denkbar schlechten Wirkungsgrad und brauchte deshalb Unmengen an Brennstoff. Aber als Jahrmarkt- und Zirkusattraktion bewährte sich das Dampfrad immerhin. Es existiert noch heute. Die in den USA bekannte Smithsonian Institution in Washington hat es in ihrer Fahrradsammlung.

Zur gleichen Zeit mit Roper rüstete in Paris der Erfinder Louis Guillaume Perreaux ein Michaux-Rad mit einer Dampfmaschine aus. Sie hatte nur einen Zylinder und trieb ebenfalls das Hinterrad an. Brennstoff war Spiritus. Offenbar war sich der Meister seiner Sache nicht so ganz sicher, denn auf den typischen Tretkurbelantrieb für das Vorderrad der Michauline verzichtete er nicht. Am Weihnachtsabend 1868 erhielt Perreaux ein Patent auf seine Maschine. 14 Jahre später baute er auch ein Dampfdreirad, diesmal mit Frontantrieb.

Die Michauxfamilie selbst experimentierte ebenfalls mit Kleinstdampfmaschinen. Doch die Wirkungsgrade der winzigen Aggregate liessen arg zu wünschen übrig, und grössere Maschinen passten wiederum schlecht zum Fahrrad. Also bauten die französischen Zweiradindustriellen 1870 ein dampfkraftgetriebenes Vierrad, einen Zug-

wagen, an den sie einen der damals üblichen Jagd-Breaks als Anhänger kuppelten. Beide Wagen zusammen beförderten auf der Jungfernfahrt am 25. August immerhin 13 Personen durch Paris, und das mit dem beachtlichen Tempo von 12 km/h!

Ein frühes Motorzweirad-Patent – das italienische mit der Nummer 10672 – erhielt am 4. Februar 1879 auch der Ingenieur Giuseppe Murnigotti. Aller-

dings ist es wohl beim Patent geblieben. Denn die geplanten zwei- und dreirädrigen Vehikel mit Hinterradlenkung waren ein wenig zu umständlich. Murnigotti war jedoch der erste, der Viertaktmotoren bei Strassenfahrzeugen verwenden wollte.

Ein erstes Dampf-Velociped, das alle Voraussetzungen hatte, sich durchzusetzen, konstruierte 1880 der Engländer

Sir Thomas Parkyns. Sein Landsmann A. E. Bateman baute es. Es hatte einen Wasserrohrkessel, den 21 Petroleumbrenner aufheizten. Der erzeugte Dampf trieb eine kleine, doppelt wirkende Zweizylindermaschine an. Eine Serienanfertigung verhinderten äusserst wirkungsvoll die englischen «Locomotive Acts», Gesetze, die der britischen Kraftfahrt bis 1896 prohibitive Auflagen machten.

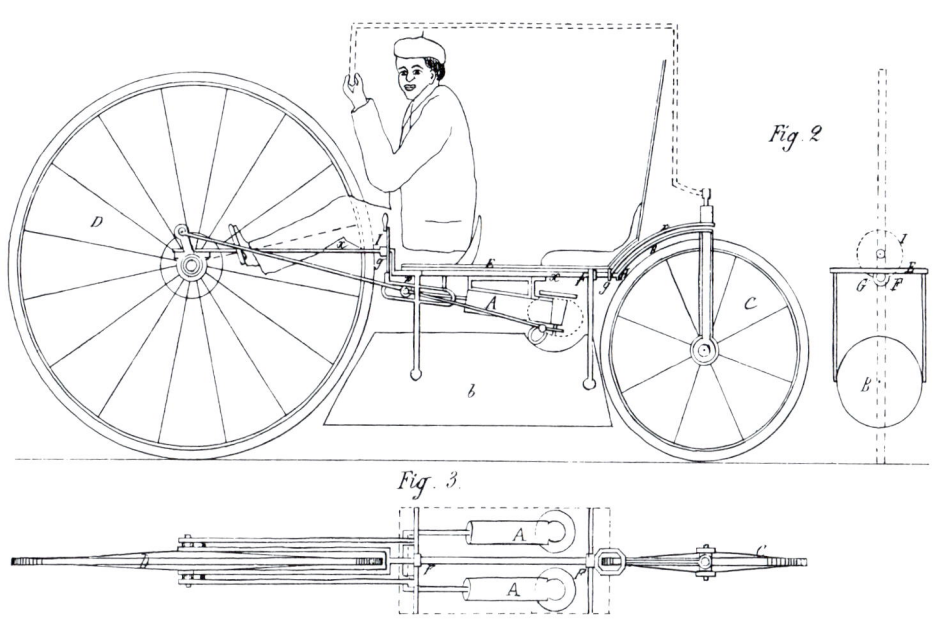

Ein zweizylindriger Otto-Gasmotor sollte das motorisierte hinterradgelenkte Rad von Giuseppe Murnigotti antreiben (1879).

Vier Jahre nach Parkyns und Bateman baute ein Amerikaner ein Dampfrad mit Petroleum-Heizung, Lucius D. Copeland aus Philadelphia. Er trieb das grosse Hinterrad eines «American Star»-Ordinary-Fahrrads über einen Lederriemen an.

Erst Gottlieb Daimler und Wilhelm Maybach gelang es, die schweren und unhandlichen Fahrrad-Dampfmaschinen mit den extrem schlechten Wirkungsgraden durch ihren berühmten kleinen, schnell laufenden Benzinmotor zu ersetzen. Das eisenbereifte Niederrad, das sie damit um 1885 ausrüsteten, stabilisierten links und rechts merkwürdige kleine Stützräder. Grund dafür: Weder Daimler noch Maybach konnten radeln! Der Motor war ein luftgekühlter Einzylinder mit einer

Ein amerikanisches Star-Rad versah L.D. Copeland aus Philadelphia 1884/85 mit einem Dampfmaschinenantrieb.

freien Glührohrzündung. Er lief mit Leichtbenzin und lieferte bei 800 Umdrehungen pro Minute gerade eine halbe Pferdestärke. Das Zweigang-Riemengetriebe liess sich nur bei stillstehender Maschine umlegen.

Angetrieben wurde das Hinterrad. Zwar erhielten die beiden Erfinder auf ihr Motorzweirad ein deutsches Reichspatent (Nr. 36423), für Serienfertigung eignete sich die Konstruktion aber ganz und gar nicht. Das Rad ist heute nicht mehr erhalten. Es verbrannte 1903. Aber es existieren noch eine Reihe guter Nachbauten.

Wilhelm Maybach auf dem von ihm konstruierten Daimler-Zweirad mit luftgekühltem Daimler-Benzinmotor (1885).

Trotz des Fahrrad-Benzinmotors von Daimler und Maybach versuchten es die beiden Münchner Heinrich und Wilhelm Hildebrand 1888/89 nochmals mit einem Dampfrad, das sie später auf die soeben von Dunlop wieder erfundenen Luftreifen umrüsteten. Nachdem sich in Deutschland kein rechter Markt fand, verkauften die Erfinder ihr Gefährt 1893 nach Frankreich. Aber auch dort setzte es sich nicht durch. Deshalb führte es ein Franzose, Monsieur Lormont, drei Jahre später schliesslich anlässlich der «Emancipation-Run» London-Brighton am 14. November in England vor. Erfolg hatte es jedoch auch bei den Briten nicht. Sein Besitzer liess es einfach stehen – im wahrsten Sinne des Wortes; denn später fand man es als herrenloses Gut im Depot der «Southern Railways» in Newhaven. Es wanderte ins wissenschaftliche Museum South Kensington.

Der nächste, der es wieder mit Benzinmotoren versuchte, war der französische Konstrukteur Félix Théodore Millet aus Persan-Beaumont. Er entwickelte wassergekühlte, elektrisch gezündete Fünfzylindermotoren, die er komplett in das Vorderrad, später in das Hinterrad einbaute und die mit dem Rad selbst umliefen. Eines seiner schönsten Modelle glänzte vom 5. bis 20. Dezember 1894 auf dem zweiten Salon du Cycle im Pariser Industriepalast. Das je nach Übersetzung 27 oder 45 km/h schnelle Gefährt hiess «La Roue du So-

leil», das Sonnenrad, weil seine fünf Zylinder strahlenförmig im Rad montiert waren. In Serie liessen sich die Millet-Räder jedoch nicht fertigen, sie waren zu kompliziert aufgebaut. Einzelne Exemplare, vielleicht nur vier, stellten die Gladiator-Werke der Industriellen Alexandre Darracq und Jean Aucoc her.

Einen sehr eigentümlichen motorischen Fahrradantrieb dachte sich Enrico Bernardi aus Verona aus. Unter der Nummer 38928 liess er sich 1893 in Italien ein «Schieberad» patentieren, ein kleines, von einem leichten Benzinmotor angetriebenes Einradwägelchen, das er starr hinter ein serienmässiges Fahrrad koppelte. Die Idee war zwar eine Totgeburt, jedoch eine äusserst hartnäckige; denn sie tauchte später

Der im Conservatoire national des arts et métiers, Paris, befindliche Torso des ersten Millet-Rades 1888/89 hat den fünfzylindrigen Umlaufmotor im elastischen Vorderrad. Er war der Antrieb für ein Dreirad.

mehrfach wieder auf, etwa 1904 als Simpsonscher Fahrradschieber oder als Velo-Schieberad und 1920 als L. F. G.-Motortreibrad der Luftfahrzeug-Gesellschaft in Seddin, Pommern.

Im grossen Stil fasste der Amerikaner Edward Joel Pennington die Entwicklung von motorisierten Fahrrädern an. Er konstruierte ab 1893 einige Prototypen von Benzinmotorrädern, Motor-Tandems und leichten drei- und vierrädrigen Kraftwagen. Sein bekanntestes Modell war ein Motorrad, dessen Zweizylindermaschine hinter dem Hinterrad befestigt war und dieses Rad über Kurbeln antrieb. Zum Anlassen hatte das Gefährt die alten Fahrrad-Tretkurbeln behalten.

Das Motor-Zweirad von Félix Millet (1893) mit Umlaufmotor im Hinterrad hatte keinen praktischen Erfolg.

Motorrad mit Verbrennungsmotor zu entwickeln. Zusammen mit seinem Jugendfreund Hans Geisenhof, dem Bamberger Mechaniker Johann Strömel und dem technisch begabten Ulmer Schuhmacher Ludwig Rüb ging er an die Arbeit. Die vier Freunde konstruierten ein Motorfahrrad, das sich mit einer Geschwindigkeit von 70 km/h sehen lassen konnte. Bei öffentlichen Vorstellungen war das Publikum begeistert, und so wagten Hildebrand und Wolfmüller im März 1894 in München eine Motorfahrradfabrik zu gründen, die ihre Namen trug. Die Maschinen waren mit 850, später sogar 1200 Mark nicht gerade billig. Davor schreckte mancher Kauflustige zurück. Wegen der feuergefährlichen Glührohrzündung der Motoren, vor allem aber wegen der direkten Kraftübertragung auf das Hin-

Ein Versuch, zusammen mit seinem Landsmann Thomas Kane in den USA eine Serienfertigung aufzubauen, scheiterte. Durchgesetzt hat sich später in den Staaten und auch in Europa einzig und allein Penningtons Erfindung des Ballonreifens (1895).

Weil der Prophet im eigenen Land nicht viel gilt, reiste der eifrige Motorradkonstrukteur nach England und verkaufte dort seine britischen Patente für 100 000 Pfund Sterling. Doch auch dem Käufer blieb der Markterfolg versagt. Die Humber & Co. Ltd. in Coventry baute nur wenige Motorräder und Motorwagen nach Pennington.

Das erste wirkliche Serienmotorrad der Welt entstand 1894 in München. Dort hatten schon zuvor fünf Jahre die Gebrüder Hildebrand erfolglos Versuche mit Dampf-Fahrrädern angestellt. Jetzt beauftragte Heinrich Hildebrand den Ingenieur Alois Wolfmüller, ein

Wundersame Werbung für ein wundersames Gefährt: das Pennington-Motorrad um 1895...

Enrico Bernardis Schieberad 1893 setzte sich ebenfalls nicht durch.

...Von den wenigen Prototypen sind keine erhalten geblieben.

terrad, kamen viele Reklamationen. Kurz und gut: bereits im Oktober 1895 musste die hoffnungsvolle Firma Liquidation anmelden.

Nicht viel besser ging es einem finanzstarken französischen Marquis, der als Anonymus für 750 000 Francs die französischen Rechte von Hildebrand und Wolfmüller erwarb. Er gründete eine Firma, die alsbald Motorfahrräder mit dem Namen «Petrolette» in Umlauf

215

Tandem-Motorrad von Pennington (1896).

konkreten Absicht nach Paris übersiedelten, dort Motorräder zu bauen. Ein erstes Versuchsrad mit waagrecht liegendem Motor im Jahre 1896 war noch nicht gerade das Ei des Kolumbus, doch schon ein Jahr später hatten die beiden eine Maschine entwickelt, die sich für eine kleine Serienfertigung eignete. Bald weitete sich die Fabrikation aus, und das russische Brüderpaar galt als «die grössten Pioniere des Motorradhandels in der Welt». Den Erfolg verdankten sie ihrer durchdachten Konstruktion. Den Motor hatten sie an einer verstärkten Gabel über dem Vorderrad montiert, das er über einen Lederriemen antrieb. Dem ersten Modell

Der berühmte Radrennfahrer Charles Terront führte in Paris im November und Dezember 1894 das Hildebrand-&-Wolfmüller-Motorrad einem grossen Publikum vor. Er erreichte Geschwindigkeiten bis 72 km/h.

brachte – das Stück für 2000 Francs. Das war teuer, aber nicht teuer genug; denn es deckte, wie sich herausstellte, nicht einmal die Selbstkosten. So endete auch das Unternehmen des Marquis 1895 im Konkurs.

Der ehemalige Schuhmacher Ludwig Rüb baute 1894/95 einige gut durchkonstruierte Motorräder mit Kardanantrieb und elektrischer Zündung. Auch Alois Wolfmüller entwarf ein Motorrad mit Kardanantrieb und Übersetzung für bergiges Gelände. Doch Wolfmüller brachte kein Geld mehr auf, um für dieses Gefährt eine Fertigung einzurichten.

Indessen schaute ihm der englische Motorradkonstrukteur Henry Capel Lofft Holden einiges ab. Er liess sich 1896 und 1897 eine vierzylindrige 3-PS-Maschine mit Bantam-Safety-Rahmen patentieren, von der ein Jahr später die Londoner Motor Traction & Co. Ltd. einige Exemplare baute. Zur Serienfertigung kam es auch diesmal nicht, genausowenig wie bei verschiedenen Versuchen anderer Firmen, etwa Battey in den USA, den Crypto-Werken in London oder der Firma Brennabor in Brandenburg an der Havel.

Die ersten grossen industriellen Motorraderfolge waren zwei Russen französischer Abstammung vorbehalten, Michel und Eugène Werner, die mit der

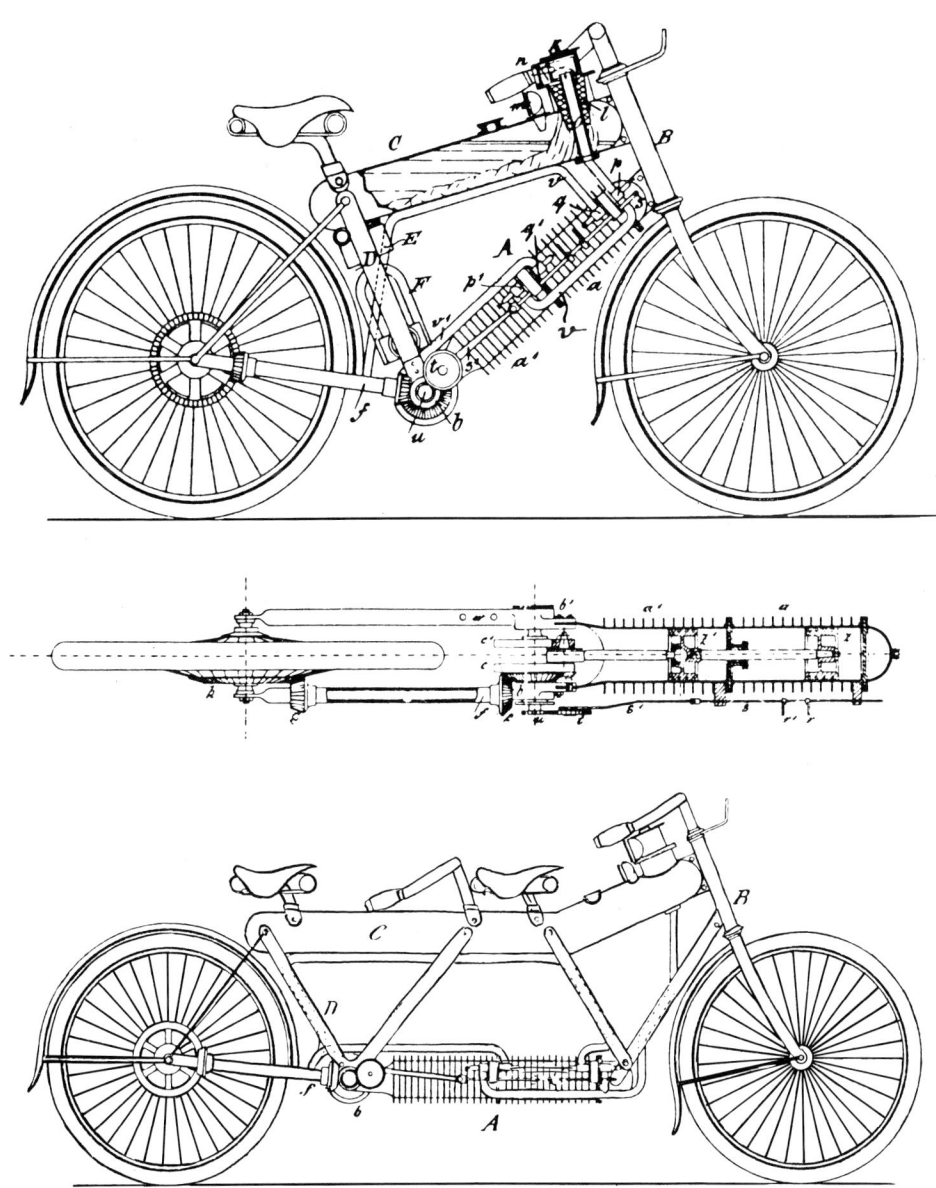

haftete allerdings noch ein entscheidender Nachteil an: die von Daimler und
Maybach erfundene Glührohrzündung, die mit einer offenen Flamme arbeitete. Der Wind konnte sie auslö-
schen. Was aber noch viel schwerer
wog, ist, dass sie lebensgefährlich werden konnte. Offenes Feuer und Benzin
sind eine explosive konstruktive Einheit. Jeder Sturz konnte Stichflammen
oder Schlimmeres auslösen. Ein Jahr
später bannten die Konstrukteure dieses
Risiko. Sie übernahmen die Batterie-
Hochspannungszündung, die 1895 de
Dion entwickelt hatte. Zugleich wurden ihre Maschinen durch diesen
Kunstgriff leistungsfähiger, denn die
neue Zündung liess viel höhere Dreh-
zahlcn – über 1500 pro Minute – zu.

Bald konnten die Gebrüder Werner
zwei Fabrikfilialen in New York ein-
richten. 1901 brachten sie eine verbesserte Maschine mit einem Einzylinder-
motor zwischen vorderem Rahmenrohr und Tretlager auf den Markt. Das
war wegweisend für die zukünftige
Motorradentwicklung in aller Welt.
Ihr 2-PS-Motorrad wurde zum Bestsel-
ler. In Deutschland fertigte die Fahr-
zeugfabrik Eisenach Werner-Räder in
Lizenz. 1902 ging es mit einem neuen
Modell – der Motor nahm jetzt die Stelle des Tretkurbellagers ein – weiter
bergauf. In einem Jahr waren bereits
3000 der neuen Maschinen verkauft.
Wer bedenkt, dass bisher nur das Dreirad auf dem Motorradmarkt grösseres

Skizzen aus dem englischen Patent Nr. 7566, das
Ludwig Rüb 1896 auf sein Motorrad (oben),
den Tandem-Motor (Mitte) und auf sein Tandem-Motorrad (unten) erhielt.

Das Dreizylinder-Motorrad des Engländers
Henry Capel Lofft Holden (1897) ist eine Wei-
terentwicklung des Münchner Hildebrand-&-
Wolfmüller-Motorrads.

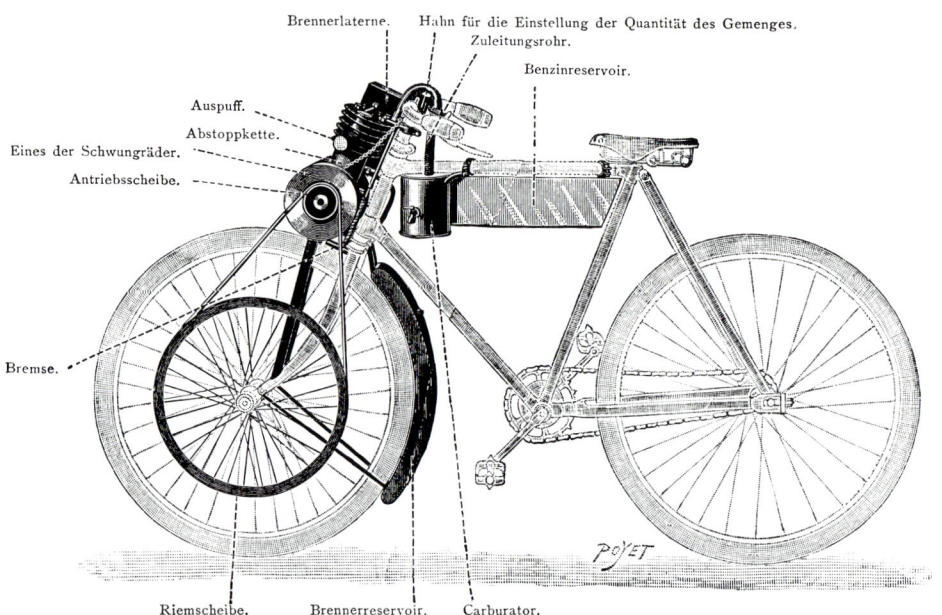

Brennerlaterne.
Hahn für die Einstellung der Quantität des Gemenges.
Zuleitungsrohr.
Benzinreservoir.
Auspuff.
Abstoppkette.
Eines der Schwungräder.
Antriebsscheibe.
Bremse.
Riemscheibe.   Brennerreservoir.   Carburator.

Die Maschine des Werner-Motor-Zweirads von 1897 hatte Glührohrzündung und leistete dreiviertel PS bei 1200 Umdrehungen pro Minute. Das Fahrzeug war 35 km/h schnell...

...Zwei Jahre später baute Werner ein Motor-Zweirad mit einem PS Leistung bei 1500 Umdrehungen pro Minute und Batteriezündung nach de Dion-Bouton. Es erreichte 40 km/h.

Gewicht erlangt hatte, wird ermessen können, wie bedeutend diese Verkaufsziffern waren. Jetzt erst erkannte auch die breite internationale Konkurrenz grosse Marktchancen und brachte Zug um Zug eigene Motorzweiräder in den Handel: Antoine, Brennabor, Cyclon, Dürkopp, F.N. Magnet, Hiller, Indian, NSU, Opel, Phelon & Moore, Progress, Puch, Singer, Triumph, Viktoria, Wanderer, Zenith und wie sie alle hiessen. Andere Unternehmen entdeckten in der Herstellung von Einbau-

motoren für Serienfahrräder eine Marktlücke: Zedel in der Schweiz, Fafnir in Deutschland, Minerva in Belgien, Peugeot in Frankreich.

Die russischen Gebrüder Werner hatten den Siegeszug des Motorrads eingeleitet. Von nun an ging seine Entwicklung eigene Wege und wuchs über das blosse Fahrrad mit Motor hinaus.

Das Fahrrad war der Vater des Motorrades gewesen. Aber es hat noch einen zweiten Sohn, das Auto. Denn auch die Pioniere dieses Fahrzeugs, Carl

Annonce aus dem Jahre 1899.

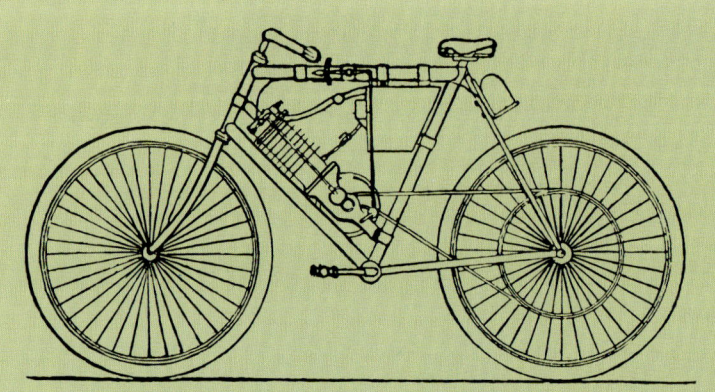
218

Dieses NSU-Motorrad um 1902 besass einen Schweizer Zedel-Einzylindermotor. Das historische Gespann mit Personenanhänger wartet auf den Beginn eines Festzugs.

De-Dion-Bouton-Motorrad von 1898. Mit grösserem Erfolg produzierte die Firma aber Motor-Dreiräder.

Benz, Gottlieb Daimler und Wilhelm Maybach lehnten sich zunächst konstruktiv an das Fahrrad an. Sie übernahmen unter anderem den Rohrrahmen, die vollgummibereiften Stahlspeichenräder, die Lenkung und das Differentialgetriebe von John Kemp Starley.

Am Anfang des inzwischen weitverzweigten Stammbaums unseres gesamten modernen Strassenverkehrs stand also im Grunde die Laufmaschine des zu seinen Lebzeiten so verkannten badischen Forstmeisters Baron von Drais.

Mit dem Benz-Patent-Motorwagen von 1886 beginnt die Ära des Automobils.

Das erste De-Dion-Bouton-Dreirad von 1895.

219

Das Auto Nr. 1: der Benz-Patent-Motorwagen 1886. Am Steuer der Erbauer Carl Benz, rechts neben ihm seine Frau Bertha. Das Original befindet sich im Deutschen Museum, München. Eine Nachbildung steht im Verkehrshaus der Schweiz, Luzern.

Zu den ersten Autos gehört auch der Stahlradwagen von Daimler und Maybach (1889). Sein Konstrukteur Wilhelm Maybach sitzt am Volant, neben ihm Adolf Daimler, ein Sohn Gottlieb Daimlers.

«Wer die Probleme von morgen bewältigen will, muss zunächst die Antworten von gestern studieren»

Das Nachwort des Deutschen Museums mit einer historischen Fotografie des ersten Autos der Welt mit Carl Benz am Steuer zu illustrieren, mag wie eine Captatio benevolentiae wirken vor dem Museum, das stolz ist, dieses Auto Nr. 1 als Original zu besitzen. Mit der Geschichte des Zweirades scheint das Bild aber keinen Zusammenhang zu haben. Oder doch? Schauen wir uns die Leichtbaukonstruktion dieses Wagens an. Sie ist dem Vorbild des Fahrradrahmens entnommen. Die Räder, die Radnaben – direkt bei einer Fahrradfabrik bestellt –, ähnlich die Lenkung, selbst die Gummireifen wurden für das Fahrrad entwickelt, lange bevor sie für den Kraftwagen genutzt wurden. Wahrhaftig, das Fahrrad ist Vater des Autos und gab seinem Kind das Beste mit: Massstab.

Aber wie oft im Leben verleugnet der Sohn die Massstäbe des Vaters: bauten Benz, Daimler und Maybach zunächst noch unter dem Leitbild des Fahrrades ein integriertes, funktionales Auto, so zwang die Prestigebedürftigkeit der Gesellschaft schon bald zum Verlassen des rationalen Ansatzes: die bewährte, integrierte, funktionale Form gab zu wenig her, liess sich nicht verkaufen. Also begann gleich zu Beginn der «Rückschritt»: man motorisierte repräsentative Kutschen, und aus Gründen des Renommees vergass man das Leitbild Fahrrad, das zu einem Auto von nur 263 kg geführt hatte, und befuhr den Weg der «schweren Wagen».

80 Jahre später schien die Niederlage des Fahrrades endgültig. Radwege verschwanden, das Rad galt nur noch als Zeichen der Unterentwicklung eines Volkes.

Doch in unseren Tagen wandelt sich das Bild. Energieprobleme, Gesundheit, Ökologie entreissen das Fahrrad dem Dornröschenschlaf. Stadtplaner und Landschaftsgestalter entwerfen und bauen neue Radwege von der Nordsee bis zu den Alpen. Und selbst die Autoindustrie besinnt sich auf ihre Anfänge, die rationale Leichtbauweise. Ja, spitze Zungen verrechnen die Stundenverdienste eines Autofahrers für Kauf und Steuer, Schlangestehen und Reparatur, Pflege und Parkgebühr mit der jährlichen Kilometerleistung und kommen – ja, auf gute Fahrradgeschwindigkeit, 25 km/h.

So ist es ein Symbol, dass einer der Verfasser, jahrzehntelang Mitarbeiter des Deutschen Museums, weltweit bekannt als Experte der Automobilgeschichte, seinen Lebensabend nutzt, eine umfangreiche Dokumentation der Geschichte des Fahrrades vorzulegen – lebendiges Zeugnis alter Museumsweisheit: wer die Probleme von morgen bewältigen will, muss zunächst die Antworten von gestern studieren.

München, März 1979

Generaldirektor Theo Stillger
Deutsches Museum, München

Erinnerungen
an ein Verkehrs-
mittel der Zukunft

«...Es ist ein eigenartiges Zusammentreffen, dass am Schluss unseres denkwürdigen Jahrhunderts das unaufhaltsame, kraftverzehrende und kraftgebärende Hasten, Jagen, Treiben und Rennen aller Berufs- und Gesellschaftsklassen eine ebenso charakteristische als zeitgemässe Versinnbildlichung erhalten hat durch ein modernes Verkehrsmittel, durch das Fahrrad, das dem Menschen in diesem Kampfe mit Raum und Zeit sogar noch zu Hilfe kommt und, seinem alleinigen Willen unterthan, von seiner eigenen Kraft getrieben, unabhängig von allen anderen Beförderungsmitteln, ja schneller als die meisten derselben, die grössten Strecken mit ihm sausend durchmisst...».

Treffender könnte man wohl kaum die Rolle des Fahrrades beschreiben, wie es 1897 der Münchner Dr. Paul Salvisberg getan hat. Selbst vierzig Jahre später hatte das Zweirad von seiner Bedeutung als Verkehrsmittel noch nicht viel eingebüsst, wie aus einem Bericht der Berner Zeitung «Der Bund» vom 19. April 1936 hervorging. So ergaben wiederholte Verkehrszählungen, dass damals das Fahrrad sogar mit 45% am gesamten Strassenverkehr beteiligt war, während auf das Automobil 28%, auf das Motorrad 9,6% und auf das Pferdefuhrwerk 5,5% entfielen. Einen noch grösseren Anteil verschaffte sich das Fahrrad während des Zweiten Weltkrieges, war es doch zeitweise überhaupt das einzige Individual-Transportmittel, das dem Bürger noch zur Verfügung stand. Als Folge der zu Beginn der fünfziger Jahre schnell anwachsenden Motorisierung liefen ihm Automobil und Motorrad sehr rasch den Rang ab. Doch die seit einiger Zeit eingetretene Verteuerung von Benzin und die Schwierigkeiten im Stadtverkehr haben wieder zu einer Zunahme des Fahrradbestandes geführt. So zählt man 1979 in der Schweiz über 1,8 Millionen Fahrräder oder auf 1000 Einwohner deren 280, ein erstaunliches Verhältnis, wenn man bedenkt, dass auf dieselbe Zahl Personen 325 Automobile kommen.

Das Fahrrad, in einzelnen technischen Belangen Vorläufer und Vorbild des Motorfahrzeuges, verlieh dem Benützer das Gefühl der Unabhängigkeit und Freiheit, doch nicht jener Freiheit, die, wie beim Automobil, wegen ihrer vermeintlichen Unbegrenztheit schon recht bald zu Einschränkungen geführt hat. Früher oder später werden zudem die sich abzeichnende Verknappung der flüssigen Treibstoffe und das wachsende Energie- und Umweltbewusstsein dem Fahrrad zu einem neuen Stellenwert in der Verkehrswirtschaft verhelfen. Die Zeit mag vielleicht nicht allzufern sein, wo – zum mindesten im Nahverkehrsbereich – die besonderen Eigenschaften des Fahrrades dieses wieder zum Massentransportmittel werden lassen. Geringer Materialbedarf, anspruchslosere Verkehrswege, Umweltfreundlichkeit und Unabhängigkeit von der Zufuhr fremder Energie als Antriebskraft sind Vorzüge, die dannzumalen ins Gewicht fallen werden. Darüber hinaus kann es, des Menschen wirtschaftlichstes Transportmittel hinsichtlich Energieaufwand und Leistung, als billiges und stets einsatzbereites Gerät zum körperlichen Training verwendet werden und damit dem Benützer für seine Gesundheit förderlich sein.

Das Verkehrshaus der Schweiz möchte dem vorliegenden Werk die gebührende Verbreitung wünschen und seinem Mitautor Dipl. Ing. Max Rauck gleichzeitig für seine langjährige Mithilfe bei der Gestaltung der Abteilung Strassenverkehr des Schweizerischen Verkehrsmuseums herzlich danken.

Luzern, März 1979

Dr. h.c. Alfred Waldis
Direktor Verkehrshaus der Schweiz

Bibliographie

Aarauer Zeitung, Aarau 1817.

Ackermann's Magazine, London 1819.

Ackermann, R.: Repository of Arts, Literature, Commerce, Manufactures, Fashions and Politics, London 1819.

Adler Fahrradwerke, vorm. Heinrich Kleyer, Frankfurt a. M., Kataloge 1900, 1901.

Arbeiten des Archivs der Akademie der Wissenschaften der UdSSR, Band 11: Handschriftliche Materialien I. P. Kulibin, Moskau-Leningrad 1953.

Alderson, Frederick: Bicycling – a History, London 1974.

Allen, James Titus: Digest of Cycles or Velocipedes with Attachments, patented in the United States from 1789–1892, Washington 1892.

– Patents and references. List of United States patents for cycles or velocipedes with attachments, 1789, to July, 1893 under 72 numerical subdivisions, supplement to the Digest of cycles or velocipedes with attachments, 1879–1891, also Cycle monthly, beginning 1892, to and including June, 1893; with the number, name, and date of the references cited in the examination of applications before the United States Patent office including interferences, the parties to them, and the final decision, Washington 1894.

– Digest of United States Automobile Patents from 1789–1899, Washington 1899, 1900.

– Digest of United States patents: Air, caloric, gas and oil engines, 1789–1906. 5 vols., Washington 1907.

– Digest of United States patents for automobile construction, 3 vols. and supplements (1900–1911), Washington 1911.

Allgemeine Motorfahrzeug-Ausstellung, Nürnberg 1900. Offizieller Katalog, Nürnberg 1900.

Allmers, Robert: Ernst Sachs, Grossindustrieller 1867–1932, Berlin 1932.

Amari, Giancarlo e Blenda Urani (Museo dell'Automobile Carlo Biscaretti di Ruffia, Torino): Protagonisti della Storia dell'Automobile, Turin 1968.

American Bicyclist and Motorcyclist. 90th Anniversary Issue, New York 1969.

The American Peoples Encyclopedia. A modern reference work, New York 1970.

Amtlicher Führer durch die Sammlungen des Deutschen Museums, München 1928.

Arbeitsgemeinschaft Kraftfahrzeuggeschichte (Seidel, Dr. Kirchberg, Edler, Gränz, Hiller, Rulf): PS-Veteranen, Berlin (DDR) 1965.

Artelt, Walter: Cito – tuto – iucunde? (schnell, sicher, angenehm). Arzt, Fahrrad und Automobil um 1900. Ciba Symposium 1957.

Bade, Wilfrid: Das Auto erobert die Welt. Biographie des Kraftwagens, Berlin 1938.

Badisches Magazin, Mannheim 1813.

Baer, F. J.: Chronik über Strassenbau und Strassenverkehr in dem Grossherzogtum Baden, Berlin 1878.

Band, Moritz: Handbuch des Radfahr-Sports.

Technik und Praxis des Fahrrades und des Radfahrers, Wien, Pest, Leipzig 1895.

Bartleet, Horace Wilton: Bartleet's Bicycles Book, London 1931.

Baudin, C.: Image du Passé 1882–1927 (De Dion-Bouton), Paris 1937.

Baudry de Saunier, Louis: Histoire générale de la Vélocipédie, Paris 1891.

– Le Cyclisme théorique et pratique, Paris 1892.

– Mémoires de Terront. Sa vie, ses performances, son mode d'entraînement, Paris 1893.

– Das Automobil in Theorie und Praxis, Wien 1900, Leipzig 1901.

– Manuel Pratique de la Bicyclette, Paris um 1910.

– und Charles Dollfus; Edgar de Geoffroy: Histoire de la Locomotion Terrestre, Paris 1936.

Bauer, Johann Carl Siegesmund: Beschreibung der von Drais'schen Fahr-Maschine und einiger daran versuchten Verbesserungen, Nürnberg 1817.

Der Bayer'sche Landbote, München 1829.

Benedict, Ruth und Ray: Bicycling, New York 1944.

Benz, Carl: Lebensfahrt eines deutschen Erfinders, Leipzig 1925.

Berdrow, Wilhelm: Buch der Erfindungen. Volksausgabe in einem Bande, Leipzig.

Bescherer, C., Zeitz, Provinz Sachsen, Elegant-Fahrräderfabrik. Katalog (um 1910).

Bicycle Journal, 1876.

Bicycling Times, 1878.

Biegel, Helmut: Stricker Fahrrad-Fibel. Entstehung und Entwicklung des Fahrrades von 1817–1952, Bielefeld 1952.

Biesendahl, Dr. Karl: Geschichte des Fahrrades. In: Dr. Paul von Salvisberg: Der Radsport in Bild und Wort, München 1897.

– Katechismus des Radfahrsports, Leipzig 1897.

Birchmore, Fred Agnew: Around the world on a bicycle, Athens Ga. 1939.

Birk, Dr. e. h. Alfred: Die Strasse. Ihre verkehrs- und bautechnische Entwicklung im Rahmen der Menschheitsgeschichte. Karlsbad-Drahowitz 1934.

The Boneshaker. The Magazine of the Southern Veteran-Cycle Club (gegründet 1955).

Bonneville, Louis: Les Locomotions mécaniques.
Origines: Dates et Faits, Paris 1935.

– Le Vélo «Fils de France», Paris 1938.

Bönsch, Helmut Werner: Geschichte der Windsbraut. 70 Jahre Motorradbau. 30 Jahre Horex. (Wolf Fischer-Jene; Werksgeschichte.) Bad Homburg vor der Höhe 1954.

Bosak, Klaus W.: Achse, Rad und Wagen. Werksmuseum der Firma Bergische Achsenfabrik Fr. Klotz & Söhne, Wiehl Bez. Köln.

Bosshardt, Walter und Henry Eggenberger: Rennfahrer-Schicksale, Zürich 1950.

Bottomley-Firth, Joseph F.: The Velocipede: Its Past, Present and Its Future, London 1869.

Bouny, E.: Etude expérimentale du coup de pédale, Paris 1899.

Bourlet, C.: La bicyclette, sa construction et sa forme, Paris 1899.

Bowden, Ken und John Matthews: Cycle Racing, London 1965.

Brandt-Mannesmann, Ruthilt: Max Mannesmann und Reinhard Mannesmann. Dokumente aus dem Leben der Erfinder, Remscheid 1964.

Braunbeck, Gustav: Braunbeck's Sport-Lexikon. Automobilismus, Motorbootwesen, Luftschiffahrt, Berlin 1910, 1911, 1912.

Brennabor-Werke. Jubiläumskatalog 1896.

Brockhaus' Conversations-Lexicon. Supplementband 1819.

Brockhaus' Konversations-Lexikon. 14. Auflage, Leipzig, Berlin, Wien 1893.

Broden, Frank: Cycling for Health, London 1887.

Bröhl, H. P.: Paul Jaray, Stromlinienpionier. Von der Kastenform zur Stromlinienform, Bern 1978.

Brouillon, Louis: Pierre Lallement, mécanicien, et l'invention du «Vélocipède», Reims 1907.

Brunn, Johann Heinrich von: Ein Mann macht Auto-Geschichte. Der Lebensweg des Robert Allmers, Stuttgart 1972.

Budzinski, Fredy: Sportalben der Rad-Welt.

– 25 Jahre Deutscher Radrennsport.

– Biographien berühmter Rennfahrer.

70 Jahre Bund Deutscher Radfahrer. Rad-Weltmeisterschaften von 1873–1953. UCI-Rad-Weltmeisterschaften 1954, Braunschweig 1954.

Burckart, Julius: Das Rad im Dienste der Wehrkraft. In: Dr. Paul von Salvisberg: Der Radfahrsport in Bild und Wort, München 1897.

Bury, Viscount and G. Lacy Hillier: Cycling, London 1887.

Buss, H.: Aus der Entwicklung der Räder für Lastwagen und Omnibusse. Georg Fischer Aktiengesellschaft, Schaffhausen 1952.

Caidin, M.: Bicycles in War, New York 1947.

Canestrini, Giovanni: L'Automobile, Mailand, Rom 1974.

Cathiau, Dr.: Kurzer Lebensabriss des Erfinders des Fahrrades, Karl Friedrich Freiherrn Drais von Sauerbronn.
In: Festgabe anlässlich der Enthüllung des vom Deutschen Radfahrerbund gestifteten Drais-Denkmals in Karlsruhe am 24. September 1893, Karlsruhe 1893.

Caunter, C. F. (Science Museum): The History and Development of Cycles. 1955, 1972.

– Handbook of the Collection illustrating Cycles, 1958.

– The History and Development of Cycles:
Part I: Historical Survey.
Part II: Catalogue of exhibits with descriptive notes, London 1955 und 1958.

Cinquantenaire de l'Union Cyclisme International 1900–1950, Paris 1965.

Clifford, Peter: Tour de France, London 1965.

Clymer, Floyd: Floyd Clymer's Historical Motor Scarpbook. Los Angeles 1955.

Columbia Bicycles. The Pope Manufacturing Co. Catalogues 1878 and subsequently.

Compertz, Ludwig: Zugabe zu den Draisinen.
In: Repertory of Arts, Manufactures and Agricultures, 1821.
Übersetzung in: Dingler's polytechnischem Journal, 1821.

Conservatoire National des Arts et Métiers, Section DA.
Catalogue: Transports sur Route, Paris 1953.

Croon, Ludwig: Das Fahrrad und seine Entwicklung.
In: Deutsches Museum, Abhandlungen und Berichte, München 1939.

Cycle and Automobile Trade Journal.
(heute: Automobile Trade Journal)

Cycling. Newcastle upon Tyne 1879.

Daily News, 1876.

Darmstädter, Dr. Ernst: Die Laufmaschine des Freiherrn von Drais.
In: Mannheimer Geschichtsblätter, 1921.

Daul, A.: Illustrierte Geschichte der Erfindung des Fahrrades und der Entwicklung des Motor-Fahrradwesens, Dresden 1906.

DeLong, Fred: DeLongs's Guide to Bicycles & Bicycling, Radnor, Pa. 1975 und Ontario 1974/75.

Desgrange, Henri: The Safety Bicycle as It Now Is and Its probable Future.
In: Scientific American, 1895.

Deutscher Radfahrer-Kalender, Leipzig 1894/95 bis 1897/98.

Deutsches Patentamt. Festschrift zum 75jährigen Bestehen, München 1952.

Dickinson, R.L.: Bicycling for Women: The Puzzling Question of Costume, 1896.

Diesel, Eugen: Diesel. Der Mensch, das Werk, das Schicksal, Hamburg 1937, 1941, Stuttgart 1948.

Dinglers Polytechnisches Journal, 1821, 1823, 1869, 1895–1900.

DM-Marktbericht: Fahrräder. Motorisierte Zweiräder, 1974.

Dolmatowski, J.: Erzählung vom Auto, Berlin (DDR) 1954.

Drais, Baron de: Le Vélocipède du Baron Charles de Drais, Mannheim 1818.

Drais, Freiherr von: Gedankenspäne, Karlsruhe 1819.

– Schnellschreibmaschine.
In: Neues Magazin aller neuen Erfindungen.
Und in: Mannheimer Morgenblatt, 1830.

– Eisenbahndraisinen.
In: Mannheimer Morgenblatt, 9. und 28. März 1843.

Dufeldt-Felden, Herbert: Mein Fahrradbuch. Ein Freund und Berater für alle Radwanderer und Radsportler, Stuttgart 1928.

Duncan, Herbert Osbaldeston: The World on Wheels, Paris 1926, 1928.

– und Pierre Lafitte: En suivant Terront de Saint-Pétersbourg à Paris, Paris 1894.

Dunlop Luftreifen. Fünfzig Jahre. 45 Jahre Dunlop Hanau a. M., München 1938.

Durry, Jean: Cyclisme d'aujourd'hui.
In: Encyclopédie de la Pléiade, Jeux et Sports, Paris 1967.

– La Véridique Histoire des Géants de la Route, Fribourg 1973.

Dusika, F. und M. Bulla: Der erfolgreiche Radrennfahrer, Wien 1959.

Eck, Klaus: Werk im Grünen in der Weltstadt mit Herz. Ein halbes Jahrhundert Joh. Winklhofer & Söhne in München, München 1966.

Eger, Rudolf: Karl von Drais, der Erfinder des Fahrrades.
In: Genie ohne Erfolg, 1959.

Ekarius, Dr. med. Otto: Das Dreirad und seine Bedeutung als Verkehrsmittel für jedermann, Hamburg 1887.

Elden, Hans: Illustriertes Jahrbuch der Erfindungen, 1901–1914.

Elster, H. v. d.: Geschichte der deutschen Fahrrad-Industrie.
In: Radmarkt, 1917.

Encyclopaedia Britannica, Chicago 1967.

Entwicklung des Fahrrades.
In: Zeitschrift des Vereins Deutscher Ingenieure, Berlin 1900.

Fabre, Maurice: Geschichte der Verkehrsmittel zu Lande. Eine Buchreihe unter Leitung von Erik Nitsche, Schweiz 1964.

Fahrräder und was dazugehört. Umweltfreundliche Individualfahrzeuge. Bundespreis «Gute Form» 1974. Katalog der Ausstellung des Rates für Formgebung, Darmstadt 1974.

Feder, Heinrich von: Geschichte der Stadt Mannheim, Mannheim und Strassburg 1875, 1876, 1877.

– Mannheim im Jahre 1880, Mannheim 1880.

Feldhaus, Franz Maria: (Artikel über Freiherrn von Drais)
In: Mannheimer Geschichtsblätter, 1903;
Deutsche Rad- und Kraftfahrer-Zeitung, 1903/1904/1905;
Forstwirtschaftliches Zentralblatt, 1904;
Neue Badische Landeszeitung, Mannheim 1904, 1905;
Tägliche Rundschau, Unterhaltungs-Beilage, Berlin 1906, 1907;
Der Radtourist, Mannheim 1904, 1905, 1906;
Vossische Zeitung, 1917;
Radwelt, Berlin 1917;
Motor, Berlin 1917.

– Die Draisine im Germanischen Nationalmuseum, Nürnberg.
In: Mitteilungen aus dem Germanischen Nationalmuseum, Nürnberg 1903.

– Deutsche Erfinder, München 1908.

– Ruhmesblätter der Technik, Leipzig 1910.

– Die Technik der Vorzeit, der geschichtlichen Zeit und der Naturvölker, Leipzig und Berlin 1914, Sonderausgabe München 1970.

– und Hugo Mötefindt: Die Entstehung des Wagens und des Wagenrades.
In: Geschichtsblätter für Technik und Industrie, Berlin 1918.

– Männer deutscher Tat, München 1934.

Fendler & Comp., Nürnberg. Preislisten um 1850, Bd. 1, Tafel 114.

Feuchtinger, Max-Erich: Der Verkehr im Wandel der Zeiten, seit dem Jahre 1000, Berlin 1935.

Fichtel & Sachs, Schweinfurt a. M.: Festschrift zum fünfundzwanzigjährigen Bestehen der Schweinfurter Präzisions-Kugellager-Werke, 1895–1920.

De Fiets. Museum Boymans-van Beuningen Rotterdam. Tentoonstelling 7 april – 12 juni 1977, Rotterdam 1977.

Fischer, Schweinfurt a. M.: Die Wiege der Kugel- und Kugellager-Industrie, Schweinfurt (um 1930).

Fleurigand, Ch.: Le Cyclisme, Paris 1897.

Flugsport 1921. Das fliegende Fahrrad.

Forward, E.A. (Science Museum): Catalogue of the Collection, Land Transport. I. Road Transport, II. Mechanical Road Vehicles, London 1926.

Fraser, Foster: Round the World on a Wheel (in 1896), 1925.

Frederiks, P.J.: De ontwikkeling van het rijwiel, Den Haag 1923.

Freiburger Wochenblatt, 1814.

Fressel, Dr. med. G.: Der Radfahrsport, Neuwied und Leipzig 1895.

– Der Radfahr-Sport vom technisch-praktischen und ärztlich-gesundheitlichen Standpunkte, Neuwied und Leipzig 1896.

Fuchs, Dr. J. M. und W. J. Simons: Geschiedenis van de Fiets, Alkmaar.

– Fiets en mode, Tilburg 1966.

Fürst, Artur: Das Weltreich der Technik, 1924.

Gagarin, E.I.: Die «selbstfahrende Kalesche» von L. L. Schamschurenkow.
In: Arbeiten des Instituts für Geschichte der Naturwissenschaft und Technik, Moskau, Band 8, Moskau 1956.

Gallo, M.: Geschichte der Plakate, Hersching 1975

Gardellin, Angelo: Storia del Velocipede e dello Sport Ciclistico, Padua 1946.

Garratt, H. A.: The Modern Safety Bicycle, 1899.

Die Gartenlaube, Leipzig.

75 Jahre Gazelle. 1892–1967. Festschrift, Dieren 1967.

Gebhardt, Otto: Rund um das Velo. Tips für Hobby-Radsportler, Touren- und Rennfahrer, Zürich 1978.

Georgano, G.N.: A History of Transport, London 1972.

Geschichte des Fahrrades und Autos. Hg. Deutscher Rad- und Motorfahrer-Verband Concordia e.V., Sitz Bamberg, Bamberg 1929.

Giffard, Pierre: La Reine Bicyclette, Paris 1891.

– La Fin du Cheval, Paris 1898.

Goddard, J.T.: The Velocipede. Its History, Varieties, and Practice, Cambridge, New York 1869.

Graetz, Paul: Auf dem Rad gegen den Feind, Berlin 1915.

Grand-Carteret, John: La Voiture de Demain, Paris 1898.

Gränz, Paul und Peter Kirchberg: Ahnen unserer Autos. Eine technikhistorische Dokumentation, Berlin (DDR) 1975.

Grew, W.: The Cycle Industry, London, Coventry 1921.

Griffin, Harry Hewitt: Cycles and Cycling, London 1890, New York 1890, 1893, 1903.

– Bicycles and Tricycles of the year 1886, London 1886.

Gronen, Wolfgang und Walter Lemke: Geschichte des Radsports, des Fahrrades, Eupen 1978.

Grossherzogliche Badische Staatszeitung, 1813 (Drais-Muskelkraftwagen).

Groth, Hans-Adolf: Untersuchungen über den Radverkehr, Bonn 1960.

– Radfahrer im Strassenverkehr, Aachen 1960.

Hager, Luisa: Amtlicher Führer des Marstallmuseums in Schloss Nymphenburg. Hofwagenburg und Sattelkammer, München 1959.

Hare, Richard: Tausend Jahre russische Kunst, Recklinghausen 1964.

Harper's Weekly, New York 1869.

Hartz, Ernst: Fahrrad-Technik, Bielefeld 1962.

Hendersen, N.G.: Continental Cycle Racing, London 1970.

– Cycling Year Book.

Hercules Partnerpost, Extrablatt.

Herrmann, E.: Technische Fragen und Probleme der modernen Volkswirtschaft, Leipzig 1891.

Hillenkamp, Annemarie: Der Polytechnische Verein in Bayern 1815 bis 1945. Ein Katalog seines Archivs. Veröffentlichungen des Forschungsinstituts des Deutschen Museums für die Geschichte der Naturwissenschaften und der Technik, München 1968.

Hiller, Rudolf: Die Entwicklung des Zweitaktmotorrades, Berlin (DDR) 1963.

Hillier, G. Lacy: Use of the Cycle for Military Purposes.
In: Longmans, Vol. X.

– The Art of Ease in Cycling, London 1899.

Hinxman, S.: Fifty Years of Road Riding, 1935.

Hitzer, Hans: Die Strasse, Vom Trampelpfad zur Autobahn. Lebensadern von der Urzeit bis heute, München 1971.

Hochmuth, Gerhard: Biomechanik sportlicher Bewegungen, Frankfurt.

Höfer, Robert: Die Entwicklung der Konstruktion des Niederrades.
In: Das Stahlrad, 1898.

Hogenkamp, George J.M.: De geschiedenis van Burgers Deventer is de geschiedenis van de fiets, Deventer 1939.

– Een halve eeuw wielersport, Amsterdam 1916.

– und Ing. J.M. van de Wetering: Zo was wordt de fiets, Amsterdam 1954.

Hough, Richard und L.J.K. Setright: A History of the World's Motorcycles, New York 1966.

Hugh, Evelyn: Early Bicycles, London.

Ihle, Josef: Von der Pferde-Droschke zur Auto-Taxi. 100 Jahre Geschichte des Droschken-Gewerbes, München 1958.

Illich, Ivan: Energy and Equity, London 1974.

Illustrierter Radrennsport 1921 bis 1939.

Illustrierter Rad-Sport vom Schweizer Radfahrer-Bund, Zürich 1929.

Jacobs, René: Weltjahrbücher des Radrennsports.

Japans Bicycle Guide 178. Tokio.

JBPI Bulletin (Japan Bicycle Promotion Institute), 1975–1977.

Jsaev, A.S.: Vom Selbstfahrer bis SIL-111. Aus der Geschichte des Automobils, Moskau 1961.

Jubiläums-Erinnerungen. 50 Jahre (1883–1933) S.R.B. (Schweizer Radfahrer- und Motorfahrer-Bund), Zürich 1933.

Kabitzsch, Curt: Die Entstehung des Wagens und des Wagenrades.
In: Zeitschrift für Vorgeschichte, Leipzig und Würzburg 1918.

Kalmund, Dr. Karl: 50 Jahre Verband Deutscher Zweirad-Grossisten e.V. Düsseldorf. 1911 bis 1961, Bielefeld 1961.

Karlsruhe: Die Residenzstadt Karlsruhe, ihre Geschichte und Beschreibung. Festgabe der Stadt zur 34. Versammlung deutscher Naturforscher und Ärzte, Karlsruhe 1858.

Karlsruher Zeitung, 1. August 1817.

Kistner, Adolf: Die Laufmaschine des Freiherrn von Drais und ihre Abänderung durch J.C.S. Bauer 1817.
In: Mannheimer Geschichtsblätter, 1921.

– Zur Geschichte der «Fahrmaschine» und der «Laufmaschine» des Freiherrn von Drais.
In: Mannheimer Geschichtsblätter, 1933/34.

Kleyer, Dr. Ing. e.h. Heinrich: Geschichte des Fahrrades, Berlin 1916.

Kohn, R.S.: Bicycle troops, Ohio 1925.

Krackowizer, Helmut und Peter Carrick: Motorrad-Sport, Wels, Austria 1975.

Kron, Karl: Ten Thousand Miles on a Bicycle, New York 1887.

Kübler, Dr. Paul: Carl Friedrich Freiherr von Drais. Sein Leben und Werk.

Lacon, Ernest: Moniteur de la Photographie, Paris 1868.

Lang, Dr. Alexander: Die Adler-Fahrradwerke, vorm. Heinrich Kleyer, Frankfurt a.M. 1880–1905, Berlin 1905.

Lanoy, Henry: Un peu d'Histoire automobile et Parallèle avec la Voiture moderne, Lyon 1938.

Lattes, Jean: Sportphotographie 1860–1960. Übersetzung aus dem Französischen, Luzern, Frankfurt a.M. 1977.

Leechman, D.G.: Safety Cycling, London 1895.

– List of British Patent Specifications relating to Elastic Tyres; compiled by E.M. Bowden and O.D. Thomson, Coventry 1896.

Leek, Stephen und Sybil: The Bicycle – that curious invention, Nashville 1973.

Lehnert, Dr. G.: Radfahren. Illustrierte Taschenbücher für die Jugend. Redaktion des Guten Kameraden, Stuttgart, Berlin, Leipzig 1898 ff.

Lenzi, Giulio und Federico Morelli: Guida Breve. Museo Nazionale della Scienza e della Tecnica Leonardo da Vinci, Milano. Mailand 1961.

Lerch, Rudolf: Das Fahrrad und seine Bedeutung für die Volkswirtschaft. Jahrbuch XXIX, Hg. Schmoller, (um 1899).

Lindinger, Herbert: 1. Internationaler Wettbewerb für Fahrrad-Entwürfe.
In: Form Nr. 63.

Loewy, Arthur: Jahrbuch der deutschen Radfahrer-Vereine, Berlin 1896/97, 1897/98.

Loosli, Max: Physik am Fahrrad. Schweizer Realbogen 122, Bern 1965.

Lueger, Dr. phil. Otto: Otto Luegers Lexikon der gesamten Technik und ihrer Hilfswissenschaften, Stuttgart, Leipzig, Berlin, Wien 1894.

Luftweg, 1921: Fliegende und springende Fahrräder.

Lunkenbein, J. Andreas: Schweinfurter Präcisions-Kugellager-Werke Fichtel & Sachs, Schweinfurt a.M. 1895–1920, Schweinfurt 1920.

Mahr, Otto: Zur Geschichte des Wagenrades.
In: Geschichte der Technik (Conrad Matschoss), Berlin 1934.

Mangler, Emil: Karl Friedrich Freiherr Drais von Sauerbronn.
In: Skizzen zur Geschichte der Stadt Karlsruhe, Karlsruhe 1958.

Mannheimer Geschichtsblätter, Mannheim 1933.

Marolles, R.J.: Cyclisme d'aujourd'hui, Paris 1941.

Martin, Ernst: Die Schreibmaschine und ihre Entwicklungsgeschichte, Pappenheim 1949.

Mathy, Théo: 25 ans de Cyclisme. Brüssel 1972.

Mathys, Friedrich Karl: Wie alt ist eigentlich das Fahrrad?
In: Schweizer Jugend, Solothurn 1948.

– 80 Jahre Radsport.
In: Schweizer Familie, Zürich 1948.

– Bicyclettes en caricature.
In: Englebert Vélo Magazine, Liège 1954.

– Les acrobates cyclistes du cirque et des variétés.
In: Englebert Vélo Magazine, Liège 1954.

– L'histoires des cyclistes militaires.
In: Englebert Vélo Magazine, Liège 1955.

– Militärradfahrer und ihre Geschichte.
In: Schweizer Soldat, Zürich 1955.

– La collection cycliste au Musée du sport à Bâle.
In: Englebert Vélo Magazine, Liège 1956.

– Constructions cyclistes étranges.
In: Englebert Vélo Magazine, Liège 1956.

– Traineaux cyclistes et vélos aquatiques.
In: Englebert Vélo Magazine, Liège 1956.

– Personnages célèbres, amis et propagateurs de la bicyclette.

In: Englebert Vélo Magazine, Liège 1957.

– Défence de circuler à bicyclette.
In: Englebert Vélo Magazine, Liège 1958.

– Dix hommes sur un vélo.
In: Englebert Vélo Magazine, Liège 1958.

– Vom Schnellfuss zum modernen Fahrrad.
In: Jungradler, Zürich 1958.

– Vom Radreiten zum ersten Radrennen.
In: Neue Zürcher Zeitung, Zürich 1961.

– Radrennen vor 1900.
In: Tip Basel, Basel 1962.

– Mehrsitzer und Schrittmacher von einst.
In: Tip Basel, Basel 1962.

– Berühmte Propagandisten des Velocipeds.
In: Radsport, Zürich 1962.

– Des Freiherrn von Drais ingeniöse Fahrmaschine.
In: Stuttgarter Zeitung, 1967.

Matschoss, Prof. Dr. e. h. Conrad: Grosse Ingenieure. Lebensbeschreibungen aus der Geschichte der Technik, München 1937.

McGonagle, Seamus: The Bicycle in Life, Love, War and Literature, London 1968.

McIntyre, B.: The Bike Book; everything you need to know about owning and riding a bike, New York 1972.

Mecredy, R. J. and A. J. Wilson: The Art and Pastime of Cycling, London 1895.

Meidinger, H: Freiherr von Drais und seine Schnellaufmaschine.

Mendelsohn, M.: Der Einfluss des Radfahrens auf den menschlichen Organismus, Berlin 1896.

Messenger, Charles: Cycling Crazy, London 1970.

Meyers Lexikon (Draisine, Fahrrad). 7. Auflage, Leipzig 1925.

Michaux, Francisque et ses trois sœurs: Biographie et Souvenirs de Pierre et Ernest Michaux, Inventeurs de la «Pédale», Paris 1906.

Michéa, Abel und Emile Besson: Cent ans de Cyclisme, Paris 1969.

Michelin, Edouard. 1859–1940, Paris 1940.

Minck, Gern. H.: Fietsend door de eeuwen, Deventer 1968.

Monteton, Otto von: Ist das Tandemfahrrad das normale Kriegsrad?
In: Deutsche Heereszeitung, Jg. XXIV.

Monthly Magazine, London 1819.

Morelli, Federico und Orazio Curti: Sezione Trasporti terrestri del Museo Nazionale della Scienza e della Tecnica Leonardo da Vinci, Mailand 1964.

Moxam, S. H.: Fifty Years of Road Riding, 1935.

Mühlfeld, Dr.-Ing. Alexander und Dr.-Ing. Paul Koessler: Die Lenkung des Kraftrades.
In: Automobiltechnische Zeitschrift, Stuttgart 1951.

Münzenmayer, Hans Peter: Die Lust auf dem eisernen Rosse dahinzujagen – eine physikalische Betrachtung des Radfahrens.
In: Kultur & Technik, Zeitschrift des Deutschen Museums in München, München 1977.

Murphy, Dervla: Ireland to India by Bicycle, New York 1965.

Museums of the World – Museen der Welt. Ein Handbuch über 17 500 Museen in 150 Ländern, mit einem Register der Sammlungsgebiete, Pullach bei München 1975.

Museums-Publikationen:

Guide du Musée du Conservatoire National des Arts et Métiers, Paris 1951.

A Guide Book for the Henry Ford Museum, Dearborn, Michigan, 1956.

The Montagu Motor Museum, Beaulieu-Hampshire. Catalogue of Exhibits, London 1959.

The Montagu Motor Museum and the Brighton Motor Museum. Pictorial Guide to the Motor Museum, Beaulieu & Brighton 1966, 1967.

Mostra Storica dei Mezzi di Trasporto. Museo Nazionale della Scienza e della Tecnica, Mailand 1954.

Museo Dell'Automobile Carlo Biscaretti di Ruffia, Torino. Catalogo Generale, Turin 1960, 1966.

Sammlung alter Urkunden im ehemaligen Schtschukin-Museum in Moskau: Kopie von der Sache über die selbstfahrende Kutsche 1751 bis 1753. Sechster Teil, Moskau 1900.

Nationalkalender für die gesamte österreichische Monarchie, Prag 1819.

Nerén, John: Automobilens Historia, Stockholm 1949.

Neues Magazin aller neuen Erfindungen, Entdeckungen und Verbesserungen. Dritter Band, drittes Stück, Mannheim 1817.

Nitz, Dr. Lothar: Die hohe Schule des Rades, Berlin.

Nixon, St. John C.: Story of the Wheel. (Dunlop Relations Department, Dunlop Rubber Co. Ltd.), London 1965.

Noetling, Ernst: Draisine, Veloziped und deren Erfinder, Freiherr Carl von Drais aus Karlsruhe (Baden). Geschichtliche Darstellung. 2. Auflage, Mannheim 1884.

Oliver, Smith Hempstone: Catalog of the Automobile and Motorcycle Collection of the Division of Engineering United States National Museum, Washington 1950, 1953, 1957.

– Catalog of the Cycle Collection of the Division of Engineering United States National Museum, Washington 1953.

– Automobiles and Motorcycles in the U.S. National Museum, Washington 1959.

– und Donald H. Berkebile: Wheels and Wheeling. The Smithsonian Cycle Collection, Washington 1974.

Page, Victor W.: Motorcycles and Side Cars, New York 1924.

Paller, R. Ritter von: Der Fahrradreparateur, Leipzig 1899.

– Die bayrische Fahrrad-Industrie. Eine geschichtlich-statistische Betrachtung, Nürnberg 1908.

Palmer, Arthur Judson: Riding High. The Story of the Bicycle, New York 1958.

Papanek, Victor: Design for the Real World, London und München 1972.

Pemberton, A. C.: The Complete Cyclist, London 1897.

Phänomen-Werke Gustav Hiller AG., Zittau i. Sa. Fünfzig Jahre technisches Schaffen. 1888 bis 1938, Zittau 1938.

Placzek, S.: Auf dem Rade. Eindrücke und Erfahrungen, gesammelt auf Wanderfahrten durch den Schwarzwald, Oberbayern, Schweiz, Tirol, Oberitalien, Berlin (um 1895).

Plath, Dr. Helmut: Laufrad-Vélocipède-Hobbyhorse, eine typologische Untersuchung.
In: Sonderdruck: Museum und Kulturgeschichte, Festschrift für Wilhelm Hansen, Münster 1978.

Porter, Luther H.: Wheels and Wheeling, Boston 1892.

Pratt, Charles E.: The American Bicycler: A Manuel for the Observer, the Learner, and the Expert, Boston Mass. 1880.

Presse und Sport. Jahrbuch des Verbandes deutsche Sportpresse, Frankfurt a. M. 1958 ff.

Puttkammer, Gerhard Freiherr von: Das Radfahren. Die militärische Brauchbarkeit des Rades und seine Verwendung in den Militärstaaten, Berlin 1894.

– Das Militär-Fahrrad. Gleichzeitig parteiloser Ratgeber bei Anschaffung von Fahrrädern, Leipzig 1895.

– Die Fahrschule.
In: Salvisberg, Dr. Paul von: Der Radfahrsport in Bild und Wort, München 1897.

Quintavalle, C. A.: Entwicklung der Plakatkunst, Herrsching 1975.

50 Jahre Radmarkt, Bielefeld 1936.

Rauck, Max J. B.: Zeittafel zur Geschichte des Kraftfahrzeugs und des Verbrennungsmotors. Teil I bis 1900. Als Manuskript vervielfältigt, Stuttgart 1940.

– Geschichte der gleislosen Fahrzeuge.
In: Die Technik der Neuzeit, Hg. Friedrich Klemm, München, Berlin-Potsdam 1941.

– Kleine Reise in die Fahrzeugvergangenheit. Vom Schlitten zum Dampfautomobil.
In: Forum der Technik, Band 1, Zürich 1961.

– Gemessene Werte. Aus der Entstehungsgeschichte des Kilometerzählers und des Geschwindigkeitsmessers, Frankfurt 1964.

– Ancestors of the Automobile.
In: Automobile-Quarterly 1965, New York 1965.

– Die ersten grossen internationalen Automobil-Wettbewerbe.
In: 75 Jahre Deutsches Museum. Offizielles Programm für die internationale Sternfahrt von Veteranenwagen zum ersten Auto der Welt im Deutschen Museum, München 1978.

– Das Auto Nr. 1. Der Benz-Patent-Motorwagen 1886.
In: 75 Jahre Deutsches Museum…, München 1978.

– Die ersten Motorräder in München.
In: 75 Jahre Deutsches Museum…, München 1978.

Raverat, Gwen: Period Piece, London 1952.

Ray, Alan J.: Cycling. Land's End to John o'Groats, London 1971.

Rebour, Daniel: Cycle, Compétition et Cyclo-tourisme, Paris 1962.

Rehbein, Dr. oec. Elfriede: Ein Streifzug durch 120 Jahre sächsischer Verkehrsgeschichte, Dresden 1956.

Rennert, Jack: 100 Jahre Fahrrad-Plakate (100 Years of Bicycles Posters 1973), Berlin-West 1974.

Richardson, Sir B. W.: The Tricycle in Relation to Health, London 1885.

Ritchie, Andrew: King of the Road. An illustrated History of Cycling, London 1975.

Robiquet, Jacques, Sur les vieux chemins de France. Aperçu Historique des Progrès de la Route et de la Locomotion. Veröffentlichungen des Museums «de la Voiture et du Tourisme» im Palais von Compiègne, Paris 1930.

– J. Stieger und F. Budzinski: Vom Karren zum Auto – Zur Kulturgeschichte des Fahrzeugs, Zürich 1927.

Rossin, Antonio: Ritratto sociologico e tecnologico della bicicletta, Ottagono 1974.

Rostowzow, I.: Der Selbstfahrer von I. P. Kulibin.
In: Archiv für Geschichte der Wissenschaft und Technik, Hg. Institut der Akademie der Wissenschaft der UdSSR. Band 7, Leningrad 1935.

Rotach, M. C.: Fahrräder auf Zweispurstrassen, Zürich 1960.

Rudolf, G.: Das Rad erobert die Welt. Geschichte der Erfindung des Fahrrades, Freiburg 1952.

Ruedinger, K. und A. Ismer: Fertigungsmerkmale beim Bau von Rennfahrrädern aus Titan.
In: Schweissen und Schneiden, 1972.

Rühlmann, Moritz: Allgemeine Maschinenlehre, Braunschweig 1877.

Rumney, A. W.: Fifty Years a Cyclist, London 1927.

Sachs Journal. Hg. Fichtel & Sachs AG, Schweinfurt a.M.

Salvisberg, Dr. Paul von: Der Radfahrsport in Bild und Wort, München 1897.

Scharlach, Otto: Metallwarenfabrik Otto Scharlach, Nürnberg. Preisliste Nr. 11 über Laternen und Zubehörteile für Fahrräder und Motorräder. Saison 1909, Nürnberg 1909.

Schiefferdecker, Prof. Dr. med. P.: Das Radfahren und seine Hygiene. Nebst einem Anhang von Prof. Dr. jur. Schumacher: Das Recht des Radfahrers, Stuttgart 1900.

Schleuss, F.: Weltmeister Paul Suter.
In: Biographien berühmter Schweizer Fahrer, Zürich 1924.

Schneider, Peter: Das Zweirad im Wandel der Zeit. Die ereignisreiche Entstehungsgeschichte des am weitest verbreiteten Fahrzeuges. (Deutsches Zweiradmuseum Neckarsulm.), München 1971.

Scholz, Wilhelm: Festschrift zum fünfundzwanzigjährigen Bestehen des Reichsverbandes der Automobilindustrie e.V. 1901-1926, Berlin 1926.

Schubert, H.: Einflüsse des Fahrradverkehrs auf den innerstädtischen Verkehrsablauf.
In: Forschungsarbeiten aus dem Strassenwesen, Bad Godesberg 1961.

Schulze, Hans Georg und Willi Stiasny: Flug durch Muskelkraft. Vom Flugmenschen in den Mythen und Sagen der alten Völker bis zum Muskelkraftflug als Sport der kommenden Generation, Frankfurt a.M. 1936.

Schweizerischer Rad- und Motorfahrer-Bund. Radsport-Motorsport-Handbuch, Zürich 1977, 1978.

Schweizerisches Turn- und Sportmuseum in Basel. Verschiedene Veröffentlichungen, Basel 1951.

Schwerdhöfer, Hans-Joachim: Planetengetriebe, Schaltsysteme und Freiläufe in Fahrrad- und Motorradnaben.
In: Zeitschrift für Maschinen, Getriebe und Antriebselemente, Mainz 1965.

Schwinn, Frank W.: Fifty years of Schwinn-built Bicycles. The Story of the Bicycle and Its Contributions to our Way of Life. 1895-1945, Chicago 1945.

Scientific American, 1900. Entwicklung des Fahrrades 1850-1900.

– March 1973. Bicycle Technology.

Scott, Robert P.: Cycling Art, Energy and Locomotion, Philadelphia 1889.

Seherr-Thoss, H.C. Graf von: Die deutsche Automobilindustrie. Eine Dokumentation von 1886 bis heute, Stuttgart 1974.

Seper, Dr. Hans: 100 Jahre Steyr-Daimler-Puch AG. Der Werdegang eines österreichischen Industrie-Unternehmens, Wien 1964.

– Damals als die Pferde scheuten. Die Geschichte der österreichischen Kraftfahrt, Wien 1968.

Setright, L.J.K.: Motorcycles, London 1978.

Sharp, Archibald: Bicycles and Tricycles, London 1896.

Sheldon, James: Veteran and Vintage Motor Cycles, London 1961.

Siebertz, Paul: Gottlieb Daimler. Ein Revolutionär der Technik, München-Berlin 1940, 4., neubearbeitete Auflage, Stuttgart 1950.

– Karl Benz. Ein Pionier der Verkehrsmotorisierung, München-Berlin 1943, 2., neubearbeitete Auflage, Stuttgart 1950.

– Gottlieb Daimler und Karl Benz. Die Anfänge der Motorisierung, Berlin 1944.

Sierck, Detlev: Zur Geschichte des Rad-Rennsports.
In: Salvisberg, Dr. Paul von: Der Radfahrsport in Bild und Wort, München 1897.

Silberer, Victor und George Ernst: Handbuch des Bicycle-Sports, Wien 1883.

Simpson, Tom: Cycling is my Life, London 1966.

Sloane, Eugene A.: The Complete Book of Bicycling, New York 1970.

Smith, Robert A.: A Social History of the Bicycle. Its Early Life and Times in America, New York 1972.

Smutny, Franz: Anleitung zur Behandlung des Fahrrades und seine praktische Verwendung, insbesondere für militärische Zwecke, Graz 1896.

Souvestre, Pierre: Histoire de l'Automobile, Paris 1907.

Grosse Sowjet-Enzyklopädie. Band 1, 3, 24, 47, Moskau-Leningrad 1950, 1955.

Spencer, Charles: The Bicycle – Its Use and Action, London 1870.

– The Modern Bicycle. Instruction, Choice, Training, Road Book, London 1876, 1877.

Der Spiegel, 1970. Forschung: Fahrrad «Glück im Sattel».

Sport-Album der Rad-Welt. Ein radsportliches Jahrbuch, Berlin 1901-1926.

Springorum, Lore und Helga Sittl: Radeln – von München aus abseits vom Verkehr. Mit einem Beitrag von Ursula von Kardorff, München 1972, 1973.

Stadelmann: Das Zweirad bei den verschiedenen Militärstaaten Europas und seine Verwendung im Kriegsfalle, Berlin 1891.

Stählin, Oskar: 60 Jahre S.R.B, Zürich 1943.

– Daten zur Geschichte des Fahrrades.
In: Ausstellungs-Katalog 150 Jahre Velociped, 100 Jahre Radsport, im Schweizerischen Turn- und Sportmuseum Basel 1967. Dem Andenken von Oskar Stählin gewidmet, Manuskript vervielfältigt in Basel 1967.

Starley, J.K.: The Evolution of the Cycle.
In: Journal of the Society of Arts, 1898.

Starley, W.: The Life and Inventions of James Starley. Together with a description of the Starley Memorial in the City of Coventry, London, Coventry 1902.

Statistisches Handbuch des Radfahrerverkehrs, 1939.

Stefan, Dr. S.: Hundert Jahre in Wort und Bild. Eine Kulturgeschichte des XIX. Jahrhunderts, Berlin 1899.

Steinmann, Gustav: Das Velocipede. Seine Geschichte, Construction, Gebrauch und Verbreitung, Leipzig 1870.

Stevens, Richard: Future bikes.
In: Design (UK), 1974.

Stevens, T.: Around the World on a Bicycle, London 1887.

100 Jahre Steyr-Daimler-Puch AG. 1864 bis 1964, Wien 1964.

St. Pierre, Roger: The Book of the Bicycle, London 1973.

Die Strasse vor 1900. Katalog zeitgenössischer Bilder und Dokumente von der Ausstellung auf der Europäischen Strassenbautagung 1966 im Kongressaal des Deutschen Museums, München 1966.

Drei Jahrhunderte Strassenverkehr in Wien. Sonderausstellung des Historischen Museums und des Archivs der Stadt Wien, Wien 1961.

Strobel, Jean, Münchner Velociped-Fabrik: Katalog, München 1889.

Stukenbrok, August: Illustrierter Hauptkatalog 1912, Hildesheim, New York 1973.

Sturmey, Henry: The Indispensable Bicyclist's Handbook, Coventry 1880, 1881, 1882, 1887.

– The Tricyclists' Indispensable Annual and Handbook. A Guide to the Pasttime, Coventry 1881, 1883.

Stydl, Frantisek: Verzeichnis der im Technischen Museum in Prag gesammelten Fahrräder, Prag.

– Katalog des Narodni Technicke Museum Praha, Prag 1958.

La Suisse aérienne, 1921: Das fliegende Fahrrad. (Auch im «Flugsport» 1921.)

Sumner, Philip: Early Bicycles, London 1966.

Swinjin, Pavel: Das Leben des russischen Mechanikers Kulibin und seine Erfindungen, St. Petersburg 1819.

Tayler, Marshall W.: The Fastest Bicycle Rider in the World, 1928.

Temming, Rolf L.: Geschichte des Strassenverkehrs, Braunschweig 1978.

Terbeen, François: Les Géants du Cyclisme, Paris 1963.

Terrier, Max: La Musée de la Voiture au Palais de Compiègne, Paris.

Thompson, William; The Original Plastic Bike. In: Industrial Design (USA), 1973.

Timpe, Dr. Gustav: Festschrift zum vierzigjährigen Bestehen des Vereins Deutscher Fahrrad-Industrieller e. V. 1888–1929, Bielefeld 1928.

Tissié, Dr. Philippe: L'Hygiène du vélocipédiste, Paris 1888.

Tragatsch, Erwin: The Worlds' Motorcycles 1894–1963, London 1964.

– Motorräder. Deutschland – Österreich – Tschechoslowakei. Eine Typengeschichte, Stuttgart 1973.

Trapmann, A.H.: The Military Cyclist's Vade Mecum, 1909.

Treue, Wilhelm: Achse, Rad und Wagen. Fünftausend Jahre Kultur und Technikgeschichte. Im Auftrage der Bergischen Achsenfabrik Fr. Klotz & Söhne, Wiehl, München 1965.

Troesch, Max: Die historischen Automobile im Verkehrshaus der Schweiz. Veröffentlichungen, Heft 5, Luzern 1961.

Tschudakow, J.L.: Der Kraftwagen, geschichtlicher Überblick.
In: Grosse Sowjet-Enzyklopädie, Reihe Technik. Ins Deutsche übertragen von H. Born, Leipzig 1953.

Uccelli, Arturo: La ruota e la strada, Mailand 1946.

Ulmann, Alexander E.: Mercedes, pioneer of an industry, New York 1948.

Uzanne, Octave: La Locomotion à travers le temps.

Valentin, Geheimrat Dr. Ernst: Heinrich Büssing und sein Werk. Hg. anlässlich ihres 25jährigen Bestehens von der Firma Automobilwerke H. Büssing A.-G., Braunschweig, Braunschweig 1927.

Velociped-Fabrik Neumarkt, Gebrüder Goldschmidt. Illustrierter Catalog, Neumarkt Oberpfalz 1890.

The Velocipedist, New York 1869.

Velocipedist. Organ des deutschen Radfahrer-Bundes, München 1883 ff.

Velo-Klub Weinfelden: Schweizer Radfahrer-Taschen-Kalender 1897, Frauenfeld 1897.

Velox: Velocipedes, Bicycles and Tricycles. How to Make and How to Use them, London 1869, wieder vervielfältigt 1971.

Deutsche Verkehrsausstellung zu München (Offizielle Schrift), München 1925.

Versnick, Fons: Paris-Brest-Paris.

Violette, Marcel: Le Cyclisme, Paris 1912.

Volke, Gerd: Aus der Geschichte des Fahrrades. Hg. Verband der Fahrrad- und Motorrad-Industrie, Bad Soden 1968.

– Dokumentation des Historischen Velociped-Archivs, Düsseldorf, Düsseldorf 1972.

Waentig-Haugk, Felix: Kurze Chronik der reichsdeutschen Radfahrer-Vereinigungen, unter Voraussschickung eines Rückblickes über die ersten Erfindungen, Neuwied 1895.

Wagenvoord, James: Bikes and Riders, New York 1973.

Waldis, Alfred: Das Verkehrshaus der Schweiz. In: Schriftenreihe – Luzern im Wandel der Zeiten –, Heft 13, Luzern 1959.

Wallis-Taylor, A.J.: Modern Cycles. Their Repair and Construction, London 1897.

Walther, J. Philipp: Mannheims Denkwürdigkeiten seit dessen Entstehung bis zur neuesten Zeit, Mannheim 1855.

Warner, Charles Y. u.a.: A Method for Improving Bicycle Transportation economy, Utah 1976/77.

Warum fällt das Rad beim Fahren nicht um?
In: Werkzeitung der Badischen Anilin- und Sodafabrik, Ludwigshafen 1924;
In: Koralle, 1931.

Wehrle, Arnold: 500 Jahre Spiel und Sport in Zürich, Zürich 1960.

Weiher, Dr. Sigfrid von: 150 Jahre Zweirad. Vom Drais-Laufrad zum Fahrrad und Motorrad.
In: Sonderdruck der VDI-Nachrichten, Düsseldorf 1967.

Weimar Journal, Weimar 1820.

Weise, M.: Vom Knochenschüttler zum Aero-Reifen.
In: Gedenkblatt zur Enthüllung des Benz-Denkmals 1933, Mannheim 1933.

Der Weltverkehr und seine Mittel. Mit einer Übersicht über Welthandel und Weltwirtschaft, Leipzig.

Wheel World, 1882.

Whitt, Frank Rowland und David Gordon Wilson: Bicycling Science. Ergonomics and Mechanics, Cambridge (Mass.) und London 1974.

Williamson, Geoffrey: Wheels within wheels. The Story of the Starleys of Coventry, London 1966.

Wilson, S.S.: Bicycle Technology. This humane and efficient machine played a central role in the evolution of the ball bearing, the pneumatic tire, tubular construction and the automobile and the airplane.
In: Scientific American, 1973.

Wolf, Wilhelm: Fahrrad und Radfahrer, Leipzig 1890.

Wolff, Helmuth: Die Fahrrad-Wirtschaft.

Woodforde, John: The Story of the Bicycle, London 1970.

Würtz, Lothar: Die geschichtliche Entwicklung des Strassennetzes in Baden-Württemberg, Bonn-Bad Godesberg 1970.

Wurzbach, Constant von: Biographisches Lexikon des Kaisertums Österreich, Wien 1856 bis 1891.

Zeitschrift: English Mechanic and Mirror of Science. Engineering, Building, Inventions, Electricity, Photography, Chemistry…, 1865 bis 1869.

Zeitschrift: Le Miroir de Cyclisme, Paris.

Zeitschrift: Le Miroir des Sports, Paris.

Zeitschrift des Vereins Deutscher Ingenieure.

Zimmermann, Beate: 100 Jahre Rad der Zeit. Audi-NSU, Ingolstadt, Neckarsulm 1973.

Zorn, A.: Philipp Moritz Fischer.
In: Radfahr-Humor.

Zoth, Prof. Oskar: Über die Formen der Pedalarbeit beim Radfahren.
In: Pflüger's Archiv für die gesamte Physiologie, 1899.

Zuntz, Dr. med. Leo: Untersuchungen über Gaswechsel und Energieumsatz des Radfahrers, Berlin 1899.

Zürcher Illustrierte, 1931. Hundetretrad. Dreirad von zwei Hunden getreten.

Museen, Archive und Private, die den Autoren halfen

Ägyptisches Museum, Kairo
Angermuseum, Erfurt
Arnold, C.F., Haarlem
Automobil-Chronik (Schrader & Partner), München
Auto × Motorrad Museum, Bad Oeynhausen
Autotron Lips, Drunen

Bund Deutscher Radfahrer, Giessen und Frankfurt a. M.
BMW AG, München
Boymans–van Beuningen, Rotterdam
Brauers, Jan, Baden-Baden

Chapman, Patrick, Greenford
Christ, Dr. Jügen, Frankfurt a. M.
Comune di Imola,
Biblioteca-Archivio Storico, Imola
Conservatoire National des Arts et Métiers, Paris
Coventry's Herbert Art Gallery and Museum, Coventry

Daimler-Benz AG, Stuttgart
Deutsches Automobil-Museum, Langenburg
Deutsches Museum, Archiv und Bildstelle, München
Deutsches Zweirad-Museum, Neckarsulm

Fichtel & Sachs AG, Schweinfurt
The Henry Ford Museum, Dearborn, Michigan
Franke, Bruno, Buttstädt
Frey, Tedy, Oeschgen
Fürstlich Fürstenbergische Institute für Kunst und Wissenschaft, Donaueschingen
Fürstlich Ysenburgisches Schlossmuseum, Büdingen/Oberhessen

Gaastra, Th. sen., Heereveen
Gazelle, Dieren
Generallandesarchiv, Düsseldorf
Generallandesarchiv, Karlsruhe
Germanisches Nationalmuseum, Nürnberg

Hagelauer, Klaus, Siegen
Haller, Kurt, Othmarsingen
Heidemann-Werke, Einbeck
Heimatmuseum, Überlingen am Bodensee
Hercules-Werke, Nürnberg
Historisches Museum, Frankfurt a. M.
Historisches Museum am Hohen Ufer,
Hannover
Historisches Museum der Stadt Wien
Historisches Velociped Archiv, Düsseldorf

Jetro, Düsseldorf

Kalhoff-Werke, Cloppenburg/Oldenburg
Kaufmann, Oswald, Moers
Kettler, Heinz, Parsit
Khuon, Graf Ernst von, Deisenhofen/München
Kley, Groningen
Koomen, W., Benebruck
Kunstgewerbemuseum, Zurich
Kurpfälzisches Museum der Stadt Heidelberg
Kynast, Quakenbrück

Landesmuseum Joanneum, Graz
Lehner, Max, Zürich

Mahy, Ghislain sen., Gent
Märkisches Museum, Berlin
Mathys, F. K., Basel
Maushacke, U. M., Düsseldorf
Minck, Gerhard, Groningen
Moed, Gert Jan, Lent
Montagu Motor Museum,
Beaulieu/Hampshire
Müller, Josef, Prien/Chiemsee
Musée Denon, Châlon-sur-Saône
Musée Français de L'Automobile, Rochetailles
sur Saône (Châtean)
Musée de la Voiture et du Tourisme,
Compiègne (Château)
Musée de la vie Wallone – Cour des Mineurs,
Liège
Museo Dell'automobile Carlo Biscaretti di
Ruffia, Turin
Museo Nazionale della Scienza e della Tecnica
Leonardo da Vinci, Mailand
Museum Bydgoszcz, Bromberg Bydgoszcz
Museum of Science and Industry, Chicago
Museum Etnograficzene, Krakau

Narodni Technicke Museum, Prag
Niederrheinisches Freilichtmuseum in Grefrath
Niesen, Herman, Düsseldorf

Ölschläger, Peter, Stuttgart

Panke, Heinz, Frankfurt
Peugeot Vertriebs GmbH, Overath-Vilkerath
Polytechnisches Museum, Moskau
Put, A. van de, Tilbourg

Radmarkt, Bielefelder Verlagsanstalt
Radsportarchiv Wolfgang Cronen, Düsseldorf
Reese, Karl, Riedstadt-Crummstadt
Reiss-Museum, Mannheim
Röhn-Museum, Fladungen

Scherber, Peter, Wiesbaden
Schleswig-Holsteinisches Landesmuseum,
Schleswig
Schnabbe, Dr. Otto, München
Schuhknecht, Peter, Hannover
Schweizerisches Turn- und Sportmuseum,
Basel
Schwinn Bicycle Museum, Chicago

Science Museum, South Kensington, London
Shimano, Düsseldorf
Simons, Wim J., Amsterdam
Southern Veteran-Cycle Club, Ilford Essex
Spanjav, A., Madison
Späth, Franz, Hamburg
Sporthochschule, Köln
Staatliches Museum, Schwerin
Stadtarchiv Darmstadt
Stadtarchiv Frankfurt a. M.
Stadtarchiv Heidelberg
Stadtarchiv Karlsruhe
Stadtarchiv München
Stadtgeschichtliches Museum, Düsseldorf
Städtisches Museum, Schweinfurt
Städtische Sammlungen, Karlsruhe
Stadtmuseum, Grossenhain i. Sa.
Stern, Magazin, Hamburg
Stiebling, Walter, Beinstein
Surup, W., Ziegenhagen
Svenska Höghjuling Sällskapet, Stockholm

Technisches Museum, Budapest
Technisches Museum für Industrie und
Gewerbe, Wien
Thüringisches heimatliches Kabinett, Eckarts-
berga

Unbehagen, Direktor, Schweinfurt
United States National Museum. Smithsonian
Institution. Cycle   Collection, Washington
D.C.

Veloclub Dietikon
Velo-Club Zofingen
Verband der Fahhrad- u. Motorradindustrie,
Bad Soden
Veteranen-Fahrzeug-Verband, Präsident Erlen-
wein, Ottobrunn

Weber, Franz Carl, Zürich
Werkmuseum der Firma Bergische Achsen-
fabrik Fr. Klotz & Söhne, Wiehl/Köln
Witschi, Heinz, Riehen
Wouters, E., Falmignoul

Zahn, Peter von, Hamburg
Zweitakt-Motorrad-Museum, Augustusburg/
Erzgebirge
Zyp, van, Harlem

Bildquellen

Fotografen
Flammer Alberto, Locarno
Fretz Ernst, Gränichen
Lightning Foto, Kölliken
Müller Jörg, Kölliken
Rings Werner, Zürich
Zimmermann Foto, Viganello

Foto-Agenturen
Comet Photo, Zürich
Dukas L. Presseagentur, Zürich
Illustrations- und Photopress, Zürich
Keston Press, Zürich
Pandis Bilderagentur, München

Verlage
Artemis Verlag, Zürich
Bilderdienst C. J. Bucher, Luzern
Bilderdienst Burda, Offenburg
Bilderdienst Ringier, Zürich
Bilderdienst Süddeutscher Verlag, München
Diogenes Verlag, Zürich
Edition Doepgen Verlag, Eupen

Edling Verlag, Waltrop
Krafthand Verlag, Bad Wörishofen
Miroir du Cyclisme, Paris
Rad Magazin, Reutlingen
Radmarkt, Bielefeld
Spiegel der, Hamburg

Museen
Deutsches Museum, München
Kunstmuseum, Zürich
Museen der Stadt Wien
Turn- und Sportmuseum, Basel
Velo-Museum, Wolfhausen
Verkehrshaus der Schweiz, Luzern

Inhalt